GRABBES WERKE

IN ZWEI BÄNDEN

ZWEITER BAND

Don Juan und Faust
Napoleon oder Die hundert Tage
Hannibal
Über die Shakspearo-Manie
Etwas über den
Briefwechsel zwischen Schiller und Goethe

Aufbau-Verlag Berlin und Weimar
1987

Ausgewählt und eingeleitet von Hans-Georg Werner

Grabbe, Werke 1–2
ISBN 3-351-00111-8
Bd. 2
ISBN 3-351-00113-4

1. Auflage 1987

Einbandgestaltung Horst Erich Wolter
Lichtsatz INTERDRUCK Graphischer Großbetrieb Leipzig – III/18/97
Druck und Binden LVZ-Druckerei „Hermann Duncker", Leipzig III/18/138
Printed in the German Democratic Republic
Lizenznummer 301.120/247/87
Bestellnummer 613 332 7
I/II 01000

DON JUAN UND FAUST

Eine Tragödie in vier Akten

PERSONEN

Der Gouverneur Don Gusman
Donna Anna, *seine Tochter*
Don Octavio
Don Juan, *spanischer Grande*
Doktor Faust
Ein Ritter
Signor Rubio, *Polizeidirektor*
Signor Negro
Leporello, *Diener des Don Juan*
Gasparo, *Diener des Gouverneurs*
Lisette, *Magd der Donna Anna*
Gnomen
Mehrere Nebenpersonen

Ort der Handlung: Rom und der Montblanc

ERSTER AKT

Erste Szene

Rom. Gegend des spanischen Platzes.

Don Juan tritt auf, gleich nachher Leporello.

DON JUAN: Still sind die Plätze und die Straßen, nur
Springbrunnen plätschern tändelnd in dem Dunkel, –
Die ew'ge Roma schläft, ermüdet vom
Jahrtausendlangen Schlachtenkampf, vielleicht
Noch weit mehr von der Bürde ihres Ruhms.
Die arme Herrscherin der Welt! Sie hat
Die Liebe nie gekannt! *Weiter vortretend:*
O welche Luft umweht mich!
Wie duftig strömt es her von Albas Bergen!
Es ist die Luft, die einst die Cäsars nährte,
Der Äther ist's, in welchem heute die
Geliebte atmet!

LEPORELLO: Herr, erlaubt ein Wort:
Es ist der Dampf, der aus der Garküch hier
Beian, allwo ein Haufen lustiger
Gesellen Wirtschaft treibt, uns in
Die Nase sticht.

DON JUAN: Sieh, Leporello. – Hast
Du Nachricht eingezogen?

LEPORELLO: Nun, das Mädchen
Ist eine Perle, gut genug, dem Kranz
Sie anzureihn, den Ihr schon tragt.

DON JUAN: Sie strahlt
Als Herrlichste der Frauen!

LEPORELLO: Don, ich bin
Entzückt! Ich sah sie!
DON JUAN: O so rede schnell!
Bewegung und Gestalt – Wie sind sie?
LEPORELLO: Wie?
Ihr habt sie selbst noch nicht gesehn?
DON JUAN: Gesehn,
Gesprochen – weiß ich es? Mich blendete
Ihr Auge!
LEPORELLO: Wetter, es ist schön, – doch von
Dem Ganzen ist's nur wenig.
DON JUAN: 's ist ein Stern
Der Nacht! Bei Gott, es ist der feste Nordstern,
Der fortan einzig meinem Leben leuchtet!
LEPORELLO:
Was nennt Ihr *einzig*? Ohngefähr *zweitausend*?
DON JUAN: Solch eine Liebe hab ich *nie* empfunden!
LEPORELLO: Bei wieviel *Hunderten* habt Ihr das schon
Gesagt?
DON JUAN: – Erforschtest du des Mädchens Vater?
LEPORELLO: Er ist der Gouverneur Sevillas, der
Bezwinger von Granadas Maurenhorden,
Jetzt hier beim Haupt der Christenheit
Als spanischer Gesandter angestellt.
DON JUAN: Ein Spanier! *Sie* eine Landsmännin!
LEPORELLO:
Ach Herr, der Mann ist grad so alt als streng!
DON JUAN: Also ein alter Stamm mit goldner Frucht!
LEPORELLO:
Ansehnlich ist der Stamm, die Frucht hängt hoch!
DON JUAN: Je näher sie den Sonnengluten schwebt,
Je eher *reift* sie, und was *reif* ist, *fällt*!
– Noch nächsten Abend muß ich sie besitzen.
LEPORELLO:
Da müßt Ihr erst den Bräutigam beseit'gen!
DON JUAN: Was? Bräutigam? Pfui! Ich schäme mich

Des Worts. – Wie heißt der Narr, der Mädchen freiet
Und nicht weiß, daß er Hahnrei wird?

LEPORELLO: Der Narr
Ist so ein Vetter des Herrn Gouverneurs,
Heißt Don Octavio und ist ein Herr
Von Bildung, feinem Äußern, nettem Herzen, –
Er trägt sich schwarz, führt weiße seidne Handschuh –

DON JUAN:
– lebt mäßig, gibt nicht Anstoß, tanzt gut, reitet
Erträglich, spricht französisch, kann mit Anstand
Im Kreise der Gesellschaft sich bewegen
Und schreibt vielleicht sogar auch orthographisch!
– Dergleichen Schuften in den Weg zu treten,
Ist mir die höchste Seligkeit!

LEPORELLO: Euch geht's
Wie mir! Ein Schuft, der orthographisch
Mein Mädchen küßt, betrügt sich selbst, das Weibsbild
Und mich auch! Krumme Wege nur
Verherrlichen das Ziel!

DON JUAN: Weg mit dem Ziel –
Nenn es mir nicht, ob ich auch darnach ringe –
Verwünscht ist der Gedanke: Jedes Ziel
Ist Tod – Wohl dem, der ewig strebt, ja Heil,
Heil ihm, der ewig hungern könnte!

LEPORELLO: Danke!
– Ich merk's, Ihr laßt mich hungern nach Prinzipien, –
Wenn's nur mein Magen duldete, doch der
Ruft immerdar: „Heil ihm, der ewig frißt!"

DON JUAN:
– – Mich brennt die Ungeduld. Dort steht das Haus
Des Gouverneurs, dort muß sie wohnen. Lärm
Gemacht! Wir locken sie dadurch ans Fenster.
Er zieht den Degen.

LEPORELLO: Den Degen ein! Beim heil'gen Jakob, ich
Entlaufe!

DON JUAN: Feigling, es ist ja nur Schein!
Ich tu dir nichts! – Zieh – Zieh, sag ich, oder
Ich bohr dich an den Boden wie 'nen Wurm!

LEPORELLO:
Hilf, Christ! ich bin verloren! Mit dem Schwert
Versteht er keinen Spaß! Sowie der Stahl
Klingt, rast er wie der Wolf, der Blut riecht!
– Aus Not muß ich mich wehren!

DON JUAN: Trefflich! Bravo,
Freund Leporello! – Ei, wie kühn! – Das wirkt
Die röm'sche Erde – wahre Heldenmutter,
Gebärt sie dich zum zweitenmal.
– Fort! schrei jetzt
Von Sbirren, Mördern, Überfall, Verrat –
– Und daß dein Schreien recht natürlich klingt,
Nimm diese leichte Wunde in den Arm!
– Doch bleib mir in der Näh, damit du's hörst,
Wenn ich dich wieder rufe!

LEPORELLO: Element!
Mein Arm! Ich sterbe! Sbirren! Sbirren! Helft!

DON JUAN: He! Hülfe! Rettung! Fanget den Banditen!

Leporello ab. Getümmel im Palaste des Gouverneurs.

DER GOUVERNEUR *drinnen*:
Licht! Waffen! folgt mir, Don Octavio!

DON OCTAVIO *drinnen*:
Mit Gut und Leben steh ich Euch zu Diensten.

DON JUAN *für sich*:
Wär's wahr, so würdest du's nicht sagen! –
– So 'n Maulheld also! – Nun, es naht die Zeit,
Wo Krieg und Frieden, Lieb und Glück und Gott
Und Glauben nur die Worte sind von dem,
Was sie gewesen. Ganz ergebenst gibt
Man dann dem Bettler einen Fußtritt, und
Gehorsamst fodert man vom Diener ein
Glas Wasser! –

An einem Fenster im Palaste des Gouverneurs erscheint eine Dienerin mit brennenden Kerzen auf Armleuchtern, – dann Donna Anna, die einen Augenblick spähend hinaussieht.

DON JUAN *erblickt die Donna Anna*:
Ha, wie ein Goldadler reißt
Der Blitz sich los vom Gipfel des Nachthimmels;
Der Eichwald stürzt vor ihm zu Staub und flammt
Dabei empor in seliger Vernichtung –
– So sink ich hin zu deinen Füßen, Weib,
Und jauchze dennoch laut, daß ich dich liebe!
Donna Anna winkt ihn zürnend fort und entfernt sich.

DON JUAN: Pah,
Vergebens winkst du mich von dannen! Ich
Erreiche dich, und wenn ich über Leichen,
Durch deines Vaters Blutstrom schreiten müßte!

Der Gouverneur, Don Octavio und Diener mit Lichtern treten aus dem Palaste.

DER GOUVERNEUR:
Lärm unter meiner Tochter Fenstern! Straf
Und Tod ihm, der sich des vermaß! Erforscht ihn!

DON OCTAVIO:
Ich bitt um Ruh, Herr Gouverneur; wir sind
Im fremden Lande.

DER GOUVERNEUR: Ich bin hier Gesandter
Und übe eigene Gerichtsbarkeit, –
Wohin ich trete, da ist span'scher Grund,
Und wo ich atme, da weht span'sche Luft,
– Und jetzt, da meine Ehre freventlich
Verletzt wird, sollt ich ruhig es ertragen
Und nicht einmal den Täter strafen dürfen?

DON OCTAVIO:
Ein bloßer Lärm, Gott weiß, woher entstanden,
Beteiligt nicht die Ehre meiner Braut.

DER GOUVERNEUR:
Wie sprichst du, Sohn? Die Ehre ist mein Auge,

Das kleinste Stäubchen, das hineindringt, macht
Mich blind und wild vor Schmerz!

DON OCTAVIO: Jedoch der Täter
Ist schon entflohn!

DER GOUVERNEUR: So forschen wir ihm nach!

DON JUAN *hervortretend*:
Das tut nicht not. Ich weiß, wo er sich aufhält.

DER GOUVERNEUR: Wer seid Ihr? Redet.

DON JUAN: Ich bin span'scher Grande,
Mit Namen Don Juan.

DER GOUVERNEUR: Der Don Juan,
Der für den König siegsgewaltig an
Der Guadiana focht?

DON JUAN: Der steht vor Euch.

DER GOUVERNEUR:
Gebt mir die Hand! Wer für den König focht,
Der ist mein Bruder.

DON JUAN: Herr, ich hör's, Ihr seid
Ein echter Landsmann! *Beiseit:*
Den gewinn ich noch
Mit patriot'schen Phrasen, umso eher,
Als ich sie ernstlich meine! *Laut:*
Seid gegrüßt
In dieser Fremde – Wo man Spanien nennt,
Da atm ich freier! –
O kein Donner an
Dem Himmel und kein Laut auf Erden, quöll
Er auch von schönster, süßster Lippe, gleicht
An Macht dem Worte: Vaterland! Weit mehr
Als mutiges Geschmetter der Trompete
Hat es schon in dem Kampf mein Herz erregt:
Bei seinem Klange steigt Hispania
Mit ihren Hochgebirgen, ihren Strömen,
Mit ihren Helden, ihren Heldengräbern
Im Morgenlichte aus der dunklen See.
Verächtlich ist der Stolz des einzelnen,

Doch herrlich, wie die Heimat selbst nur sein mag,
Ist auch der Stolz auf sie!

DON OCTAVIO: Die Rede stimmt
Nicht ganz mit Eurem Handeln. Ich vernahm
Schon viel von Euch. Ihr kränzt Euch öftrer mit
Der Liebe Rosen als wie mit dem Blatt
Der Eiche.

DON JUAN *für sich*: Merkt der etwas? – Eifersüchtig? –
Wer eifersüchtig ist, liebt weder noch
Wird er geliebt. Mir winkt die Hoffnung! *Laut:*
Freund,
Erst lernt den Wahlspruch kennen, den ich rufe:
König und Ruhm und Vaterland und Liebe!
– Ein schal Getränk ist jede Lieb und Lust,
Die in dem Herzen keimt, wo die vier Worte
Nicht einig lodern wie ein Kranz von Flammen!

DON OCTAVIO:
Ein einzig Wort vergaßt Ihr – es heißt Treue.

DON JUAN:
Ich bin kein Sklav, – wer wollte Ketten tragen?

DER GOUVERNEUR:
Genug. Wer Ruhm und König liebt, kann ihnen
Nicht untreu werden, denn nichts Höheres
Gibt's in der Welt.
– Und nun sagt an, wer war
Der Frevler, welcher hier den Lärm erhob
Und, irr ich nicht, nach meiner Tochter schrie?

DON JUAN:
Wißt Ihr denn nicht, daß jetzt ein großer Magus,
Gekommen aus Norddeutschlands Eiseswüsten,
In Roma hauset und die Luft verpestet?
Im schwarzen Mantel, weißen Antlitzes,
Als hätte nie die Sonne es gerötet,
Schleicht er am Aventin, – vergebens mühn
Die Häscher sich, ihn zu ergreifen – Er
Entwischt mit Geisterhülfe immerdar!

DER GOUVERNEUR:
Ihr meint den Doktor Faust?
DON JUAN: Dem Habicht ähnlich
Zieht er um Eure Tochter Zauberkreise, –
Er war's, der heute mit Beschwörungen
Sie locken wollte dort auf den Balkon, –
Doch Stahl und Männermut sind kräft'ger als
Magie. Mein Schwert wies ihm den Weg!
DER GOUVERNEUR:
Ich dank Euch; aber wißt: nicht Zauberei
Und nicht der Stahl gefährden oder schützen
Die Ehre Donna Annas. Ehre wandelt
Den eignen Pfad, trotz aller Schwingungen
Von Zauberkreisen oder Schwertern, – Tod
Ist wen'ger als die Ehre, – sie versteht
Nur siegen oder sterben – Meine Tochter auch! –
– Armseliger Patron, der Faust, der mit
Ohnmächt'gen Höllenkünsten sich bemüht,
Das reine Herz der Donna Anna zu
Gewinnen, – selbst des Himmels Zauber würd
Es nicht verblenden, denn der Himmel kennt
Nicht schönre Stelle als ihr kindlich Herz!
DON JUAN *für sich*:
Der Vater selbst bläst meine Leidenschaft
Zu Gluten an, – wie göttlich, über solch
Ein Weib zu triumphieren! – Welten können
Verwaist und ohne Seele rollen durch
Den leeren Raum, – doch wo ein fühlend Herz schlägt,
Da regen Welten, Sterne, Sonn und Mond,
Des Morgens Rot, des Abends falber Glanz
Mit allem Schmerz und aller Freude eng
Verschlungen sich im allerengsten Kreis –
Gewalt'ger Herz- als Welt-Eroberer!
DER GOUVERNEUR:
Octavio, es gilt, den Zaubrer einzufangen,

Dem Scheiterhaufen ihn zu übergeben. *Zu Don Juan:*
Begleitet Ihr uns, Herr?

DON JUAN: Das ist unmöglich.
Leer steht und ohne Aufsicht meine Wohnung.
Ich muß dahin, – doch werd ich unterwegs
Die Diener der Gerechtigkeit ermuntern,
In Eurer Nachforschung Euch beizustehn.

DER GOUVERNEUR:
Das nehm ich an und bitte nun zugleich,
Das Hochzeitsfest des Don Octavio
Und meiner Tochter, anberaumt auf morgen,
Mit Eurer Gegenwart zu zieren.

DON JUAN: Sicher erschein ich da.

DON OCTAVIO: 'ne Ehre wird's uns sein.

DON JUAN:
Ich bitte, Herr – die Ehre ist auf meiner Seite.

DER GOUVERNEUR: Lebt wohl bis dahin.

DON JUAN *für sich*: Geht zum Teufel, Narren!

Der Gouverneur und Octavio ab.

DON JUAN:
Luft! Luft! – O Worte! Worte! Ach, nur da,
Wo Küsse euch ersticken, lebt sich's selig!
– Und doch, geht's mir nicht selbst grad wie dem Baum,
Der, voll von Blättern, bei dem schwächsten Windstoß
Aufrauscht? – Mich freut es nur, daß ich dem Faust,
Dem Renommisten der Melancholie,
Der nach der Hölle seufzt, weil er die Himmel
Nicht kennt, die sich in Donna Annas Augen,
Anmut und Feuer strahlend, endlos auftun,
Die beiden Toren auf den Leib gehetzt –
Ob er kann zaubern, mag er jetzt bewähren!
– Ich aber lobe mir die Wirklichkeit!
Der Gouverneur, Octavio sind fort,
Das Haus geöffnet, und der Sieg ist mein! *Er will die Haustür öffnen, findet sie aber verschlossen.*
Verwünscht! die Schlauköpfe sind auf der Hut

Gewesen, fest verschlossen ist die Tür! –
– Pah! alles einerlei! den Endzweck fest
Im Aug gehalten, – ist er stets nur einer,
So führen tausend Pfade auch zu ihm!
– He! Leporello! Leporello!

LEPORELLO *kommt*:
Mein Arm! mein Arm! dem Feldscher hing das Haupt,
Als er ihn sah, gleich einer Tränenweide –
Der Doktor legt' an seine Nas den Finger
Wie eine Lunte, und dann brach er los
Von Skrupeln, Skrofeln und von Kachexie!
Durch Euch bin ich ein Krüppel auf zeitlebens!
O welch ein Lohn für meine treuen Dienste,
O welch ein Gang der Welt!

DON JUAN: Ich rate dir,
Sei still! Sonst sollst du vor der zweiten Wunde
Die erste bald vergessen. – Kennst du
Die Dienstmagd Donna Annas?

LEPORELLO: Herr, was denkt Ihr?
Ich eine Dienstmagd kennen! Und zwar diese!

DON JUAN:
Verstell dich nicht! Du schleichst auf mein Gebot
Drei Tage schon um dieses Haus und hättest
Das Mädchen übersehn? Sie leuchtete
Der Donna, als sie an das Fenster trat –
Ein schwarzes Aug, ein Grübchen in der Wange,
'ne weiße Haut, ein zarter, voller Arm
Und eine nette Taille sind ihr gar
Nicht abzusprechen.

LEPORELLO: Und das alles saht
Ihr, als der Blitz von Annas Schönheit auf
Euch fiel gleich einem Adler, wie Ihr sagtet?

DON JUAN:
Warum nicht? Stand die Dienrin doch daneben.

LEPORELLO: Ihr seid ein Kraft-, Universal-Genie!
Die Herrin lieben, von der Dienerin

Entzückt, – und das so durcheinander während
Desselben Augenblicks – Weh mir! mir schwindelt!
DON JUAN: Mensch, hältst du mich für einen albernen
Pedanten, eingewurzelt in Systeme?
Wo ich die Schönheit finde, schätz ich solche,
Und sei sie, welcher Art sie wolle.
Die Dienerin liebt anders als die Herrin,
Und nur Abwechslung gibt dem Leben Reiz
Und läßt uns seine Unerträglichkeit
Vergessen!
Sprich! Wo ist des Mädchens Zimmer?
LEPORELLO: 's ist eine Sünde, daß ich's Euch verrate, –
Der Engel wohnt dort in dem Erdgeschoß –
– O mögen alle Teufel ihn beschirmen,
Denn vor den Engeln seid Ihr gar nicht bange!
DON JUAN: Eil an ihr Kammerfenster, – frag sie aus,
Wo man die Donna Anna außer dem
Palaste morgen treffen kann.
LEPORELLO: Das soll
Ich mitten in der Nacht tun?
DON JUAN: So will ich's!
Das ist romantisch; auch mag ich nicht warten.
Du weckst sie auf als kosender Liebhaber –
Was wär wohl süßer für ein Mädchen als
Aufwachen unter Schmeichelei, dem Lenz,
Bei dem selbst alter Weiber Stirnen sich
Verjüngen?
LEPORELLO: Nun, es sei versucht!
Ich singe ihr eins vor, das selbst die Bären
Erschüttern und dem Dachs im Winterschlaf
Die Ohren spitzen wird gleich Türmen!
DON JUAN: Sing
So leis als möglich!
LEPORELLO: Keine Sorge! Hört nur!
Es ist ein altes Lied, ein seltnes Lied,
Und ein verschmähter Liebender hat es

In einer Sommernacht, nachdem er lang
Geseufzt, endlich erfunden und gedichtet. *Singt:*
„Ein Käfer auf dem Zaune saß – Brumm, Brumm,
Die Fliege, die darunter saß – Summ, Summ,
Fliege, willst du mich heiraten? – Brumm, Brumm,
Ich gebe dir einen Dukaten – Summ, Summ.“

DON JUAN: Halt, brauch Vernunft!

LEPORELLO: Vernunft? So muß ich sprechen,
Denn Singsang bleibt doch ewig unvernünftig! *In das Fenster flüsternd:* Schläfst schon, Lisettchen? – Nicht ein Wörtchen? – Ach, du schläfst also noch nicht. Und du schmollst mir? – O mein Hermelinchen, mein Püppchen, wie kannst du mir schmollen? *Zu Don Juan:* Die verwünschte Ratte schläft nicht, sonst wär sie schon längst aufgewacht und hätte mir geantwortet. Sie wacht und kokettiert mit ihrem Schweigen.

DON JUAN: Woher kennst du ihren Namen?

LEPORELLO: Ihren Namen? Eh, den les ich so aus ihrem Wuchs, aus ihrer Physiognomie – Herr, wie der Name, so sieht der Mensch aus, – Ihr glaubt nicht, was so ein Schall tut, – die Amalien sind lang und schwärmerisch, die Karolinen drall und pfiffig, die Julien voll und lebhaft, die Wilhelme, die Christiane haben so etwas von viel gebrauchten Geldstücken und sind abgeschabt, mager und bleich, – die Augusten neigen sich zum Braunen, – o Herr, bin ich ein Unglückskind, so ist's, weil mich meine Eltern Leporello taufen ließen. *Wieder am Fenster:* Lisette! Schönste der Jungfrauen! Geliebteste! Eine Silbe! Nicht schlafen kann ich und nicht essen. Deine Schönheit, deine Tugend rühren mich zu Tränen.

DON JUAN: Wie die Zwiebeln!

LEPORELLO: Was ist deine Gebieterin gegen dich? Ein ärmliches Ding, ein Würmchen!

DON JUAN: Spitzbube!

LEPORELLO: Still – Paßt auf – das hilft – das glaubt sie!

DON JUAN: Hast recht – die Mädchen machen es mit dem Glauben wie die reichen Leute mit der Speise, – sie nehmen nur das zu sich, was ihnen angenehm schmeckt.

LISETTE *drinnen*: Pfui, Pfui! Wer lärmt da so unverschämt? Will er denn noch gar nicht aufhören, der böse Mensch?

LEPORELLO: Hört Ihr? „Noch gar nicht aufhören!" – Sie hat mich schon lange gehört!

DON JUAN: Sie schimpft! Das Schimpfen ist die Lärmglocke der Hetären!

LEPORELLO: Ihr kennt die Praxis; doch ich auch ein bißchen. *Einen Ring vom Finger ziehend:* Seht, so ein Reifen ist für Mädchenaugen des Zirkels Viereck, der echte Zauberring – die Beste gibt dreimal ihre Unschuld zu, wenn sie nur einmal einen Ehmann kriegt.

DON JUAN: Die Ehherrn sollten künftig die Trauringe statt auf dem Finger in der Nase tragen, zum Zeichen, daß sie doch an der Nase geführt werden.

LEPORELLO *am Fenster*: Teuerste Lisette, kennst du mich denn nicht? Ach, deinen Trauring hab ich dir mitgebracht, ich führe dich morgen zum Altar.

DON JUAN: Ehdem führte man zum Altar Kälber und Schafe, um sie zu schlachten, jetzt die Mädchen, um sie zu heiraten. – Nichts Neues unter der Sonne!

LISETTE: Graf Leporello –

DON JUAN: Wie, Kerl? Du hast dich für einen Grafen ausgegeben?

LEPORELLO: Si, Signore – Ich liebe stets als ein Graf.

LISETTE: Graf Leporello – Täuschen Sie kein armes Mädchen; hüten Sie sich; so arm ich bin, ich bin doch eine Römerin; bei der Madonna, ich töte Sie, wenn Sie mich betrügen! – Warten Sie! Ich komme. – Wo ist der Ring?

LEPORELLO: Hier, du Süße! Nimm ihn. Treu und echt ist meine Liebe wie sein Gold! *Zu Don Juan:* Nicht bange, Herr; er ist von Kupfer und kostet nur sechs Pfennige, die ich mir aber morgen zu ersetzen bitte.

LISETTE *den Ring nehmend*:
Ja, Graf! ich steck es an, das Pfand der Treue,
Und folge dir bis in den Tod!
LEPORELLO: Nun hab
Ich dich – o glücklich Los. – O meine Mutter!
Die macht dir Augen zu der Mißheirat –
Die arme Frau, der Schmerz wird sie verzehren!
Doch mag die ganze Welt zusammenbrechen,
(Sie bleibt schon stehen, mir ist gar nicht bange!)
Was kümmert's mich, wenn ich nur d i c h besitze!
– Wo treff ich morgen Donna Anna am
Gelegensten? Ich hab mit ihr deinthalb
Zu reden.
LISETTE: Donna Anna wandelt morgen
In ihres Vaters Garten.
LEPORELLO: Und wo liegt der?
LISETTE: Am Tibertor, gen Osten.
LEPORELLO: Nun weiß ich genug.
– Nur einen Kuß, Holdselige, zum Abschied.
LISETTE:
Du willst mich schon verlassen, Ungetreuer?
LEPORELLO:
Bis morgen nur, du Angebetete!
Dann fahr ich vor mit Rossen und mit Wagen
Und führ dich an den Ebro, wo mein Schloß
Hoch in der blauen Luft sich auftürmt!
LISETTE: Komm
Und nimm den Kuß und denke mein!
DON JUAN: Zurück!
Wer wagt es, da zu küssen, wo i c h weile?
LEPORELLO: Ei, Herr –
DON JUAN: Bei deinem Leben, schweige still!
Die einz'ge Speise, deren man nicht satt
Kann werden, ist der Kuß; – wo man ihn nimmt
In meiner Gegenwart, da raubt man mir
Das Essen vor dem Munde!

LISETTE: Graf, mein Graf!
Wo seid Ihr? O mein Himmel – Er verläßt mich,
Verschmäht den Kuß, den ich ihm biete –
– Der Keil des Donners soll ihn schlagen,
Mein Fenster aber schlag ich zu! –
DON JUAN *zu Leporello*: Den Donner
Der zugeschlagnen Fenster laß dir dreist
Gefallen!
– Vor mir Nacht, bis daß Aurora
Vor Scham errötet, weil die Donna Anna
Viel schöner ist als sie! – He, Leporello –
Die Grafen Lucar, Sanvitale lad
Zu mir.
LEPORELLO: Ein Spielchen also?
DON JUAN: Ja, mein Guter,
Und Wein! – Auf einer Karte, einem Blättchen,
Das ganze Geld, das ganze Leben schwebend,
Dem Sturme des Geschickes preisgeboten,
Das nenn ich zeitvertreibenden Genuß!
Laut jauchz ich, flög auch alles in die Luft!
Der Einsatz war just dieses Wagstücks wert, –
Và banc der Possen!
LEPORELLO: In zwei Nächten schlieft
Ihr nicht.
DON JUAN: Pfui, pfui der Schlaf. – Die Zeit, die man
Nicht schläft, heiß ich dem Tode abgewonnen –
Die Augen offen, gleich nie müden Sonnen! *Ab.*
LEPORELLO:
Der Mensch ist unersättlich im Genusse –
Und wirklich, wär ich nur in seinem Stand
Und Reichtum – höchstens wär ich noch einmal
So schlimm als er! – Nun zu dem Sanvitale! *Ab.*

Zweite Szene

Rom. Zimmer des Doktor Faust auf dem Aventin.
Eine Lampe brennt.

FAUST *erhebt sich vom Schreibtische*:
Unsel'ge Nacht, willst du denn nimmer enden?
– Weh mir, sie hat erst eben angefangen –
Noch schlug's kaum elf. Zurück zur Arbeit also.
– – Zur Arbeit! Zum Studieren! Schmach und Jammer!
Tödlicher Durst und nie gestillt! Sandkorn
Zum Sandkorn sammeln, grenzenlose
Und immer grenzenlosre Wüsten um
Sich her zu bauen, und sodann darin
Sich lagern, schmachtend und verzweifelnd! – Ha,
Ein Raubtier wird man, bloß um sich zu nähren!
Empfindungen, Gedanken, – Herzen, Seelen –
Den Menschen und das Leben, – Welt und Götter
Ergreift es und erwürgt es sich zur Beute
Und schreit vor Zorn und Hunger, wenn es kaum
Zehn Tropfen Bluts in ihren Adern findet.
– Wer hat gestrebt wie ich? Wo ist der Pfad
Der Kunst, der Wissenschaft, den ich nicht schritt?
Weit ferner, kühner (ohne Rühmen darf
Ich's sagen) drang ich darauf fort als all
Die Herren, die beim ersten Meilenstein
Umkehren, voll von ihrer Reise Wundern,
Und als gelehrte, selbstzufriedne Toren,
Von größern Toren angestaunt, sich brüsten!
– Ich aber wanderte und wanderte –
Es blieb die Sonne hinter mir zurück,
Und nur ein paarmal merkt ich, daß sie trübe,
Fast wie ein rotgeweintes Mutterauge,
Mir durch die Nebel nachsah. Weg mit ihr!
Es war ein schönres Licht, nach dem ich suchte!
Und schau, da ist das Ziel: vor mir der Abgrund,
In den die Ströme der Gedanken, des

Gefühles brausend niederschäumen, ohne Rückkehr,
In dessen Brodem sich des Zweifels Hyder,
Mit roter Zunge giftig flammend, windet
Und mästet! –
Golgatha,
Du Schädelstätte, wo das Licht der Welt
Der Todesnacht sich hingab, daß es sie
Verkläre – Auch dein Strahl dringt nicht hieher!
– Du großes Buch, du Bibel (Fels des Glaubens, sagt man),
Von Varianten voll und Doppelsinn,
Voll Weisheit und voll sonderbarer Sprüche,
Mit keinem sichren Laubdach überwölben
In diesem dunklen Sturm mich deine Blätter;
Welk, trocken fallen sie wie Laub des Herbstes,
Und wenn ich's nicht im Innern spüre, führen
Nicht tausend Bibeln, tausend Paradiese,
Nicht alle Ewigkeiten mich zum Heil! –
– – Oh, welche Flammenschrift brennt mir im Haupte?
„Nichts glauben, kannst du, eh du es nicht weißt,
Nichts wissen kannst du, eh du es nicht glaubst!"
Kein ird'scher Geist, der dieses Rätsel ahnt
Und nicht nach seiner Lösung seufzte, – Keiner,
Der sie gefunden, – Selig die, die schwach
Genug sind, um, vom Schein geblendet, Schein
Für Licht zu halten, – blindlings glauben, weil
Sie blindlings hoffen! Die schlaftrunknen Seelen!
– Doch lieber will ich unter Qualen bluten
Als glücklich sein aus Dummheit! – Erdball, Boden,
In dem ich wurzeln muß, der mich geboren –
Ein ausgerißner, ausgedorrter Stamm
Bin ich, wenn ich in deinem Mark den Fuß
Nicht fassen, Kraft und Freude nicht draus ziehn kann,
Wenn ich entwurzelt mich in jenen Abgrund,
Der bläulich über unsren Scheiteln dämmert,
Voll der bigotten Hoffnung stürzen soll,

Daß dort in wüster Unermeßlichkeit
Und Ferne aufzufinden sei, was ich
Im nahen, engen Raum nicht finde!
Nah!
Was ist mir näher als das Vaterland?
Die Heimat nur kann uns beseligen,
Verräterei, die Fremde vorzuziehn!
Nicht Faust wär ich, wenn ich kein Deutscher wäre!
– O Deutschland! Vaterland! Die Träne hängt
Mir an der Wimper, wenn ich dein gedenke!
Kein Land, das herrlicher als du, kein Volk,
Das mächt'ger, edler als wie deines! Stolz
Und stark, umkränzt von grünen Reben, tritt
Der Rhein dem unverdienten Untergang
In Niederlandens Sand entgegen, – kühn
Und jauchzend stürzt die Donau zu dem Aufgang –
Unzähl'ge deutsche Adern rollen grad
So stolz und kühn als Deutschlands Ströme! – Schau,
Hoch über dem eiszackigen Gebirg
Tirols erhebt der Adler sich zur Sonne,
Als wäre da sein heimatlicher Horst, –
Die Berge schrumpfen unter seinem Blick
Zu Stäubchen ein, – tief unten aber in
Tirols beengten Tälern schlägt für Kaiser
Und für Ehre manches Herz weit höher als
Der Adler wagt zu steigen –
Selbst dies Rom,
Wer war's, der diesen Käfig brach, in dem
Die Nationen römisch erst und dann
Papistisch siegen lernten? Ha, hier war es,
Wo Alarichs, des gotischen, wo Karls,
Des fränk'schen Landsmanns, wo der Hohenstaufen
Siegsrauschende Paniere flatterten,
Geliebkost von der heißen Luft, die einst
Die Kön'ge tötete!

Hier ist es, wo
Sankt Peters Kuppel sich emporgewölbt,
Den Blick der Menschheit ins Endlose auf-
Zufangen, – schmählich jetzt geborsten vor
Dem Donnerrufe, der aus Wittenberg,
Aus meiner Vaterstadt, aus Luthers Munde,
All meiner Zeitgenossen größten, über
Die Alpen furchtbar herklang!
– Und – doch, o doch! –
Auch Luther, du! den Wahn hast du verjagt,
Zermalmt, zernichtet hast du wie der Blitz,
Nur etwas andres, Wahrheit, die besteht,
Beruhigt, hast du nicht gegeben – Offner
Als je tut sich vor dem enttäuschten Auge
Die Tiefe auf – Zertrümmern, mit den Trümmern
Ein Trümmerwerk erbaun, das kann der Mensch,
Das kann er mit den Körben oder Eimern,
Durch die er Stein zum Steine, Tropfen trägt
Zum Tropfen, die er Kunst und Wissenschaft
Benennt!
Aus nichts schafft Gott, wir schaffen aus
Ruinen! Erst zu Stücken müssen wir
Uns schlagen, eh wir wissen, was wir sind
Und was wir können! – Schrecklich Los! –
– Doch sei's!
Es fiel auch mir, und folg ich meinen Sternen! –
Deutschland! Vaterland! – und nicht einmal
Im Schlachtfeld konnt ich für dich kämpfend fallen –
Du bist Europas Herz – ja, ja, zerrissen,
Wie nur ein Herz es sein kann!
– – Roma, du!
Dem Vaterland entfloh ich, als es mich
Nicht konnt befriedigen, – Ich floh zu dir,
In mir die ganze Menschheit aufzunehmen
Und mich in dem Genuß zu sätt'gen, – denn
Du, Rom! bist der zerbrochne Spiegel der

Umfassendsten Vergangenheit, und Heldenbilder,
Im Glanz des Blutes der Nationen und
Der eingebornen Bürger funkelnd, tauchen
Aus dieses Spiegels Scherben mehr und mehr,
Je tiefer man hineinblickt, gleich den Sternen
Aus dunkler Nacht! – Du bist die Stadt, wo sich
Im Augenblick Jahrtausende verschmelzen:
Papst auf dem Kapitol und auf dem Pantheon
Efeu von gestern!
Roma, Herrscherin
Der Welt! Weh, dreimal weh ihm, der gleich mir
Zu dir gekommen, daß du ihn erhebest!
Die Reiche alle sanken hin vor dir zu Staub –
– Warum? weiß niemand! Denn du warst nicht besser
Als sie! – Und als dein Schwert nun alles
Dir errungen, fielst du auch mit allem wieder
In Nacht und Barbarei – Aus dieser quoll
Ein neues Blut, ein neues Licht hervor, –
Umsonst hast du gestritten und gewürgt –
Der Klang nur von zerrißnen Geistesfesseln,
Die du um halb Europa wandest, ist
Geblieben – Frankreichs, Spaniens,
Italiens Sprachen!
Haben denn die Schlachten,
Hat der Ruin der Völker nur den Zweck
Von Märchen, die erfunden zur Belehrung?
Sind Weltbegebenheiten weniger
Als Weltgeschichte? Jammer über uns!
Denn die Geschichte hat die Menschheit nie
Gebessert! – Nur ein Don Juan vermag
Inmitten unter der Zerstörung Lava
An Millionen Blumen sich vergnügen
Und nicht bedenken, daß es viele zwar,
Doch alle auch vergänglich sind, – daß wohl
Zerstreuung, aber keine Sicherheit

Und Ruhe da zu finden, wo die eine,
Die Unverwelkliche nicht blüht! –
So sei's denn!
Länger ertrag ich's nicht! Ich sucht die Gottheit
Und steh am Tor der Hölle – doch noch kann
Ich weiter schreiten, weiter stürzen, wär
Es auch durch Flammen – Ziel, ein Endziel muß
Ich haben! – Gibt es einen Pfad zum Himmel,
So führt er durch die Hölle, mindestens
Für mich –
Wohlan, ich wag es!
Nicht erlernt
Ich die Magie, mit der ich an den Wurzeln
Des Erdballs rütteln, Sterne löschen kann
(Nur meine Zweifel nicht), auf daß sie nutzlos
Als Theorie versaure – Ha, dort liegt
Mein Höllenzwinger (ach! kein Herzbezwinger!) –
Windsbrausen hinter der Szene. Faust tritt ans Fenster.
Hum,
Spürt ihr's, was ich beginne, Elemente?
Bleich glänzt der Mond, und furchtsam fliehn
Die Wolken unter ihm dahin – *Er tritt wieder zurück, nimmt den Höllenzwinger, einen mit Ketten umwundenen Folianten, aus dem Verschluß und legt ihn auf den Tisch.*
Laß fliehen!
– Auf schlag ich es, das Buch der Tiefe –
Er schlägt den Höllenzwinger auf; sogleich erlöscht das auf seinem Tische brennende Wachslicht.
Was da? Erlöscht das ird'sche Licht? Meinthalben!
Nichts konnt es bei zahllosen Nachtwachen,
Am Pulte überstanden, mir erhellen –
– Ein andres ew'ges Licht, aus jenen Schachten,
Worin die Mittagssonne sich auf stets
Verdunkeln würde, ruf ich mir zu Diensten!
– Herauf und leuchte mir!

An der Stelle, wo Fausts Licht erloschen ist, steigt eine glutrote Flamme auf und leuchtet ihm während der ganzen folgenden Szene.
Faust faßt sich, wie schwindelnd, an die Stirne:
Weh! Funken der Hölle!
Bin ich verloren?
Mut! Mut! vorwärts! *In den Höllenzwinger blickend:* Welche
Schriftzüge! Ich, ich selbst war's, der sie malte –
Und jetzt! – Verwünscht, der Mensch erkennt nur dann,
Wann er's bereits getan hat, das, was er
Getan, und Teufelshände
Sind öfters unsichtbar im Spiel! – *Wieder im Anschauen des Buches verloren:*
– Wie giftiges Gewürme windet, dreht
Sich's hier – dazwischen schwefelhafter Schimmer!
– O Unheil und Verzweiflung! Was sind Tiger?
Was sind Alligatoren? Krokodile?
Nichts! nichts! 'ne Albernheit, ein wahrer Spaß
Hiergegen! – Dampf umweht mich, den kein sterblich
Gemüt erträgt. *Vom Buch auffahrend und in die Leere starrend:* Ich sehe sie: die Pforten
Der Hölle! Ehern, brennend heiß, – vom Feuer,
Das hinter ihnen lodert, hoch gerötet
Gleich glühnden oder überschminkten Wangen
Der Jungfraun oder Huren! – Alles eins!
Weh dem, der je zurückblickt!
An klopf ich, bebt' die Erd auch auf! – Adieu,
Ihr Engel, lieben Kinder, gute Nacht!
Fort mit den Träumen, womit ihr mich oft
Umgaukelt habt und bitterlich getäuscht, –
Erwachen, wissen, daß ich wach bin, will
Ich, sei es auch durch Stich der Höllenqualen! *Feierlich und sehr ernst, die Hand auf den Höllenzwinger gelegt:*
Satan! Bei jenem Namen, welcher dir
Allein gebührt, – vor dem du stets erbleichst,
Der ewig donnernd dir im Herzen rollt, –

Den nie ein Mensch gehört, – der größer ist
Als du, der du ihn trägst, – der hier gezeichnet
Steht, ruf ich dich, erschein, erschein und leist
Mir deine Dienste! *Wieder in die Leere starrend:*
Ha! auseinander fahren
Die Schreckenspforten! – Welch Gerassel! –
Ein Flammenstrom stürzt ein auf meine Brust –
– Armsel'ge Flammen, – ihr, ihr wärt's, mit denen
Die Gottheit die Verruchten droht zu strafen?
O meine Brust brennt heißer als wie ihr!
– Doch schau! Da kommt es! kommt es! Eine
Schlange
Mit gelbem Auge, – schuppig, – mit dem Schweif
Die Sterne peitschend und den Tartarus,
Bewegt sich her – die Luft wird mir zu enge –
Ich kann nicht atmen – schon umklammert
Das Ungeheur mein Haus, mich von der Welt
Absondernd wie der Meeresarm das fern
Entlegne Eiland!

Die Glocke schlägt zwölf Uhr nachts. Faust horcht auf:

Weh mir, dieses war
Der letzte Klang, der, hoch vom Turm, mir aus
Der Menschheit Kreis entgegenschallt! – Sie hat
Geschlagen, meine letzte, unter Menschen
Menschlich verlebte Stunde!

Es wird dreimal stark an die Tür gepocht, jedesmal begleitet von einem heftigen Donnerschlage.

Horch! das sind
Die Glockenschläge, die ich fortan höre! – –
– Er naht, der Feind! – Nicht Hülfe ruf ich! – Eher
In Tod und Ohnmacht als in Furcht! – Herein! *Er stürzt ohnmächtig auf einen Sessel.*

Ein Ritter, mittleren Alters, bleichen Gesichts, nach Sitte des sechzehnten Jahrhunderts, jedoch durchaus schwarz gekleidet, tritt herein.

DER RITTER:
Wie? in Betäubung fällt der stolze Rufer,
Da wir uns nähern? Also viel Geschrei
Und wenig Kühnheit – *den Faust rüttelnd* –,
Hund, erwache!

FAUST *aus der Betäubung sich aufrichtend*: Wer –
Wer nennt mich Hund? – Du, Viper? Zittre vor
Dem Fußtritt deines Herrn.

DER RITTER: Herr, Herr, Ihr lagt
Vor Eurem Knecht in tiefer Ohnmacht!

FAUST: Einmal
Und nimmer wieder! Nur mein Körper, nicht
Mein Geist war schwach. Dein Anblick war abscheulich.

DER RITTER:
Der Torheit! Nicht das Auge, nur der Geist
Dahinter sieht! Entschuldigt Eure Schwäche
Nicht mit der reinen Brill in Eurem Haupte.

FAUST:
Wo denn die Trennung zwischen Geist und Körper?

DER RITTER:
Eh ich Euch Antwort gebe, muß ich wissen,
Wozu Ihr mich berieft? auf welcherlei
Bedingungen?

FAUST: Wer mit dem Teufel dingt,
Der wird betrogen.

DER RITTER: Auch der weise Faust?

FAUST: Er wird es darauf wagen.

DER RITTER: Gut, so greift
Das Nächste und erreicht dadurch die Ferne.
Hier meine Hand – Nur nicht davor gezagt –
Ihr seid ja kein Trabant von ihm, mit dem
Sie einst gerungen hat und ringen soll,
Bis meine Herrschaft sieget oder seine!

FAUST: Des Renommisten! Du bist längst besiegt!

DER RITTER: Besiegt? Ha, Frevler – – *Wieder mit Kälte und Ruhe:* Ja, wir stürzten – Zufall

Entscheidet oft das Los der Schlachten, – List
Bewältigte uns auch, – er wollte herrschen,
Ich wollt es auch, der Gleichberechtigte –
Doch ich war offen, und er heuchelte –
Er hieß die Fesseln „Liebe“, und sieh da,
Es waren Toren allerwärts, die über
Dem Klang des Wortes den der Kette nicht
Vernahmen – doch die Nacht ist unerschöpflich,
Das Licht bedarf der Nahrung und erlischt
Deshalb gar leicht aus Mangel. – Sterne, Sonnen
Verkohlen, Liebe sättigt sich, – es dringt
Das alte Dunkel, womit wir die Welt,
So weit sie sich auch dehnt, umlagern, schnell
Hervor, wo etwas einbricht. – Er muß sich
Schon wieder wehren, und wir greifen wieder
An! Dicht am Himmel, keinen Fingerbreit
Davon entfernt, stehn unsre Throne. – Zeig
Das Herz mir, sei's auch ausgestopft und glatt
Gesalbt mit gleißendsten Erbauungen
Des Katechismus, das in seinen Schlünden
Nicht auch für uns ein winklig Plätzchen hätte!

FAUST:
Du sprichst von Finsternis, und ich will Helle!

DER RITTER:
He, Doktor! ist's die Nacht nicht, die das Licht
Gebärt? Steh ich nicht hier, weil jener Schein,
Womit sie Euren Horizont umfärben,
Nur Blendwerk ist auf schwarzem Grunde? Wollt
Ihr jene Lava-Adern nicht erspüren,
Die in der Nächte tiefster rollen, alles
Entzündend, aber alles auch entzückend?

FAUST: O welche Wonne! welcher Hochgenuß!
Könnt ich euch fühlen, tiefste Pulse der
Natur!

DER RITTER: Ihr sollt sie fühlen, Doktor – *für sich* –, wenn
Du dir dabei den Finger nicht verbrennst.

FAUST: Gewagt, gewonnen! Ewigkeiten weg
Für Augenblicke! Lieber bare Münze
Als zweifelhafte Schuldanweisung für
Die Zukunft! Du bist mein in diesem Leben,
Ich dein im Tode! –
Dafür aber fodr ich
Die ganze Kraft, die dir als Cherub einwohnt,
Fodr ich, daß du mit deinen mächt'gen Flügeln
Mich von des Wissens Grenzen zu dem Reich
Des Glaubens, von dem Anfang zu dem Ende
Hinüber suchst zu tragen, – daß du Welt und Menschen,
Ihr Dasein, ihren Zweck mir hilfst enträtseln, –
Daß du (der Theorie nur halber, denn
Die Praxis geb ich auf, seit ich mich dir
Ergeben) mir, und wär's beim Schein der Flammen,
Den Weg zu zeigen suchst, auf dem ich Ruh
Und Glück hätt finden können!
DER RITTER: Kleinigkeit!
Sehr große Kleinigkeit!
FAUST *für sich*: Zweideutler!
'ne Kleinigkeit – doch warum eine große?
DER RITTER: Doch erst ersuch ich dich (wir stehn ja nun
Auf du und du) um ein paar Tropfen Bluts,
Das Pakt zu unterschreiben. Hier Feder,
Hier Papier!
FAUST: Alles bei der Hand? Viel Vorsicht!
DER RITTER *für sich*: Und desto wen'ger Nachsicht!
FAUST *verwundet sich an der Hand und unterschreibt das Papier mit seinem Blute. Dann gibt er es dem Ritter zurück*:
Nimm sie hin,
Die alberne Formalie.
DER RITTER *für sich*: Er ist mein! *Laut:*
Nun sollst du –
FAUST: Soll? Sklav, welch frecher Ton?
Was soll ich? Wer befiehlt mir?

DER RITTER: Doktor, Meister,
Ich lieg vor dir im Staube!
FAUST: Lieg und zittre! *Für sich:* Ha,
Die Schlange! Krümmt sie sich nicht nieder wie
Zum Sprunge? O wie furchtbar wird sie sich
Aufrichten, wenn die Zeit dazu gekommen! –
DER RITTER: Mein lieber Doktor, wissen willst du, was
Das Glück ist? Glück ist die Bescheidenheit,
Mit der der Wurm nicht weiter strebt zu kriechen,
Als seine Kraft ihn trägt, – Glück ist es, gleich
Dem Don Juan (von dem du viel magst lernen)
Stets zu genießen und den Magen nicht
Verderben, – Unglück ist es, daß dein Geist
Zu schwach ist zur Verdauung irdischer
Gesunder Speisen und daher Luftbilder
Aufschnappt –
FAUST: Und Glück ist es für Euch, Herr Ritter,
Daß Ihr so traurig liegt vor mir am Boden,
Daß ich mich schäme, für das geifernde
Salbadern, das Ihr auskramt, Euch zu zücht'gen. –
– Elender Tor, was du da sprichst, das prüft
Ich längst. – Wo denkst du hin? Gut weiß ich es:
Die Hölle ist der beste Prediger
Der Christenheit, – man fürchtet sie! – Doch nur
Der aufgeblasne stolze Teufel selbst
Kann wähnen, daß der Faust, vor dem er wimmert,
Von ihm sich schrecken ließe!
DER RITTER: Wimmert! Wimmert!
Man wimmert auch nach Rache! –
Wimmert! – O
Ihr meine Hände, reckt euch auseinander
Und packt ihn und durchkrallet seine Brust!
FAUST:
Ruhig! Droh mit den Tatzen nicht! Ich möchte
Drauf schlagen! Noch bin ich der Herr! – Erfüll
Das Paktum!

DER RITTER *sich erhebend*:
Leicht geschehn! Du brauchst nicht weit
Zu fliegen – willst du glauben, willst du lieben,
Nun so verlieb dich in die Donna Anna,
Das schönste Weib, das je in Rom gewandelt.
Den ganzen Rummel hast du dann auf einmal:
Denn wer verliebt ist, seufzt und hofft und glaubt
Und jauchzt!

FAUST: Entriß ich dich dem Schwefelpfuhl,
Daß ich in eines Mädchens Kreis mich bannen,
Daß ich Stecknadeln lösen sollte statt
Der Riegel, womit die Geheimnisse
Des Alls verschlossen sind?

DER RITTER: Es kommt die Stunde,
Wo dir der Donna Anna Busennadel
Weit mehr verschließt, als dir die Welt kann geben!

FAUST:
Hinweg! – die Welt durchgründet! – Hoch, die Kuppe
Umstäubt von Sonnen wie von Flocken Schnees,
Erhebt sich über uns der Äther – Dunkel
Und immer dunkler, ein schwarzfinstres Auge,
Aus dem verborgne Tücke späht und droht,
Tut sich die Tiefe auf –

DER RITTER: Sie tut's! – Du bebst?

FAUST: Was beben! Freude klopft in meiner Brust!
Umfasse mich! – Hinunter zu der Hölle – dann
Zurück zu der Gestirne Höhen! – Hat
Die Tiefe festen Grund, so soll mein Fuß
Ihn treten, hat die Höhe freie Aussicht,
So soll mein Auge darin schwelgen!

DER RITTER: Recht!
Nur fürcht ich, daß dein Fuß am Grund
Der Tiefe schwankt und daß dein Auge, bei
Der Aussicht von der Höhe, schwindelt.

FAUST: Wer war es, der die Pulse der Natur
Erst eben noch mir zeigen wollte?

DER RITTER: Doktor,
Ich war es! Doch bedenke, Menschlein, – nur
In Übergängen wird's dir ungefährlich,
Den Anblick der entschleierten Natur
Zu tragen. Wenn du da, wo im Gewühl
Die Sonnen fliegen, die Kometen lodern,
Milchstraßen gleich Heerstraßen hin zum Thron
Der Geisterfürsten flammen, plötzlich einsam
Wirst wandeln, wird es, mit Vergunst zu sagen,
Dir ohngefähr ergehen wie der Katze
Im Regenwetter. Ängstlich wirst du laufen,
Mit trockner Pfote Obdach zu erreichen!
Du wirst mir leid tun.

FAUST: Durch den Staub der Bücher
Bin ich gekrochen und bin nicht erstickt –
Frei atm ich in der Glut des Firmaments!
– Dein Mitleid spar – ich mag's nicht – hab ich Leid,
So soll's mein eignes sein – ein fremdes würd
Es nur verdoppeln, Ritter!

DER RITTER: Kräftig
Gesagt! – So faß mich! – Schau, mein Mantel weht
Um dich gleich einem Rabenfittig – Treu
Wird er uns in der Schwebe halten – Erde
Zur Seite! – Horch, es nahen Tritte – Erst
Hinunter, dann hinauf, wie du geboten!

Er versinkt mit Faust.

Der Gouverneur, Don Octavio und Diener treten ein.

DER GOUVERNEUR:
Das ist des Zauberers Gemach. – Ha, welch
Ein Dampf! Ein Dämon muß es sein, der hier
Geatmet hat!

DON OCTAVIO: Wie Pesthauch qualmt's!

DER GOUVERNEUR: Faust ist
Verschwunden. – Hat das Zimmer einen Ausgang?

DON OCTAVIO:
Ich sehe nur die Tür, durch die wir kamen.
DER GOUVERNEUR:
So fuhr er zu der Hölle!
DON OCTAVIO: Vater, bleich
Und bleicher werdet Ihr!
DER GOUVERNEUR: Auch du erbleichst!
DON OCTAVIO: Hier ist nicht gut sein – Fort!
Während er den Gouverneur wegführt, wendet er sich noch einmal um zu den Dienern: Die Fenster öffnet! –
– – Beinahe glaub ich selbst an Zauberei.
Alle ab.

ZWEITER AKT

Erste Szene

Rom. Garten des Gouverneurs.

Don Juan und Leporello treten auf.

LEPORELLO:
Ach, Herr, schon ist es vier Uhr nachmittags,
Und immer kommt sie nicht. Es wäre besser,
Wir gingen heim und schliefen aus vom Spiel
Und Schwelgen der verfloßnen Nacht.
DON JUAN: Ausschlafen?
Ha, siehst du diesen Garten, diesen Himmel?
Wie dunkelblau der Äther und wie hell
Die Sonne, gleich dem Diamant im Finstern!
Kein Wölkchen zu erblicken! – Ach, wie herrlich –
Trauriges Auge, das hier schlummern kann –
Ein umgestürzter Becher voller Lust und Kraft
Umwölbt der Himmel uns, berauschend uns
Und die Natur. Wie rot und trunken brennen
An dem Gebirg die Trauben!

LEPORELLO: Und wie zierlich funkeln
Der Winzerinnen Backen zwischen durch!
Der netten Winzerinnen, hochgeschürzt,
Die Waden prall, den Fuß so fein und flink –
– Das Wasser läuft mir in den Mund. –
DON JUAN: Der Tag
Ist wundervoll – selbst die Ruinen strahlen
In seinem Schimmer wie verklärte Geister –
Solch einen Herbst trifft man in Rom nur an –
In Siegeskleidung, ähnlich römischen
Altvordern, hüllt sich das Gefild, bevor
Es hinstirbt. – Wie ein goldner Rahmen, der
Das schönste Bildnis, Donna Anna, soll
Empfangen, liegt da die Natur.
LEPORELLO: Sie kommt!
Sie kommt! Ein weißes Damenkleid blinkt durch
Das Grün des Parkes – O Lisette! die
Lisette ist nicht bei ihr! Desto sichrer
Treff ich sie in der Kammer, und
Vorsicht'ge Liebe liebt verschloßne Türen.
DON JUAN:
Sie kommt! sie naht! Was rauscht am schönsten?
LEPORELLO: Geld
Im Beutel!
DON JUAN: Das Gewand der Geliebten!
LEPORELLO: Freilich
Solang, als Ihr's noch nicht – Ihr laset noch
Kein Buch zum zweiten Mal.
DON JUAN: Mach fort! da ist sie! sie!
LEPORELLO:
Das arme Mädchen, wenn's sich läßt betrügen!
DON JUAN: Ich liebe sie!
LEPORELLO: Ihr lieben? – Nun, dann sagt doch:
Wer ist es, der Kalbsbraten, Mädchen, Wein
Und Tanz und alles, was gut schmeckt, gut
Aussieht, so liebt, daß er bei dem einen

Das andre gleich vergißt, zum Beispiel bei
Dem Duft des Bratens der Geliebten kaum
Noch denkt? – Fragt die Studenten Salamancas,
Ob sich ein Liebender so aufführt – Mir
Hat Euer junger Vetter, Sennor Pedro,
Einstmals gesagt: Ihr liebtet nie, Ihr kenntet
Genuß und Phantasie nur!

DON JUAN: Was?
Nur Phantasie wär meine Liebe?

LEPORELLO: So
Sagt Euer Vetter!

DON JUAN: So ist Phantasie
Tausendmal besser als die Wirklichkeit! –
– Jetzt geh fort!

Leporello entfernt sich, Donna Anna kommt, ohne Don Juan zu bemerken; er tritt auf die Seite.

DONNA ANNA: Glänzend, augenblendend
Der Tag – so trüb der Busen – – Nah die Hochzeit,
So fern die Seligkeit – Mich faßt ein Schwindel,
Wenn ich, den heitren Brautkranz in den Locken,
Zufällig im kristallnen Bach mein Bild
Erblicke – Grünt der Kranz noch lange fort,
So sind es meine Tränen, die ihn frisch
Erhalten! – Weh, ich weiß, was meine Seel umdüstert!
Noch gestern nacht hört ich sein Schwert erklingen
Und seine Stimme tönen. – Und sei er der Gott
Der Hölle, dir, Octavio, bleib ich treu!
Du hast mein Wort! Dich will, dich muß ich lieben,
Und sollt ich's dadurch lernen, daß ich mir
Das Herz zerbräche – Liebe weniger
Als Ehre! –
Ach, wie müd bin ich! Das Rauschen
Der Hochzeit, ihre weißen Prachtgewänder,
Wie donnerlaute, weiße Wetterwolken,
Die gegen Mittag an dem Horizont

Aufsteigen, um sich abends zu entladen,
Schwebt das mir vor – ich bin erschöpft wie vorm
Gewitter – könnt ich schlummern und mein Auge
Zuschließen! – Ach, es lächelt doch nicht wieder! –
Sie setzt sich auf eine Rasenbank wie zum Schlummer.

DON JUAN:
– Was hört ich? Lieb zeugt Liebe! Und tut sie's
Auch nicht, so wüßt ich noch ein sichrers Mittel:
Verachtung! Denn Verachtung zu ertragen,
Dazu ist 's Weib zu eitel – – Ha, sie liebt mich!
Nur Tugend, Treu schützt sie entgegen. – Was
Ist Eisen im Schmelzofen, und was ist Tugend
Bei dem Verliebtsein? Tugend wirft man schon
Zu Boden, wagt man mutig nur den Angriff –
Bei Weibern gar ist sie nur eine Art
Koketterie, die unsren Sieg versüßt.
Der Unschuld Bestes ist, sie zu verlieren.
'ne Art Instinkt lehrt das die Damen, – auch
Die Donna Anna fühlt davon ein bißchen!
Er tritt zur Donna Anna.
Erwache, Holde!

DONNA ANNA *aus ihrem Schlummer aufblickend*:
O Madonna! – Er! – Er selbst! –
Fort, Frevler! Warum willst du mich umgarnen?
He, Diener! Diener!

DON JUAN: Deine Diener sind
Nicht nah! – Verzeih, zum Schlummer senkte sich
Dein Augenlid – Ich konnt's nicht tragen – Denn
Wenn du dein Auge schließest, so ist's Nacht
Um mich!

DONNA ANNA: Hinweg! Du schreckest mich!

DON JUAN: Nur wo
Du atmest, leb ich. In die Wüste stößst
Du mich, wenn du mich von dir weisest.

DONNA ANNA: Ha,
Betrüger!

DON JUAN: Weder Gott noch alle Hölle
Vertreiben mich von dieser sel'gen Stelle!
DONNA ANNA: Octavio! Octavio!
DON JUAN: Der Zierling!
Bei meinem Arm, ich töte ihn, weil du
An ihn gedacht!
DONNA ANNA: Abscheulicher! Verwegener!
DON JUAN:
Er preise sich! Denn daß dein Mund ihn nannte,
Die schönste Grabschrift ist's, die einem Mann
Je ward!
DONNA ANNA: Des Lichtes Engel, werdet ihr
Auch ungetreu? Und rafft der Stürme Tosen
Gleich Wolkenbildern euch dahin? Ich weine,
Ich lächle – hasse ihn, ja hasse dich mit Recht!
DON JUAN:
Mich hassen? – Mich, der darin einzig sündigt,
Daß er, von deiner Schönheit Strahl getroffen,
Ein Aar, der freien Flugs im Äther schwebte,
Geblendet nun zu deinen Füßen stürzt?
– – Doch hasse nur, denn auch der Haß wird lieblich,
Wenn es der deine ist!
DONNA ANNA: Zurück! Du trügst
Mich nicht! Nicht Liebe, – Abgrundsflamme ist's,
Die in dem Aug dir lodert – Sie versengt
Mein Herz – Doch – Weh mir! – brenn es auch zu Asche,
Ein Opfer sei's, das ich der Lieb und Treue bringe –
– Nehmt's gnädig auf, ihr guten Genien!
DON JUAN: Du hättest je Octavio geliebt?
DONNA ANNA:
Wer gibt dir Recht, mich darum zu befragen?
DON JUAN:
Unsel'ge, dich willst du und mich vernichten –
Den Schein bewahren und der Wahrheit widerstehn –

Mein Tod ist's und der deinige! Dein Wort
Hast du Octavio gegeben – Soll
Das Wort, soll dieses Eis, womit
Du deine Freiheit fesseltest, als noch
Der Liebe Feuer dir nicht glänzte, dich
Auch jetzt noch binden, da der Lebensfrühling
Mit seiner jungen Sonne zauberkräftig
Hoch über unsre Häupter tritt? – Wie der
Gebirgswald, wenn der Wind des Sommermorgens
Wollüstig sich in seinen Wipfeln schaukelt,
Mit allen seinen Blättern aufrauscht, selbst
Den tiefverstecktesten, und wie in ihm
Die Vögel dann, des Tages Strahl begrüßend,
Mit tausendfältigem Gesang erwachen,
So regt ein neues Dasein unsre Pulse!
– Ich flehe dich, ich fasse deine Hand,
Sprich Leben oder Tod, mit einem Wort,
Mit einer Silbe sag's, ob du mich sterben sehn,
Ob du mich lieben willst?

DONNA ANNA: Ich liebe dich,
Und damit lebe wohl! Nie, Furchtbarer,
Werd ich die Deinige!

DON JUAN: Du liebst mich? Schau,
In lichter Glut flammt meines Lebens Nacht
Empor, berührt vom ersten Strahl des Morgens!
Die Sterne all, die früher einzeln mir
Geleuchtet, schwinden hin vor dieser Pracht!

DONNA ANNA:
Ach, nicht des Morgens freundlich Licht, nein, es
Sind Blitze, die, blutroten Flügelschlags
Zerschmetternd und enteilend, diese Stunde,
So schwül wie keine, uns erhellen.

DON JUAN: Senk nicht
Dein Haupt und fürcht dich nicht vor Blitzen!
Die Liebe macht dich herrlich und nicht
schuldig:

In kaiserlich Gewand, in Purpur hüllt
Sie deine Wange!
DONNA ANNA: Don Juan, ich wollt,
Daß ich im tiefsten Grabe ruhte!
DON JUAN: Geliebte, weine nicht; voll Wollust küß
Ich sonst der Tränen diamantenes
Geschmeide auf, und glaube mir, daß sie
Als echte Edelsteine mir das Herz
Zerschneiden würden!

Er will sie umarmen.

DONNA ANNA: Wag es nicht, mich zu berühren –
Bei Gott, du stürbest oder ich. Der Liebe
Kann ich nicht wehren, doch die Ehre rett ich!
DON JUAN: Entfliehe nicht. Wohin du fliehst, da folg
Ich als Besiegter.
DONNA ANNA: Nicht das Schiff flieht bänger
Vorm Hauch des Sturms dahin als ich vor dir!
DON JUAN: Bin ich ein Sturm? – O lächle, lächle nur
Einmal, und wie du lächelst, wird das Meer,
Das meine Brust durchtobt, sich ebnen, um
Dein Lächeln nachzuspiegeln, – wird die Wolke,
Die meine Stirn umdüstert, fortfliehn wie
Ein schwerer Traum beim seligen Erwachen!
DONNA ANNA:
O könnt ich diesen Traum doch nur weglächeln!
DON JUAN: Jetzt erst begreif ich, was der Tod ist –
Er schließt das Leben, öffnet den Olymp!
Bei deinem freud'gen Blick, dem Todesengel,
Erstirbt vor Schmach und Alter das Vergangene
Und tritt an dessen Stell ein neues Eden.
Wer dir ins Auge sieht, der trinkt vom Lethe!
DONNA ANNA:
Verführer! Höchster Schmerz und höchstes Glück
Umarmen sich, wenn ich dich seh, dich höre!
DON JUAN:
Seit Anbeginn der Welt sind Leid und Freud

In Wort und Tat vermählt – Die treuste Ehe,
Die je gewesen. Darum zag nicht –

DONNA ANNA: Heil!
Da naht Octavio!

DON JUAN *für sich*: Verflucht, ich war
Im besten Zuge. Meinem Mund entströmten
Die Bilder dutzendweise. – *Laut:*
Fräulein, Gott
Befohlen – Jener Don erregt mir Brustkrampf.
– Wir sehn uns wieder.

DONNA ANNA: Nimmer!

DON JUAN: Doch! Gewiß! *Für sich:*
Der Herr Octavio hat mich nicht gewahrt –
Er kommt langsamen bürgerlichen Schrittes.
Zur Seite tret ich in dies Lustgebüsch
Und lausche auf die hübschen Redensarten,
Mit denen er sich expliziert. Man kann
Von derlei Schuften lernen, – sie besitzen
Gefühl – das heißt, statt Phantasie und Geist
Genug zu haben, mit der Leidenschaft
Zu spielen und mit ihr als goldnem Kranz
Des Lebens Horizont zu schmücken, lassen
Sie sich von ihr durchpeinigen, schrein laut
Vor Schmerzen und verkaufen diese Ware
Für freie und selbständige Empfindung.
Und doch – die Weiber sind so dumm – nur Dummheit
Kann sie besiegen – Mit den Wölfen heulen
Und bei den Weibern frömmeln, tanzen, lügen!

Er tritt in das Gebüsch zur Seite, bleibt jedoch dem Zuschauer sichtbar.

DONNA ANNA: Er naht! Octavio! Er, dem ich
Mich weihte und dem ich bleiben will, weil ich
Mich ihm geweiht. – Soll ich's ihm sagen,
Daß Don Juan mich liebt? – Nein, nein, der Schläfer
Soll nicht erfahren, welche Wolk ihm über
Das Antlitz wegzog – Mut, Mut, arme Anna!

Die Tochter des Don Gusman darf den Tod
Nicht fürchten, und noch weniger ihr Herz –
Die Treu ist ewig, Liebe ist vergänglich –
Das Ew'ge siege!

DON OCTAVIO *tritt auf. Zu Donna Anna:*
Er ist da, der Tag
Der Feier, der den Jugendtraum erfüllt.

DONNA ANNA: Den Jugendtraum!

DON OCTAVIO: Geschmückt zum Hochzeitsreihen,
Stehst du geschmückt für mich!

DONNA ANNA: Für dich geschmückt!

DON JUAN *für sich*:
Das Echo klingt verdächtig: Es verändert
Die Worte!

DON OCTAVIO: Grün wie Hoffnungsschimmer glänzt
Der Kranz durch deiner Locken Dunkel – Selig,
Wer solchen Schimmer sieht in solchem Dunkel!

DON JUAN: Wie lange will es dauern, bis der Sennor
Von Mantel und Barett, von Geld und Gütern,
Von Kinderzeugung und Erziehung redet? –
Der wird die Püppchen, die Octaviöchen,
Die schreinden Zeugen seiner keuschen Glut,
Empfindsam auf den Armen wiegen. – Welch
Erbärmliches Geschmeiß!

DON OCTAVIO: Schon als ein Knabe
Verehrt ich dich als Götterbild – wie stahl
Ich mich in deine Nähe – doch so nah
Ich kam, selbst wenn du freundlich mich begrüßtest,
Du bliebst für mich (so schien es mir) ein schöner,
Doch ferner, ferner Stern! Nicht denken konnt ich,
Daß überird'sches Glück, wie deine Stimme,
Dein Anblick es mir boten, hätte nah
Sein können!

DON JUAN *für sich*:
Macht der Hochzeit! Macht des Weins!
Ich schwör's, weil Hochzeit ist, hat sich der trockne

Herr Bräutigam etwas herausgenommen, drei
Glas Wein getrunken, und sieh da, er wird
Poetisch vor der Ehe!

DON OCTAVIO: Jede Hoffnung
Und jedes Sehnen ist erfüllt – Es strahlt
Um mich des Daseins Fülle –

DON JUAN *für sich*: Mich! Ich! Sich! – Der Selbstling!

DON OCTAVIO:
Nicht sel'ger kann ich werden, als ich jetzt
Es bin!

DON JUAN *für sich*: So ist es Zeit, du stirbst heut abend!

DONNA ANNA: Octavio, ich bin die Deine. Nimm die Hand
Und führ mich zum Altar.

DON OCTAVIO: Ich führ dich hin, doch erst
Laß uns des Vaters Segen holen.

DON JUAN *für sich*: Bravo!
Nichts vom alten Schlendrian versäumt:
Des Vaters Segen hilft zur Liebe just
So viel als Katzen bei dem Fischfang!

DON OCTAVIO: Nach
Der Hochzeit, Teuerste –

DON JUAN *für sich*: Liebwerteste –

DON OCTAVIO:
– Ziehn wir, so denk ich, nach der Heimat, – auch
Dein Vater wird uns gern begleiten –

DONNA ANNA: Nein,
Er dient dem Könige, solang er atmet!

DON OCTAVIO:
Vielleicht bewegen ihn doch unsre Bitten!
Denn Ruh und Kinderlieb und überreiches
Auskommen winken ihm auf unsren Gütern.

DONNA ANNA:
Auskommen! Daran denkt er nicht, und dessen
Hat er mehr als genug!

DON OCTAVIO: O zürn nicht, Freundin –
Ich meint es gut.

DONNA ANNA: Dir sollt ich zürnen? Muß
Ich dich nicht lieben bis in Ewigkeit?
DON OCTAVIO: Komm!
Verdienen will ich deine Liebe!
Don Octavio und Donna Anna ab.
DON JUAN *tritt wieder vor*: Der
Armsel'ge! Geld, Heirat und Auskommen
Die Pole seines Lebens! Schade, daß
Maschinen fehlen, um im Ehebett
Und in der Kirche, auf dem Ackerfeld
Und in der Küche solches Volk ersetzen
Zu können! – – Herr Octavio irrt sich aber,
Wenn er heut nacht ins Brautbett wähnt zu steigen –
Denn mitten in der Hochzeitsfeier stürzt
Er blutend auf das Estrich, oder
Nicht heiß ich Don Juan!
LEPORELLO *kommt*: Herr, seid Ihr fertig?
DON JUAN: Noch nicht. Wie steht's mit der Lisette?
LEPORELLO: Herr,
Grad so, wie es mit Donna Anna stünde,
Wenn Ihr sie satt bekommen. – Laßt mich weg
Von Rom, denn in dreiviertel Jahr verklagt
Sie mich auf Heirat!
DON JUAN: Heirat? – Weiß sie auch,
Daß du kein Graf bist?
LEPORELLO: Pah! Graf oder keiner –
Ich bin ein schmucker Kerl, und das ist
Das mächt'gste Kaisertum bei Mädchen.
DON JUAN: Noch
Heut abend ist die Hochzeit Donna Annas!
LEPORELLO: Verflucht!
DON JUAN: Bald zünden sie im Hochzeitssaal
Die Kerzen an, und jede Kerze schlägt
Als Blitzstrahl mir ins Auge!
– Octavio
Muß fallen!

LEPORELLO: Und die Donna Anna muß
Erobert werden!
DON JUAN: Du sollst dazu helfen.
LEPORELLO: Recht gern! wenn Ihr nur so wie früher wohl
Bei ähnlicher Gelegenheit mich schirmt!
DON JUAN: Darauf verlaß dich. – Hier ist Geld, und sorg
So klug nun als dir möglich. – Auf der Hochzeit,
Die gleich beginnt, zu der man mich geladen,
Reiz den Octavio zum Zorn, so daß
Er dich verletzt und ich den Schein erhalte,
Mit Recht um deinethalb mit ihm in Streit
Zu kommen.
LEPORELLO: Leicht gesagt und leicht getan! –
– Doch wenn er mir Ohrfeigen austeilt?
DON JUAN: So
Geb ich für jede Ohrfeig dir vier Skudi!
LEPORELLO: O hätt ich hunderttausend Ohrfeigen,
Ich hätt vierhunderttausend Skudi!
DON JUAN: Sorg nun! *Ab.*
LEPORELLO:
– Nicht leicht ist dieser Beutel – Erst die Hälfte
Für mich – – – Und mit dem Rest komm ich schon aus.
Denn meines Herren Degen, welcher den
Don Bräutigam durchbohren soll, versteh
Ich selbst zu schleifen; – dann fünf Teufelskerle,
Die bei dem Spaße Hand und Dienst uns leihen,
Find ich an jeder Ecke und bezahl
Sie nur mit Groschen, – endlich noch
Sechs Pferde, die uns mit der Braut im Nu
Forttragen, kauf ich nicht, ich miete sie,
Das Nachsehn aber laß ich dem Vermieter. *Ab.*

Der Ritter und Faust treten auf.

DER RITTER:
He, Meister, laßt auf diesem schönen Fleckchen
Uns ausruhn?

FAUST: Knecht, wovon?

DER RITTER *für sich*: Er nennt mich Knecht!
Jahrhunderte soll er das büßen! *Laut:*
Von
Dem Glanze der Kometen, der Planeten,
Der dich geblendet, – von dem Dunkel
Des Abgrunds, welches dein Gesicht hat bleich
Gemacht! – Bist nun zufrieden und begreifst
Du nun, was Ich, was Welt, was Gott (wie ihr
Ihn heißt) sind?

FAUST: Schwächling, der du glaubst, daß Massen
Befriedigen mich möchten, – daß ich albern
Wie ein Eroberer oder Geizhals Größe
Auf Größe häufen möchte, ewig strebend
Und nie am Ende! Ja, versagen mag
Dem Wanderer der Atem, wenn er da,
Wo heiß und gelb, wie Flugsand aus der Wüste,
Die Stern im Weltsturm durcheinander jagen,
Dem wilden Schauspiel zusieht, – doch dazu
Bedarf es nicht des Firmamentes, denn
Sowohl in der Sahara als im Sumpf
Geht dir der Atem aus – Zeige mir
Den Abgrund, welchen ich nicht bodenloser,
Den Gipfel, den ich mir nicht schwindelnder,
Das Weltall, welches ich mir nicht
Unendlich größer denken könnte – Was
Bis jetzt ich von der Welt erkannte, hat
Mir nur bewiesen, daß es Größ und Kleinheit
Darin nicht gibt – und daß die Milb so sonderbar
Erbaut ist als der Elefant – Freund, nach
Der Kraft und ihrem Zweck hab ich geforscht,
Nicht nach der Außenseite!

DER RITTER: Und die Kraft,
Den Zweck begreifst du nicht, selbst wenn ich sie
Entzifferte.

FAUST: Weshalb nicht?

DER RITTER: Weil sie jenseits
Der Sprache liegen. Nur was ihr in Worte
Könnt fassen, könnt ihr denken.
FAUST: Wie? die Sprache
Wär größer als der Mensch?
DER RITTER: Sie ist's!
FAUST: Gefühl und Sehnsucht, alle die sprachlosen
Empfindungen, die gleich Gewitterschauern uns
Durchbeben – Was sind sie?
DER RITTER: Nur Nebel, Nebel!
Was sprachlos ist, ist ohne Sinn und Klarheit!
FAUST:
So wär die ganze Menschheit nur Geschwätz!
– Und warum fühl ich Durst, mehr zu erforschen,
Als mir die Sprache bieten kann?
DER RITTER: Weil du
Zu diesem Durst dich künstlich reizest. Mach's
Wie Millionen deiner Brüder – schlaf,
Iß, trink und sei vergnügt.
FAUST: – Ha – welcher Schatten
Durchzuckte plötzlich Höll und Himmel,
Als du in vollem Glanze sie mir zeigtest?
Als er hereinbrach, standen Engel, Teufel,
Gott und du selbst erstarrt wie Wachsfiguren –
DER RITTER *zitternd und verwirrt*:
Ein Schatten – Nun, ich glaube – dieser
Schatten
(Vielleicht auch nur ein allzuhelles Licht)
Hat oftmals manchen Geist entsetzt – Ich kenn
Ihn nicht – Es scheint, als fiel er in die Welt
Von außen. –
FAUST: Wie?
DER RITTER: Ja, denn nur die Welt, den Teufel,
Den Gott, den du begreifen kannst, begreifst,
Erblickst du!
FAUST: Lügner und Verräter! Wo

Sind sie, die tiefsten Pulse der Natur,
Die du zu zeigen mir gelobt?
DER RITTER: Sie schlagen
In jedem Grashalm unter deinen Füßen!
FAUST: Du Schattenbild! Erbärmlicher –
DER RITTER *für sich*: Er schimpft!
Er schimpft, der Wurm! O wie ein Meer von Gift
Gärt's in mir auf!
FAUST: Ich spür's – ein Teufel weiß
Nicht mehr als wie ein Mensch.
DER RITTER: Narr, der zum Satan
Hinflüchtet, ruhig (oder wie ihr's nennt)
Zu werden. Alle Hölle jauchzt' empor,
Als sie dich rufen hörte. Wollt ihr Glück
Und Seligkeit verdienen, so erhebt
Euch erst zu dem Gigantengeiste, der
Inmitten tausendjähr'ger Flammen, die
Vergeblich ihre Zungen an ihm stumpfen,
Inmitten aller Zweifel, die wie Stürme
Gefühl und Denken aus den Wurzeln reißen,
Inmitten seines Sturzes von des Himmels Höhen
An nichts verzagt, sich auf sich selbst verläßt
Und ewig haßt und kämpft in Siegeshoffnung!
FAUST: Der Geist, der, statt die Zweifel aufzulösen,
In sie sich fügt und, statt die Ursache
Der Liebe zu ergründen, sich begnügt
Mit Haß – das ist ein Geist, der Bären ziert,
Doch keinen Menschen oder Engel. Freund,
Ich habe mich in dir verrechnet!
DER RITTER *für sich*: Glaub's gern!
FAUST:
Zu großen Zwecken kann ich dich nicht brauchen,
Doch da wir einmal wechselseitig sind
Verschrieben, werde ich, solang du mein,
Als Knecht zur Arbeit dich benutzen, und

Mit deinen Kunststücken sollst du mir doch
In etwas dienen!

DER RITTER: Herr, ich bin Euch ganz
Ergeben – Schade nur, daß Ihr ein Mensch seid –
Es liegt ein echter Gott in Eurem Wesen –
Weh tut's mir sehr, daß ich zu klein, Eur Sehnen
Zu stillen. –
Doch das Gleiche liebt das Gleiche!
Wen Sonnen blenden, der vergafft sich leichter
In Mädchenaugen!
– Seht den Spiegel hier!
Was sagt Ihr zu dem Weibsgesicht, das draus
Hervorstrahlt?

FAUST: Weibsgesicht – Ich hab 'ne Frau!

DER RITTER: Was liegt an der auch!

FAUST: Ich bin satt
Der Weiber!

DER RITTER: Ha! Meinst du es so? Hast nie
Geliebt?

FAUST: Geküßt hab ich, gehofft, gesehnt, –
Doch wenig ist die Welt und groß die Sehnsucht.
Wie konnt ich Mädchen lieben, eh die Gottheit
Mir klar war?

DER RITTER: O ganz leicht! Beim schönen Werk
Vergißt man oft die Häßlichkeit des Meisters,
Beim Weibe oft die Gottheit und den Teufel.
– Denk nicht, daß du auf deiner Lebensreise
Die heiße Zone, wo der Himmel brennt
Der Liebe, würdest frei umschiffen können.
Dein Geist mag schwelgen oder darben wollen,
Du magst zum fruchtbarn Tal des Herbstes oder
Zum Eisgebirg des Winters steuern, –
Der ersten Liebe Sommer mußt du erst
Durchkreuzen – Und mir deucht, daß du ihm jetzt,
Wo jeder Halt dir fehlt, ein neuer Halt
Dir nötig ist, sehr nahe seist!

Dem Faust ein Bildnis vorhaltend: Schau, Mann,
Die Männin! *Für sich:*
Ha, ihr Höllenfeuer alle,
Versammelt euch in des Gemäldes Raum,
Umfunkelt mir das Abbild Donna Annas,
Verblendet den hochweisen Doktor!
FAUST *das Bildnis betrachtend*: Schön –
Sehr schön – noch nie sah ich so Herrliches – –
– Wie bricht die Stirn aus dieser Locken Dunkel –
So bricht der Gott der Sonne aus der Nacht!
– Ich weiß, dies alles ist ein Höllentrug!
Ich seh die Funken um das Antlitz sprühen –
Doch sei's ein Trug – der Trug ist mehr wert als
Die Wahrheit, als zu wissen, daß man nichts weiß!
DER RITTER: Der Donna Anna treues Bild erblickst du!
FAUST: Ich blick und blicke – zu 'nem Kinde werd
Ich wieder – Eine Heimat, die ich nie geschaut,
Umlächelt mich – Gibt's andre Heimaten
Als das Geburtsland? – Dieses Auges Braun
Kommt über mich wie Abenddämmerung –
Der Tag erbleicht davor, doch Sterne, zahllos,
Entsteigen, selbst die Finsternis verklärend,
Dem Abgrund – Ach, des Himmels Gründe,
Sandbänke sind sie gegen dieses Auges Tiefen!
DER RITTER *für sich*: Nun karessiert der Entrich seine Ente,
Vergißt Philosophie, Mathematik,
Astronomie!
FAUST: Es ist 'ne Albernheit,
Daß mich ein Bildnis so entzückt – Nicht Grund
Seh ich dazu – und doch bin ich entzückt!
DER RITTER: Der Tor!
Auch in der Liebe spürt er nach dem Grunde –
Je grundloser je tiefer!
FAUST: Irr ich mich oder
Hast du mir nicht gesagt, dies sei
Der Donna Anna Bildnis?

DER RITTER: Ja, das ist es.
FAUST: So führ mich zu ihr, – sehen, sprechen will
Ich sie.
DER RITTER: Ihr Vater ist's, der dich verfolgt!
FAUST: Du nennst mich Graf von Mezzocampi,
Verjüngst mein Angesicht durch Zauberkunst.
DER RITTER:
Ich bin dein Sklav. – Doch weißt du, daß die Donna
Heut abend sich dem Herrn Octavio
Vermählt?
FAUST: Vermählt?
DER RITTER: So ist's –
Horch! da rauscht
Schon tobende Musik zum Hochzeittanze!
FAUST:
Musik! Musik! Sie jubeln, und mich faßt der Schmerz! –
– Doch wie ein Donner in den Sommertag
Fall ich in dieses Fest! – Mir dient die Hölle,
Und mit ihr stürm ich mir den Himmel!
DER RITTER: Don
Juan wird dir dein Werk verderben: Herrn
Octavio will er würgen und dabei
Die Donna Anna sich gewinnen.
FAUST: Den
Octavio erwürgen? Mag er's tun! Da
Arbeitet er für mich, – denn wenn er den
Herrn Bräutigam erschlagen hat und denkt
Der Braut sich zu bemächtigen, so klopf
Ich auf die Schulter ihm, stürz ihn zu Boden
Und nehm die Braut!
DER RITTER: Das alles kannst du tun
Durch meine Kraft.
FAUST: Durch deine Kraft? Wie meinst
Du das? Das Schwert will etwa mehr sein
Als der, der's trägt?
DER RITTER *für sich*: Der Eitle!

FAUST: Zeig mir Anna –
In diesem Augenblick: – denn die Sekunden
Tropfen aufs Haupt mir wie geschmolzen Blei.
– Laß mich sie sehen!

DER RITTER: Riechen – fühlen – Komm!

Mit Faust ab.

Zweite Szene

Rom. Saal im Hause des Gouverneurs, mit der Perspektive auf mehrere andere festlich erleuchtete Säle, in denen große Gesellschaft und Tanz ist. Musik.

Signor Rubio und Signor Negro kommen.

SIGNOR RUBIO: Wie man zu sagen pflegt, gibt sich der Gouverneur viel Mühe, seiner Tochter Hochzeit glänzend zu machen.

SIGNOR NEGRO: Er ist ein Narr, wie die Spanier alle. Nichts, gar nichts ist mit ihm zu beginnen. Drück ich seine Hand, so drück ich seine Ehre. Ehre! Ehre! ist das erste, zweite, dritte und letzte Wort bei ihm. Er hat sie nötig, wir Römer haben von ihr Vorrat genug geerbt.

SIGNOR RUBIO: Ja, wir sind Römer und Christen dazu, wie man zu sagen pflegt.

SIGNOR NEGRO: Hört, die Ballmusik, wie bestialisch, wie spanisch! – Wie schleppend! wie matt! – Kein Leben, kein Feuer, nichts Göttliches, keine Figur, keine Melodie! – Zwei Gläser Punsch!

SIGNOR RUBIO: Verschont mich, Signor, – ich bin, wie man zu sagen pflegt, schon etwas benebelt.

SIGNOR NEGRO: Benebelt? Ihr? Hilf, Himmel! Seid Ihr nicht Polizeidirektor? Wer soll hier am Ende Ordnung halten, wenn Ihr trunken seid?

SIGNOR RUBIO: Ach – Ordnung! Ist die Ordnung einmal da, so wird sie sich von selbst halten. Schlechte Ordnung sonst. Ihr kennt meine Polizei noch nicht. – Selbst in der Betrunkenheit bleibt sie möglichst nüchtern – Seht, auf einem Beine kann ich nicht mehr stehn.

SIGNOR NEGRO: Jesus Christus, Herr Polizeidirektor, nehmt Vernunft an, macht keine Kunststücke und freut Euch, wenn Ihr Euch auf beiden Beinen erhalten könnt.

SIGNOR RUBIO: Was? soll ich doppelt umfallen! Jeder Fuß ist betrunken, und steh ich auf zwei Füßen, so fiele ich auch zweimal um. Man wird sich hüten!

SIGNOR NEGRO: Trinkt Tee – eßt Eis –

SIGNOR RUBIO: Noch ist die Braut nicht da, und der Ball hat erst eben angefangen – Herr, was soll aus uns werden, wenn der Ball zu Ende ist? – Ei, wie sie tanzen – um, um, – rundum – didelum – sie strecken die Beine zu gleicher Zeit nach Morgen und Abend, – 's macht wirblig – Und wie sie sich drehen, – dreht euch zum Henker, mir wird's zu kraus. *Er wirft sich in einen Sessel.*

SIGNOR NEGRO: Der Saufaus! Er schläft! Und ist Polizeidirektor! – O wär ich er! – He, Diener, tragt ihn ins Bett!

SIGNOR RUBIO: Ins Bett? Warum? Noch bin ich ganz nüchtern, wie man zu sagen pflegt. *Er wird weggetragen.*

SIGNOR NEGRO *nachdem er in die Tanzsäle gesehen*:
– Wo bleibt die Braut? Nicht richtig ist es hier!

Don Juan und Leporello treten ein.

Wer sind denn die? Der Große ist der Herr,
Der Ausgedörrte, Magere der Knecht –
Und wieder Spanier – *Den Don Juan betrachtend:*
Am wilden Blick
Und an der Nas, krumm wie ein Adlerschnabel,
Spür ich den Don!

DON JUAN *zu Leporello*: Erst Wein, dann Tanz, dann Mord!

LEPORELLO: So sei's! Das wird ein wüster Abend!

DON JUAN: Sind
Die Braut, Octavio schon da?

LEPORELLO: Noch nicht!

DON JUAN: Nun, Wein!

LEPORELLO *holt aus dem nebenan befindlichen Büfett mehrere Flaschen*: Rheinwein, Burgunder und Champagner!

DON JUAN: Hinweg damit – da kommt die Donna!

Der Gouverneur, Donna Anna und Don Octavio treten ein.

DER GOUVERNEUR: Am Altar
Seid ihr durch Priesterhand vereint – So bleibt
Euch treu bis in den Tod!

DON JUAN *für sich*: 'ne kurze Treue!
Denn für den bald'gen Tod will ich schon sorgen.

DER GOUVERNEUR:
Fahr wohl, o Tochter, lebe glücklich! Du
Bist jetzt nicht mehr die meine.

DONNA ANNA: Vater, Vater,
Du weinst?

DER GOUVERNEUR: Wer weinte nicht, wenn er sein Kind
Beglückt sieht? – – Doch auch du bist finster?

DONNA ANNA: Macht
Denn großes Glück nicht immer finster? – *Für sich:* Ach,
Ich Heuchlerin!

DON OCTAVIO: Zu groß ist stumme Freude –
Laßt sie uns dämpfen mit Musik und Tanz!

DONNA ANNA *erblickt zusammenschreckend den Don Juan*:
Ja, Tanz! Musik! Mein Herr und mein Gemahl,
Mit Euch eröffne ich den neuen Reigen.

DON OCTAVIO: Du Teure! komm!

DON JUAN *für sich*: Er tanzt wie ein Tanzmeister
Und nicht als der Gemahl des schönsten Mädchens! –

SIGNOR NEGRO *zum Gouverneur*:
– Mein Herr, ich gratulier Euch, Eure Tochter
Ist eine Göttin, Don Octavio ein Gott!

DER GOUVERNEUR: Ich dank in beider Namen.

SIGNOR NEGRO: Nie erblickte
Die Sonne etwas Ähnliches.

DER GOUVERNEUR: Ihr schmeichelt.

SIGNOR NEGRO:
Wer sieht das Paar dort tanzen und kann schmeicheln?
Hinter der Wahrheit bleibt er, macht er auch
Die größten Worte!
DER GOUVERNEUR: Kommt mit in den Saal.
Der Gouverneur und Signor Negro gehen nach den Tanzsälen.
DON JUAN: Sie hat mich bemerkt:
Sie zittert, und sie tanzt vor Schrecken. Wo
Ich schrecke, da erobr ich Liebe – – Wie
Ein Engel schwebt sie auf der Woge der
Musik, ein Blitz der Schönheit zuckt sie durch
Die Tanzreihn, bald vertauchend, bald verschwindend,
Und meines Herzens Schläge sind die Donner,
Die sie begleiten! –
LEPORELLO: Ist's Euch nun gelegen,
Daß ich mit Don Octavio anbinde?
DON JUAN:
Noch nicht! Erst mach ich ein paar Tänze mit,
Doch gleich nachher!
LEPORELLO: Wie Ihr wünscht. – Wir können
Losbrechen, wann Ihr wollt – denn Pferd' und Wagen
Und Helfershelfer stehn bereit.
DON JUAN: Gut das! –
Geht fort und mischt sich unter die Tanzenden. Leporello tritt beiseite.

Der Ritter und Faust, letzterer verjüngten Gesichtes und in prächtiger Kleidung, treten auf.

DER RITTER:
Nicht einer wird dich jetzt als Faust erkennen.
Du warst von je ein kräft'ger Mann – doch jetzt –
Ganz unvergleichlich, – infernalische
Schwermut umzuckt dir Antlitz und Gestalt –
Da stehst du wie die Tann, in der
Es lodert und um die es brennt – Glaub's sicher,

Mit solchem Feuer von Empfindsamkeit
Und Wissenschaft, von Winters Ofenglut
Und Sommers Hitze wirst du jedes Weib
Zu deinen Füßen sehn, besonders da
Du wie Apollo in den Muskeln blühst
Und glühest! – Schau, sie blicken schon nach dir –
Nur Donna Anna nicht – bei der hält's schwer –
Sie ist die echte Tochter des Don Gusman! –

FAUST *der kaum auf die Worte des Ritters gehört hat, im Anschaun des Tanzes*:
Ein Hochzeitsball! Wie festlich glänzt der Saal,
Und wie den Lenz die Blüten füllen ihn
Die Damen!

DER RITTER: Ja, mein Doktor, abends auf
Den Bällen, auf Hochzeits- und Siegesfesten,
Da ist es, wo die Menschheit glänzt – beim Schein
Der Lampen oder der Raketen!

FAUST: Freude
Wohnt auf den Wangen, und in ihrer Glut
Erwachsen zarte Rosen augenblicklich!

DER RITTER: Die heißen Rosen auf der Weiber Wangen
Gehören mir! Das sind der Hölle feinste
Und schlimmste Flammen – Keine Brust so tief,
In die sie nicht zu dringen wüßten!

FAUST: Schau!
Und da ist sie! Stell mich ihr vor!

DER RITTER: Es ist
Just Zeit dazu, – der Tanz scheint zu pausieren.

Er tritt mit Faust in den Ballsaal. Der Gouverneur, Signor Negro und andere stürzen heraus in den Vordergrund.

DER GOUVERNEUR: Ha, was ist da geschehn?

ERSTER HERR: Ein Schrecken zuckt
Durch die Versammlung!

ZWEITER HERR: Und die Herzen kehren
Sich um!

DER GOUVERNEUR *zu einem Diener*:
Was gibt es in der Stadt? Ist Feuer?
Ist Aufruhr?

DER DIENER: Herr, die Stadt ist ruhiger
Als je – Nichts Neues ist drin vorgefallen.

DER GOUVERNEUR:
So hat ein blinder Schrecken sich um uns
Verbreitet.

SIGNOR NEGRO: Schwerlich das, Herr Gouverneur.
Ich schwöre, jenes leichenähnliche Gesicht,
Das eben in den Saal trat, erregte dies
Entsetzen.

DER GOUVERNEUR: Jener Ritter, der den Grafen
Von Mezzocampi meiner Tochter vorstellt?

SIGNOR NEGRO:
Den Unhold mein ich – Und der wilde Graf,
Der mit dem Angesicht, in dem es brennt und
zuckt,
Als wären Flammen alle seine Mienen,
Zur Seit ihm steht, scheint wahrlich auch etwas
Von Höllenschönheit an der Stirn zu tragen! –

DER GOUVERNEUR:
So wäre alles denn ein läpp'sches Schrecknis! Schaut:
Mit beiden Leuten redet meine Tochter
Besonnener als wir! Was sagt denn auch
Ein böses oder furchtbar wildes Antlitz?
Nicht heuchelt es, wie manches zartre tut!
Ihr Herren, laßt das Fest uns wieder neu
Beginnen.

SIGNOR NEGRO *halb für sich*:
Hm, ganz richtig ist es doch nicht!
Das war nicht Schreck allein vor furchtbar wilden
Gesichtern – Gott weiß, was mich überfiel,
Als ich den totenköpfigen Kavalier
Und seinen funkensprühenden Gefährten
Erblickte.

Sie gehen alle wieder in die Tanzsäle. – Faust und der Ritter kommen daraus zurück.

FAUST: Nein, unmöglich ist's, daß ich,
Der Faust, dem alle Welt zu eng gewesen,
In einem Augenblick im kleinen Raum
Von eines Mädchens Antlitz, im Gelispel
Von ein paar Mädchenlippen mich verliere!
Und doch, so ist's!

DER RITTER: Hab ich's nicht prophezeit?
Die Pflanze, die vom Boden sich empor
Will schwingen, muß mit Kot gedüngt erst sein,
Bevor sie frei kann wurzeln und aufschießen.
Der Kot – Ihr nennt ihn Leidenschaft, sei's
Geiz,
Sei's Ruhm, sei's Aberglaube, sei es Liebe.
– – – Eh, stehst du endlich in der Region
Des Leben-Südens, wo der Hoffnung, wo
Der Sehnsucht Riesenbäume, mit den Wurzeln
Zum Tartarus hindringend, schnell und furchtbar
Zu Äthers höchsten Höhen sich erheben,
So daß die Sterne nur als goldne Früchte
In den belaubten Ästen schimmern, – wo
Das Wort, das einst die Welt, im Wahn, daß sie
Dadurch geschaffen, an dem Schöpfungstag
Noch halb im Traum geflüstert, voller Wohllaut
Wie eine Silberglocke, schwebend in
Dem Himmelsdome, durch die Nähe tönt
Und Ferne: erste Liebe?
O auch ich
(Myriaden Jahre sind seitdem verflossen)
War dieses Wortes voll!

FAUST: Was? wird der Satan
Sentimental?

DER RITTER: Leicht möglich, daß er ehdem
Es gewesen. Jetzt lacht er des Spaßes.

Wie könnt er so unsäglich hassen, hätt
Er früher nicht so ungeheur geliebt?
Weich glüht das Eisen, eh es wird zum Schwert –
Den Glücklichen nur kann ein Unglück treffen –
Der Teufel liegt dem Gotte näher als
Die Milbe.

FAUST: Don Juan tritt aus dem Tanzreihn
Und naht mit seinem Diener – Er will schon
Sein blut'ges Werk beginnen. Höchste Zeit,
Daß wir gefaßt sind, ihm die Beute zu
Entreißen.

DER RITTER: Du bist der Gewalt'gere!
– Was will der Sperber? Gleich dem Adler
Schwebst du, in weiten Kreise ihn umgarnend,
Über ihm!

FAUST: Schnell! bau mir mit Flammenkraft
Hoch auf des Montblancs Alpenhorn
Ein Zauberschloß im Schnee und Eise auf,
So glänzend als die Welt noch nie eins sah.
Ein goldner Frühlingsduft soll es umweben
Und Regenbogen liebend diesen Duft
Umschlingen – Und die Fenster sollen leuchten
Wie Donna Annas Abglanz – Purpur, feur'ger
Als Unschuldsrot auf jungen Mädchenwangen,
Soll alle Wände schmücken, – Teppiche,
Vor Wollust schwellend unter ihrem Tritt,
Den Boden küssen, – was der Schoß des Meers,
Der Erde Schachten dir an Perlen bieten
Und an Juwelen, dort soll's strahlen!

DER RITTER: Während
Du sprachst, ist es vollzogen, und das Schloß
Steht da auf dem Montblanc!

FAUST: Nur
Den Kleidsaum der Geliebten zu umglänzen,
Reiß ich Fixsterne los von ihren Sitzen,
Zu Weibes Dienern sie erniedrigend! –

DON JUAN *mit Leporello in den Vorgrund tretend*:
– Die Stunde schlägt – der Tanz ist aus – sie kommen
Hier in den Vorsaal – wollen schon zu Bett –
Tritt auf den Fuß ihm, Leporello!

Donna Anna, Don Octavio, Herren und Damen sind mittlerweile gleichfalls in den vorderen Saal gekommen.

LEPORELLO *zu Don Juan*: Leicht
Ist das geschehen! *Zu Don Octavio:*
Herr, verzeiht – ich trat
Euch auf den Fuß!
DON OCTAVIO: Ist schon verziehn.
LEPORELLO: Mein Gott,
Da tret ich Euch schon wieder; bitte sehr,
Entschuldigt!
DON OCTAVIO *zu den Dienern, auf* LEPORELLO *deutend*:
Werft den trunknen Knecht hinaus!
LEPORELLO:
Hinaus wollt Ihr mich werfen? Herr, wißt Ihr,
Mit wem Ihr sprecht? Ich bin ein Edelmann,
Bin aus Biscaya, wo der Bauer grad
So adlig ist als nur ein Grande in
Sevilla!
DON OCTAVIO: Diener, tut, wie ich geboten!
LEPORELLO: Holla!
Wo ist mein Herr? O Don Juan, helft, steht
Mir bei!
DON JUAN *tritt vor*:
Ein Schuft, der meinen Diener hier
Beleidigt!
DONNA ANNA: Wehe, dieser Wetterstrahl
Zuckt auf mein Haupt! – Wo ist mein Vater? –
Ruft
Den Gouverneur!
EIN DIENER: Der Gouverneur ist hinten
Mit Signor Negro beim Bankett!

DONNA ANNA: Ruft, ruft,
Ruft ihn!

Diener ab.

DON OCTAVIO *zu Don Juan*: Schuft selbst, der, ohne die Veranlassung zu kennen, mich so nennt.

LEPORELLO *zu Don Juan*:
Er will als einen Trunknen mich behandeln.
Ihr kennt mich, Herr, ich bitte, sagt die Wahrheit:
Ist's möglich, daß ich je betrunken werde?
– Die Traube soll noch wachsen, die mich trunken
Kann machen!

DON JUAN: Wer den Diener mir verletzt,
Verletzt mich! Zieht den Degen!

DONNA ANNA UND MEHRERE ANDERE: Haltet!

DON OCTAVIO *zu Don Juan*: Ihr
Begehrt es!

DON JUAN: Blut für die Beschimpfung!

Gefecht zwischen ihm und Octavio.

Schön!
Da hat's getroffen!

DON OCTAVIO *an den Boden stürzend*:
Wehe mir – da sitzt es – o
Mein Blut – ich sterbe – Anna, denke dessen,
Der hier so frevelhaft zu deinen Füßen
Erwürgt ward! *Er verscheidet.*

Stimme des GOUVERNEURS *und des* SIGNOR NEGRO *vom Bankett aus den Hinterstuben herschallend:*
Tausend Jahre sollen leben
Die Donna Anna und der Don Octavio!

Gläserklang und Tusch.

DON JUAN:
Vivant! Doch leider ist der Bräutigam schon tot,
Und mein ist seine Braut!

LEPORELLO: Kommt, mein Fräulein!

FAUST *tritt hinter Don Juan und klopft ihm auf die Achsel*:
Du irrst dich, Freund, sie ist die meinige!

DONNA ANNA: Nicht dir noch ihm gehör ich – *auf Octavios Leiche deutend* – Dieser bleibt
Mein Herr!

VIELE ANWESENDE *auf Don Juan und Faust losdrängend*:
Die Mörder greift! die Mädchenräuber!

FAUST:
Ihr Herren, rührt euch nicht! – Ich bin der Faust, –
Die Hölle dient mir, ich kann euch zertrümmern –
Und was ich kann, das will ich auch zuweilen!
– Fort mit der Braut!

DONNA ANNA: O Hülfe! Hülfe! Rettung!

DER RITTER *schnell dem Don Juan ins Ohr:*
Ich seh, Ihr seid erstarrt vor Zauberei –
– Doch denket dieses Worts, vergeßt es nicht:
Auf den Montblanc führt er die Donna Anna!
Für sich:
Und wenn ihm auch der Teufel dienen muß,
So kann er hinterrücks ihn doch verraten!

Faust und der Ritter mit Donna Anna ab.

Der Gouverneur, Signor Negro und andere Herren stürzen herein.

DER GOUVERNEUR:
Die Stimme meines Kindes schlug mein Ohr –
– Sprecht, wo ist meine Tochter?

DON JUAN: Was ich log,
Das wird jetzt Wahrheit. – Faust hat sie entführt.

DER GOUVERNEUR:
Mein Kind ist fort – Was seh ich? – Eine Lücke
Gähnt für mich durch die Welt! –
Dem Zaubrer nach!

LEPORELLO: Könnt Ihr die Luft durchschiffen, alter Herr?

SIGNOR NEGRO: Und Don Octavio liegt blutend auf
Der Erde!

DER GOUVERNEUR: Weshalb ward ich achtzig Jahre alt?
Um dies zu schaun?

DON JUAN: Leicht möglich!

DER GOUVERNEUR: Ach,
Mein einz'ges Kind in eines Zaubrers Arme!
DON JUAN: Nur ohne Sorg – daraus befrei ich sie!
DER GOUVERNEUR: Wer war's, der diesen totschlug?
DON JUAN: Ich! Im Zweikampf!
DER GOUVERNEUR: Du?
DON JUAN: Meinen Diener hatte er verletzt,
Und darum straft ich ihn und rühm der Tat mich!
MEHRERE ANWESENDE:
Herr Gouverneur – glaubt's nicht – der Bösewicht
Wollt gleichfalls Eure Tochter rauben, und
Der Streit des Knechts war abgemachter Handel –
SIGNOR NEGRO:
Ich will verwünscht sein, wenn ich's nicht gleich ahnte –
Die Polizei – O wär sie nun nur noch bei Sinnen!
Der Signor Rubio!
VIELE ANWESENDE: Zieht Stilette! Zieht Stilette!
Octavio gerächt und Don Juan getötet!
LEPORELLO: Herr, Herr, laßt uns entfliehen!
DON JUAN: Fliehen, weil
Ich siegte, ordnungsmäßig im Duell?
– Den Gouverneur kenn ich und seine Ehre –
In seinen Schutz tret ich vor diesem Haufen!
– Revanche geb ich jedem, der sie fodert. –
Doch nicht mit Häschern, Sbirren und Stiletten,
Mit seinem Schwert rächt sich der Edelmann!
DER GOUVERNEUR: Er redet wahr und als ein Spanier –
Zu dem andringenden Haufen:
Zurück, ich nehm ihn auf in meinen Schutz!
– – O Gott, ganz Spanien gäb ich hin, wenn ich
Die Hand nur meiner Tochter wieder sähe! –
– Tief, tief bin ich gesunken! Selbst das Bild
Des Königs, welches mir so lange stolz
Als Pol-Stern vor dem Aug geschimmert,
Verdunkelt sich in dem Gedanken an
Der Anna Jammer! – Doch den Faust

Empfehl ich Gott, die Anna ihrer Tugend
Und Don Juan, dich fodr ich vor mein Schwert!

LEPORELLO *für sich*:
Der Gouverneur hat seine letzte Glocke
Gehört!

DON JUAN: Ich steh zu Diensten! – Leporello,
Sorg für das Nötige zu Kampf und Flucht.
Für sich:
Zwei Palmen waren es, die schützend um
Die Quelle in der Wüste standen – Don
Octavio und der Gouverneur – da liegt
Die eine, und die andere wird sofort
Gefällt – dann stürz ich (Faust, der Gaukler, wehrt
Mir nicht, – denn wär auch sein der Höllenthron,
Nicht hauset er in ihrem Busen) los
Auf sie, erringe sie, selbst vom Montblanc,
Und liebe sie, und –

LEPORELLO: Und?

DON JUAN: Herr Gouverneur,
Ich bin bereit!

DER GOUVERNEUR: So kommt! – Wie viele Diener
Habt Ihr bei Euch?

DON JUAN: Nur diesen einzigen.

DER GOUVERNEUR: So nehm ich auch nur einen mit!
Er winkt einem Diener: Gasparo,
Du folgst mir nach!

GASPARO: In Tod und Leben, Herr!

DER GOUVERNEUR *zeigt auf Octavios Leichnam*:
Schafft fort die Leiche! – *Zu Don Juan:*
Auf also zum Streite!

Der Gouverneur mit Don Juan, Gasparo und Leporello ab.

SIGNOR NEGRO:
Das sind nun echte spanische Manieren!
Statt durch die Hülfe der Gerechtigkeit
Den Mord zu strafen oder mit dem Dolch
Den Mörder sicher treffen wollen, – Totschlag

Um Totschlag! – Könnt ich nur den Rubio
Erwecken! – Eine blut'ge Hochzeit!

DIE ANWESENDEN: Schauerlich!

Alle fort.

DRITTER AKT

Erste Szene

Rom. Platz vor einem der nördlichen Tore.
Nacht, jedoch nicht sehr finster.

Der Gouverneur, sein Diener Gasparo, Don Juan und Leporello treten auf.

DER GOUVERNEUR: Sind wir hier ungestört, Gasparo?

GASPARO: Ja.

DER GOUVERNEUR:
Dann, Don Juan, entblößt Eur Schwert.

DON JUAN: Ist leicht
Geschehn. Nicht schämt es sich der Nacktheit.

LEPORELLO *für sich*: Wenn es
Errötet, ist's vom Blute.

DER GOUVERNEUR: Die Erinnrung
An Donna Anna, an Octavio
Umschwebet meine Klinge.

DON JUAN: Amen. Schlecht
Und unnütz tönt das Wort zum Schall des Stahls.
– Zur Sache, Herr – jetzt wehrt Euch, ich greif an!

Gefecht.

LEPORELLO:
Ha, erster Gang! – Der Alte wehrt sich tapfer.
– Der zweite Gang – Und noch ist's nicht zu Ende?
– Herr, Herr, macht schnell, sonst kommt die Polizei,
So träge sie auch ist. – Der dritte Gang!

DON JUAN: Da sitzt es!
LEPORELLO: Drei sind aller guten Dinge!
DER GOUVERNEUR:
Es ist geschehn um mich – Holt einen Priester!
Gasparo ab.
DON JUAN:
Wo nichts mehr helfen kann, da ruft man Pfaffen!
Und das ganz folgerecht. Denn niemand hilft
So wenig als ein Pfaffe.
DER GOUVERNEUR: Ehrenvoll,
Nach dem Gebrauch, in dem ich auferzogen,
Im Zweikampf fall ich – Und nun ist's mir doch,
Als wäre Sünde jeder Kampf ums Leben,
Man nenn ihn Zweikampf oder Mord –
– O Christus, Heiland, öffne huldreich mir
Des Himmels Tore und verzeih dem Greis,
Daß er dem Vorurteil der Jugend folgte
Und darin hinsank!
Jesus! süßer Trost,
Dein Name schon stillt meine Furcht –
Ich fühl's mit Scham und fühl's mit Lust: Wie winzig
Sind unsre Fehler gegen Gottes Gnade –
Nur Tropfen stürzend in den Ozean!
LEPORELLO:
Herr, fort – hört, wie die Pferde stampfen, schnauben!
Sie riechen Blut und Blutbann!
DON JUAN: Gleich – doch sieh,
Der Alte will mit mir ein Wort noch wechseln.
DER GOUVERNEUR:
Du, Don Juan, sieh diesen Blutstrom – Laß
Wie Lava ihn in deinen Busen dringen
Und dessen Finsternis mit Flammenrot
Erhellen, grad wie mich dein Blut auch würd
Entsetzen, wenn ich Sieger wäre – Und
Dann denk an Gott, an dein Vergehen – denk
An meine arme Tochter – Nicht verfolg sie –

Vielmehr errett sie von dem Faust und führ
Sie ins Asyl des Klosters.
DON JUAN: Euch im Tod
Belügen, ist mein Wille nicht. Deshalb
Vernehmt: daß Eure Tochter Nonne würde,
Wär schade um sie selbst, – sie ist zu schön,
Um ungebraucht zu welken. An Betschwestern
Erkenn ich alte Buhlerinnen ganz so sicher,
Wie an den Scherben eingeschlagne Töpfe.
Und Donna Anna ist noch immer rein
Und edel. – Mein Vergehen? Was versteht
Ihr unter dem? Denn was ich einst getan,
Das wißt Ihr nicht, und was ich heute tat,
War alles sehr natürlich; das Natürliche,
Mein guter Alter, ist auch wohl das Rechte.
Ich liebte Anna – ist sie denn nicht hübsch?
Octavio wollte sie durch Heirat mir
Entreißen, – war's nicht klug, daß ich dem wehrte?
Ihr fordertet mich zum Duell, – ich mußte
Mich wehren, sei's auch, daß ich Euch erschlug.
Zwar glaubt Ihr, daß das Recht auf Eurer Seite
Gewesen, – doch ich glaub, es war auf meiner.
Das Recht ist hundertfach, und jeder übt
Sein eigenes. Mich leitete, was Euch,
Was mich, was jeden Erdbewohner führt,
Nur nennt man es verschieden. – Warum betet
Der Priester? Warum quält sich der Geschäftsmann?
Weswegen schlägt der König seine Schlachten,
Den Blitz und Donner an Zertrümmerung
Und Tosen überbietend? Weil sie endlich
Vergnügt sein wollen. Stets ruf ich den Wahlspruch:
„König und Ruhm und Vaterland und Liebe",
Doch darum nur, weil's mir Vergnügen macht,
Dem Inhalt dieser Worte mich zu opfern!

Der Gouverneur:
O meine Tochter! –
Nicht willst du den Trost
Mir geben, daß du von ihr abläßt?
Don Juan: Nimmer!
Der Gouverneur:
So höre denn, was ich als halbe Leiche
Noch zu dir rede: Durch die Todesnacht
Zuckt es wie Blitzstrahl – es lebt ein Gott –
Don Juan: Meinthalben!
Die Erde ist so allerliebst, daß mir
Vor lauter Lust und Wonne Zeit fehlt, um
An den zu denken, der sie schuf. Ist's Gott –
Nun, um so größrer Ruhm für ihn – den Koch
Lobt man mit dem Genusse seiner Speis
Am besten.
Der Gouverneur:
Don Juan, dir ist der Frevel – Scherz!
Des Schwiegersohns, des Vaters Tod verhöhnst
Du in der Hoffnung, ein schuldloses Mädchen
Zu rauben. Glaub mir aber, sterbend spür
Ich's nur zu deutlich: Es gibt einen Ernst,
Der mehr bedeutet als wie das Vergnügen,
Die Tugend nur ist unvergänglich, nicht
Die Lust, mehr als das Leben ist der Tod,
Und die Vergeltung ist unsterblicher
Und schrecklicher als die Beleidigung!
Don Juan:
He, Leporello! Haben wir noch Zeit,
Den Moralisten weiter anzuhören?
Leporello: Mein Gott, schon kommen Leute!
Don Juan: Don, sterbt wohl –
Seht dort das Pantheon und denkt, in Rom
Woll Sterben eines einzelnen nicht gar
Viel sagen. Für die Lehren habet Dank.
Die Donna Anna such ich auf und hoff

In ihren Armen seliger zu ruhn
Als Ihr im Paradies in Gottes Anschaun.
Mit Leporello ab.

DER GOUVERNEUR:
Er trotzt! – Bald steh ich vor dem Thron, von welchem
Die Gnade niederflammt, die Rache –
Dort denk ich deiner, Juan! – Weh, meine Sinne
Vergehn – Wo bin ich? – Löwenzungen funkeln
Und lecken – scheußliches Gewürm kriecht über
Die Brust mir –
Ha! – Ja – Vaterland
Und Donna Anna – Waren das nicht Worte,
Die ich einst hörte oder einst gesprochen? – – –
Er stirbt.

Gasparo kommt mit einem Priester zurück.

GASPARO: Er ist schon tot.
DER PRIESTER: Wir sind zu spät gekommen.
Allmächtiger! verzeih ihm seine Sünde!
GASPARO: Die Bitt ist unnütz. Ich dien ihm lange
Und wüßte keine Sünd, die er vollbracht.
DER PRIESTER: Wie? Eben fiel er erst im Zweikampf!
GASPARO: Herr,
Er fiel im Kampf um Don Octavios Blut
Und Donna Annas Ehre.
DER PRIESTER: Nicht dem Menschen,
Der Gottheit nur geziemt die Rach und Strafe.
GASPARO:
Der Gouverneur dacht anders. Weil die Gottheit
So selten straft, so meint' er wohl, es wär
Recht gut, wenn auch der Mensch ihr etwas nachhülfe. –
Er und der Priester tragen den Leichnam fort.

Zweite Szene

Gipfel des Montblanc. Prächtiges Gemach im Zauberschlosse des Faust. Aussicht auf Alpen und Land.

Faust und der Ritter treten ein.

FAUST *zornig*:
Erbärmlich ist die Kunst, die du hier zeigtest!
Nicht würdig ihres Blicks ist dieses Schloß,
Ist dieser Saal! Ich schäme mich darob!
Du willst ein Teufel sein und kannst nicht einmal
Mit Glanze, sei es auch mit falschem, blenden!

DER RITTER:
Dein Aug ist wohl zu schwach, der Glanz zu stark,
– Denn sag, was mangelt diesem Schloß, wo Perl
Und Diamant, dem tiefsten Ozean,
Dem felsgegründetsten Gebirg entrissen,
Von Wand zu Wand mit Strahlen sich bekämpfen?
Wo Purpur, brennender als Sonnenglut
Aus Afrika, dich überall umflammt?
Wo aller Zonen schönste Frücht und Blüten
Gleich einem Sonnenregen Dach und Vorhöfe
Umträufeln? Nicht der größte Kaiser kann
Solch eines glänzenden Palasts sich rühmen!

FAUST:
Was Kaiser! Was soll das mir heißen? Mächt'ger
Bin ich als alle Lebenden – das Schloß
Genügt mir nicht, genügt nicht meiner Neigung
Für Donna Anna.

DER RITTER: Alles Mögliche
Geschah – Allein du liebst das Grenzenlose!

FAUST: Die Kunst, die Wissenschaft, Kopf und Herz
Sind ohne Ende und Beschränkung –
Auch meine Liebe!

DER RITTER: Kraft und Dauer wohnen
Nur in Begrenzungen.

FAUST: Armsel'ge Lehre!
Sie schmeckt nach dem einseit'gen Haß
Der Hölle. Was ich grenzlos fühle, muß
Ich grenzlos zu erringen auch vermögen.
Denn warum fühlt ich's sonst?
DER RITTER: Darum, würd
Ich sagen, wenn die Donna sich nicht nahte!
FAUST:
So mach dich eilends fort aus diesem Zimmer!
Der Ritter ab.
FAUST: Ihr Geister alle, die ihr mir seid Diener,
Begrüßt sie mit dem Donnerjauchzen, mit
Dem Wonnelispel der Musik – Senkt
Euch nieder, Sphären, und umtanzt sie trunken
Mit euren Harmonien – Ein Frühlingsleuchten
Soll alle Erden, Meere, Inseln jetzt,
Da ich sie seh, umglänzen – denn sie ist's,
Sie ist es, meine Königin!

Musik und sonniger Glanz. Donna Anna tritt auf.

DONNA ANNA: Weh mir!
FAUST: Erzitternd (und es ist das erste Mal,
Daß ich erzittre) nah ich dir, du Holde!
DONNA ANNA: Du zitterst? *Für sich:*
Zittr ich doch selbst vor seinem Zittern – *Laut, sich wieder ermutigend:*
– Der Gedanke deiner Schuld durchbebt dich.
FAUST: Nein, der Anblick deiner Schönheit.
DONNA ANNA:
So wünscht ich, meine Schönheit wäre Feuer,
Dich, den Zertrümmerer von meines Vaters,
Von Don Octavios Lebensglück, verzehrend!
FAUST: Ha! weißt du, wer ich bin?
DONNA ANNA: Ich gedenke
Nur dessen, was du tatest.
FAUST: Mädchen, Mädchen,

Hüt dich! Der Mann, der sich das Geisterreich
Bezwungen, weil die Erde ihm zu klein war,
Und dem noch jetzt das Reich der Geister nicht
Genügt: – der Faust – der steht vor dir!

DONNA ANNA: Sei Faust,
Sei Gott – Wähnst du, du könntest Lieb erzwingen?

FAUST: O Anna! Meteor der Liebe, blick
Nicht zürnend auf mich nieder. Als du blendend
An meines Lebens Horizonte aufstiegst,
Des Himmels Schmuck, des Herzens Wonne, griff
Ich trunken nach dem Licht, das mich entzückte, –
Ich ward, ich blieb ein Kind – Was mich erfreute,
Wollt ich besitzen.

DONNA ANNA: Mußt du denn besitzen,
Was dich erfreut? – Unerreichbar wandeln
Die Sterne ihre Bahn, und jeder freut
Sich ihrer dennoch!

FAUST: Flitter, Tand die Sterne!
In deinem Aug nur wohnt mir Leben – Tot
Bin ich, wenn du es mir entziehst. – O Himmel,
Was ist der Haß? der Zorn? Vergängliche
Empfindungen, nichts schaffend, selbst geschaffen!
Lieb ist die einz'ge schöpferische Allmacht!
– O meine Brust! – sie schwillt empor – mir taumelt
Das Haupt! – All meine alten Welten stürzen
Zusammen, – neue Meere kochen auf
Und werfen neue Erden aus wie Muscheln!
– Wie schrumpft mir alles ein, nur du nicht! – Für
Das Fleckchen, das dein Fuß hier hat betreten,
Werf ich die ganze Welt weg – – Schämen sollt
Ich mich! – Und du, Herzlose, Unbewegte,
Willst zu der Qual der Qualen mich verdammen,
Zur hoffnungslosen Liebe?
Ha!
Antworte mir!

DONNA ANNA *sehr ernst*: Wo ist mein Vater? – Fiel
Nicht Don Octavio? –
FAUST: O Abgottsschlange,
So schön geschmückt als grausam und zerreißend!
DONNA ANNA:
Der Schreckliche! O rette, Gott! Sein Geist
Schnaubt nach der Liebe wie nach Blut der Tiger!
FAUST: – – Sieh! grau und himmelhoch wie ein
Senat uralter Erdtitanen, die
Im stummen eis'gen Trotz zur Sonne schaun,
Am Fuß gefesselt zwar, doch nicht besiegt,
Die mit Verheerung stäubender Lauwinen
Das leiseste Geräusch, das sie im Traum
Zu stören wagt, bestrafen, – liegen da
Die Alpen, – – blicke weiter: (meine Kunst
Reißt dir die Fern in den Gesichtskreis)
Dort zieht der Rhone hin, stolz auf Lyon,
Das sich in seiner Wellen Spiegel schmückt, –
– Dann öffnen sich die grünen Auen der
Provence, voll von Lieb und von Gesange, –
Und dort, wo, um dein Auge nicht zu hemmen,
Der Pyrenäen Kett ich auseinandersprenge,
Erscheint Hispania, wollüstig in
Zwei Meeren seinen heißen Busen badend, –
Und jene Türme, deren Spitzen fast
Wie Wetterstrahlen nach den Wolken zucken,
Es sind die Türme deiner Vaterstadt,
Sevillas –
DONNA ANNA: Ach, Sevilla! Herrliches
Und nie erloschnes Bild aus meiner Kindheit –
So seh ich dich jetzt wieder – Ja, du bist's –
Der weiße Marmor dort in den Zypressen
Deckt meiner Mutter Grab! Ach, meine Mutter!
FAUST: – Und alles dieses, Berg und Länder, Ström
Und Meere, schütt ich dir zu Füßen, ja
Selbst meine Tränen!

DONNA ANNA: Zeigst du mir das Grab
Der Mutter, und du denkst, daß deine Zähren
Mich da noch rühren möchten!
FAUST: Wahre dich
Vor meinen Tränen – Mürbe Felsen, vom
Gebirg zermalmend stürzend, sind sie!
DONNA ANNA: Er
Ist wie ein Gott der Tiefen – Doch ich nenn
Ihn bei dem Namen, womit er geboren.
Kühn wird's mich machen gegen ihn: – Mensch,
Gedenke an dein Weib und laß mich frei.
FAUST: Mein Weib? Wer hat dir das verraten?
DONNA ANNA: Wüßt
Ich's nicht schon, so verriet' es dein Erröten!
FAUST: Erröten! Ja, rot wird der Abend, wenn
Des Nachts Gewitter drohen!
Ritter! Ritter!
DER RITTER *kommt*: Mein Doktor –
FAUST: Hund, Verräter!
DER RITTER: Das sind Worte!
FAUST: Und dieses ist die Tat: Ihr untern Geister,
Die er tyrannisierte, deren Brust
Seit Millionen Säkeln Gall auf Gall
Gehäuft hat wider ihn – Nehmt ihn fort –
Laßt los die Galle, quält und martert ihn,
Bis daß sein Schrein selbst seine Feinde rührt
Und schreckt.
DER RITTER: Freund, säe, säe nur die Saat,
Die du einst heulend ernten wirst – Sie fällt
Auf einen Feuerboden, heiß genug,
Um tausendfält'ge Frucht aus jedem Korn
Zu treiben, – jede Marter wird mich lehren,
Wie ich in Zukunft sie an dir verdoppele.
FAUST: Mit Zukunft droht man fortan mir nicht mehr.
Ich fühl es schon: Das Jahr ist kurz und lang
Die Stunde. Gibt es Zukunft, Ewigkeiten,

So ist's die Gegenwart, in welcher man
Sie findet. Das zeigt mir ein Blick ins Antlitz
Der Donna Anna. War ich einmal selig,
So bleib ich's stets, trotz aller Höll und Marter.
Ein Teufel nur kann glauben, innres Glück
Mit äußeren Qualen auszutreiben.

DER RITTER: Der
Hochmüt'ge! Bist viel wen'ger als ein Teufel,
Bist nur ein Mensch!

FAUST: Mein Ritter – Tief und Höhe,
Das Weltall hast du mir gezeigt, – doch glaube,
So klein der Mensch ist, größer ist er als
Die Welt, – er ist unendlich stark genug,
Um nicht zu hoffen, daß er Teufel bänd'ge,
Zu hoffen, daß er einst Gott auf dem Thron
Zur Seit sich stelle, wär es auch im Kampfe!

DONNA ANNA: Entsetzlicher!

FAUST *zur Donna Anna*: So sprich du nicht; denn grad
An meiner Liebe Größe hat mein Geist,
Der bis zur Hölle, bis zu jenem dort
Schon hingekrümmt, sich wieder aufgerichtet –
Ich spür es: Ebenbürtig sind die Geister,
Vom höchsten bis zum niedrigsten, und was
Der eine ist, wär er auch noch so groß,
Das kann und darf der andre werden!

DER RITTER: Werden!
Erzengel wollten werden, wurden Drachen!

FAUST *noch immer zur Donna Anna*:
Mein teures Mädchen, fürchte nicht – Ich weiß,
Was Liebe ist, – weiß, das sie eigentlich
Aus Kleinigkeiten, Augenzucken, Spiel
Mit weißen Händen, Wohlgefallen an
Erträglich schöner, nett geschniegelter
Gestalt, aus dunklem Trieb der Sinn entsteht –
Weiß auch, daß man mit Zuckerwörtchen, mit
Schlechten Sonetten, süßen Blicken, halb

Verstohlnem Angriff die Geliebte heimsucht, –
Ich weiß, daß alles das ein Tand nur ist, –
Doch dieser Tand wirkt auf mich wie ein Fünkchen,
Gefallen in die Pulvermin der Festung –
Nicht zarte Blicke, – urgeborne Kraft,
Glut bis zum Firmament erregt er mir –
Mit ihr trotz ich Gott, Satan und mir selbst –
– Drum, wenn ich diesen da erniedrige,
Den Himmel stürme, Erd und Meer erschüttere,
So ist's nur Lieb zu dir, die darin laut wird,
Jedoch in andrer Art als wie gewöhnlich!
Fort
Mit ihm und peinigt ihn, wie ich befohlen!

DER RITTER: Ah! Oha! *Er wird fortgerissen.*

DONNA ANNA: Gott beschütz mich! Welch Geschrei!
Das waren keine ird'sche Töne – das
Vernahm kein Ohr noch, ohne daß das Herz
Gebrochen wäre.

FAUST: So erklingt's, wenn Zorn
Und Jammer, Rache, Schrecken und Zerknirschung
An unzermalmbarn Geisterfürsten malmen!

DONNA ANNA:
Mein Haupt! Mir schmerzt das Haupt!

FAUST: Ich hab Arznei
Zur Heilung.

DONNA ANNA: Weinend bitt ich dich um Gift,
Daß ich vor dir mich rette.

FAUST: Nein, du sollst
Die meine bleiben, auch trotz deines Willens.
– Du sprachst von meinem Weibe – Hattest recht –
Ich hab ein Weib – – Schau hin, nach Norden – dort
Der Strom, die graue Stadt –

DONNA ANNA: Grausig und finster
Gleich dir!

FAUST: Respekt vor ihr! Es wandelt da
Am Elbstrom der Zertrümmerer, des Feder,

Als er an Wittenbergs Schloßkirche
Die Wahrheit schrieb, daß alle Erdensatzung
Dem Wort und der Vernunft ist unterworfen,
Gleich dem Kometenschweife wuchs und wuchs,
Bis daß sie über Deutschland und die Schweiz drang
Und eurem Papst die dreigetürmte Kron
Vom Haupte fegte!

DONNA ANNA: Ach, der Ketzer Luther –
Und dieser sein Bewunderer – Mein Christ,
In welche Hand bin ich geraten!

FAUST: Wie
Papistisch und nach spanischer Erziehung
Das klingt – so lieblich tönt's in deinem Munde.
Der fromme Irrtum selbst macht reizend dich
Und reizender – bringt dich dem Menschen näher.
Dem schönsten Antlitz fehlt zur höchsten Zierde
Oft nur ein Blattergrübchen, eine Narbe.

DONNA ANNA:
Man sollte lächeln. Flammst du Liebe und
Philosophierst?

FAUST: Ich bin ein Deutscher und Gelehrter,
Und die beobachten auch in der Hölle,
Auch in dem Schoß von Gottes Herrlichkeit
Und dann auch, wenn sie rasen!
– Jene Frau
Im kleinen Zimmer jener Stadt, die seufzend
Die Hände ringt – sie ist mein Weib – sie weint
Um mich – du aber wirfst mir vor, ich sei
Mit ihr vermählt – Ich winke mit der Hand –
Pestblässe überzieht sie, sie sinkt hin!
– Sprich ferner nicht von meinem Weib – ich habe
Keins mehr!

DONNA ANNA *aufschreiend*:
Ha! Gattinmörder!

FAUST: Königsmörder
Und Volkserwürger, Schiffszertrümmerer

Und Landverwüster, alles was du willst,
Um deinethalben!

DONNA ANNA: Vater! Vater! nimm
Den Kreuzgriff deines Schwerts im Namen Jesu
Und rett dein Kind vor diesem Dämon!

FAUST: Törin!
Dein Vater hat den Don Octavio
Nicht eine Stunde überlebt. Tot ist er!

DONNA ANNA: Tot!

FAUST: Don Juan erschlug ihn!

DONNA ANNA *erbleichend*: Don Juan!

FAUST: Den liebst du?

DONNA ANNA: Lieben! Ihn? Wär's auch – ich flehe:
Räch meinen Vater an ihm! Denn dir ward
Die Macht – ich spür es nur zu wohl!

FAUST: Und selbst wenn
Du ihn nicht liebtest – ich weiß, er liebt dich –
Auch das soll er nicht wagen – streben soll
Er und verzweifeln, je dich zu erreichen!

DONNA ANNA:
Mein Haupt – Ich danke dir, o Haupt, daß du
Dich mein erbarmst! – Du brennst, du schmerzest, daß
Ich fast das größre Weh davor vergesse.
– Denk mein am Thron der Gottheit, Vater – Sollt
Die Rach ihr angehören, so gehört
Doch uns (ich fühl's) gewiß der Schmerz! – *Sie sinkt in einen Sessel.*

FAUST: Und läg
Sie da im Blut, nicht wankt ich in dem Vorsatz,
Sie zu erobern! –
Geister, auf!
Mit Wunderbalsam heilet sie – Ich merk,
Es naht der Don Juan – Ganz fremd nicht ist
Er ihrem Herzen. – Laßt uns ihm begegnen! *Ab.*

Dritte Szene

Wilde Gegend am Montblanc.

Don Juan und Leporello treten auf.

LEPORELLO:
Nie kommt Ihr zu dem Zauberschloß des Faust –
Wir sind so hoch schon, daß gleich Königen
Auf Thronen uns der Atem ausgeht,
Und dennoch sehen wir noch nichts, – Laßt uns
Zurück – Hier ist kein Hüttenbauen.

DON JUAN: Sehr
Gefällt's mir hier – Nicht einen Schritt sind wir
Des Lebens sicher – Schluchten gähnen bergtief
Unter dem dünnen Schnee – Freund, da nur, wo
Es in Gefahr gerät, bekommt das Leben
Ein wenig Wert.

LEPORELLO: Jawohl: denn da nur, wo
Das Geld zur Neige geht, wünscht man's am meisten.
Laßt uns umkehren, Herr!

DON JUAN: Noch kann ich weiter!

LEPORELLO:
Mein Gott, so seht doch nur! Wir ließen schon
Die letzten Wolken unter uns zurück, und stets
Wächst noch des Berges Gipfel hoch und höher!
Wenn man hinauf sieht, ist's, als drehte
Die Welt sich wie ein Eimer um, als ob
Die Höhe Tiefe würd, als könnt ich in
Den Himmel fallen!

DON JUAN: Davor sei nicht bange; –
Jedoch der Ausdruck war originell –
Dies Goldstück nimm dafür.

LEPORELLO: Dieses Goldstück?
Säß ich mit ihm im Gasthaus hinterm Ofen!
– Hier aber: – rings umher nichts Lebendes,
Nur Frost und Schnee – die Alpenrücken wie
Erstarrte Walfischrücken in dem Eismeer

Allüberall – und wir dazwischen, einsam
Wie die unschuld'gen Fliegen in der Milch –
Wahrlich, als mich Mama mit Qual geboren,
Nicht ahnte sie, daß ihr unsel'ger Sohn
In solche öde Situation geriete –
O meine gute Mutter – Herr, ich weine!

DON JUAN:
Da muß ich lachen! – Zeig mir doch die Träne,
Die echte Alpenfrucht – ich liefere sie
Ins Naturalienkabinett.

LEPORELLO: Erbarmen, Herr!
Kehrt um! – Ich lob es allen Heiligen,
Daß ich, werd ich aus dieser Not erlöst, –
Mit – der – Lisette mich – verheirate!

DON JUAN *wird auf einen Augenblick ernsthaft*:
Auf Ehre, das ist viel! Totschlag von Räubern
Ist Kleinigkeit, doch Heirat! Heirat! Ha,
Das ist der Winter, der wohl mit der Kraft
Des Eises die bewegte Well des Bachs
Anfesselt, doch sie auch erstarren macht –
Das ist der frevelhafte, künstliche
Versuch, die freiste, göttlichste Empfindung
(So zart, daß bei dem leisesten Berühren
– Erfuhr ich's selbst nicht schon? – sie in das Nichts
Verfliegt wie Pulver vor dem Feuer) aus
Der Waldesfrei in die Familienstub
Zu locken, – das heißt Nachtigallen zu
Hausvögeln machen, – eine Glut, die nie
Gewohnheit werden kann noch darf,
Bei der man, auch wenn sie nur augenblicks
Gleich einem Blitzstrahl uns durchbebt, vor
Vernichtung zittert, zum Gewöhnlichen,
Gemeinen zu erniedrigen – Ein Frosthauch
Weht tötend hier um uns – Allein er ist
'ne Flamme gegen den Gedanken an
Verheiratung. – Ha! das Mädchen, das

Ich lieb, umarme, das ich hasse oder
Das Geld hat, heirat ich!

LEPORELLO: Herr, das trifft zum Teil
Bei meiner Heirat mit Lisetten trefflich.
Ich hasse sie wie eine Kröte. Ihr versteht
Mich schon, wenn ich erläutere: Das Geringe,
Was ich an ihr zu lieben hatte, ist genossen,
Und Speise, wißt Ihr, ißt man niemals doppelt.

Don Juan will weitersteigen. Leporello hält ihn zurück.

LEPORELLO: Herr, halt! – Da klafft ein Abgrund.

DON JUAN: Den umgehn wir!

LEPORELLO:
Und seht! Jenseits bricht jemand durch die Felsen,
Als wären's dünne Hecken.

DON JUAN: Sicher
Der Teufelsritter, der den Aufenthalt
Der Donna uns verriet und seine Hülf
Uns anbot.

FAUST *erscheinend*: Menschenkind, der ist es nicht;
Der büßt bereits an der verdienten Strafe.
Faust ist es selbst.

DON JUAN: Faust selbst! Ei, welcher Held!
Ich bin der Don Juan und bin es selbst!

LEPORELLO:
Don, laßt uns laufen – 's ist ein Zauberer –
Er kann uns töten, uns verderben – Euch
In einen Hasen, mich zum Löwen wandeln.

DON JUAN: Hohn biet ich aller Zauberei! Sie mag
Spaß machen, gaukeln, Stirnen, Angesichter
Verändern können, doch den Geist verändert
Sie nie – Zugrunde geht er oder bleibt,
Was er stets war. Mag ich ein Hase werden
Und du ein Leu, ich bleibe Don Juan,
Und du bleibst Leporello, mein Bedienter.

FAUST: Zurück, Juan, denn nie erreichst du die
Gesuchte!

DON JUAN: Atm ich noch, so hoff ich sicher
Sie zu erlangen.
FAUST: Fliehe, sag ich, vor
Dem Ausbruch meiner Macht.
DON JUAN: Vor deiner Macht?
Vor ihr, die nicht mal stark genug ist, um
Dich Schwächling zu beglücken, dessen Brust
So flau, daß sie nach Höllenflamme lechzte,
Als noch des Lebens frische Quellen sie
Umrieselten?
FAUST: Beglückt der Sklav in Ketten,
Kennt er die Freiheit nicht!
DON JUAN: Wer liegt in Ketten?
Wer stürmt mit übermenschlicher Gewalt
Das Herz der Anna und vermag das Fleckchen
Nicht zu erobern? – Wozu übermenschlich,
Wenn du ein Mensch bleibst?
FAUST: Wozu Mensch,
Wenn du nach Übermenschlichem nicht strebst?
DON JUAN: Ein Übermensch – sei's Teufel oder Engel –
Ist Weiberlieb so fremd als wie nur irgend-
Ein untermenschlich Ding, ob Pavian,
Ob Frosch, ob Aff es sein mag – Und, mein Freund,
Ich bin's, der in der Donna Anna Herzen lebt!
LEPORELLO:
Wir sind verloren, Herr – Ihr macht's zu arg –
Laßt mich an Euren Zipfel fassen – Sturm
Und Ungewitter wehn aus seinen Augen!
FAUST: Ha, ist das wahr, wie ich es längst gefürchtet,
So reiß ich Annas Herz mit seinen Wurzeln
Und deinem Bilde aus! Dich aber werf
Ich an die Grabstätte des Gouverneurs,
Vielleicht die einz'ge Stelle auf der Erde,
Wo du vor Geistern bebst.
DON JUAN: Du irrst! Ich bebe
Vor dir nicht, nicht vor Geistern!

FAUST: Geister, werft
Ihn dahin!
LEPORELLO:
Nehmt mich mit, Herr – Seht, Wolken! Winde! –
Ach, da verlier ich meine schöne Mütze noch
Dazu!
Don Juan und Leporello werden auf den Wink des Faust im Sturm davongeführt.
FAUST: Sie liebt ihn! Reiß ich sie zu Stücken? –
– Der Teufel hatte recht, nicht log er, da
Er sprach: daß er unsäglich einst geliebt! –
Nur wer geliebt hat, kennt den Haß, den Zorn.
Nur wer sehr fromm war, kann ein Satan werden,
Nur wer ein Satan war, wird echter Frömmling.
– Die Donna Anna, sie, die mich verschmäht –
Wer sagt's, ob ich sie heft'ger liebe oder hasse? *Ab.*

VIERTER AKT

Erste Szene

Kirchhof bei Rom, mit der Bildsäule des Gouverneurs.
Anbrechender Abend.

Don Juan und Leporello.

DON JUAN: He! Leporello!
LEPORELLO: Herr, noch bin ich nicht bei Sinnen.
DON JUAN: Ein Gaukler ist der Faust, doch für die Reise,
Die er uns durch die Luft hieher ließ machen,
Dank ich ihm lebenslang! Wie flatterten
Die heitren Seen, der Ströme Silberbänder,
Wie stäubten Berg und Tal, bebaute Aun,
Belebte Städte uns vorbei. Eh Überlegung
Die eine Aussicht uns verdarb, war schon

Die andre da! Ein Rausch, wie er den Aar
Durchzucken mag, wenn er die weißen Firnen
Stolz überflügelt, hält mich noch befangen!
– Wo sind wir?

LEPORELLO: In der Teufelsküche –
Ich müßt 'ne schlechte Nase haben, oder
Hier riecht's nach Teufelsbraten, wenn nicht gar
Nach Leichen.

DON JUAN: Die Gegend wär mir unbekannt?
Die Höhn im Westen, schön vom Abendrot,
Dem Blut der Sonne, übergossen, kenn ich. –
– Ho, Leporello! Knecht! Erblickst du dort
Den Doppelhimmel? Die Sankt Peters Kuppel und
Das Firmament? Wir sind vor Rom!

LEPORELLO: O säßen wir doch lieber im Vesuv!

DON JUAN:
Warum? Auf Trümmern sproßt das zartste Grün,
Auf Trümmern singt am hellsten die Zikade,
In der Zerstörung Mitte schallt am kühnsten
Der Ruf der Freude, auf den Gräbern der
Scipionen schmeckt der Wein am köstlichsten!

LEPORELLO: Der Mord des Octavios, des Gouverneurs –
Die Polizei?

DON JUAN: Was Mord! Was Polizei!
Heut nacht speis ich in Rom, und morgen such
Ich Donna Anna auf von neuem. Mag
Die Polizei nur kommen, wenn nicht Grobheit,
So sollen Konnexionen sie vom Leib
Mir halten, – alle span'schen Kardinäle
Sind mir befreundet.

LEPORELLO: Konnexion! Ja
Wenn das ist! Konnexion ist viel,
Verstand, Verbrechen, Recht sind gar nichts. Lieber
Verstand verlieren als die Konnexion.
Ich hatt 'nen Onkel, der hatt einen Vetter,

Der Vetter eine Tante, diese hatt
'ne Nichte, die Nichte war Mätresse
Bei einem Bischof.

DON JUAN: Still von deiner Freundschaft.
– Was für Gestalten schimmern da so weiß
Und stumm?

LEPORELLO: Der Faust! Der Faust! Was er versprochen,
Hat er gehalten. Wir sind auf dem Kirchhofe,
Und jener Reiter, marmorn, in der Hand
Den Stab, – es ist das Denkmal auf dem Grabe
Des Gouverneurs.

DON JUAN: Schon richteten sie ihm
Ein Denkmal auf? Wahrhaftig, das war nötig!
Sie hätten ihn sonst allzuleicht vergessen!

LEPORELLO:
Ich fleh Euch, spottet hier nicht, wo die Toten
Zu unsren Füßen ruhn.

DON JUAN: Du fürchtest dich
Vor Wurmfraß? Und das sind die Toten.

LEPORELLO: Hätten
Die Würmer ein bißchen nur Vernunft –
Sie wagten sich an Leichen nicht.

DON JUAN: Vernunft
Macht also feig, und Unvernunft macht Mut?

LEPORELLO:
Was ich nicht weiß, macht mich nicht heiß. So denkt
Der Ochse, wenn er vor dem Kopf ein Brett hat.

DON JUAN:
Der Stier läuft fort, wenn ihm das Brett genommen.
– Ich aber sag: Auch was ich weiß, macht mich
Nicht heiß!
Die Inschrift an dem Fußgestell
Des Denkmals lies mir.

LEPORELLO: Wenn ich lesen könnte!

DON JUAN: Soll ich's dich lehren, Schurke?

LEPORELLO: Ach, ich kenne

Nicht einen Buchstaben – *Für sich:*
Wär ich von hier fort!
Dem Toten nah ich nimmer!

DON JUAN: Hund! ich schlage
Zu Stücken dich, wenn du drei Atemzüge
Noch zögerst. Fürchte du die Lebenden
Und nicht die Toten!

LEPORELLO: Muß ich also lesen!
Nun, sei's versucht – die Not bricht Eisen –

DON JUAN: Recht,
Wenn man so feig ist, mit dem Eisen nicht
Die Not zu brechen.
Nun, wird's bald?

LEPORELLO: Die Angst! die Angst!

DON JUAN: Du!

LEPORELLO: Ja, bei Gott, kurios
Wird mir zu Sinne, – ich lerne schon, ich lerne –
Es dämmert Wissenschaft in mir empor –
Buchstaben, die ich nie gekannt, gesehn,
Ich lese sie, und wären sie chinesisch –
– Es heißt – *die Inschrift am Fußgestell der Bildsäule des Gouverneurs lesend –:*
„Hier ruht der Gouverneur Don Gusman" –

DON JUAN:
Er ruht und fault. – Wie geht's im Texte weiter?

LEPORELLO:
Oh! – „Und die Rach erwartet seinen Mörder!"

DON JUAN: Ein Eselskopf, der diese Inschrift machte,
Nicht christlich ist sie und nicht heidnisch! *Zu der Bildsäule:* Ah,
Herr Gouverneur, Ihr ruht als Christ und droht
Mir Rache? Ist das fromm? Liebt ich nicht bis
Ins zweite Glied Euch, bis zu Eurer Tochter?
Daß ich Euch totschlug und den lispelnden
Octavio, geschah das nicht aus Liebe? Konnt
Ich meine Liebe kräft'ger dartun, als

Wenn ich den Mord des künft'gen Schwiegervaters,
Des frühren Bräutigams nicht scheute?

LEPORELLO: Don,
O Don! O Christus! Schaut, die Bildsäul wackelt!

DON JUAN:
Der Mond geht auf. Ergreift dich Mondsucht?

LEPORELLO: Nein,
Sie wackelt!

DON JUAN: Nun, so hat man sie nachlässig
Aufs Postament gesetzt.

LEPORELLO: Nein, Leben steckt
Darin, sie hat's Gesicht verzogen. Ihr
Empörtet sie mit Euren Worten.

DON JUAN: Treibt
Der Doktor Faust allein nicht Hokuspokus?
Tun's auch Verstorbene? Und fangen
Die Steine an zu rasen? Dann ja wär
Es rechte Schande, blieben wir zurück!
– Auf, Leporello, richte diesen Abend
In unsrer alten Wohnung einen Schmaus
Mir an, so auserlesen, daß der Duft
Schon schwindeln macht – Dazu schaff Wein, in welchem
Die Glut von hundert Sommern lodert, – Mädchen
Mit Purpurlippen, die wie Feuerfunken
Den Kuß verzehren, kaum da er gegeben,
Mit Lippen, ewig brennend, nie erlöschend, nie
Gesättigt, – weiß und fest, gefrorner Schnee
Die Busen, und doch flammend, lad dazu!
– Da wolln wir sehn, wer mächt'ger ist, der Geist
Der Gräber oder der des Weins, ob Schatten
Mit Fleisch und Blut zu kämpfen, sich
Ins Licht der Lust zu drängen wagen!
– Drum, Diener, lad mir auch sofort den steinern
Herrn Gouverneur zu diesem Gastmahl!

LEPORELLO: Erbarmen! Gnade! Steine einzuladen
Zum Schmause? Essen Steine? Trinken sie?

DON JUAN: Verziehn
Sie das Gesicht, so mögen sie vielleicht auch essen!
LEPORELLO: Ich bitte –
DON JUAN: Ich befehle! – Red ihn an!
LEPORELLO: Ein Kreuz
Laßt mich erst schlagen!
DON JUAN: Kreuz und Elend trifft
Dich –
LEPORELLO: Schont mich! hört! schon red ich! hört!
– Geehrtester, sel'ger Gouverneur von Marmor –
O Don, mir lähmen Zunge sich und Kniee –
Mein Herr dort (ich nicht) fragt Eur Gnaden
Mit aller schuld'gen Achtung, mit Respekt –
DON JUAN: Laß den Respekt weg!
LEPORELLO: – Ob Ihr heut zu Nacht
Bei ihm wollt speisen?
DON JUAN: Flüstre nicht! Sprich lauter!
Steinbilder hören schwer!
LEPORELLO: O Gottes Engel!
Wir sind verloren! Er nickt mit dem Kopfe!
DON JUAN: Ist er betrunken?
LEPORELLO: Gute Geister loben Gott,
Den Herrn!
DON JUAN: Ist Trug hier oder ist es Wahrheit? *Er geht sichern und stolzen Schrittes, es untersuchend, um das Denkmal. Dann spricht er:*
Nein, ein Betrüger liegt hier nicht verborgen –
– So muß ich's selbst versuchen, selbst recht deutlich
Anfragen! – Mein Herr Gouverneur – ein Schurk
Und eine Memme, die mir nicht antwortet –
In gutem Spanisch, frei die Stirne, frag
Ich dich *mit gewaltiger Stimme:*
Willst du mein Gast sein diese Nacht?
DIE BILDSÄULE DES GOUVERNEURS *mit einer bejahenden Kopfbewegung*: Ja!

Donner und Blitz.

LEPORELLO: Das war kurz und hell und deutlich!
DON JUAN: – Seltsam! – –
Wieder zur Bildsäule:
So komm! mit Jubel werd ich dich empfangen!
Zu Leporello:
Richt für ihn gleichfalls zu!
LEPORELLO: Ach, sollt er kommen,
Zurichten wird er sich von selbst aus uns
Zwei Schüsseln.
DON JUAN: Was verwirrt mich? – Ja! Er hat
Geantwortet. Natürlich ist es, denn
Natürlich ist, was da geschehen. Mag
Er kommen, ich erwart ihn ohne Zittern! Fort!
LEPORELLO: Sehr gern!
Beide gehen; als sie an der äußersten Szene sind, nimmt Leporello einen Stein auf.
Es zuckt, Herr, dieser Kiesel, den
Ich eben finde, in der Hand mir – darf
Ich an den Kopf dem Gouverneur ihn schmeißen?
DON JUAN: Und jetzt hast du Courage?
LEPORELLO: Sechzig Fuß
Weit hab ich stets Courage. Nur die Nähe
Mag ich nicht leiden. Ich kann die Gefahr
Vertragen, doch nicht sehn mag ich sie.
DON JUAN: Wirf!
LEPORELLO *wirft:*
Horcht! horcht! er traf! Die Nase muß ihm ab sein!
– O laßt uns laufen!
DON JUAN: Lauf und sorg fürs Essen.
– Nicht Höll, nicht Tod soll mir den Appetit
Verderben! – *Auf die Bildsäule deutend:*
Der will kommen! – Lustig! – Seltsam! –
Beide ab.

Zweite Szene

Schachten unter dem Montblanc.

Faust *erscheint*: Zerstreuung in der Erde Tiefen!
Mit einem Hammer an die Felsen schlagend: Schlacken
Und Gold und Zinn und Blei und Kupfer! Schön
Für einen Mineralienkrämer – Gnom
Und Dämon, steigt herauf!
Erster Gnom: Heran! Heran!
Hier schlägt ein Herz!
Zweiter Gnom: So haust hier Qual!
Erster Gnom: Den Gnomen Scherz!
Zweiter Gnom: Schaut allzumal,
Wie's klopft, wie's schwellt!
Erster Gnom: Das wär der Held,
Der unsren Herrn
Um den Montblanc läßt zerrn?
Faust: Wer murmelt hier? – Ihr, Geisterchen? Nur zu!
Nichts tu ich euch. Tobt nur und spottet. Grab
Ich auch zum Eingeweid des Erdballs – Ich
Vergrabe mich nur!
Erster Gnom: Höhnt, verhöhnt den Toren,
Der nachts das sucht, was er im Licht verloren!
Viele Gnomen *Gesang*:
„Was ist das Herz? Was schlägt's so sehr?
Kennt ihr das Tierchen? Wo kommt's her?
Es ist ein Vampir, dick und rund,
Und saugt Fausts Blut zu jeder Stund!"
Faust:
Das nennt ihr Hohn? Das ist nur Wahrheit. Wahrheit
Beleidigt nie den Faust. Sie schmerzt bloß!
Erster Gnom:
Umschwebt mit Leichenkälte ihn, Dämonen!
Erdwürmer, schwarz und meilenlang,
Umgarnet ihn und macht ihm bang!

FAUST:
Welch wilder, wüster Lärm! Hier wär gut wohnen!
DIE GNOMEN: O Doktorchen,
Du bist umzingelt!
Es naht, es ringelt
Aus allen Gründen!
FAUST: Nichts kann mich binden!
ERSTER GNOM:
Nicht konntest du dich selbst verwunden,
Hielt man von je dich fest gebunden!
FAUST: Das freie Roß ist ein Gerippe,
Fett wird's, gefesselt an die Krippe!
DIE GNOMEN *Gesang*: „O selig, wer im engen Kreis,
Umringt von seines Feldraums Hecken,
Zu leben, zu genießen weiß,
Er spielt mit aller Welt Verstecken.
Er blickt nicht sehnend nach den Fernen,
Der ganze Himmel engt sich für ihn ein,
Der Horizont mit seinen Sternen
Ist im Bezirke seiner Äcker sein."
FAUST:
Sie denken mich zu ärgern und zu rühren,
Und sie satirisieren! –
Doch jetzt, ihr dummen Hunde, bebt und hört
Mein ernstes Wort: Ich weiß, ihr sammeltet
In diamantner Schale jene Tränen,
Die einst Amalia um mich im Tod
Geweint, als ich in ihrer Liebe sie
Verließ, – auch sammeltet ihr volle Tränen
Beim Thronsturz der Usurpatoren, heiß
Entfallen wie nach langer Schlachtenglut
Gereifte Frucht, – und in der hohlen Brust
Zischt euch die ew'ge Rache: heiße Flamme –
Das alles mischt mir durcheinander, – reicht
Es mir als Trank der Labe, so voll Schmerz,
Daß jeden andern Schmerz ich drob vergesse!

Die Gnomen:
Der Kessel quillt, wir brauen, Faust, wir brauen
– Es schäumt – da! trink ihn aus, den Trank voll Grauen!
Faust: Gesegne alle Hölle diesen Trunk,
Und mög er mich vernichten!
Die Gnomen: Prosit! Prosit!
Faust *hat getrunken und wirft den Becher an den Boden*:
Ha, Kinderei der Geisterspuk! Nichts nützt
Er mir! nichts schadet er! Der Riese, den
Ich fürchte, wohnt nur in mir selbst. Ich schreie
Verachtung über euch! Ein Schall, ein Laut
Ist mächt'ger als ihr alle: Donna Anna!
O Donna Anna! *Ab.*
Erster Gnom: Hä, Donna Anna! Qual und Leid!
Herr Faust verliebt in eine Maid!
Herr, der wollt die Welt ergründen
Und konnte seine Brust nicht finden!
Die Gnomen: Laßt jauchzen uns und jubilieren,
Bei Menschenqual wir triumphieren!
Sie verschwinden.

Dritte Szene

Montblanc. Zimmer im Zauberschlosse des Faust.

Faust *tritt auf*:
– – Was ich wünsche, muß ich haben, oder
Ich schlag's zu Trümmern! Wenn ich schmachte
(Sei's nach der Liebe oder nach dem Himmel),
So werd ich nicht, wie manche Sehnsuchtsnarren,
Vom Schmachten satt und freu in süßlicher
Melancholie und Selbstzufriedenheit daran mich –
Nein, nein, da halt ich's lieber mit dem Tiger, der
So lange Hunger fühlt, bis er der Speise
Genug hat und den Raub zerreißt,
Auf den er lauert. – Muß man denn zerreißen,

Um zu genießen? Glaub's fast, wegen der
Verdauung. Ganze Stücke schmecken schlecht –
Mir sagen's Seel und Magen.
– Wie denn? Sie
(O welchen Inbegriff von Schönheit, Anmut
Bezeichnet dieses Sie! Was kann ein Wörtchen
Bedeuten!), sie, den Don Juan im Herzen,
Sie, meine einz'ge, einen andern? – Als
Die dunklen Locken ihres Haupts elektrisch,
Gleich Wetterwolken, meinem Aug zuerst
Vorschwebten, – war's ein Zeichen, daß des Tages Schwüle
Erst nun mir nahte? Als mich, zwischen Höll
Und Himmel irrend, jener Golfstrom, der
Aus ihrem Blick in Feuerfluten strömt,
Aus kaltem Schlamm, von der Verzweiflung Meer
Umflutet, losriß und geläutert an
Der Wellen Oberfläche spülte – war
Es darum, daß ich, statt in freier Wüste
Des Alls mich zu verlieren, hingerissen
Zu eines Mädchens Füßen da zerschmetterte? –
– Sie liebt mich nicht! Schon das ist Tod! Doch sie
Liebt einen andern – das ist Hölle! Floh
Ich darum zu dem Satan, daß das Glück
Ich sähe, doch es nicht erreichte? – Und
Wer ist die Närrin? Vielen Geist verspürt
Ich nicht an ihr – Wenn Tugend für Verstand
Kann gelten, mag sie klug genug sein, – und
Ihr Körper, – nun, sie ist ein treffliches
Gewächs, – die Haut recht fein und weiß, – das Haar
Recht braun – Was sagt das alles? Tausend Weiber
Sind dennoch schöner als wie sie. – Und wer
Bin ich denn? – Ich bin Faust, der himmelstürmende
Gigante, bin es, den die Schrecknisse
Der Unterwelt umkleiden –
Und sie – sie –

– Ach,
Sie ist das Mädchen, das ich zärtlich liebe!
– Das Herz! das Herz! Vernunft ist rein und klar,
Doch aus dem Herzen steigt der Sturm,
Der sie verdunkelt – Wer geliebt, gehaßt,
Gehofft hat und gefürchtet, Gott verlassen,
Dem Teufel sich verschrieben, – in dem Herzen
Hat's ihm geklopft, da scholl der Hammerschlag,
Der seines Wahnsinns Schwerter schmiedete,
Da quoll der Dampf und sprühten all die Funken,
Die ihn betörten! –
Und mag's immer sein,
Daß sie mit Grund ihn vorgezogen – Nicht
Erduld ich ihre Kälte länger – Nicht gewöhn
Ich mich, gleich einem Hunde da zu schmeicheln,
Wo man mich mit dem Fuß zurückstößt – Laut
Hohnlachend warf ich Kunst und Wissenschaft
Beiseit, als ich sie sah – Ich tötete
Mein Weib – Und sie verwirft mich?

DONNA ANNA *tritt auf und erblickt den Faust*: Ha,
Da steht! War Don Juan der Wetterstrahl,
So schnell und feurig als (daß zur Schmach ich's nur gestehe!)
Entzückend – so ist er die Wetterwolke,
Kein Blitz zwar, aber voll von Blitzen – Scheuen,
Nicht lieben kann man Wetter!
– Ich seh, er wird bald
Zermalmend sich entladen – doch was wär
Die Tugend, könnte sie je zittern? Fest
Mit stolzem Haupte tret ich vor ihn hin!

FAUST *zur Donna Anna*: Will
Denn nie die Trauer enden? Zeit wär's endlich!

DONNA ANNA: Laß frei mich, wenn du Ehre hast.

FAUST: Ich habe
Die Kraft, und Kraft schafft selbst sich Ehre.

DONNA ANNA: Ehre

Wird nicht geschaffen. Echte Kraft entsteht
Aus ihr nur.

FAUST: Nach Belieben – Ehre, Kraft –
Sie schaffen, schaffen nicht – Sentenzen kehrt
Man um wie Handschuhe – Sie tragen sich
An beiden Seiten. – Doch du redest nach
Der Denkart deines Vaters.

DONNA ANNA: Welcher Ruhm,
Gleich ihm zu denken und zu handeln!

FAUST: Kein Ruhm!
Weshalb gibt's Zeit, gibt's Jahre, gibt es Stunden?
Die Jüngern sollen weiser werden wie
Die Alten – Kinder klüger als der Vater –
– Doch alles eins. –
Warum liebst du den Don
Juan?

DONNA ANNA:
Du fragst? – Wenn ich ihn liebte – Gibt's
Denn bei der Liebe ein Warum? – Es funkelt
Die Sonne, taubeperlte Fluren strahlen
In ihrem Glanze, – aus der Nacht zuckt wild
Und frei der Blitz hernieder, Roß und Reiter
Erschlagend, – und wer fragt warum?

FAUST: Ich!

DONNA ANNA: Frei
Die Liebe, Sklaverei der Haß.

FAUST: Und hassest
Du Don Juan?

DONNA ANNA: Je feur'ger ich ihn liebe,
So heißer haß ich ihn!

FAUST: Wie? schlafen Haß
Und Lieb in einem Busen?

DONNA ANNA: Schläft der Löwe
Nicht in der Sonne?

FAUST: Ja, er tut's, und er
Ist aufgewacht in mir. Bist du ein Fels, wahrlich, – –

Ich bin es auch. Laß sehen, wie wir uns
Begegnen. Du verwirfst mich? Und bist du
Der Engel Erster, ich verwerf dich wieder!
– Der Attila, der Erd-Eroberer, stürmt durch
Die Lande – Sie sind seine einz'ge Freude –
Sehnsüchtig streckt er seine Hand
Nach ihnen aus – Sie weigern sich – Er wirft
Sie unter seiner Rosse Hufen, pflanzt
Die Feuerflamm als seine Fahne auf
Und läßt von Horizont zu Horizont
Sie sich entfalten, – Er vernichtet doch,
Wenn er auch nicht erobert – Und du wähnst,
Daß ich, der Welt-Erobrer, milder wäre?
Nur eine Silbe brauch ich auszusprechen,
Und tot sinkst du zu meinem Fuß! – Du schweigst?

DONNA ANNA:
Ich denke meines Vaters und Octavios.

FAUST: Die stör ich in der Seligkeit des Himmels –
Du schweigst?

DONNA ANNA:
Nicht wert bist du der Antwort. Wärst du
Kein Räuber und Entführer, – raten würd
Ich dir: mit Trotze nicht, mit Anmut Mädchen
Zu nahen.

FAUST: Das sag jedem anderen,
Doch nicht dem Faust. Huld, Anmut sind nur Schalen,
Die Wahrheit ist der Kern. Nicht schmeicheln, beugen
(Selbst vor Gott nicht) kann ich – doch mit Kraft
Und Tod (schon hab ich es getan) vermag
Ich zu beweisen, wer ich bin – Willst du mein sein?
– Ich warne dich! – der Tod, er zuckt schon längst
Auf meinen Lippen, und du weißt, den Lippen
Entfällt gar leicht das Unheil!

DONNA ANNA *von Faust weggewandt emporblickend*:
Du,
Der Tugend goldne Blume, winde dich

Um meine Scheitel, laß mich fallen als
Dein Opfer!
FAUST: Was ich sagte, sagt ich, es
Vollführend, weil ich es gesagt! – Bedenk das –
Mir bebt der Mund – Nicht die Minute mehr
Seufz ich um dich, die ich mit einem Wort
Zertrümmern kann. – Nie seufzt ich, ohne
Daß ich mich rächte! Hassest du mich?
DONNA ANNA: Ja!
FAUST: Stirb!
DONNA ANNA: Weh mir – ich vergehe! *Sie stirbt.*
FAUST *erstarrt*: Meine Macht
Ist schneller fast als meine Zunge –
Tot!
Dahin – Was ist die Welt? – Viel ist – viel war
Sie wert – Man kann drin lieben! – Und was ist
Die Liebe ohne Gegenstand? – Nichts, nichts.
Das Mädchen, das ich lieb, ist alles, – an
Der Leiche Donna Annas ahn ich's –
Armselig ist der Mensch! Nichts Großes, sei's
Religion, sei's Liebe, kommt unmittelbar
Zu ihm – Er muß 'ne Wetterleiter haben! –
– Wie glücklich könnt ich sein, wenn ich nicht
Mich an die Hölle damals schon verkauft,
Als ich dies Weib zuerst erblickte!
– Anna,
Erwache! – *Laut rufend:*
Ritter!
DER RITTER *tritt ein*: Dank für all die Qualen,
Wozu Ihr mich verurteilt – wieder Euch
Zu quälen, lehrten sie.
FAUST: Erweck die Tote!
DER RITTER: Ei, ei, die Donna Anna! Abgemacht! –
Ich kann sie nicht erwecken – Das Gestorbne
Ist mein nur, wenn es fällt zur Hölle!
FAUST: Anna!

Wie edel schön! Auch noch in deinem Tode! –
– In diesen Tränen, die ich weine, spür
Ich es: Es gab einst einen Gott, der ward
Zerschlagen – Wir sind seine Stücke –
Sprache
Und Wehmut – Lieb und Religion und Schmerz
Sind Träume nur von ihm.
DER RITTER: Du Gottesträumer!
FAUST: Der bin ich!
DER RITTER: Schade, daß das Mädchen
Zu früh gestorben – Hättst sie können erst
Verderben!
FAUST: Die verderben?
DER RITTER: Freilich! – Stürzt
Der Baum auf einen Hieb? Und Bäume bieten
Der Axt nur Holz und Rind und Laub. – Ein Weib
Hat Hände, Wangen, Busen und Verstand –
Anpacken kann man sie an hundert Stellen.
FAUST: Anna! verzeih! Ich handelte, wie ich nicht sollte –
Hör meine Reu, sie sagt weit mehr als Tränen:
Teufel, in einer Stunde bin ich dein!
DER RITTER: Herr Doktor,
In einer Stunde?
FAUST: Ganz gewiß.
DER RITTER: Herr, das
Ist viel, das ist Selbstüberwindung – das will
Ich dir mit Großmut lohnen –
FAUST: Heuchler!
DER RITTER: Laß
Mich deine Füße küssen – *für sich* –,
's ist zum letzten.
FAUST: Es lebt ein andrer noch, der diese liebte.
Dem Don Juan meld ich, daß sie verschieden. –
– Und dann ist all mein Erdgeschäft zu Ende.
DER RITTER: Der Don wird sich entsetzen!
FAUST: Nur entsetzen? – Nichts

Ist das Entsetzen. Jammern wird er so
Wie ich!

DER RITTER *für sich*:
Wenn er das tut, so jammr ich mit!
Beide ab.

Vierte Szene

Rom. Prächtiger Saal im Hause des Don Juan. Mondschein und Sternlicht strahlt durch die Fenster.

Der Ritter erscheint.

DER RITTER:
Hier in dem Prachtsaal Don Juans schlag ich
Den Sitz der Hölle auf – Wo ich bin, thronet sie! –
– Nun beide mein: der Faust durch eignen Willen,
Der Don Juan durch fromme Geisterhände! –
– Ha! endlich kann ich triumphieren –
O darum bin ich gekrochen – Kriechen
Und kriechen, immer kriechen – doch bloß deshalb,
Um desto furchtbarer vom Bodenschlamm
Mich wieder zu erheben – Jetzt erheb
Ich mich – Und sieh, die Stern erblassen, und
Die Nacht bricht ein wie dunkle Meereswogen!
Es wird dunkel, und Wolken ziehen auf.
– Weg mit Verkleidung! *Er reißt sich das schwarze Gewand und die Maske ab und steht rot gekleidet mit zornflammendem Antlitz da.*
Wieder trag ich
Die Farbe meiner Elemente!
Furchtbarer Blitz und Donner.
Ah, erkennt
Ihr mich? Mit Jubel mich begrüßend, stürzt
Der Blitz zu meinen Füßen!
Seid gedankt! –

– Nichts ist das Recht, – Spaß ist die Hölle, – wenn
Am Ziel der Sieg nur blinkt! – Wer da siegt, hat
recht! – –
– – Stunde, nach der ich strebe, wo ich ihn,
Des angemaßten Namen ich nicht nenne,
Im Schutte seiner Herrlichkeit begrabe,
Statt seines Lichts der Flamme Zunge leuchten
Und fressen lasse – muß ich dein gedenken?
Jedoch du kommst – ich fühl's – ich werd dich schaun –
Ich bin unsterblich und bin unermüdlich! – – –
– – Der Don Juan mit seinem Diener kommt heran.
Unsichtbar weil ich hier, bis daß für Faust
Und dann für ihn die Stunde schlagen wird! *Tritt in den Hintergrund und geht da auf und ab.*

Don Juan und Leporello kommen.

DON JUAN: Mir summt ein Spruch im Ohr wie Wasser
Durchs Mühlrad:

„Nur frischen Sinns durchs Leben hin,
Vor nichts gebeugt den stolzen Sinn,
Mit Freude jede Maid geküßt,
Mit Hochmut jeden Narrn gegrüßt,
So wirst du glücklich, wirst du groß
Und schaffest dir dein eignes Los!"

LEPORELLO: Ach, merkt Ihr nicht, daß ein Gewitter aufgeht?
DON JUAN: Was kümmern mich Gewitter?
LEPORELLO: Wie unheimlich
Und schwül ist's hier im Saal – Ist's nicht, als wär
'ne Donnerwolke drin versperrt –
DON JUAN: Schaff Licht
Und mach die Fenster auf!
LEPORELLO *in den Hintergrund auf die Gegend deutend, wo der Ritter auf- und abgeht*: Bemerkt
Ihr nicht, wie dort die roten Funken zucken?
DON JUAN: Licht, sag ich, Licht!

LEPORELLO: Gleich, Herr, – gleich! *Ab.*

DON JUAN: Es ist wahr –
Schwül ist's im Zimmer! Geisterhaft ist's schwül! –
– Doch mit Geruch des Bratens werd ich das
Verscheuchen. – Nichts Reellres in der Welt als der
Geruch – Er zaubert uns im Augenblick
Ins Reich der Wirklichkeit – Riechst du in Eden
Den Duft von Speisen oder Grabesdunst –
Du bist aus Eden fort und glaubst dich
Zu einem Schmause oder in 'ne Gruft
Versetzt. –

Leporello kommt zurück mit Armleuchtern, auf denen die Kerzen brennen.

LEPORELLO: Herr, auf der Treppe ist ein Lärm.
DON JUAN: Die Gäste sind's gewiß, die ich geladen.
LEPORELLO: Nein, nein, es ist kein bürgerlicher, es ist
Ein Polizeischritt!
DON JUAN: Und woran kennst du den?
LEPORELLO: An würdevoller Grobheit.
DON JUAN: Würd mit Grobheit
Ist Unsinn. – Laß herein die Polizei!
LEPORELLO: Herr, wißt Ihr, was Ihr tut?
DON JUAN: Laß sie herein!

Signor Rubio und Signor Negro mit Polizeidienern treten ein.

SIGNOR NEGRO:
– Wie wird mir? Hier drückt's grad so schwül aufs Herz
Wie auf dem Todesball des Gouverneurs.
Ist's Blut-, ist's Feuer-Dunst? –
DON JUAN: Was wollt ihr, Leute?
SIGNOR NEGRO:
Sprecht nicht von Leuten, Herr. Der da ist Rubio,
Der Polizeidirektor, ich bin Signor Negro.
DON JUAN:
Also nicht Leut und Menschen – Ihr ein Signor,

Der ein Direktor. Mein Direktor, was
Begehrt Ihr?
SIGNOR RUBIO: Euch verhaft ich, Herr, wie man
Zu sagen pflegt, weil Ihr den Gouverneur
Und den Octavio ermordetet, wie man
Zu sagen pflegt.
DON JUAN: Dir, Signor Negro, dank ich das!
Du drolliger Patron, der stolz ohn Kraft
Und Mut ist und daher, anstatt das Schlimme
Selbst auszuführen, nur ihm gierig nachspürt,
Anstatt den Dolch in eigner Hand zu schwingen,
Angeber wird und mit Gericht und mit
Schafotten sucht zu quälen und zu würgen!
– Auf, Leporello, wirf den Signor da
Hinunter – tu's nur dreist – du kannst ihn zwingen –
LEPORELLO: Mir spitzen sich die Finger. – Kann ich ihn auch zwingen?
DON JUAN: Ohn allen Zweifel.
LEPORELLO *zu Signor Negro*: Herr, was ich kann zwingen,
Das drück ich unter! unter!
DON JUAN: Recht – Was hätte sonst
Das „zwingen können" auch für einen Nutzen?
SIGNOR NEGRO: O Polizeidirektor! Signor Rubio!
SIGNOR RUBIO: Helft
Ihm, Leute!
Leporello wirft den Signor Negro aus der Tür und verfolgt ihn.
DON JUAN *Signor Rubio und dessen Leute zurückhaltend*:
Mein Direktor, an dem Negro üb
Ich Hausrecht. Nicht befugt ist er, frech, wie
Er's tat, um Mordverdacht hier einzudringen.
Euch aber, als Beamten, alle Ehre.
– Ich bitt, laßt Eure Diener nur in Ruhe!
SIGNOR RUBIO: Herr, Ihr erlaubt Euch –
DON JUAN: Alles, was ich kann.
SIGNOR RUBIO: Ihr seid –
DON JUAN: Der, der ich bin!

SIGNOR RUBIO: Ihr habt –
DON JUAN: Getan,
Was mir gefiel!
SIGNOR RUBIO: Ei, laßt mich doch zu Wort
Erst kommen!
DON JUAN: Gleich! – Doch erst sagt an, wer seid
Denn Ihr?
SIGNOR RUBIO: Habt's ja längst gehört! Ich bin,
Wie man zu sagen pflegt, die Polizei.
DON JUAN:
Habt Ihr 'nen Paß? habt Ihr Atteste?
SIGNOR RUBIO: Wie? Raset Ihr? Die Polizei soll Pässe,
Atteste haben?
DON JUAN: Sie bracht's schon so weit,
Daß man ihr selbst nicht ohne Paß traut.
SIGNOR RUBIO: Wollt
Ihr mit mir spielen?
DON JUAN: Nein, Ihr seid ein Blatt,
Auf das ich keinen Heller setzen möchte.
Wie alt seid Ihr?
SIGNOR RUBIO: So sechsundfünfzig Jahr.
DON JUAN: Wie heißt Ihr?
SIGNOR RUBIO: Signor Rubio, wie man
Zu sagen pflegt.
DON JUAN: Derselbe Rubio,
Der auf Octavios Hochzeitsfest
Betrunken war?
SIGNOR RUBIO: Was habt Ihr mich zu fragen?
DON JUAN: Warum habt Ihr mir geantwortet?
SIGNOR RUBIO: Weil es
So klappte!
DON JUAN: Seht, das Klappen! – Unversehn
Ist leicht geschehn! – Jetzt merkt wohl! Es gibt
'ne hohe Polizei und eine niedere –
Die hohe ist die klügste – denn die niedere
Beachtet das nur, was Vergehen ist,

Die hohe achtet nur auf das, was nützt.
Wahr ist's, daß unter andern Mädchen ich
Der Donna Anna nachgestellt und nachstell,
Daß ich deshalb den Gouverneur, den Don
Octavio erschlagen habe – Wahr
Ist's aber auch, daß ich ein span'scher Grande,
Der Neffe Gonzalos, des Kardinals,
Günstling des Papstes, bin. Herr, sprecht: Was sagt
Ihr nun?

SIGNOR RUBIO: Mein Gott, ein Grande! Neffe vom
Allmächt'gen Gonzalo! – Don, verzeiht, ich irrte
In der Person mich!
Der verfluchte Negro,
Wie man zu sagen pflegt! – Nun gilt's wahrhaftig
Nicht Polizei – nun gilt es Politik! –
– Sprach ich von Morde, Herr! Was will das sagen,
Wie man zu sagen pflegt? – So kleines Mördchen,
Und unter guten Freunden, wie sich das
Von selbst versteht, kann allzu leicht passieren –
Was ist's denn weiter? Tot der eine, und
Der andere bleibt lebendig! Alles ganz
Natürlich; beim gemeinen Volk indes
Muß man auch das Gewöhnliche bestrafen,
Es kommt zu oft sonst vor und wird deshalb
Leicht Recht. Sie morden nicht aus Ehr und Ruhm,
Sondern aus Haß.

DON JUAN: Wir wären miteinander
Jetzt fertig! Packt Euch fort aus meinem Zimmer!
Verzeihet, ganz gewöhnlich und natürlich! –
Da, diesen Faustschlag nehmt mit auf den Rücken!
O alles ganz natürlich! – Wagt Euch nicht
Zurück mit Euren Lumpenhunden! – Ganz gewöhnlich,
Wie man zu sagen pflegt!

SIGNOR RUBIO: Empfehl mich!

DON JUAN: Hast
Sehr nötig, daß du dich empfiehlst.

Signor Rubio nebst seinem Gefolge wird von Don Juan fortgetrieben. Leporello kommt zurück.

DON JUAN: Ist der
Herr Negro tüchtig expediert?
LEPORELLO: Kopfs über,
Kopfs unter!
DON JUAN: Wohl, so bring das Essen!
LEPORELLO: Herr,
Herr! – Schwarz, pechschwarz wie Mohrenfäuste,
Die enger stets und fester sich bis zu
Der Sonn aufballen, in die Welt hineindräund,
Erheben sich Gewitterwolken!
DON JUAN: Mag's sich heben,
Und mögen Blitze zischen nach Vergnügen.
Ich will jetzt speisen, will jetzt trinken!
LEPORELLO: Horcht!
Welch Windesbrausen!
DON JUAN: Furchtbar tönt's, doch schön!
LEPORELLO: Es klopft! – Es ist doch nicht? –
DON JUAN: Nur näher! – Wer
Da draußen?

Faust, bleich, entstellten Gesichts, tritt ein: der im Hintergrunde verweilende Ritter will auf ihn losstürzen.

FAUST *zu dem Ritter*:
Du! Zurück! Wart, bis es Zeit ist! –
Mit jenem da muß ich erst reden! –
DON JUAN: Mit wem spricht man hier außer mir?
– – Ha, Faust! – Wie sieht er aus – Man sollte grausen!
Zerschlagner Welten Trümmer schimmern so
Im Licht des Abends, wenn es sich vor Schmerz
Darüber bricht! –
FAUST: Weh mir, von Stund zu Stunde
Wächst meine Liebe! wächst mein Schmerz! *Zu Don Juan:*
– Mann,
Hast du sie auch geliebt?

DON JUAN: Meinst du die Anna?
FAUST: Die Anna!
DON JUAN: Fragst du? Ist sie denn nicht schön?
FAUST: Tot ist sie, tot! Hör's und verzweifle du
Mit mir!
DON JUAN: Verzweifeln? Da, wo Weh und Jammer,
Des Unglücks und des Herzbluts hohe Wogen
Auf uns einstürmen, – gilt's, die Flagge auf-
Zuziehn, die an des Lebens Masten flattert,
Gilt es, für ihre Ehr, für ihren Ruhm
Zu streiten bis zum Abgrund des Verderbens!
– Ja, mich erschüttert Donna Annas Tod!
Die tiefste Brust bewegt er! – Doch ich spann
Die Segel wieder, fahr mit neuem Winde!
– Gibt's nicht der schönen Mädchen tausend andre?
Wie sollt ich mich um eine grämen? – Hab
Ich sie geliebt, so zeig ich's dadurch, daß
Ich nicht den Tod scheu, sie zu rächen!
– Du bist's gewiß, der sie erwürgte! Ähnlich
Sieht dir's, der immer selber seine Himmel
Zertrümmerte! – Zum Zweikampf! Ein paar Gänge
Versuch einmal!
FAUST: „Der seine Himmel selber
Zertrümmerte!" – Er wagt's mir vorzuwerfen!
Und er hat recht. Ich schlug das Herrlichste
Zu Trümmern, weil ich's nicht begriff! –
– – Du bist
Dahin für mich, o Donna Anna! Nie
Erblick ich deiner Augen Schimmer, nie
Bad ich in deiner Schönheit Glanz mich wieder,
Und niemals wird ein Wörtchen nur, verschönt
Durch deiner Stimme Zauber, zu mir klingen –
Doch ewig werd ich dein gedenken, und
Schon der Gedanke wird die Wirklichkeit
Der Höll zuschande machen!
Zum Ritter, der sich dem Faust wieder genähert hat: Trotzend

Stürz ich in deine Arme – Wisse aber:
Wenn ich ein ew'ges Wesen bin, so ring
Ich auch mit dir von Ewigkeit
Zu Ewigkeit, und möglich, daß ich siege,
Dich nochmals tretend, wie ich schon getan!

DER RITTER *den Faust packend und sofort erdrosselnd*:
Erwarten wollen wir's! – Mit ihm zum tiefsten Pfuhl!
Häuft brennende Ölberge, wär auch der
Von Zions Stadt darunter, Feuerberge
Häuft über seine Seel! – Den Körper laßt
Nur liegen! – Macht es gut, ihr Geister – Bald
Komm ich mit Don Juan ihm nach! *Er tritt wieder in den Hintergrund und bleibt während der ganzen Szene darin, den Don Juan fixierend.*

DON JUAN: Der Zaubrer
Wird wohl verzaubert? Spricht er mit der Luft?

LEPORELLO: Er stürzt vom Stuhl – Ihr Heiligen, er stirbt –
Und kohlschwarz starrt sein Antlitz
Im Rücken ihm! – Hier in der Stube spukt
Ein Teufel!

DON JUAN: Kerl, laß deine Fratzen! Schlagfluß
Hat ihn gerührt! Bring ihn sogleich von dannen!

LEPORELLO: Wegbringen? Den? Anfassen ihn, den Gott
Gezeichnet?

DON JUAN: Eben sprachst du ja vom Teufel!

LEPORELLO:
Das ist ganz eins – Gott zeichnet mit dem Teufel
Wie Kinder mit der Kohle!

DON JUAN *drohend*: Fort den Leichnam.

LEPORELLO *schafft bebend den Leichnam des Faust beiseit und kehrt zurück*:
– Ich schöpfe wieder etwas Luft. – Das Untier
Wär weggeschafft! –

DON JUAN: Freund, was gelobtest du
Auf dem Montblanc? Du wolltst dich bessern, wolltest
Lisetten ehlichen.

LEPORELLO: O Don, bedenkt:
Versprechen ist was anders als das Halten:
Was ich verspreche, das versprech ich,
Und was ich halt, das halt ich. Auch vernahm
Ich nicht, daß mein Gelübde akzeptiert ward!
DON JUAN: Decke
Den Tisch! – wo bleiben unsre Gäste?
LEPORELLO: Gäste?
Hört Ihr nicht, daß der Wind gleich einem Besen
Vor dem Gewitter herfliegt und die Straßen
Auskehrt von Staub und Menschen? – Können
Noch Gäste kommen?
DON JUAN: Deck den Tisch!
LEPORELLO: Ich tu's! *Er deckt den Tisch und trägt Speisen auf und Wein.*
DON JUAN *sich Wein einschenkend*:
– Die Donna Anna! – Überflut sie, Wein! –
Ah, der Franzose da: Champagner – Wildfang!
Bis an die Decke fliegt dein Schaum, mein Jubel
Soll aber trotz der Donna Anna, trotz
Des Jammers an die Sterne schlagen! –
– Schuft,
Was machst du?
LEPORELLO: Trank ich? Es war Eure
Gesundheit! Die erfleht Eur treuer Knecht!
DON JUAN: Pasteten – Braten her – Salat! *Er ißt.*
Erträglich
Ist alles zubereitet. – Hast du Musikanten
Bestellt?
LEPORELLO: Herr, sie sind draußen. Dürfen sie
Eintreten?
DON JUAN: So? daß ich säh, wie sie
Die Töne kratzten, pusteten? – Sie sollen
Aufspielen, aber laß mich sie nicht sehen!
Leporello ab und kommt gleich zurück. Dann Musik.
DON JUAN: Beim Essen ist Musik ein guter Prüfstein –

Denn ist das Essen gut, so hört man die
Musik nicht! *Speisend*:
Schön, ich hör sie jetzt nicht! *Zu Leporello:*
Mensch, – was ißt du?

LEPORELLO: Ich essen? Den Fasan probier ich, ob
Er gut gebraten. Essen und probieren!
Ein großer Unterschied! – O wär die Welt
Doch ein gebratener Kapaun, und wär
Ich's doch, der ihn anfräß. – Schauderhaft
Laßt Ihr mich hungern!

DON JUAN: Kerl, dir geb ich nichts,
Da ich doch weiß, daß du es stiehlst!
Wein, Wein!
Leer sind die Flaschen! –

Leporello setzt neue Flaschen auf.

DON JUAN *trinkend*: Mahomet soll leben!
Den Wein verbot er, weil er ihn so sehr
Geliebt. Denn das Verbot, so schloß er richtig,
Verdoppelt den Genuß!

Blitze, Donner.

LEPORELLO *am Fenster*: Herr, christlich! christlich!
Seht, seht die Wolken! – Regen – Blitz – und – Donner!
Kein Ende – Wie ein feuerspeiender
Vulkan hängt über uns der Himmel. – Da
Schlägt's ein in den Palast des Erzbischofs!

DON JUAN: Da capo! Alle Blitze mögen ewig flammen,
Besonders, wenn sie treffen!

LEPORELLO: Gnade! Gnade!
Da blitzt's, da donnert's wieder! – Ach, wie tobt's!

DON JUAN *ein Glas Wein hinunterstürzend*:
Hoch lebe
Der Donner, – mög er tausend Jahre rollen
Wie heute!

LEPORELLO: Herr, das Gewitter – enger stets und enger
Umzieht es uns – Kaum kann ich atmen. – Herr,
Es ist auf uns gemünzt!

DON JUAN: Den Saft der Traube
Schlürf ich – der macht mich heiß – Und Blitz und Donner
Sind nichts als Schnee dagegen!
LEPORELLO: Hab ich Eisen
An mir? Man sagt, der Blitz zieh sich darnach – *Schlüssel, Schuhe usw. wegwerfend:*
Da! Schlüssel! – Schuh mit Nägeln – Spangen,
Hinweg damit!
– O Gott, da kommt jemand und stapft
Und stapft, daß man durchs Donnerwetter es
Vernimmt!
DON JUAN: Es wird ein Gast sein!
LEPORELLO: Ist's nur nicht
Der steinerne, den Ihr habt eingeladen?
– Das sind nicht Menschentritte, – nein, es sind
Erdbeben, die herannahn!
DON JUAN: Schwert! mein Schwert!
LEPORELLO: Hier ist's!
DON JUAN *das Schwert entblößend*:
Sei willkommen, meiner Freunde treuster!
Du, der den Feind erschlägt und mich nicht eher
Verlassen wird, als bis die Hand mir abfällt!
– Mein Fühlhorn sei, mit deiner Spitze
Laß mich den Marmorgast befühlen – *Zu Leporello:*
Öffne
Die Tür!
LEPORELLO: Das Öffnen tut nicht not!
Man hat so angeklopft, daß schon die Tür
Von selbst einbricht.
DON JUAN: Wer wagt's, so unverschämt
In mein Gemach zu treten?

Die Bildsäule des Gouverneurs tritt in das Zimmer.

Ha!
LEPORELLO: O Christus!
Die Bildsäul von dem Kirchhof! – Ich vergehe!

DON JUAN:
Entsetzlich oder auch wohl närrisch! – Still,
Still, Leporello!

LEPORELLO: Hört ich einen Hahn
Nur krähen – einen dummen Entrich schnattern –
Die Erde fühlt ich wieder! – Doch dies ist
Das Reich der Geister!

DIE BILDSÄULE DES GOUVERNEURS: Don Juan –

LEPORELLO:
O welche Stimme! Mark- und beinzerknirschend!

DIE BILDSÄULE DES GOUVERNEURS:
Du hast befohlen, und ich bin erschienen!

DON JUAN: Ist's eine Bildsäul, ist es keine?
– Das Auge weiß – Kein Stern darin – Ich stürz
Zu Boden! –
Doch ich rufe meinen Namen,
Ist er auch blutbefleckt, so ist er doch
Voll Ehre! Und wie eine Feuerglocke
Die Städte aufregt und das weite Land,
So richten auch bei seinem vollen Schalle
All meine Kraft sich auf und all mein Mut!
– Ich heiße Don Juan und biet dir Kampf
Und Trotz!

DIE BILDSÄULE DES GOUVERNEURS:
Ohnmächtiger, kein Lebender
Vermag mich zu bekämpfen!

DON JUAN *sich an der Stirn fassend*: Welche Töne!
– Doch,
Vielleicht ein Gaukler! – Laßt uns prüfen,
Ob dieser Stein ein böhmischer, ob es
Ein echter, der den Stahl verträgt! *Er haut mit dem Schwerte auf die Bildsäule des Gouverneurs, und das Schwert zersplittert.*
Ein echter! –
– Noch hab ich einen Dolch – Zwar kürzer als
Das Schwert, doch näher, sicherer! *Er zieht den Dolch*

und schwingt ihn wild um das Haupt. Noch bin ich
Gewaffnet, und wer zagte unter Waffen? *Zu*
Leporello: Wo sind die Musikanten? Weshalb ließen
Im Spiele sie sich stören?

Donner und Blitz.

LEPORELLO: Hört Ihr, Herr,
Es musiziert da, daß die Saiten reißen!

DON JUAN:
Herr Gouverneur, beliebt's Euch, sich zu setzen?
Hier ist ein Stuhl –

LEPORELLO: Der Stuhl wird unter dem
Zusammenbrechen wie Korn unterm Mühlstein!

DON JUAN:
Hier Suppe von Schildkröten – Hier Wildbraten –
Auch Beefsteak – Rostbeef – Frikasséen –
Endiviensalat – Da Wein, Tokaier,
Champagner und Burgunder – Langt nur zu, Herr!

DIE BILDSÄULE DES GOUVERNEURS:
Ich komme von den Sternen. Ird'scher Nahrung
Bedarf ich nicht.

DON JUAN: Mit Sternenspeise kann
Ich dir nicht dienen, und zum ird'schen Mahle
Lud ich dich ein. Narr, wenn du kamst in Hoffnung
Von anderen Genüssen!

DIE BILDSÄULE DES GOUVERNEURS:
Donna Anna
Und Don Octavio, im Himmel jetzt
Im seligen Verein, den Erdenschmerz
In ihrem Antlitze zu leichtem Lächeln,
Zu Perlen ihre Tränen umgewandelt,
Gedachten dein in ihrer Wonne, und
Sie senden mich hernieder, daß ich dich
Zur Reu und Beßrung mahne.

DON JUAN: Danke für
Den Gruß! – Doch nichts hab ich getan, weshalb
Ich Reue spürte! Alles, was ich tat,

Gefällt mir! Nicht bedarf ich Beßrung,
Denn mit mir selbst bin ich gar sehr zufrieden!
LEPORELLO: Klein beigegeben, Herr, klein beigegeben!
Lügt ihm was vor! Es findet sich nachher! –
– Bedenkt, Ihr zieht dadurch mich Schuldlosen
Mit Euch aus diesem Elend!
Hu, der Marmor
Knirscht wieder!
DIE BILDSÄULE DES GOUVERNEURS:
Hast du Mut, gib mir die Hand
Darauf, daß du beteurst, dich nicht zu bessern!
DON JUAN: Die Hand! die Hand! – Doch bin ich nicht in Rom? Hier reckte
Der Scävola die Rechte in das Feuer –
Ich tue mehr: Ich strecke kühn auffodernd
Sie in das Reich der Unterwelt und spreche:
Das Leben ist ein Nichts, wenn es nicht allem,
Was ihm begegnet, Stirne bietet!
Da!

Er gibt der Bildsäule des Gouverneurs die Hand, welche sie einige Augenblicke festhält und dann losläßt.

DON JUAN: O schnöder Schurke! Leichenkälte fließt
Aus deiner Hand in meine Adern! – Lohnst
Du so den Handschlag eines Spaniers?
O Niederträchtiger, du wärest wert,
Du lebtest nochmals, daß ich nochmals dich
Erschlüge! *Er greift die Bildsäule des Gouverneurs mit dem Dolche an.*
DIE BILDSÄULE DES GOUVERNEURS: Weich!
Don Juan taumelt zurück.
– Schau, die dunkle Flamm dort hinten
Kommt auf dich zu! Der Satan ist's im Festgewand –
LEPORELLO: Ach, meine Ahnung! Darum war's
So schwül im Zimmer – Satan, Herr! zu schlecht
Bin ich, daß Ihr mich holt. – *Auf den Don Juan deutend:*

Nehmt ihn, Ihr habt
Genug daran!

DIE BILDSÄULE DES GOUVERNEURS:
Er lauert schon, daß er dem Faust
Dich zugeselle. – Doch ich kann dich retten,
Wenn du bereuen willst – Zum letzten Mal
Frag ich dich mit der Gottheit Donnerstimme:
Willst du bereuen und dich bessern?

DON JUAN: Was
Ich bin, das bleib ich! Bin ich Don Juan,
So bin ich nichts, werd ich ein anderer!
Weit eher Don Juan im Abgrundsschwefel
Als Heiliger im Paradieseslichte!
Mit Donnerstimme hast du mich gefragt,
Mit Donnerstimme geb ich dir die Antwort: Nein!

DIE BILDSÄULE DES GOUVERNEURS:
Wir sehen uns nicht wieder! *Sie versinkt.*

DER RITTER *seinen roten Mantel in die Höhe werfend*:
Mantel, breit
Dich aus, entfalt den Stoff, aus dem du bist
Verfertigt, überflamm als Feuersbrunst
Dies Haus, samt den Bewohnern es verzehrend!

Feuer und Feuerregen.

– Dich aber, Juan, reiß ich mit mir, – schmiede
Dich an den Faust – Ich weiß, ihr strebet nach
Demselben Ziel und karrt doch auf zwei Wagen!

DON JUAN: Noch jetzt ruf ich, als letztes Wort auf Erden:
„König und Ruhm und Vaterland und Liebe!"

Der Ritter versinkt und reißt den Don Juan mit fort.

LEPORELLO:
Es brennt in jeder Eck, – ich muß verbrennen.
Gibt's keine Hülfe? Weh, die Flammen kommen!
Sie kommen! Keine Flucht! Ich muß verbrennen!

Der Vorhang fällt unter Feuer, Donner und Blitz.

NAPOLEON
ODER
DIE HUNDERT TAGE

Ein Drama in fünf Aufzügen

VORWORT

Dieses Drama war vor den welthistorischen Ereignissen des Juli vorigen Jahres vollendet. Seitdem ist manches eingetroffen, was in ihm vorausgesagt ist – ebensoviel aber auch nicht. Man halte also den Verfasser an keiner Stelle für einen Propheten ex post. Seine Krankheit und andere Zufälle verhinderten die frühere Beendigung des Druckes, und es können erfoderlichenfalles ehrenwerte Zeugen, welche das Stück vor dem erwähnten Zeitpunkt kannten, jedem Zweifelnden die Wahrheit obiger Angaben sofort beweisen.

Der Verfasser

Detmold, den 29. Januar 1831

ERSTER AUFZUG

Erste Szene

Paris. Unter den Arkaden des Palais Royal.

Vieles Volk treibt sich durcheinander, darunter Bürger, Offiziere, Soldaten, Marktschreier, Savoyardenknaben und andere. Die sprechenden Personen halten sich im Vorgrunde auf. Vitry und Chassecœur sind zwei abgedankte Kaisergardisten.

VITRY: Lustig, Chassecœur, die Welt ist noch nicht untergegangen – man hört sie noch – dort oben im zweiten Stock wird entsetzlich gelärmt.

CHASSECOEUR: So? – Ich hörte nichts – Warum lärmen sie?

VITRY: Der alte Kanonendonner steckt dir noch im Ohr. Hörst du denn nicht? Wie rollt das Geld, wie zanken sie sich – sie spielen.

CHASSECOEUR: O mein Karabiner, dürft ich mit deiner Kolbe wieder die Kisten zerschmettern wie die Gehirne!

VITRY: Ja, ja, Vater Veilchen spielte um die Welt, und wir waren seine Croupiers.

CHASSECOEUR: Blut und Tod! Wären wir es noch!

VITRY: Na, still, nur still – In unsrem schönen Frankreich blühn jeden Lenz das Veilchen, der Frohsinn und die Liebe wieder neu – Veilchenvater kommt auch zurück.

AUSRUFER EINER BILDERGALERIE: Hier, meine Herren, ist zu sehen Ludwig der Achtzehnte, König von Frankreich und von Navarra, der Ersehnte.

AUSRUFER EINER MENAGERIE *dem vorigen gegenüber*: Hier, meine Herren, sehen Sie einen der letzten des aussterbenden Geschlechtes der Dronten, wackeligen Ganges, mit einem Schnabel gleich zwei Löffeln, von Isle de France und Bourbon bei Madagaskar, lange von den Naturforschern ersehnt, ihn zu betrachten und zu zerlegen.

AUSRUFER DER BILDERGALERIE: Hier ist zu sehen der Monsieur, der Herzog von Angoulême, sein Sohn, die Herzogin, dessen Gemahlin, der Herzog von Berry und das ganze bourbonische Haus.

AUSRUFER DER MENAGERIE: Hier erblicken Sie den langen Orang-Utang, gezähmt und fromm, aber noch immer beißig, den Pavian, ähnlichen Naturells, die Meerkatze, etwas toller als die beiden andern und so genannt, weil sie über die See zu uns gekommen, den gewöhnlichen Affen, nach Linné Simia silvanus, und das ganze Geschlecht der Affen, wie es nicht einmal in dem Pflanzengarten oder den Tuilerien leibt und lebt.

EIN POLIZEIBEAMTER: Mensch, du beleidigst den König und die Prinzen.

AUSRUFER DER MENAGERIE: Wie, mein Herr, wenn ich Affen zeige? Hier mein Privilegium.

GESCHREI: Rettet! Helft dem Unglücklichen!

CHASSECOEUR: Was da?

VITRY: Aus dem zweiten Stock stürzt einer auf das Pflaster, und sein Gehirn beschmutzt die Kleider der Umstehenden. Wohl ein Spieler, der sein Alles verloren hat.

CHASSECOEUR: Oder den die Mitspieler aus dem Fenster geworfen haben, weil er betrogen oder zuviel gewonnen hat.

VITRY: Wie du raten kannst. – Das Volk zittert und faßt ihn nicht an. Ich will ihm beispringen.

CHASSECOEUR: Pah, laß ihn liegen.

VITRY: Freund, hätt er nun Frau und Kind, die ohne ihn verhungern müßten?

CHASSECOEUR: Mir recht lieb. Ich muß auch hungern – ich wollte, die ganze Welt hungerte mit zur Gesellschaft. – Vitry, wir! Als wir Italien, Deutschland, Spanien, Rußland und Gott weiß was sonst plünderten und brandschatzten, tausend und abertausend Damen dieser Länder karessierten oder notzüchtigten, das Geld in Haufen auf die Straße warfen, den Kindern zum Spielwerk, weil wir jede Minute neues bekommen konnten – hätten wir da gedacht, jetzt zusammen keine vier Sous in der Tasche zu haben, abgesetzt, der Gage beraubt zu sein durch die schwammigen, seewässerigen, schwindsüchtelnden –

VITRY: Bonbons, oder wie es heißt. Kenne den Namen nicht genau. – Doch höre! Der kleine Savoyarde.

SAVOYARDENKNABE *mit Murmeltier und dem Dudelsack*:

La marmotte, la marmotte,
Avec ci, avec là,
La marmotte ist da.
Von den Alpen –
Schläft im Winter –
Wacht im Sommer –
Und tanzt in Paris.
La marmotte, la marmotte,
Avec ci, avec là,
La marmotte ist da.

AUSRUFER BEI EINEM GUCKKASTEN: Meine Damen und meine Herren, hieher gefälligst. – Etwas Besseres als eine elende Marmotte – die ganze Welt schauen Sie hier, wie sie rollt und lebt.

SAVOYARDENKNABE: Was schimpfst du mein Tierchen? Es ist wohl ebensogut als dein Guckkasten – *Zu seinem Murmeltiere*: Armes Ding, siehst ordentlich betrübt aus – der grobe Mensch hat dich beleidigt – O mein Schätzchen, freue dich, sei wieder munter – niemand glaubt dem Schimpfen – ich gebe dir auch zwei dicke, süße Wurzeln zu Mittag. Nur wieder munter!

AUSRUFER BEI DEM GUCKKASTEN: Sieh da, Zuschauer! – Willkommen! – Erlaubnis, daß ich erst die Gläser abwische – So – Treten Sie vor. – Da schauen Sie die große Schlacht an der Moskwa – Hier Bonaparte –

CHASSECOEUR: Napoleon heißt es!

AUSRUFER BEI DEM GUCKKASTEN: – Bonaparte auf weißem Schimmel –

CHASSECOEUR: Du lügst! Der Kaiser war zu Fuß und kommandierte aus der Ferne. Ich hielt keine zwölf Schritt von ihm als Ordonnanz.

AUSRUFER BEI DEM GUCKKASTEN: Und da, meine Herren und Damen, erblicken Sie den großen, edlen Feldmarschall Kutusow –

CHASSECOEUR: Die alte Schlafmütze, die den Löwen zu fangen verstand, aber nicht zu halten wußte. Hätt er mit seinen Leuten jeden Tag nur viertausend Schritt mehr gemacht, so kam kein Franzose aus Rußland.

DER AUSRUFER BEI DEM GUCKKASTEN: Und hier schauen Sie den Übergang über die Beresina!

VITRY: Eh, da schlug ich ja die Pontons mit auf!

CHASSECOEUR: Beresina! Eis und Todesschauer! – Da war ich auch – Laß doch sehen! *Er tritt an ein Glas des Guckkastens.*
Mein Gott, wie erbärmlich! – Vitry, guck einmal!

VITRY: Ich gucke. Dummes Zeug. Ich hatte damals nichts im Leibe und stand drei Fuß tief im Wasser, unter herüberfliegendem feindlichen Kanonenhagel. Du gabst mir einen Schnaps –

CHASSECOEUR: Es war mein vorletzter –

VITRY: Wie albern hier – weder Pioniere, Gardisten, Linie sind zu unterscheiden – Und wie wenig Leichen und Verwundete!

CHASSECOEUR *zum Ausrufer*: Mann, kannst du Frost, Hunger, Durst und Geschrei malen?

DER AUSRUFER BEI DEM GUCKKASTEN: Nein, mein Herr.

CHASSECOEUR: So ist das Malerhandwerk Lumperei.

DER AUSRUFER BEI DEM GUCKKASTEN: Ah, und da sehen Sie die so braven, aber jetzt geschlagenen Franzosen über die Beresina flüchten.

VITRY: Mein Herr und Freund, die Schläge, die wir damals

erhielten, will ich sämtlich auf meinen Rücken nehmen, ohne daß er davon blau wird.

CHASSECOEUR: Recht, Vitry! – Wir, nur achttausend Mann, umstellt wie ein Wildbret, schlugen uns durch sechzigtausend Schufte und entkamen.

VITRY: Und das nannten sie Sieg!

CHASSECOEUR: Die armen russischen Teufel wissen wohl nicht, was ein rechter Sieg ist.

DER AUSRUFER BEI DEM GUCKKASTEN: Und hier, meine Damen und Herren, die große Völkerschlacht bei Leipzig – Schauen Sie: da die bemooseten grauen Türme der alten Stadt – da die alte Garde zu Fuß, voran der Tambourmajor, mit dem großen Stab, wie er ihn todverhöhnend lustig in die Luft wirft – hier die alte Garde zu Pferde, im gelben Kornfelde haltend, wie ein Pfeil, der abgeschossen werden soll. – Dort die braven Linientruppen schon im Gefechte. Hier die preußischen Jäger mit den kurzen Flügelhörnern –

VITRY UND CHASSECOEUR: O Preußen und Patronen!

DER AUSRUFER BEI DEM GUCKKASTEN: – und da im Regen, unter dem Galgen, den er verdient, der Blutsauger, der jämmerliche korsische Edelmann, jetzt entflohen vor dem gerechten Zorne seines rechtmäßigen Fürsten, Ludwigs des Achtzehnten, der meuchelmördrische Bonaparte –

VITRY: Wer sagt das?

CHASSECOEUR: Schurke, mehr wert war er als alle deine Ludwigs – wenigstens zahlte er den vollen Sold.

VITRY: Den Kaiser laß ich nicht beschimpfen! Entzwei den Guckkasten!

DER AUSRUFER BEI DEM GUCKKASTEN: Hülfe! Hülfe! – Konspiration! – Gendarmes! – Man spricht hier von Kaisern!

VITRY: Ja, und die Könige zittern!

PÖBEL *kommt*: Kaiser, Kaiser – ist er wieder da?

DER AUSRUFER BEI DEM GUCKKASTEN: Was weiß ich. Meinen Kasten haben sie mir in Stücken geschlagen. Er kostet funfzig Francs.

VITRY: Bitte die Angoulême, daß sie ihn dir bezahlt. – Hier ist deines Bleibens nicht mehr.

DAS VOLK *auf den Ausrufer losdringend*: Der Lump – Zerreißt ihn –

EIN GENDARM *kommt*: Guckkastenkerl, fort mit dir – du veranlassest Aufruhr –

DER AUSRUFER BEI DEM GUCKKASTEN: Ich lobe den König.

DER GENDARM: Darum brauchst du andre nicht zu schimpfen – Fort!

DAS VOLK: Herrlich! Es lebe die Gendarmerie!

EIN ALTER OFFIZIER IN ZIVILTRACHT: Chassecoeur.

CHASSECOEUR: Die Stimme kenn ich von den Pyramiden her, als wir da unser Trikolor hoch über Kairos Minaretts aufpflanzten und der Nil zu unsern Füßen rollte. – Mein Hauptmann, seit Ägypten sah ich dich nicht.

DER ALTE OFFIZIER: Ich focht während der Zeit bald in St. Domingo, bald in Deutschland, dann bei Cattaro, dann in Schwedisch-Pommern und zuletzt bei Riga und Montereau.

CHASSECOEUR: Na, ich war die Zeit über meistens in Österreich, Italien und Spanien, zuletzt in Rußland und Deutschland. Und bei Montereau kämpft ich auch, vielleicht in deiner Nähe.

DER ALTE OFFIZIER: Chassecoeur, wir haben beide eine schlechte Karriere gemacht – ich bin Hauptmann geblieben, du, wie's scheint, Gemeiner. Und nun sind wir überdem des Dienstes entlassen.

CHASSECOEUR: Wahr – du und ich könnten so gut als Marschälle figurieren wie die verräterischen Schurken, der Augereau und der Marmont, vielleicht Kaiser dazu sein wie der Napoleon.

VITRY: La la! Den einen trägt, den andern ersäuft die Woge des Geschicks. Das Herz nur frisch, es ist die Fischblase und hebt uns, wenn wir wollen, bis wir krepieren, sei es so oder so. *Zu einer vorübergehenden Dirne:* Einen Kuß, mein Kind!

DER ALTE OFFIZIER: Was verwahrst du an der Brust? Ist es etwas zu essen, Chassecoeur? Gib mir davon.

CHASSECOEUR: Hauptmann, ich eß es nicht, und doch macht es mich bisweilen satt und dich vielleicht auch.

VITRY: Nun geht es los mit seinen verwünschten Phrasen, und sie rühren mich doch.

CHASSECOEUR: Es ist ein Adler der Garde, von mir gerettet, als er unter tausend Leichen hinsinken wollte bei Leipzigs Elsterbrücke. Und – sonst hole mich der Satan (wenn es einen gibt)! – die Sonne kommt zurück, zu der er wieder auffliegt.

DER ALTE OFFIZIER: Ich glaub es auch: jetzt ist es zwar Nacht, und die Toren wähnen, das Licht bliebe aus. Aber sowenig wie die Sonne dort oben kann eine Größe wie die seinige untergehen, und er kommt wieder.

VITRY: Das wäre! Hier werf ich meine letzten Sous in die Luft! Es lebe – Doch still – *Er hält sich die Hand auf den Mund.*

CHASSECOEUR: Deine paar Sous konntest du sparen. Was hilft es uns, daß der Kaiser zurückkommt, wenn wir unterdes verhungert sind?

DER ALTE OFFIZIER: Wer ist der Mann, Kamerad?

CHASSECOEUR: Von der jungen Garde zu Fuß, drittes Regiment, zweite Kompanie, heißt Philipp Vitry und denkt wie ich.

DER ALTE OFFIZIER: Er scheint sehr lustig, ungeachtet seines Elends.

VITRY: Das bin ich, mein Herr. Jetzt geht's schlecht. Aber gibt's künftig Gelegenheit, so habe ich zwei Hände zum Losschlagen, und gibt's keine, habe ich zwei Füße zum Tanzen.

Kommt das Weh,
Scheuch's mit Juchhe,
Schlag den König am Morgen tot,
Denke des Kaisers beim Abendbrot!

Chassecoeur, laß dich umarmen!

CHASSECOEUR: Ach, laß die ewigen Narrenteidungen! – Der springt und lacht, und mir krümmen sich die Finger vor Wut in die flache Hand, als wären sie zehn getretene Würmer, und mir knirschen die Zähne nach – Die Angoulême mag sich nach ihren Pfaffen umsehen, kommt sie in meinen Bereich –

DER ALTE OFFIZIER: Kamerad, hoffe –

CHASSECOEUR: Würge! Alles Lumpenzeug, so weit wir uns umsehen.

DER ALTE OFFIZIER: Auch die sechstausend verabschiedeten Offiziere der Großen Armee, die sich gleich uns unter diesem Haufen herumtreiben?

CHASSECOEUR: Nein. Ich sehe und schätze sie wohl. Aber daß auch sie sich so lumpen lassen müssen! – Sieh, der da ist einer – und zwar von den Ingrimmigen, nicht still und traurig wie du –

DER ALTE OFFIZIER: Freund, ich habe Familie –

CHASSECOEUR: Ja so – Doch der da hat keine. – Am abgetragenen, faserigen Überrock, den er so zornig schüttelt, an den alten Militärkamaschen, mit denen er auftritt, als ging es über Leichen, und dem blutdunkelnden Auge erkennt man ihn mitten in dem Hefen des vornehmen und niedrigen Gesindels, eines so schlecht als das andere. Tod und Hölle, der ist von anderem Stahl als die neuen königlichen Haustruppen, vor denen jetzt Sieger von Marengo das Gewehr präsentieren müssen. Der lief nicht den Bourbons nach, als sie wegliefen – Geschmiedet ist er in den Batteriefeuern von Austerlitz oder Borodino!

VITRY: Bruder, welch ein Tag, als unsere Lanzenreiter durch die östlichen Tore von Moskau auf den Wegen nach Asien hinsprengten!

CHASSECOEUR: Ja, da konnte man noch denken, in den Schatzgewölben und Harems von Persien, China und Ostindien zu schwelgen! – Ach, es kommt einem jetzt auf der Welt so erbärmlich vor, als wäre man schon sechsmal dagewesen und sechsmal gerädert worden.

Die Emigranten Marquis Hauterive und Herr von Villeneuve kommen.

MARQUIS VON HAUTERIVE: Nicht mehr das alte Palais Royal, mein Teurer. Alles anders –

VITRY: Und darum auch wohl schlechter?

MARQUIS VON HAUTERIVE *nach einigem Bedenken mit verachtender Miene antwortend*: Ja, mein Freund – schlechter. *Zu dem Herrn von Villeneuve, mit dem er etwas weiter zur Seite tritt:* Was der Pöbel frech geworden ist!

HERR VON VILLENEUVE: Er soll schon wieder werden wie sonst, bei meinem Degen.

MARQUIS VON HAUTERIVE: Es wird schwerhalten. Denn, Herr von Villeneuve, sollte man nicht glauben, die Welt wäre seit den achtziger Jahren untergegangen? Es gibt nicht nur am Hofe bürgerliche Dames d'atour, sondern sie sollen auch wagen, sogar in Gegenwart des Königs sich auf die Taburetts zu setzen!

HERR VON VILLENEUVE: Schändlich, entsetzlich! Bei Gott, wäre Ludwig der Achtzehnte nicht mein angeborener König, ich könnt ihn wegen seiner schwächlichen Nachgiebigkeit auf dieses Schwert fodern. Doch die Sache wird, muß Verleumdung sein, von Antiroyalisten ausgesponnen, um den König zu erniedrigen.

MARQUIS VON HAUTERIVE: Und, Herr von Villeneuve, was sagen Sie zu den neugebackenen Fürsten, Herzogen und ihren Gemahlinnen, besonders zu der Frau des Ney, sogenannten Fürstin von der Moskwa?

HERR VON VILLENEUVE: Ich achte sie des Wortes nicht wert.

MARQUIS VON HAUTERIVE: Welche geschmacklose Kleidung, welches dummdreiste Benehmen, welche wüste Konversation, welche Arroganz! – Weiß denn die Person nicht, daß wir recht wohl wissen, daß sie eine Bäckerstochter ist?

HERR VON VILLENEUVE: Mein Herr Marquis, das kommt alles davon her, daß die hochselige Marie Antoinette zu herablassend mit der Canaille umging und den König zum selben Benehmen verleitete. Nie etwas Gutes aus Österreich für Frankreich!

Marquis von Hauterive: Ach, die gute alte Zeit – die damaligen eleganten, zierlichen Salons – Nun überschwemmt von dem gemeinen Vieh!

Herr von Villeneuve: Es muß anders, anders und es soll anders werden, Marquis, bei meinem Wappen. Schurken haben uns alle unsere alten Rechte und Güter geraubt – jedes Gericht muß uns unser Eigentum wieder zuerkennen, denn wir haben ihm nie entsagt – – Denken Sie, mein Herr, mein so hübscher Landsitz, La Merveille bei Tours, an dem die Loire so lieblich sich hinschlängelt, in dessen Taxusgängen wir beide so oft mit den Damen der Nachbarschaft uns im freundlichen Herbste von 1783 bis zum schwindenden Abendrot ergötzten, in dem ich schon als Kind stets die erste Blume des Frühlings für Adelaide, Vicomtesse von Clary, brach, meiner toten, aber nimmer vergessenen Geliebten – gehört jetzt einem filzigen Fabrikherrn! Niedergerissen sind die hohen Hekken, Dampfmaschinen brausen in den Gewächshäusern, und Kartoffeln haben sich an die Stelle der kostbaren Tulpenzwiebeln von Harlem gedrängt!

Marquis von Hauterive: Nun, Blacas d'Aulps und die Angoulême werden uns schon helfen und –

Hauterive und Villeneuve gehen weiter.

Vitry *deutet ihnen nach*: Die beiden Emigranten! Welche Rockschöße, welche Backentaschen, welche altfränkische Mienen und Gedanken, welche Gespenster aus der guten, alten und sehr dummen Zeit!

Der alte Offizier: Von der Revolution mit ihren blutigen Jahren wissen sie nichts, Philipp Vitry – das ist vorüber, sie aber sind geblieben, wie bisweilen der Bergstrom verbraust und das Gräslein bleibt und vielleicht darum sich für stärker hält als die Fluten, welche es eben noch überschütteten und die Ufer auseinanderrissen. Nicht einen

Strohhalm weit sind sie aus sich und ihrem stolzen Wahn herausgegangen, und Ludwig der Achtzehnte selbst datiert ja seine Regierung seit fünfundzwanzig Jahren –

CHASSECOEUR: Was zum Totlachen ist! – Als er regiert haben will, schossen wir in Vincennes auf obrigkeitlichen Befehl seinen Vetter und Helfershelfer, den Enghien, tot, und ich selbst band ihm, da es Nacht war, die Laterne vor die Brust, um besser zu zielen.

DER ALTE OFFIZIER: O daß ich so alt geworden und nicht in einer Schlacht gefallen bin, ehe die Bourbons in Paris einzogen. *Zu einer Stuhlvermieterin:* Dame, darf ich mich niedersetzen? Meine Füße sind sehr müde, ich kann aber nicht für den Sitz zahlen.

DIE STUHLVERMIETERIN: Ich seh Ihnen an, Sie sind ein Offizier der Großen Armee. Gebieten Sie über meine Stühle nach Belieben.

ZEITUNGSAUSRUFER: Was Wichtiges! Wichtiges! Vom Palais Bourbon, aus der Deputiertenkammer! Hier die Journale!

VIELE STIMMEN: Her damit – Lies sie vor!

EINE ALTE PUTZHÄNDLERIN: Nein, hieher, Ausrufer – hieher – Deine wichtige Nachricht gehört an diesen Tisch!

ZEITUNGSAUSRUFER: An das morsche, alte Brett?

DIE ALTE PUTZHÄNDLERIN: Respekt vor ihm, Mann! Der Tisch ist klassisch – Auf diesem Fleck fiel zuerst das Fünkchen, welches die Welt entzündete. Hier saß ich am zwölften Juli des Jahres siebenzehnhundertneunundachtzig, nachmittags gegen halb vier Uhr, an einem sonnigen Tage, und selbst noch jung und heiter, verkaufte ich einem fröhlichen Bräutchen aus St. Marceau einige Spitzen. Wir scherzten über den Preis und dachten an nichts als den Hochzeittag. Da kam ein Mann mit wild flutenden Locken, brennenden Augen, herzzerschmetternder Stimme – es war Camille Desmoulins – die Tränen rannen ihm aus den Augen, zwei Pistolen riß er aus der Tasche und rief: „Necker hat den Abschied, eine Bartholomäusnacht ist wieder da, nehmt Waffen und wählt

Kokarden, daß wir einander erkennen." Und seitdem ist er, sind der gewaltige Danton, der erhabene Hérault de Séchelles, der schreckliche Robespierre unter dem Messer der Guillotine gefallen, seitdem hat der Kaiser über der Erde geleuchtet, daß man vor dem Glanze die Hand vor die Augen hielt, und ist doch dahingeschwunden wie ein Irrwisch, drei meiner Söhne sind seitdem in den Schlachten geblieben – viel, viel Blut und unzählige Seufzer hat mir die Revolution gekostet, aber sie ist mir um so teurer geworden, und an diesem Tische lies die wichtigen Zeitungen! – Das ist ja jetzt mein letztes, einziges Vergnügen!

VOLK: Ja, braves Mütterchen, an deinem Tische soll er sie lesen!

VITRY: Das soll er! Der Augenblick vom zwölften Juli 1789, nachmittags halb vier Uhr, an diesem Tische erlebt, war mehr wert als die Jahrhunderte, die ihn vielleicht verderben!

ZEITUNGSAUSRUFER: Nicht nötig, daß ich hier lese, meine Herren – da kommt einer, der es euch deutlich genug sagen wird.

ADVOKAT DUCHESNE *stürmt durch die Menge an den Tisch der Putzhändlerin*: Hört, hört und nehmet euch in acht, daß ich euch nicht mit meiner Nachricht die Ohren zersprenge! Alles, alles wird bedroht, die dummsten, frechsten Hände greifen dreist in die Speichen des Schicksalrades – In der Deputiertenkammer geschehen vom Ministerium Anträge gegen die Käufer der Nationalgüter –

VOLK: Ha!

CHASSECOEUR *lacht*: Geht's denen auch nicht besser als uns? Eh!

DUCHESNE: Klöster sind wieder da, die Ächtung aller Heroen der Revolution ist im Werke, Leibeigenschaft wird darauf folgen –

Marquis von Hauterive und Herr von Villeneuve sind wieder näher getreten.

MARQUIS VON HAUTERIVE: Nun, mein Herr, das wäre alles noch so übel nicht.

HERR VON VILLENEUVE: Das mein ich wahrlich auch.

VOLK: Was? „So übel nicht"? – „Das mein ich auch"? Zu Boden die altadligen Schurken, die dummstolzen Feiglinge!

HERR VON VILLENEUVE: Dumm, das mag sein – stolz sind wir gewiß – Feiglinge aber zeugte Frankreichs Adel nimmer. – Probiert das an uns – – Zücken wir die Degen, Marquis, und lassen Sie uns untergehen wie Männer.

MARQUIS VON HAUTERIVE: Mit Freuden – Für Gott, für meinen König und mein Recht!

HERR VON VILLENEUVE: Und für die Damen unserer Jugend!

VITRY: Jetzt wohl alte Schachteln!

HERR VON VILLENEUVE: Schurke, du hast dir den Tod an den Hals gesprochen. *Er will den Vitry durchbohren.*

VITRY: Ich glaub es nicht – Dir aber und deinem Freunde will ich den Hals retten. *Er entwaffnet ihn und den Marquis.*

CHASSECOEUR: Vitry, sei kein Narr – Laß mich den Hunden „Marquis" und „Herr von" im Gedränge eins unter die Rippen geben – Niemand merkt es, und sie sollen verrecken.

VITRY: Nein, die Kerle mögen schlecht sein, aber sie haben Courage – Die schätz ich überall – Hoch lebe der Mut, auch bei französischen Emigranten!

VOLK: Er lebe!

HERR VON VILLENEUVE *zum Marquis von Hauterive, indem er mit ihm entfernt wird*: Wer sollt es glauben, Marquis, daß gemeines Volk doch noch so viel Gefühl für Mut und Ehre haben könnte?

MARQUIS VON HAUTERIVE: Ach, es ist mehr augenblickliche Aufwallung als echtes Gefühl.

DUCHESNE: All dieses Volk, bis zu dem Kanzler des Königs, zu dem invaliden Advokaten d'Ambray hinauf, kennt es uns, die Weltenstürmer? Sieht es nicht die große Nation an, als wäre sie ein albernes Kind? Nicht uns, der Gnade Englands –

VOLK: Nieder die Beefsteaks!

DUCHESNE: – der Gnade Englands verdankt seinem Irrwahn nach König Ludwig die Krone – Frankreichs Krone! so leuchtend und so gewaltig, daß sie selbst einem Riesen, der sie trüge, und schwenkte er den Trident des Neptuns noch leichter als die großbritannische Majestät, Aug und Haupt verblenden und zerschmettern könnte! Und noch mehr: – wenn der König uns unsere Rechte läßt, so nennt er das nicht Gerechtigkeit, sondern er sagt: er setze seiner durch Gott und Blut angeerbten –

CHASSECOEUR: Schlachtenblut, nicht Weiberblut macht adlig.

DUCHESNE: – angeerbten Machtvollkommenheit Schranken. – Schranken! Schranken! – Wenn sie sich nur vor dem Worte hüteten: Ludwig der Sechzehnte stand vor den Schranken, die ihm das Volk setzte, und zerschmetterte daran mit allen seinen Höflingen zu blutigem Schaum! – Wie? können uns jeden Tag ein paar Ordonnanzen im „Moniteur" mit drei Zeilen nehmen, was wir in fünfundzwanzig Jahren errangen? Ist das Volk denn gar nichts? Ist es das Erbteil einiger Familien?

DIE ALTE PUTZHÄNDLERIN: Ganz, ganz so, mein Sohn, wie Camille Desmoulins!

VITRY: Da kommen Gendarmes!

DUCHESNE: Laß sie kommen, Freund. Ich muß es aussprechen und die Wahrheit verkünden. Selig sind die, die da blind sind und zu sehen wähnen, aber unselig sind die Sehenden, welche bemerken, daß Blinde nichts erblicken und dennoch handeln, als sähen sie. Der König ist gut, aber das Geschmeiß der Aasfliegen aus den Zeiten der Pompadours verdunkelt ihm das Auge. – Hinter russischen, hinter preußischen Bajonetten wähnen sie die Nation mit Edikten niederschlagen und sich selbst erheben zu können – Aber wartet! –

CHASSECOEUR: Nur nicht zu lange, mein Herr.

DUCHESNE: Noch ist es nicht aller Tage Abend, und wär er da, so möchte, wieder gebadet in den Wogen seines heimatlichen Mittelmeers, mit neuem Glanze ein ungeheurer Meerstern aufsteigen, der die Nacht gar schnell vertriebe!

VITRY: Der Stern hat einen grünen Rock an, Obristenepauletts, weiße Weste, weiße Hosen, einen kleinen Degen und schlägt in der Bataille die Arme unter.

CHASSECOEUR: Wir schwingen sie desto besser für ihn!

GENDARMES: Aufruhrschreier – Ihr werdet verhaftet.

DUCHESNE: Zeigt ein Gesetz, welches das erlaubt. Frei zu reden ist nirgends verboten.

CHASSECOEUR: Frei essen wäre besser.

VOLK: Da kommt der Herzog von Orléans!

CHASSECOEUR: Der ist von der bourbonischen Rasse noch der Erträglichste. Die krumme Nase hat er aber auch.

VIELE AUS DEM VOLK: Respekt vor ihm – Er ist der Sohn Égalités und kämpfte für Frankreich, als sein Vater auf dem Schafott fiel.

HERZOG VON ORLÉANS: Gendarmes, was für Leute verhaftet ihr da?

EIN GENDARM: Aufrührerische Redner, mein Fürst.

HERZOG VON ORLÉANS: So laßt sie frei, auf der Stelle –

Es geschieht.

Wehe dem Lande, das sich vor Reden und Rednern zu fürchten hat.

VOLK: Hoch Orléans, einst König!

HERZOG VON ORLÉANS: Das letztere nie – doch stets euer Freund. *Er entfernt sich.*

VIELE STIMMEN: Welch ein trefflicher Prinz!

CHASSECOEUR: Würde auch endlich weggejagt, wenn er je König werden sollte.

VOLK: Ha! da kommt auch der Herzog von Berry!

CHASSECOEUR: Zu Fuß, von der Revue seiner Hausgarden, der altadligen Zuckerhüte, die ihre Gewehre verstecken, wenn es regnet. O Dreikaiserschlacht bei Dresden!

VITRY: Freilich, da regnete es sehr, und wir trieben sie doch in die böhmischen Berghöhlen, wie das Vieh in den Stall.

CHASSECOEUR: Sieh einmal den großen weißen Federstrauß, den der Junge am Kopfe trägt! Mir tun die Augen davon weh!

VITRY: I, Freund, das ist der Helmbusch Heinrichs des Vierten, seines Ahnherrn – Seine Familie hat den Strauß so oft im Maul, daß ich fürchte, er wird endlich schmutzig.

CHASSECOEUR: Heinrich der Vierte? Was war der? Was tat er?

VITRY: Er war König von Frankreich und schlug ein paarmal einige tausend Rebellen.

CHASSECOEUR: Der Knirps! – Weiter nichts?

VITRY: Da frage die Gelehrten, ich weiß nicht mehreres. – – Der Berry bemerkt dich, sieht die Schmarren in deinem Gesicht. – Er will dich anreden.

CHASSECOEUR: Er will durch mich einen Coup auf das Volk machen. Aber er irrt sich, der herzogliche Gelbschnabel. Ich bin nicht darnach behandelt worden, ihm entgegenzukommen.

VITRY: Und wenn er dir nun etwas verspricht?

CHASSECOEUR: In den Dreck damit. Sie halten es doch nur so lange, als sie müssen.

HERZOG VON BERRY: Alter, braver Kamerad –

CHASSECOEUR: Danke. Ich weiß nicht, daß ich je mit Ew. Königlichen Hoheit zusammen gefochten.

HERZOG VON BERRY: Woher hast du die ehrenvollen Narben?

CHASSECOEUR: Das können Sie an ihren Namen hören: diese heißt Quiberon, da stürzten wir die Emigranten in das Meer – diese heißt Marengo, da packten wir Italien – diese – ach!

VITRY *für sich*: Ach, Leipzig!

CHASSECOEUR: Und wenn es gerade schlechtes Wetter oder

schlechte Zeit ist, wie jetzt eben, so schmerzen diese Narben entsetzlich.

EINER AUS DEM GEFOLGE DES HERZOGS: Mensch, wer bist du, daß du so zu reden wagst?

CHASSECOEUR: Ach lieber, gnädiger Herr – Wer ich bin oder sein soll, weiß ich nicht, aber wer ich war, das kann ich Ihnen sagen – *sich stolz aufrichtend* –: Ein kaiserlicher Gardegrenadier zu Pferde, zweite Schwadron, dem Ehrenkreuze nahe.

HERZOG VON BERRY *zu seinem Begleiter*: Still, rege nicht alte Wunden auf. *Zu Chassecoeur:*. Ich schaffe dir eine Versorgung im Dome der Invaliden.

CHASSECOEUR: Deren bedarf ich noch nicht, Ew. Königliche Hoheit.

HERZOG VON BERRY: So nimmt, mit meinem guten Willen vorlieb. – Es lebe der König! –

CHASSECOEUR: Hm! –

Alles schweigt; der Herzog von Berry mit seinem Gefolge ab.

DER ALTE OFFIZIER: Wahrlich, wenn das so schlimm mit den Bourbons steht wie jetzt –

VITRY: So fallen sie bald um.

DER ALTE OFFIZIER: Ob sie gehöhnt oder gelobt werden, das Volk bekümmert sich nicht einmal um sie.

VITRY: Desto schlimmer – es kennt sie nicht.

CHASSECOEUR: Dafür kennt es einen andren desto besser. – Kommt, laßt uns sehen, wo wir etwas zu essen erringen. – *Auf den Boden stampfend.* Oh! verdammtes Pflaster, das so viele Buben trägt!

Ab mit Vitry und dem alten Offizier.

SAVOYARDENKNABE *mit Murmeltier und Dudelsack*:

La marmotte, la marmotte,
Avec ci, avec là etc. etc.

Zweite Szene

Paris. Große Galerie in den Tuilerien.

Gedränge von Volk, viele altadelige Herren und Damen darunter. Schweizergarden stehen auf Wache. Kammerherren und Kammerdiener eilen auf und ab.

MADAME DE SERRÉ: Gleich kommt er, kommt er aus der heiligen Messe, hier vorbei, er, das Glück Frankreichs! – Amme, halte meine kleine Enkelin hoch empor, daß sie ihn ja recht sieht! Und bestecke sie mit Lilien – hier sind noch vier!

DIE AMME *hält ein Mädchen auf dem Arme*: Madame, Mademoiselle Victoire ist mit den weißen Kokarden schon über und über geschmückt, und ich kann ihr keine mehr anheften.

MADAME DE SERRÉ: Tut nichts – Hefte, hefte – Versuch's! – Das Weiße! welch eine Farbe – welche Reinheit, welche Tugend schimmert aus ihm. – Ach, es ist ja auch das bourbonische Abzeichen.

EIN ALTER MARQUIS: Madame, treten Sie vor – der König kommt mit seinem Hause.

SCHWEIZERGARDIST: Zurück!

DER ALTE MARQUIS: Wir sind treue Untertanen Sr Majestät, wünschen gern Sein Antlitz zu sehen – Laß mindestens diese Dame vor.

SCHWEIZERGARDIST: Zurück!

MADAME DE SERRÉ: Das ist ein nordischer Bär! Er droht uns schon mit dem Bajonett!

DER ALTE MARQUIS: Da ist die königliche Familie!

König Ludwig mit dem Herzog, der Herzogin von Angoulême, dem Prinzen Condé und Gefolge tritt auf.

MEHRERE STIMMEN: Monsieur und der Herzog von Berry fehlen!

DER ALTE MARQUIS: Wir sehen ja hier der Erlauchten genug – Es lebe der König!

MANCHE DER ANWESENDEN: Es lebe der König!

MADAME DE SERRÉ: Enkelin, rufe, ruf: „Es lebe der König!"

EIN BÜRGER: Das „Lebe der König" tönt sehr dünn!

EIN ANDERER BÜRGER: Dafür kommt es aber aus adeligen Kehlen.

MADAME DE SERRÉ: Welch ein Mann! Das ist, Herr Marquis, das ist noch ein König! Ein geborner! Diese heitere Miene, dieser Adel im Antlitz –

DER ALTE MARQUIS: Die unwillkürliche Grazie –

MADAME DE SERRÉ: Selbst in dem scheinbar nachlässigen Gange –

ERSTER BÜRGER *zu dem andern*: Der dicke Herr König hinkt ja wie der Teufel –

ZWEITER BÜRGER *zum ersten*: Das kommt vom Podagra.

ERSTER BÜRGER: Und das Podagra kommt vom Saufen, Fressen und –

ZWEITER BÜRGER: Sieh einmal, welch ein ernsthaftes Bocksgesicht geht ihm zur linken Seite –

ERSTER BÜRGER: Still, still! Die hagere Dame auf der rechten Seite ist Frau des Bocksgesichts – sie selbst steht unter der Jesuitenkutte, er steht unter ihrem Pantoffel, der König steht unter ihm und Frankreich unter allen zusammen.

ZWEITER BÜRGER: Mönchskutte also unsre Krone, Weiberpantoffel unser Zepter und Schwächlinge, die sich davon beherrschen lassen, unsere Tyrannen! – – – Diese Prozession mit ihren Pfaffen – und der Kaiser mitten unter dem Generalstabe zu Pferde an den Linien der Sieger dahinfliegend – Vergleiche!

DER ALTE MARQUIS *zu der Madame de Serré*: Die Herzogin von Angoulême ist wirklich noch immer sehr schön.

MADAME DE SERRÉ: Wahr, Marquis! Habsburgs Adler scheint über den Lilien Bourbons zu schweben, sieht man den erhabenen Zug ihrer Nase und den blendenden Teint ihrer Wangen!

DER ALTE MARQUIS: Sehr fein ausgedrückt, Madame – Wie fröhlich der König dasteht und in seiner treuen Nation sich umschaut.

ZWEITER BÜRGER: Nation? Höre doch, Nachbar! die paar alten, der Guillotine entlaufenen Weiber und Herren nennen sich Nation!

MADAME DE SERRÉ: Wie sollte er nicht heiter sein, Marquis? – Wir alle, alle sind ja seine Kinder.

ERSTER BÜRGER *für sich*: Ja, ihr seid alte Kinder – junge hat er nicht und kann sie auch nicht mehr machen.

ZWEITER BÜRGER: Komm, laß uns fortgehen. Ich kann dies nicht mehr hören und anschauen. Dieses Geschlecht ist schlimmer als schlimm, es ist ekelhaft!

MADAME DE SERRÉ: Was seh ich? Der König winkt mir, tritt auf mich zu!

SCHWEIZERGARDIST *zum Könige*: Zurück!

DER KÖNIG: Ich bin der König, Freund.

SCHWEIZERGARDIST: Und dies ist mein Posten, auf den mich mein Offizier gestellt hat und für den ich bezahlt werde. Zurück, oder –

DER KÖNIG: Schon gut, gut, braver Krieger – *Für sich:* Was für ein treues, dummes Tier! *Laut:* Madame de Serré, ich kenne Sie und wünschte Sie zu grüßen – aber Sie sehen, meine Krieger sind so felsentreu, daß sie auch mich nicht zu Ihnen kommen lassen und imstande wären, mich gegen mich selbst zu schützen.

MADAME DE SERRÉ: Sire, dieses ist der größte Tag meines Lebens – Ich –

Der König mit seiner Begleitung ab.

DER ALTE MARQUIS: Sie fällt in Ohnmacht –

MADAME DE SERRÉ: O seliger Tod! Könnt ich jetzt sterben!

CHORUS DER ALTADLIGEN EMIGRANTEN, DAMEN UND HERREN DURCHEINANDER: O welch ein Monarch! – Welche Worte: „Ich kenne Sie, wünschte Sie zu grüßen“! „So felsentreu, mich gegen mich selbst zu schützen"! – – Man sollte sie in Erz graben – hier ein Monument errichten! – Wie groß ist er! wie huldvoll! – O kennte ihn die Canaille! begriffe sie diesen Geist! diesen Adel! – Aber wir wollen sie zügeln, und will sie nicht begreifen, so wollen wir es sie lehren!

EIN KLEINER OFENHEIZER *kommt aus dem Winkel*: Ihr?

MEHRERE: Wer sprach das?

DER ALTE MARQUIS: Ein kleiner Ofenheizer – da springt er mit seiner Gabel davon.

VIELE STIMMEN: Der elende Junge! – Doch der König: „Ich kenne Sie", „felsentreu" – ungeheure Worte!

DER ALTE MARQUIS: Erholen Sie sich wieder, Madame de Serré!

MADAME DE SERRÉ: Mir ist's noch immer, als wär ich im Himmel.

DER ALTE MARQUIS: Ich bitte, sehen Sie auf! Da geht der königliche Oberzeremonienmeister mit dem uralten Speisenapfe der Bourbons, mit dem Nef, vorbei.

MADAME DE SERRÉ: Mit dem Nef! – O Gott, auch das Nef ist wieder da! Ja, Christus ist erstanden! jetzt erst glaub ich es recht!

CHORUS DER ALTADLIGEN EMIGRANTEN, DAMEN UND HERREN DURCHEINANDER: Das Nef, das Nef! O Frankreich ist gerettet!

Alle ab, bis auf die Schweizergardisten.

EIN HAUPTMANN DER SCHWEIZERGARDE *tritt vor*: Rudi, du hast den König zu barsch behandelt.

DER SCHWEIZERGARDIST: Dem Kanton Luzern hab ich geschworen, dir muß ich gehorchen, und solang du es nicht befiehlst, ist es mir eins, ob ich für oder wider dieses schnatternde Gesindel jemand totschlage.

Dritte Szene

Königliche Zimmer in den Tuilerien.

König Ludwig und die Herzogin von Angoulême kommen.

KÖNIG LUDWIG: Wo ist Berry?

HERZOGIN VON ANGOULÊME: Auf der Revue, Sire, und mein Gemahl geht ihm eben entgegen.

KÖNIG LUDWIG: Revue! Revue! ich traue den Truppen nicht; sie gehorchen uns nur aus Not, ein Teil ist feig, ein anderer falsch. Das sag ich dir: weit lieber würd ich in Hartwell wieder meine Kräuter und Blumen suchen und nach Linné ihre Ordnungen bestimmen als auf dem Thron Frankreichs sitzen.

HERZOGIN VON ANGOULÊME: Sire, der Thron von Frankreich ist dein – du erbtest ihn, und deinen spätesten Enkeln bist du schuldig, daß du ihn bewahrst. Gott führte dich auf ihn zurück – versuche mit deinem Zagen Gott nicht.

KÖNIG LUDWIG: Du schmerzbeladene Tochter Frankreichs, Kind der beiden königlichen Menschenopfer –

HERZOGIN VON ANGOULÊME: Mein Vater! mein Vater! meine Mutter!

KÖNIG LUDWIG: – du lange Eingekerkerte – wie kommt es, daß gerade du, die des Schicksals Schwere am härtesten empfand, von allen meines Stammes die Stärkste bist, bloß im Vertrauen auf Gott?

HERZOGIN VON ANGOULÊME: Gott? – Wo es an Menschen fehlt, da erscheint er! – Oheim, ich lernt ihn kennen dort in dem Tempel, Tempel, ja, des Abgrundes der Revolution, doch für mich des Lichts. – Wer so wie ich, ein zartes Kind, da im Gefängnisse schmachtet und bangen Ohrs die Häupter des Vaters und der Mutter von den Schafotten rollen hört – oh, wen so wie mich dieses Paris umbraust, rebellisch, jede Straße von dem Geschrei der Mörderrotten aufdonnernd, knirschend unter den Rädern der ewig auf- und abziehenden Henkerkarren – wer, selbst eine Capet, Tag und Nacht nichts als „Capet, Capet nieder!“ rufen hört – wem, wie mir, die letzten Sterne sinken und wer dann im unermeßlichen Dunkel gar nichts mehr fühlt als das Zittern des eignen kleinen Herzens – dem nahe Gott wie mir! – Er ist der letzte, einzige, aber größte Trost. Mir nahte er, und ich ward stark und ruhig.

KÖNIG LUDWIG: Teure Nichte, ich glaube, du sagst die Wahrheit, und Trost sinkt in meine Brust, wenn ich fern von unseren Diplomaten dich höre. Bei dem ersten Tritt, den ich auf die Küsten meines Landes jüngst wieder tat, durchschauerte auch mich das unbegreifliche, aber gewaltige Walten der Vorsehung! – Komm an das Fenster: da breitet Paris sich aus! – Welche Stürme sind nicht hingebraust durch jene Straßen? Kein Fleckchen, das nicht von dem Blute, welches darauf vergossen, Inschrift tragen könnte, von der Bluthochzeit bis zu der Guillotine. Ungeachtet all des Scherzes, all des Schimmers, die hier gaukeln, weht es mich an wie Moder, wenn ich diesen Steinhaufen sehe. – Noch keine drei Jahre, und dort rückten mit Siegesklängen, mit feueratmenden Geschützen, Pferd an Pferd gedrängt und Bajonett an Bajonett, dicht wie Blätter und Ähren im Frühling, die Weltbezwinger stolzen Zuges von Spanien nach Moskau. Und mit seinem ruhmestrunkenen, nie gesättigten Auge sah er in ihnen nur die Zeichen seiner Allmacht. Die mächtigen Parlamente Englands wurden bang und flüsterten wie Haufen furchtsamer Vögel – wollten Frieden machen, er möge kosten, was er wolle, auch wenn sie an mir das heilige Gastrecht verletzen, mich aus ihrem Reiche weisen sollten. – Und nun! – Die Schlachtendonner sind verklungen – Europa ist still – wo die Adler raseten, blühen wieder friedlich die drei Lilien, und er, der Große, ward ein armer Einsiedler von Elba, starrt vielleicht grade jetzt in das Meer und erkennt in ihm das Element, welches er nie besiegen konnte und das ihm, ein Spiegel, groß wie er selbst, höhnisch sein Antlitz zurückwirft.

HERZOGIN VON ANGOULÊME: König, nenn ihn gewaltig, riesenhaft, ungeheuer – doch nimmermehr groß, den Mörder d'Enghiens – nun und nimmer der groß, welcher Treue, Recht, Ehr und Liebe dem Ruhm und der Macht aufopfert. Das kann auch der Dämon der Hölle. Die wahre Größe gibt Ruhm, Macht, jeden Außenschein für Ehre, Recht und inneres Glück dahin – Er aber tat das nie – Oh, ich kenne ihn – dieser Kaisertiger hätte sich vor seinem Feinde, den er mit den Klauen nicht erreichen konnte, zum Wurm verwandelt, sich von ihm treten lassen, wenn er nur wußte, daß er ihm alsdann giftig in die Ferse stechen konnte.

OBERZEREMONIENMEISTER *tritt ein*: Ihre Königlichen Hoheiten der Herzog von Angoulême und der Herzog von Berry.

KÖNIG LUDWIG: Meine geliebten Neffen mögen kommen.

Oberzeremonienmeister ab.
Herzog von Angoulême und Herzog von Berry treten ein.

HERZOG VON BERRY: Sire, Sire, ich flehe, schonen Sie nicht mehr die Canaille, das Volk!

HERZOG VON ANGOULÊME: Ja, Sire, es wird zu arg.

KÖNIG LUDWIG: Was ist geschehen?

HERZOGIN VON ANGOULÊME: Gemahl, es ist doch kein Blut geflossen?

HERZOG VON ANGOULÊME: Nein, Gemahlin.

HERZOGIN VON ANGOULÊME: Also wieder Kindereien, mit denen ihr den Oheim belästigt.

HERZOG VON ANGOULÊME: Vielleicht.

HERZOG VON BERRY: Sire, ich komme von dem Palais Royal. Dort seh ich einen Lump, den ich an seinen Narben oder, wie man es nennen sollte, an den Brandmalen aus den Schlachten des korsischen Rebellen als einen seiner Söldner erkannte. Ich trat dem Kerl höflich entgegen, redete ihn freundlich an und wähnte, ihn dadurch wieder auf den rechten Weg zu führen und dem Volke zu zeigen, wie gütig ein Bourbon ist. Der Schurke beantwortete meine wohlgemeintesten Anträge mit nichts als Grobheiten, und als ich zuletzt rief „Es lebe der König", schwieg er, und der Pöbel mit ihm. – Das kann kein königlicher Prinz länger verbeißen, Sire, er müßte denn Elefantenzähne haben. Ich habe es noch einmal getan, um Ihrem Wunsche zu folgen – aber, Sire, ich bürge nicht so weit für mein Temperament, daß ich versichern könnte, es auch künftig zu tun.

HERZOG VON ANGOULÊME: Und, Sire, wie mir Bruder Berry erzählt, ist der Orléans vorher am nämlichen Orte, wo Berry mit Soldaten gesprochen, vorbeigekommen, und alles Volk hat ihm ein Lebehoch zugerufen.

HERZOG VON BERRY: Ja, und noch mehr. Sie nannten ihn „einst König". Nun, der Einst-König hüte sich vor uns und vor Ihnen, Sire, wenn er konspirieren sollte, und ich glaube, er tut es.

HERZOGIN VON ANGOULÊME: Das wäre kein Wunder, Freund. Das Haus der Orléans wimmelte stets von Mördern der Bourbons. Sie wollen die Ersten in dem Geschlecht sein, wo sie nur die Zweiten sind. Vergiftete der Regent nicht die Nachkommenschaft des großen Ludwigs? Brachte der sogenannte Égalité nicht meinen Vater auf das Schafott?

HERZOG VON ANGOULÊME: Doch der jetzige Orléans, Gemahlin, ist besser als seine Vorfahren.

HERZOGIN VON ANGOULÊME: Er ist – ein Orléans.

HERZOG VON ANGOULÊME: Und das –?

HERZOGIN VON ANGOULÊME: Sagt alles. Jeder artet nach dem Geschlecht, aus dem er entsprossen. Zeige mir in Bonapartes Blut ein Tröpfchen von dem ewigen Adelssinn der Montmorencys! Er war stets ein gemeiner Korse.

KÖNIG LUDWIG: Ein durch Jahrhunderte geheiligter Name ist der leuchtendste Wegweiser für den Enkel. Aber es gibt Ausnahmen, und wahrlich! der einst so unbekannte Korse schmückte mein Land mit einem Ruhmeskranze, wie er kein anderes Reich dieser Erde ziert, und ich bin ihm dankbar dafür.

HERZOGIN VON ANGOULÊME: Ja, Sire, er schmückte oder befleckte es mit einem Ruhmeskranze, wie kein anderes Land ihn besitzt. Kennst du die Blätter daran? Sie triefen blutrot wie Schlachtfelder und werden fallen wie die gelben Herbstblätter. – Oh, lob ihn, wie du willst, er war kleiner als sein Glück, und darum verließ es ihn.

KÖNIG LUDWIG: Er lebt noch, Beste. – Wenn er es wieder ergriffe?

HERZOG VON BERRY: So schlüg ich ihm auf die Hand. Die Haustruppen, welche ich befehlige, sind auch tapfere Franzosen, noch dazu von echten Edelleuten kommandiert und seinen Abenteurern mehr als gewachsen.

KÖNIG LUDWIG: Ich habe Nachrichten. Er soll oft an Elbas nördlichem Ufer stehen und nach Frankreich schauen – Seine Blicke bedeuteten selten Heil.

HERZOG VON BERRY: Die Blicke des armen Teufels? Des Toren, dem sein gutes Los den Mund so voll warf, daß er alles wieder ausspeien mußte? Dessen, der jetzt als eine lebendige Schandsäule auf seiner Insel umherwandelt? Dessen, den ich, wenn ich damals erwachsen gewesen wäre, mit zwanzigtausend Mann treuer Soldaten mitten in seiner Glorie leicht hätte nach Vincennes führen wollen?

HERZOGIN VON ANGOULÊME: Wo aber waren die zwanzigtausend treuen Soldaten?

OBERZEREMONIENMEISTER *tritt ein*: Der Kanzler und der Minister des Hauses harren draußen.

KÖNIG LUDWIG: Ah, d'Ambray und Blacas. Laß sie eintreten.

Oberzeremonienmeister ab.

Graf Blacas d'Aulps und d'Ambray treten ein.

Jetzt, Neffe Berry, frage diese erfahrenen Geschäftsmänner, ob unser Reich noch das alte ist und wir den Korsen nicht zu fürchten brauchen.

Graf Blacas d'Aulps: Das Reich ist das alte, Sire, und wir brauchen ihn nicht zu fürchten, so gewiß ich hier meinen alten Degen trage.

D'Ambray: Sire, es ist so, wie mein Kollege sagt. Die Nation liebt und verehrt die königliche Familie grenzenlos – jedermann sehnt sich nach der Verfassung, wie sie etwa 1786 noch makellos in reiner Glorie prangte – keine Stunde, wo ich nicht Briefe von Präfekten, Generalen, Maires erhielte, die diesen Wunsch nicht aussprächen – nur ein paar Schwindelköpfe, besser für das Irren- als für das Zuchthaus, wagen anders zu denken. Die Gendarmerie wird auch ihnen Vernunft beibringen.

Herzogin von Angoulême: Herr d'Ambray, wenn Sie nicht zuerst wieder die alte Achtung für Religion, für die angeborenen Herrscher, für die gesetzlichen Ordnungen herstellen, hilft Ihnen keine Gendarmerie.

D'Ambray: Und, Königliche Hoheit, wer sonst würde alles das herstellen?

Herzogin von Angoulême: Die, welche die Herzen beherrschen, sie auf dem Schafott beseligen – die tüchtigen Geistlichen und vor allen die vom Neide so oft verleumdeten Väter Jesu. – Sire, führ sie wieder ein.

König Ludwig: Wieder! wieder! Nichte, das Wort ist nur zu sehr in der Mode! – Verwechsle mir auch nicht die Diener des Herrn mit dem Herrn selbst.

Herzogin von Angoulême: König und Mensch, fühle deine Schwäche – Wie wolltest du den Herrn kennenlernen ohne die auserwählten Diener, die dich zu ihm führen?

D'Ambray: Sire, das „wieder" möchte bis jetzt eher zu wenig als zu sehr Mode sein – Die Revolution riß frech ein, lassen Sie uns kühn wieder aufbauen. Warum nicht auch die Kollegien der Jesuiten? Sire, die werden die heiligsten und festesten Grundlagen Ihres Thrones bilden.

Und dann lassen Sie uns in den Reihen unserer Braven bis auf den gemeinsten Tambour alle die ausmerzen, welche dem Adler des Korsen folgten – weg mit den etwa noch existierenden Pensionen seiner Offiziere – wenn wir die Summen auch nur an loyale Präfekten und Maires verwenden, sind sie besser benutzt als jetzt – solange dieses Kriegsvolk nicht darbt, solange trotzt es.

BLACAS D'AULPS: Sire, und nehmen Sie den verruchten Käufern der Nationalgüter, welche Sie, den Adel, die Kirche und uns alle beraubt – die Sie selbst in Hartwell so oft Räuber genannt haben, die Beute wieder ab – das Gesindel verwendet sie nur, daß es Feuer unter dem Thron anlegt.

KÖNIG LUDWIG: Mein lieber Blacas und d'Ambray, ihr habt recht. Doch auch das Recht will mit Klugheit ausgeübt sein. Greifen wir die Nationalgüter voreilig an, so erregen wir einen Aufstand, den wir ein paar Jahre später vermeiden konnten. Was meinst du, Angoulême?

HERZOG VON ANGOULÊME: Sire, ich denke wie meine Gemahlin. – Ich sehe und sehe schon lange – da auf dem Dache sitzt ein wunderschöner Tauberich – könnte man ihn fangen! –

D'AMBRAY: Das öffentliche Recht, Sire, will allerdings mit Politik gehandhabt sein. Aber das eigne bürgerliche Gesetz der Revolutionäre und Bonapartisten, ihr Code Napoléon, spricht gegen usurpierten Besitz.

BLACAS D'AULPS: Und spricht das Gesetz nicht so, dann kehren wir es um. Für elende Assignaten erschacherten die Plebejer unsere Ländereien!

HERZOGIN VON ANGOULÊME: Assignaten! Nenne sie nicht elend! Ich sah die zitternden Hände, welche sie bei Lebensstrafe für ihr Geld annehmen mußten. Die Assignaten waren mit Königsblut geschrieben, Blacas.

KÖNIG LUDWIG: Meine Herren, ich ergreife den Mittelweg. –

BLACAS D'AULPS: Der Mittelweg ist oft doppelt gefährlich.

KÖNIG LUDWIG: Hier nicht. Es sollen fürerst nur Worte vom

Thron fallen, die den Nationalgutskäufern andeuten, wie sie für billigen Ersatz ihr Besitztum an dessen Herren zurückliefern können.

HERZOGIN VON ANGOULÊME: Oheim, du bist zu liberal.

D'AMBRAY UND BLACAS D'AULPS: Wir möchten dasselbe sagen.

KÖNIG LUDWIG: Der König selbst zu liberal?

HERZOGIN VON ANGOULÊME: Ja, Sire, und deshalb, weil er sich zu stark hält, als daß er glaubte, das Ungeheuer des Liberalismus fürchten zu müssen.

DER OBERZEREMONIENMEISTER *tritt ein*: Sire, der Brief einer Estafette von Lyon.

KÖNIG LUDWIG: Gut – ich will ihn lesen.

Oberzeremonienmeister ab.

KÖNIG LUDWIG *während er den Brief liest*: – Nachrichten von neuen Verschwörungen. Eine Gesellschaft der eisernen Nadel, die den Bonaparte wieder auf den Thron setzen will, ist entdeckt.

D'AMBRAY: Der Korse muß fort vom nahen Elba, auf eine abgelegene Insel, weit weg, zum Beispiel nach St. Helena oder St. Lucie.

KÖNIG LUDWIG: Nicht übel wäre das für uns und auch für ihn. Ich merk es allgemach auch – Wir wollen bei Talleyrand in Wien anfragen, ob und wie es mit Einwilligung der fremden Monarchen möglich zu machen ist.

D'AMBRAY: Der Talleyrand saß auch in der Nationalversammlung!

BLACAS D'AULPS: Nun, er ist doch aus einem altadligen Geschlecht und rückgekommen zu seiner Pflicht.

KÖNIG LUDWIG: Wo ist Monsieur? Ich wünsch ihn in dieser Angelegenheit zu befragen.

BLACAS D'AULPS: Se. Königliche Hoheit erholen sich von den Wunden, welche ihnen der Schmerz über die Nachricht des Todes ihres treuen Dieners Bussy geschlagen hat, in der eben aufblühenden Natur auf einer Jagd im Forst von Fontainebleau.

König Ludwig: So will ich ihn nicht stören.

Herzogin von Angoulême: Gemahl, der König geht – Laß uns folgen.

Herzog von Angoulême: Wie du befiehlst. – Der Tauberich, der Tauberich da oben – Welch einen Kropf hat er – Und siehe die allerliebsten Täubchen, die ihn umflattern – Ich hätt ihn längst totgeschossen, aber ich muß ihn lebendig haben. Unser Houdet soll ihn fangen.

Herzogin von Angoulême: Hast du von den neuen Verschwörungen gehört?

Herzog von Angoulême: Das alberne Zeug. Laß uns nicht daran denken.

Herzogin von Angoulême: Ach!

Alle entfernen sich.

Vierte Szene

Nördliches Gestade von Elba, nicht weit von Porto Ferrajo. Anbrechender Abend.

Napoleon steht am Ufer, Bertrand neben ihm – eine Ordonnanz von der polnischen Legion hält zu Pferde in der Nähe.

Napoleon: Bertrand, dies ist ein herrlicher Platz – Ich lieb ihn abends – Da das Meer, der Spiegel der Sternenwelt, hinbrausend nach den Küsten von – Ach! – Der Bergwerksdirektor zu Porto Ferrajo ist abgesetzt. Er hat betrogen.

Bertrand: Ew. Majestät, der Mann war doch –

Napoleon: Ich hab es gesagt – – Pole in Gedanken? wo denkst du hin?

Der polnische Legionsreiter: Wegreiten möcht ich über das Meer, nach Marseille, Paris und zuletzt nach meinem Vaterlande, aber nimmer ohne dich, mein Feldherr und mein Vater.

Napoleon: Ein Schiff erscheint da – Welche Flagge führt es?

BERTRAND: Man kann sie nicht erkennen. Vermutlich ein französischer Levantefahrer, der von Marseille kommt.

NAPOLEON: Der Glückliche! er war an den Küsten Frankreichs. – Ob man im schönen Frankreich noch meiner gedenkt?

BERTRAND: Kaiser, du fragst? – – Solange die Sonne in die Prachtfenster der Paläste und in die schmalen Glasscheiben der Hütten funkelt, wird man deiner gedenken, oder Frankreich verdiente unterzugehen.

NAPOLEON: Möglich. Aber die Leute sind vergeßlich – Der Marmont, Augereau –

BERTRAND: Die Verräter!

NAPOLEON: Ha! statt an Taten zehrt man jetzt an Erinnerungen! Zuckte nicht einst das stolze Österreich wie ein Wurm in dieser Hand? Nicht Preußen? Ließ ich sie beide nicht leben und bestehen? – Wie undankbar die Welt, das elende, schlechte Scheusal! – Mein eigner Schwiegervater –

BERTRAND: Verzeih ihm – er wurde es, weil du befahlst – Als er nicht mehr zu gehorchen brauchte, zerriß er die Bande –

NAPOLEON: Bande – sage, das Herz seiner Tochter.

BERTRAND: Was kümmert das den Stolz und die Politik der alten Herrschergeschlechter?

NAPOLEON: Die Toren! Sie sehnen sich noch einst nach dieser kleinen Hand, wenn sie längst Asche ist, denn ich, ich bin es, der sie gerettet hat – Ließ ich den empörten Wogen der Revolution ihren Lauf, dämmt ich sie nicht in ihre Ufer zurück – schwang ich nicht Schwert und Zepter, statt das Beil der Guillotine immer weiter stürzen zu lassen – wahrhaftig, wie dort am Strande die Muscheln wären all die morschen Throne samt den Amphibien, die darin vegetieren, hinweggeschwemmt, und schöner als jenes Abendrot begrüßten wir vielleicht die Aurora einer jungen Zeit. – Ich hielt mich zu stark und hoffte, sie selbst schaffen zu können. – O ich muß sprechen, denn ich vermag ja jetzt nicht anders. Diese Scholle Elba kenn ich nun auch und habe sie satt. Ein bißchen Dreck! – Wie jämmerlich ein kleiner Fürst, der nicht dreinschlagen kann –

BERTRAND: Werde wieder ein großer.

NAPOLEON: Ist die Canaille es wert? Ist sie nicht zu klein, um Größe zu fassen? Weil sie so niedrig war, ward ich so riesenhaft.

BERTRAND: Du warest mehr als die Welt.

NAPOLEON: Und jetzt! Bertrand, welch ein Ende! Hier hingeschmiedet, ein anderer Prometheus, den Geier im Herzen. Hingeschmiedet nicht von der Kraft und Gewalt, sondern von der Überzahl der Schwachen und Elenden – Sohn, Mutter von mir gerissen – Täte man das einem Bauer?

BERTRAND: Erderschütterer, den Bauer fürchtet man nicht.

NAPOLEON: Hat Rußlands Alexander so ganz vergessen, wie er auf dem Njemen sich beugte? Hat der Preußenkönig –

BERTRAND: O Sire, den tadle nicht. Er verlor durch deine Schlachten die schönste Rose im Schnee des Nordlands. Ich habe sie erblickt, und das Auge ward mir feucht, als ich ihren Tod erfuhr.

NAPOLEON: Konnt ich davor? – Weswegen blühte sie im Gleise meines Siegeswagens? Das Geschick trieb seine Räder zermalmend über noch viel härtere Herzen: Pichegru, d'Enghien, Moreau –

BERTRAND: Du, selbst so Gewaltiger, glaubst ein Geschick?

NAPOLEON: Ja, es stand bei mir in Korsika, meiner meerumbrausten Wiege, und wird auch meinen Sarg umbrausen. In Moskaus Flammen, nachdem ich lange es vergessen, sah ich es mit seinen Fittichen sich wieder über mich erheben. – Nicht Völker oder Krieger haben mich bezwungen – Das Schicksal war es. – Was ist dir?

BERTRAND: Mein Kaiser, vielleicht – kaum wag ich es zu sagen –

NAPOLEON: Sag es!

BERTRAND: – vielleicht mein Freund –

NAPOLEON: Es könnte sein. Doch glaubst du es, so schweige davon.

BERTRAND: – ich kann es nicht ertragen, dich so zu sehen wie jetzt, einen –

NAPOLEON: Nun?

BERTRAND: – einen Löwen im Käfig. – Auch meine Gemahlin härmt sich ab. Ihre Schönheit, ihre Heiterkeit schwinden dahin seit deinem Fall.

NAPOLEON: Ich weiß. – Wie steht's wohl in Frankreich?

BERTRAND: Schlecht, Sire. Der König schwach, die Prinzen übermütig, die Ultras siegend, deine alten Krieger verhöhnt –

NAPOLEON: O mein Land, mein Land! – Man sage, was man will, ich hab es stets geliebt! – Fühlten meine Feinde den Schmerz, der mich seinetwillen durchbrennt – die Jämmerlinge stürben daran wie Mücken am Lichte!

BERTRAND: Es ist gestern ein Offizier aus Frankreich angekommen.

NAPOLEON: Aus Frankreich? Er komme. – Aber bemerkte ihn keiner der fremden Späher?

BERTRAND: Nein – er schlich als italienischer Matrose verkleidet bis zu uns.

NAPOLEON: Wie heißt er?

BERTRAND: Graf St. P–le.

NAPOLEON: Von dem hört ich früher. – Er focht brav bei Champeaubert.

BERTRAND: Da ist er, Sire.

Der Offizier tritt vor.

NAPOLEON: Wer sind Sie?

DER OFFIZIER: Graf St. P–le, Ew. Majestät.

NAPOLEON: Was wollen Sie hier?

DER OFFIZIER: Ew. Majestät dienen.

NAPOLEON: Geht nicht, mein Herr. Habe schon Offiziere genug. Ich kann Sie nicht besolden.

DER OFFIZIER: Sold verlang ich nicht.

NAPOLEON: So? – Haben Sie Briefe?

DER OFFIZIER: Nein, Sire.

NAPOLEON: Adieu.

DER OFFIZIER: Sire, Briefe mitzunehmen war gefährlich. Aber ich redete mit Fouché.

NAPOLEON: Fouché – Was sagte er? Sagen Sie es mir – gleich und heimlich.

Der Offizier spricht heimlich mit ihm.

Es ist gut. – Wie ist's mit den Bourbons? Mir zahlen sie meine Gelder nicht. Ich könnte ihnen, als souveräner Fürst von Elba, Krieg erklären wegen gebrochenen Vertrags.

DER OFFIZIER: Der König übersetzt den Horaz, Monsieur geht auf die Jagd, die Angoulême betet, ihr Mann hört zu, Berry liebt die Damen.

NAPOLEON: Das Volk?

DER OFFIZIER: Ärgert sich, daß Pfaffen, Betschwestern und emigrierte Edelleute es beherrschen sollen.

NAPOLEON: Das unselige bourbonische Haus! Es wird noch einst in einem adligen Nonnenkloster aussterben. – Das Heer?

DER OFFIZIER: Es schweigt.

NAPOLEON: Und denkt?

DER OFFIZIER: An Sie!

NAPOLEON: Die Bourbons haben Haustruppen, rote Kompanien?

DER OFFIZIER: Die Haustruppen sind Greise oder Kinder. An den roten Kompanien ist nichts Rotes als ihre Montur – bei Marengo oder Austerlitz wurden sie wahrlich nicht rot gefärbt.

NAPOLEON: Die gefangenen Veteranen der Großen Armee?

DER OFFIZIER: Kommen täglich aus Rußland zurück –

NAPOLEON: Ha, wieder da!

DER OFFIZIER: – und werden ohne Pension verabschiedet oder mit halber Pension, die nicht bezahlt wird, entlassen –

NAPOLEON: Besser, besser stets und besser! Hätt ich den treuesten meiner Freunde nach Paris geschickt, mein Reich zu verwalten, er hätte nicht so gut für mein Interesse gesorgt als die Bourbons! – O meine Gardegrenadiere, wandelnde Festungswälle mir in der offnen Schlacht, und alle, alle, die ihr Bajonette für mich aufpflanztet, Säbel für mich schwanget, bald sonn ich mich wieder in eurem Waffenglanze, und das Gleichgewicht Europas fliegt bebend aus den Angeln!

BERTRAND: Kaiser, endlich?

NAPOLEON: Gleichgewicht! Als ob man Völker abwägen und zählen könnte! Die Erde ist am glücklichsten, wenn das größte Volk das herrschendste ist, stark genug, überall sich und seine Gesetze zu erhalten, und wer ist größer als meine Franzosen? – Kongreß zu Wien! Da streiten sie sich um den Mantel des Herrn, den sie hier am Kreuze wähnen – mein Polen, mein Sachsen wird zerteilt – Niemand wird von dem halben Bissen satt, ja, er wird Gift im Munde – Aber der Herr erstand! – – Europa, der kindisch gewordene Greis, bedarf der Zuchtrute, und was meinen Sie, St. P–le, wer könnte sie besser schwingen als ich?

BERTRAND: Der Prinz von Masseriano fordert Elba als sein Eigentum zurück.

NAPOLEON: Der Knabe!

BERTRAND: Auch spricht man davon, dich nach St. Helena zu versetzen.

NAPOLEON: Wie? wenn es mir nun gefiele, den Fuß nach Frankreich zu setzen? Nicht zwei Tage, und ich bin dort.

DER OFFIZIER: O Sire, Sire, dahin! Sie nur können es erlösen!

NAPOLEON: Man denkt mit mir zu spaßen. Es ist zum Totlachen! – Meine Herren, wird nicht, sowie ich bei Toulon lande, der weltbekannte Klang meiner Kriegstrompete wie ein Blitz durch alle Busen schmettern? Wird mein

Adler nicht im Augenblick von Turm zu Turm bis St. Denis hinfliegen?

BERTRAND UND DER OFFIZIER: O lande, lande!

NAPOLEON: Graf St. P–le, wer sendet Sie? Verschworene wider die Bourbons?

DER OFFIZIER: Sire, nein. Die Nation ruft Sie.

NAPOLEON: Das wollt ich – Verschworene sind immer Schurken, die nur ein Werkzeug für ihre Pläne suchen, welches sie nachher gern wegwerfen.

DER OFFIZIER: Auch Italien, aus dem ich eben komme, ist voll Unruhe. Selbst der König von Neapel bereut seinen Abfall.

NAPOLEON: Ich weiß – Er wird vernünftig aus Not. Der und der Bernadotte – Bernadotte, welcher vom nahen Rußland alles, vom fernen Frankreich nichts zu fürchten hatte, der seine Schildwache, wenn er mit mir hielt, dicht unter den Fenstern des Zarenschlosses zu Petersburg aufstellen konnte, sind untreu geworden – Murat aus Tollheit und Bernadotte aus Eifersucht auf mich – – Die Armen! Mit mir ging die Sonne unter, die diese Planeten im Schwunge erhielt – Nicht drei Jahre, und Europas Fürstenhäuser schämen sich der unadligen, bloß von meiner Größe ausgebrüteten Fliegen! – Wo ist Cambronne?

BERTRAND: Hält dicht hinter uns, bei dem dich begleitenden Detachement der Ulanen.

NAPOLEON: Pole, ruf den Kommandeur der Garde!

DER POLNISCHE LEGIONSREITER: Ha! Gleich!

Reitet fort und kommt bald darauf mit Cambronne zurück.

NAPOLEON: General, sind die Magazine versorgt?

CAMBRONNE: Sire, wie Sie geboten.

NAPOLEON: Teilen Sie an jeden Infanteristen und jeden Reiter Rationen auf vier Tage aus. – Sind die Brigg und die beiden in Beschlag genommenen Kauffahrer imstande, morgen mit den Truppen abzusegeln?

CAMBRONNE: Ja, Sire.

BERTRAND *halb für sich*: Was wird das?

NAPOLEON: Cambronne, morgen früh fünf Uhr lassen Sie die Reveille schlagen.

CAMBRONNE: Welche? die alte oder die neue?

NAPOLEON: Die von Jena!

CAMBRONNE: Oh, so stampft binnen sechs Wochen das Pferd jenes Reiters auf dem Pflaster von Paris.

DER POLNISCHE LEGIONSREITER: Es bäumt sich schon, General.

NAPOLEON: Es stampft da früher: am 20. März, dem Geburtstag meines Sohns.

BERTRAND: Campbell aber mit dem englischen Geschwader?

NAPOLEON: Hindert uns nicht. Ich hab ihn nach Livorno locken lassen, dort die Merkwürdigkeiten zu besehen, und heut abend zecht er daselbst Madeira mit einigen seiner Landsleute, die nicht wissen, wie sie verleitet sind, ihn einladen zu lassen, so wenig als er weiß, warum er eigentlich eingeladen ist – O das Gepack!

DER OFFIZIER: Also da, der ersehnte, der große Augenblick!

ALLE ANWESENDEN: Es lebe der Kaiser!

BERTRAND *zu dem Offizier*: Wieviel haben wir gesprochen, er selbst mit, und er hat alles getan, ehe wir sprachen.

DER OFFIZIER: Er ist groß und gütig – ist ein Gott.

NAPOLEON *gegen das Meer gewendet*: Amphitrite, gewaltige, blauäugige Jungfrau – schon lange läßt du mich umsonst um dich buhlen – ich soll dir schmeicheln, und ich möchte doch lieber als Mann mit Waffen dich den Händen der Krämer entringen, die dich, o Göttin, mit der Elle messen und zur Sklavin machen wollen – aber ich weiß, du liebst ihn doch, den Sohn der Revolution – einst vergaßest du deine Launen und trugst ihn mit sicheren Armen von den Pyramiden nach dem kleinen Glockenturm von Fréjus – morgen trägst du mich von Elba noch einmal dahin. – Amphitrite, schlummre süß.

Alle ab.

ZWEITER AUFZUG

Erste Szene

Paris, im Jardin des Plantes.

Ein alter Gärtner und seine Nichte treten auf.

DER ALTE GÄRTNER: Nicht so wild, Kind, nicht gesprungen – hier ging einst Buffon sehr ruhig und ordnete sein System.

DIE NICHTE: Onkel, Onkel, welch ein Morgen! Wie durchschimmert ihn die Frühlingssonne! Eintrinken möcht ich ihn!

DER ALTE GÄRTNER: Du Wilde, sieh nach den Bäumen – Haben Weide und Kastanie schon Knospen?

DIE NICHTE: Ja! alle, alle, und die Silberpappeln knospen dazu – Oh,

Ça ira, ça ira.

DER ALTE GÄRTNER: Nichte, das sag ich dir ernstlich, tu, was du willst, aber singe mir keine politischen Lieder.

DIE NICHTE: Ça ira? politisch? Ich meinte, bald geht's los, und die Blumen brechen aus.

DER ALTE GÄRTNER: Wir können die Fenster von den Beeten nehmen – Ah, wie richten sich schon die Gräser auf. Hier Phalaris canariensis.

DIE NICHTE: Welch ein weitläuftiger Name für ein so kleines, zierliches Ding. – Man möchte die Gräschen ausreißen und küssen, so allerliebst stehen sie da.

DER ALTE GÄRTNER: Die Kanone der Sternwarte donnert schon die zehnte Stunde. Wir müssen fleißig sein, wollen wir vor Mittag noch etwas beschicken.

DIE NICHTE: Etwas beschicken? – Das überlaß heute den Leuten ringsum in der staubigen Stadt – Wir wollen hier das frische Grün genießen. – – Die schöne Kokosblüte in jenem Gewächshause nehm ich mir zum Stickmuster.

DER ALTE GÄRTNER: Stickmuster, ja – Seit einem Jahre denkst du bei jeder Blume an Putz, Stickmuster und den unseligen Pierre. Ich glaube, du hingest ihm den ganzen Gartenflor um den Hals, deines Onkels Herz dazu.

DIE NICHTE: Mein Herz gern, deines nicht, Onkel. In deiner Brust, die für meine Mutter und mich so treu sorgte, säß es doch besser als an seinem Halse. – Aber wahr ist wahr, und schön ist schön, und gut ist gut: wahr, schön und gut ist er.

DER ALTE GÄRTNER: Er stört mich hier, und der Oberintendant des Gartens hat es schon übelgenommen, daß ich ihn einlasse. Er ist ein Bonapartist oder gar ein Revolutionär –

DIE NICHTE: Wäre Pierre das (ich weiß wahrhaftig nicht, ob er es ist, denn auf sein politisches Geschwatz acht ich so wenig wie der schlafende Müller auf das rauschende Rad), so müßten die Bonapartisten und Revolutionäre herrliche Leute sein.

DER ALTE GÄRTNER: Kind, Kind, ehre mir die Bourbons, unsere Herren.

DIE NICHTE: Vor einem Jahre mußt ich ja das erste Kapitel des kaiserlichen Katechismus auswendig lernen und Napoleon anbeten. Weißt du, wie du mir drohtest, als ich bei dem Aufsagen stotterte?

DER ALTE GÄRTNER: Vor einem Jahre, Kind! – Jetzt schreiben wir 1815.

DIE NICHTE: So – 1814 und 1815, das ist der Unterschied. – Es geht wohl mit den Herrschern wie mit den Blumen – jedes Jahr neue. – Ach, sieh da meine wieder grünende Ulme!

DER ALTE GÄRTNER: Der König Ludwig der Achtzehnte gibt mir mein Brot – und da kommt der verwünschte Pierre mit Damen –

DIE NICHTE: Damen? Was? Ha, der –

DER ALTE GÄRTNER: Damen der Halle.

DIE NICHTE: So – Die machen mich nicht eifersüchtig.

Pierre und Damen der Halle.

PIERRE: Elise, meine Elise! – Und alle Lilien ausgerottet, mein Vater!

DER ALTE GÄRTNER: Warum?

PIERRE: Der König wird fortgejagt – Napoleon kommt wieder.

DIE DAMEN DER HALLE: Die Lilien weg! Die Lilien weg!

DER ALTE GÄRTNER: Stille, stille – Vor dem Garten stehen Gendarmes, die dieses hören möchten.

DIE DAMEN DER HALLE: Weg Gendarmes und Lilien!

DER ALTE GÄRTNER: Meine Damen, verwechseln Sie nicht das Reich der Natur mit dem Reiche der Bourbons, nicht blühende Lilien mit gemalten.

DIE DAMEN DER HALLE: Gut gesagt!

DER ALTE GÄRTNER: Bedenken Sie, daß dort die Büste Linnés steht. Auch Buff –

EINE DAME DER HALLE: Linné, was war der?

EINE ANDERE: Ein herrlicher Mann, Madame. Erst Schusterjunge in Lyon, dann Fürst von Pommern, Schweden und den Heidschnucken, und immer dabei ein eifriger Republikaner und Beschützer des Botanischen Gartens.

DIE DAMEN DER HALLE: Behalte deine Blumen, Gärtner. Hoch lebe der Fürst Linné! *Die Damen der Halle ab.*

DER ALTE GÄRTNER: Mir wirbelt der Kopf – Linné ein Schusterjunge, dann Fürst, Republikaner, und das alles so sicher gesagt – Ich will sie eines Besseren belehren – Linné war –

PIERRE: Still! – Rufe sie nicht zurück. Ich selbst mußte sie wider Willen hieher führen. Gott weiß, was ihnen einmal vom Linné in den Ohren geklungen hat, und was klingt, glauben sie und erzählen es noch schallender wieder. – – Elise, schmollst du?

DIE NICHTE: Revolutionsmensch –

PIERRE: Das verstehst du nicht. – Geliebte –

DIE NICHTE: Und das „Geliebte" verstehst du nicht. – Ha, da die weißen Kirschblüten – sitzen sie nicht am Baume wie junge Lämmer, die am grünen Berge klettern? – Wie schön!

PIERRE: In deinem Auge blitzen sie schöner. – Napoleon soll jetzt, wie man munkelt –

DIE NICHTE: Folge mir unter den Kirschbaum.

Zweite Szene

Paris. Unter den Arkaden des Palais Royal.

Vieles Volk, Bürger, Offiziere, Soldaten usw., etwa wie in der ersten Szene des ersten Aufzuges.

VITRY: Bist satt, Chassecoeur?

CHASSECOEUR: Ja, von überreifen, übersüßen Kartoffeln.

VITRY: Sollen wir zur Seelenmesse, welche die Madame über den Gebeinen ihres Vaters halten läßt?

CHASSECOEUR: Lieber zur Hölle. – Madame ist sehr gnädig. Wenn die Gebeine, für welche sie jetzt betet, nicht eher einem Schreckensmann angehören als dem längst in Kalk vermoderten Capet, bin ich verflucht.

VITRY: Gönn ihr die Knochen. Fleisch ist nicht daran.

ADVOKAT DUCHESNE *kommt*: Was Neues!

VITRY: Das Neue ist heutzutag was Altes.

DIE ALTE PUTZHÄNDLERIN: An meinen Tisch, Herr!

VITRY: Immer die Politik am Putztische.

DUCHESNE: Wieder tolle Streiche! – Die Emigranten werden entschädigt.

VITRY: Wofür?

DUCHESNE: Dafür, daß sie zur Zeit der Not wegliefen.

VITRY: Wovon entschädigt?

DUCHESNE: Von dem Gelde und Blute der Nation.

VITRY: Chassecoeur, wir wollen künftig auch weglaufen.

CHASSECOEUR: Oh!

VITRY: Alter Junge, ärgere dich nicht zu arg. Aus dem jetzigen Spaß wird einmal wieder Ernst.

DUCHESNE: Die Ultras machen die offenbarsten Schritte, die Konstitution umzustürzen.

VITRY: Ist sie ihnen noch nicht schlecht genug?

DUCHESNE: Die Angoulême läßt die Jesuiten zurückrufen.

VITRY: Wir jagen sie wieder fort.

DUCHESNE: In Nîmes ermordet man schon die Protestanten, und niemand wehrt.

VITRY: Freund, daran zweifle ich: sie genießen des Schutzes unseres legitimen Herrschers.

CHASSECOEUR: Teufel, was ist denn legitim?

VITRY: Das, was alt ist.

CHASSECOEUR: Wie alt?

VITRY: Weiß nicht genau.

SAVOYARDENKNABE *mit dem Murmeltier und Dudelsack*:

La marmotte, la marmotte etc.

CHASSECOEUR: Der verdammte Junge mit seiner Bettelei. Man kann nichts vor seinem Singsang hören.

VITRY: Laß ihn. Murmeltiere sind vermutlich legitim. Wenigstens waren sie schon unter Heinrich dem Vierten in Paris.

LOUISE: O mein Philipp!

VITRY: Bitte, Kind, nicht zu nahe – – mit Vorsicht.

LOUISE: Wie, du kennst mich nicht mehr? hast du mich nicht geliebt?

VITRY: Kenn ich jedes Soustück, das mir durch die Hand gegangen ist? Ebensowenig jedes Mädchen, das ich geliebt habe.

LOUISE: Ach, Philipp, unter den Fahnen der Großen Armee schwurst du mir Treue.

VITRY: Auf wie lange?

LOUISE: Auf ewig.

VITRY: Das bedeutet seit dreißig Jahren so viel als gar nichts. Fahre wohl, Geliebte.

LOUISE: Ha, du –

VITRY: Geschwiegen, Mademoiselle, geschwiegen, sag ich – hier kommen Zeitungen.

DUCHESNE: Was gibt es, Zeitungsverbreiter?

ZEITUNGSAUSRUFER: Sie sprechen!

DUCHESNE: Wer?

ZEITUNGSAUSRUFER: Die beiden Felsen im Meere!

VITRY: Welche Zeit! Die Steine reden!

ZEITUNGSAUSRUFER: Carnot, Fouché – hier ihre Memoiren im Auszuge in den Zeitungen – sie haben dem Könige die Wahrheit gesagt, ihm die Albernheiten der Restaurationsminister so deutlich vorgerückt, als wir sie uns hier sagen –

VITRY: Ach, das hilft nicht viel, denn gut sagen ist leichter als recht hören.

DUCHESNE: Her, her die Zeitungen! Ich muß sie selbst sehen!

VOLK: Wir wollen sie auch sehen! Her, her damit!

ZEITUNGSAUSRUFER: Da habt ihr sie! *Er wirft die Zeitungen in die Luft.*

DUCHESNE *ergreift, wie viele andere, ein Blatt und liest*: Ha – Oh – Richtig – Juchhe – Schändlich – Wie wahr – Ja, anders, anders muß es werden – Blut und Tod! – Gut, gut. – Herrlich! – Auf Elba rührt sich's allmählich – Im Pflanzengarten ist auch Lärm gewesen – Gut, gut, je schlechter, so besser – Das Korn gibt erst Mehl, wenn es zermalmt ist – Adieu, meine Herren – ich muß zu Freunden. *Ab.*

VITRY: Was ist dir? Was treibst du mit den Armen?

CHASSECOEUR: „Auf Elba rührt sich's allmählich" – Ich schwinge in Gedanken den Säbel!

VITRY: Wo ist Louise? Fort? – Nein, sieh: ein junger Engländer entführt mir ihre Reize. Wohl bekomm's, Mylord!

Dritte Szene

Paris. Tuilerien. Saal der Herzogin von Angoulême.

Die Herzogin von Angoulême
und ihre Dame d'atour, die Gräfin von Choisy.

HERZOGIN VON ANGOULÊME: Liebe Choisy, lies mir etwas vor. Mir schmerzt der Kopf.

GRÄFIN VON CHOISY: Gern, Königliche Hoheit. – Soll ich etwas neu Erschienenes lesen?

HERZOGIN VON ANGOULÊME: Tu es. Nur keine Zeitungen. – Was das für ein öder, trüber Nachmittag ist – selbst die heilige Messe erfreute mich nicht.

GRÄFIN VON CHOISY: Hier ist ein Gedicht vom Herrn C–n, einem der neuen Poeten.

HERZOGIN VON ANGOULÊME: Lies den Seneca oder den C–n. Mir ist's eins.

GRÄFIN VON CHOISY: Ich lese, Hoheit. *Sie liest:*

„Es steht der Sultaninnen erste
Am Fenster ihres Marmorschlosses.
O welche wohlgefügte Marmorquadern,
Wie schimmern sie selbst durch die Nacht!
O welche Rosen blühen in dem Zimmer,
O welche Ambradüfte hauchen da!
Doch was sind Marmorquadern, Rosen, Ambra,
Wenn die Gestalt der Sultanin, mit
Den prächt'gen Schultern, blendend weiß,
Als wäre frischer Schnee darauf gefallen,
Mit ihren Lippen, dunkelrot,
Als wehten Flammen dir entgegen,
Mit ihrem Liebesflüstern, wundersüß,
Als hauchte Duft aus Edens Pforten,
Darunter steht in ihrer Schöne!
Die Diener und die Dienerinnen
Erwarten knieend ihre Worte,

Der Sultan selbst vergißt das Reichsschwert,
Harrt in dem Hintergrunde liebeseufzend
Und schwelgt in ihres Nackens Anschaun.
Sie blickt hinaus: vor ihren Augen steigt
Das Heer der Sterne freudetrunken auf,
Der Bosporus jauchzt auf mit seinen Wogen,
Die große Stambul ahnet ihre Nähe
Und bebt vor wonnigem Gefühle,
Die Küsten Asias und Europas schmeicheln
Zu den Sandalen ihres zarten Fußes –
Sie blickt zurück – sie faßt ihr Herz –"

HERZOGIN VON ANGOULÊME: Wie sinkt die Poesie. Auch in ihr Revolution. Was für falsche Verse!

GRÄFIN VON CHOISY: Wer hat denn den Versen das Gesetz gegeben, daß sie grade sein müssen wie die des Racine oder eines anderen Klassikers?

HERZOGIN VON ANGOULÊME: Auch du eine Empörerin, Choisy? – Die Welt ist überreif. – Lies das Ende des Gedichtes.

GRÄFIN VON CHOISY: Es ist kurz. *Sie liest.*

„Und sie seufzt!"

HERZOGIN VON ANGOULÊME: Und sie seufzt – – Ja, das mag wahr sein, ungeachtet des zu kurzen Verses.

GRÄFIN VON CHOISY: Jesus Maria, wenn e r gelandet wäre!

HERZOGIN VON ANGOULÊME: Wie kommst du auf den Gedanken?

GRÄFIN VON CHOISY: Königliche Hoheit, der Gedanke kommt über mich.

HERZOGIN VON ANGOULÊME: Unsere Staatsmänner werden ihn vor der Landung zu behüten wissen. – Aber die Brust ist auch mir überschwer. – Ich gehe zu meinem Oheim.

Beide ab.

Vierte Szene

Paris. Tuilerien. Die Zimmer des Königs.

König Ludwig, der Herzog von Angoulême, der Herzog von Berry.

König Ludwig: Recht abscheulich – abscheulich. Da liegen die Broschüren von Carnot und Fouché. Beide verteidigen, jeder auf seine eigentümliche, tückische Weise, die sogenannten Rechte der Königsmörder und der Revolution und beschimpfen meine Maßregeln und die meiner treuen Minister.

Herzog von Angoulême: Ich mag die Papiere nicht anfassen.

Herzog von Berry: Hängt die Kerle!

Oberzeremonienmeister *tritt ein*: Die Herren Blacas d'Aulps und d'Ambray.

König Ludwig: Mir willkommen.

Oberzeremonienmeister ab; Blacas d'Aulps und d'Ambray treten ein.

D'Ambray: Sire, der gute Marquis von Brandenburg will Sachsen haben.

Blacas d'Aulps: Und Rußland greift nach Polen.

König Ludwig: Gönnet ihnen das.

Blacas d'Aulps: Mit Erlaubnis, Sire: mit Polen mag es so werden, aber Sachsen ist ein uraltes Haus. Wir hatten Dauphinen aus ihm.

D'Ambray: Und, Sire, ein Teil unseres europäischen Einflusses beruht auf der fortdauernden Zerstücktheit Deutschlands – Wir dürfen da keine Macht zu sehr anwachsen lassen. – Auch Talleyrand denkt so und hat schon protestiert.

König Ludwig: Talleyrand? Ich gebe nach. – Er trifft stets das Rechte.

Blacas d'Aulps: Zugleich warnt er vor Elba.

HERZOG VON BERRY: Elba, immer und ewig Elba! Laßt doch den Namen verbieten! – Was will denn Elba? – Wir besitzen Frankreich.

D'AMBRAY: Verzeihen Eure Königliche Hoheit: Bonaparte soll mit Murat konspirieren.

HERZOG VON BERRY: Und das?

D'AMBRAY: Ist lächerlich. Aber einige Vorsicht ist auch nicht ganz unnütz.

HERZOG VON BERRY: Lieber d'Ambray, Vorsicht! – Bei zwei simplen Glückskindern! – Murat ist ein Narr, Bonaparte nicht viel Besseres – darum figurierten sie unter dem Pöbel einige Jahre als große Hanswürste – Gottlob, die Zeit ist vorbei.

OBERZEREMONIENMEISTER *tritt auf*: Seine Königliche Hoheit Monsieur.

KÖNIG LUDWIG: Er komme.

Oberzeremonienmeister ab.
Monsieur kommt.

Woher, Bruder?

MONSIEUR: Von der Jagd und der Messe. Manches Wildbret hab ich geschossen.

KÖNIG LUDWIG: Wenn wir es schmausen, wollen wir der trefflichen Hand denken, die es schoß.

MONSIEUR: Sire, ich bin müde und kann am Abendessen nicht teilnehmen. Ich bitte, mich entfernen zu dürfen, nachdem ich Ihnen hiermit meine Aufwartung gemacht. Das Wildbret ist schon in den Küchen. – – Apropos, was fällt mir doch ein? – Ja, eben hör ich, Bonaparte ist gelandet bei Toulon.

KÖNIG LUDWIG: Wie?

MONSIEUR: Es ist so. Der Mensch scheint durchaus sich verderben zu wollen. – Sire und Bruder, ich küsse Ihnen die Hand. – Schlafen Sie gut, meine Herren. *Ab.*

KÖNIG LUDWIG: Blacas, d'Ambray? Hörten Sie?

BLACAS D'AULPS: Monsieur sagt's. Es wird wahr sein.

D'AMBRAY: Der Präfekt Toulons muß ihn arretieren, kurz verhören und sofort erschießen lassen.

HERZOG VON BERRY: Wie dumm sind die Schurken! Wagt der Kronendieb an der Küste eines Volkes zu landen, welches er jahrelang tyrannisierte – welches gegen ihn nur erbittert, gegen uns nur dankbar ist.

KÖNIG LUDWIG: Ich dächte doch, Berry, du zögest deine Haustruppen zusammen.

HERZOG VON BERRY: Wie Sie befehlen, Sire. Sollte den Verwegenen aber nicht schon irgendein Dorfmaire erwischt haben?

KÖNIG LUDWIG: Wohl möglich. Doch mache deine Haustruppen immerhin marschfertig.

HERZOG VON ANGOULÊME: Ach, bekümmern wir uns um den Raufbold nicht.

OBERZEREMONIENMEISTER *tritt ein*: Ihre Königliche Hoheit die Herzogin von Angoulême.

KÖNIG LUDWIG: Mir sehr erwünscht.

Oberzeremonienmeister ab. – Die Herzogin von Angoulême tritt ein.

HERZOGIN VON ANGOULÊME: Mein König, ich kann nicht eher schlafen, als bis ich deine Hand geküßt.

KÖNIG LUDWIG: Mein Bruder hat heute viel Wildbret geschossen. Ich lade dich und die Prinzen zum Mahl.

HERZOGIN VON ANGOULÊME: Wo ist Monsieur?

KÖNIG LUDWIG: Wohl schon zu Bett. Er war ermüdet.

HERZOGIN VON ANGOULÊME: Darf ich mich mit meinem Gemahl über eine Kleinigkeit –

HERZOG VON ANGOULÊME: Den Tauberich, Gemahlin, hat Houdet erwischt!

HERZOGIN VON ANGOULÊME: – unterhalten?

KÖNIG LUDWIG: Weshalb nicht? – Doch erst noch eins: Bonaparte ist bei Toulon gelandet.

HERZOGIN VON ANGOULÊME: Schütze mich der Heiland! Die Ahnung der Choisy! Gelandet! – Großer Gott, wer litt das? – Und ihr steht hier ruhig, König, Angoulême, Berry, Blacas, d'Ambray? Seid ihr Bildsäulen?

König Ludwig: Nun, nun!

Herzog von Angoulême: Gemahlin, nicht so heftig. Du bekommst wieder die Migräne.

Herzogin von Angoulême: Was Migräne – Er –!

Herzog von Berry: Was will er denn mit seinen wenigen Leuten?

Blacas d'Aulps: Königliche Hoheit, ruhig – lassen Sie es mit der Personage gut sein.

D'Ambray: Überlassen Sie ihn den Jurys.

Herzogin von Angoulême: Ihn den Jurys? – Menschen, wißt ihr, wer seine Jurys sind? – Die Heere Europas und kein anderer – O Waffen, Waffen, Waffen! – Sturmglokken geläutet – Alles, alles aufgeboten, in der Kirche wie auf dem Schlachtfelde! – Gelandet – – Weh mein Herz – – Nun macht er seine Tigersprünge, wie einst von Ägypten nach Paris, von Eylau nach Madrid, von Madrid nach Wien, nach Moskau – Oh, ich fühle schon seine Krallen!

Herzog von Angoulême: Diener, Diener, sie wird ohnmächtig – Kölnisches Wasser –

Blacas d'Aulps: Es wird schon geholt.

Herzogin von Angoulême: Kölnisches Wasser – Französisches Feuer schafft her für euch alle! – Ich bitte, bitte, schickt doch nach dem Telegraphen! – Ach, er wird schon mit Nachricht da sein! –

Der Oberzeremonienmeister *tritt ein*: Der Oberdirektor des Telegraphen.

König Ludwig: Komme.

Oberzeremonienmeister ab. – Der Oberdirektor des Telegraphen kommt.

Oberdirektor des Telegraphen: Sire, Bonaparte steht seit etwa anderthalb Stunden mit einigen tausend Mann vor Lyon.

HERZOG VON BERRY: Je tiefer im Lande er ist, so eher wird er gefangen.

Oberdirektor des Telegraphen auf einen Wink des Königs ab.

HERZOGIN VON ANGOULÊME: Schon vor Lyon! Seit anderthalb Stunden! – So ist er jetzt darin – vielleicht schon diesseits, uns ganz nahe! – Eure Kuriere und telegraphischen Depeschen waren stets langsamer als e r!

KÖNIG LUDWIG: Was raten Sie, meine Herren?

BLACAS D'AULPS: Lassen Sie uns, Sire, einige hundert Verdächtige, welche ihn in Lyon und Paris unterstützen könnten, verbannen, und er erlischt von selbst, wie ein Licht ohne Brennstoff.

D'AMBRAY: Wahrlich, das beste. Ich will eine Liste solcher Übelgesinnten aufsetzen und sie zu dem Fuß des Throns legen.

KÖNIG LUDWIG: Tun Sie es – ich werde sie nachsehen und beurteilen. – Indes jetzt den Ney gerufen, Fürsten von – Ich weiß nicht, wie der Mann sonst heißt.

Blacas d'Aulps geht in den Vorsaal, spricht mit dem Oberzeremonienmeister und kommt zurück.

HERZOGIN VON ANGOULÊME: Der Ney, der Ney – Der unsere Zuflucht? – Kleiner und häßlicher ist sie nicht zu finden!

KÖNIG LUDWIG: Er heißt der Brave der Braven, und alle alten Krieger lieben ihn.

HERZOGIN VON ANGOULÊME: Er ist einer der Frechsten unter den Schlechten, und wenn die alten Krieger ihn lieben, müssen wir ihn hassen.

OBERZEREMONIENMEISTER *tritt ein*: Se. Durchlaucht der Fürst von der Moskwa.

KÖNIG LUDWIG: Er trete ein.

Oberzeremonienmeister ab.

HERZOGIN VON ANGOULÊME: O hättet ihr selbst Mut, ihr bedürftet des Elsasser Sergeanten nicht. Auch nicht mit einem Blick werd ich ihn ansehn – *an das Fenster tretend* –, lieber dort die Straßen.

MARSCHALL NEY *tritt ein*: Sire –

KÖNIG LUDWIG: Mein Marschall –

NEY *für sich*: Werden sie höflich? – vermutlich, weil sie etwas von mir wollen. Meine Gemahlin hat mir das stets prophezeit.

KÖNIG LUDWIG: – und mein Vetter –

NEY *für sich*: Vetter, Vetter – Hörte das meine Gemahlin – sie jubelte! *Wieder laut, aber verlegen:* Monarch?

BLACAS D'AULPS *zu d'Ambray*: Wie wenig kennt das Vieh die Etikettensprache des Hofes.

D'AMBRAY: Wie konnte er in Bonapartes Feldlagern Vernunft lernen?

KÖNIG LUDWIG *zu Ney*: Ja, Fürst – jeder Marschall Frankreichs ist Vetter und hoffentlich auch Freund des Königs.

NEY: Bis in den Tod, Sire!

BLACAS D'AULPS *zu d'Ambray*: Wie groß der König ist – mit dem einzigen Wort „Vetter" hat er ihn erobert.

HERZOGIN VON ANGOULÊME *halb zu Blacas d'Aulps gewendet*: Und wie klein der Sergeant ist, daß ihn so ein Wort besticht! Wie schwach wir, daß wir ihn bestechen!

BLACAS D'AULPS: Königliche Hoheit, Sie hörten –?

HERZOGIN VON ANGOULÊME: Alles, was Sie und d'Ambray flüsterten. Mein Ohr ist aus Versailles. *Sie tritt wieder an das Fenster.*

KÖNIG LUDWIG: Vetter, der Bonaparte ist bei Toulon gelandet.

NEY *bestürzt*: Wie – was? – Es ist eine Erdichtung!

KÖNIG LUDWIG: Nichts weniger. Er ist gelandet, und Sie sollen uns von ihm befreien.

NEY: Ich –? Von ihm? – Im Namen der – im Namen Gottes denn, wenn es sein – wenn es geht.

KÖNIG LUDWIG: Wie sollt es nicht gehen, wenn der Brave der Braven, dem der Korse seine größten Siege verdankt, einmal gegen ihn ficht? Wir mindestens trauen es Ihnen zu.

NEY: Wirklich, Sire?

KÖNIG LUDWIG: Ich gebe Ihnen die Hand darauf.

HERZOGIN VON ANGOULÊME *für sich*: Pfui!

NEY: Das ist zuviel, König – das verdien ich nicht – Offen gesagt (denn so großer Güte gegenüber kann ich nichts mehr verbergen): ich war nicht der beste Royalist, hatte zwar über den Kaiser mich hart zu beschweren, aber die Kaiserzeit nicht ganz vergessen – Sire, ich mach es wieder gut – weg aus meiner Brust die letzte Erinnerung an ihn und seine Heerzüge – himmeltief steht er unter Ihnen – – Ja, geben Sie mir Truppen, ich zieh ihm entgegen und bring ihn Ihnen gefangen oder tot! – – Wie konnt ich so verblendet sein – – alles, alles an diesem Hofe ist edler, anmutsvoller, erhabener als am buntscheckigen Lager zu St. Cloud!

KÖNIG LUDWIG: So eilen Sie, Vetter, von Familie und Freunden Abschied zu nehmen, denn Ihre Bestallung und meine Befehle folgen Ihnen auf der Ferse.

Ney entfernt sich.

HERZOGIN VON ANGOULÊME: Da abermals ein Pröbchen von der Treue und der Kraft des neuen Adels!

HERZOG VON BERRY: Unter dem Ney dien ich in keinem Fall.

HERZOG VON ANGOULÊME: Ich auch nicht.

KÖNIG LUDWIG: Ihr behaltet die Haustruppen ausschließlich.

OBERZEREMONIENMEISTER *tritt ein*: Ein Kurier, Majestät –

KÖNIG LUDWIG: Er komme.

Oberzeremonienmeister ab.

Bald werd ich aber für heute der Audienzen müde.

Der Kurier tritt auf.

Woher?

KURIER: Sire, von Wien.

KÖNIG LUDWIG: Ihre Botschaft?

KURIER: Sie ist mündlich und schriftlich.

KÖNIG LUDWIG: Die mündliche?

KURIER: Murat greift die Österreicher an –

HERZOGIN VON ANGOULÊME *wendet sich vom Fenster*: Ha, klaffen bereits seine Hunde um ihn?

KURIER: Bonaparte ist in die Acht erklärt –

KÖNIG LUDWIG: Recht von dem Kongresse. – Talleyrand?

KURIER: Ist heiter.

KÖNIG LUDWIG: Das ist ein gutes Zeichen. – Der Kongreß selbst?

KURIER: Ist bei der Nachricht von Bonapartes Landung auseinandergeflogen.

KÖNIG LUDWIG: Himmel, was?

KURIER: Ich selbst sah die Tausende der Adjutanten und Stallbedienten reiten, als Kaleschen hinter Kaleschen, der Kaiser von Rußland und der König von Preußen mit den Ihrigen unter ihnen, aus dem Tor fuhren.

HERZOG VON BERRY: Die schwachen Menschen. Fliehen vor einem Abenteurer.

HERZOGIN VON ANGOULÊME: Kanntest du den Abenteurer bei Austerlitz und bei Jena?

HERZOG VON BERRY: Nein.

HERZOGIN VON ANGOULÊME: Da lernten ihn die beiden Herrscher kennen.

HERZOG VON BERRY: Ihn nicht, wohl aber sein Glück.

KÖNIG LUDWIG *zu dem Kurier*: Ihre Schriften –

Der Kurier übergibt sie ihm.

Sie selbst sind bis auf weiteres entlassen.

Kurier ab.

Talleyrand schreibt, er sei besorgter, als er in seinen Mienen merken lassen dürfe. Die Landung von Elba würde zum Weltereignis, erdrückten wir es nicht im Keim.

HERZOG VON BERRY: Bonaparte ist toll, Talleyrand ist toll! Das ist alles!

HERZOGIN VON ANGOULÊME: Talleyrand toll? Ich weiß nicht. – Doch Bonaparte, der das wirklich tut, was Talleyrand oft heucheln soll, der kein Auge aufschlägt, keinen

Schritt macht, ohne berechnet zu haben, wohin er blickt, wohin er tritt? – Schlecht ist er, ja oft klein pfiffig – aber toll? So möcht ich hören, was klug ist.

König Ludwig: Halt ihn nicht für zu gefährlich.

Herzogin von Angoulême: Er ist gefährlich. Frage nach bei Jakobinern und Royalisten, frage nach an den plötzlich von ihm geraubten Küsten Ägyptens oder der Nordsee, frage nach an den Mauern von Danzig und Saragossa – Wie die stilldunkle Wetternacht ist er – Erst wenn du getroffen bist, merkst du: es hat geblitzt. – Sieh, unterm Busen bricht mir die mit Lilien geschmückte Goldspange jach auseinander – Auch das kommt unerwartet, aus Angst vor ihm – – Ist selbst diese Kleinigkeit nicht bedeutend?

Oberzeremonienmeister *tritt ein*: Sire, das Nef ist aufgesetzt.

König Ludwig: So laßt uns speisen.

Oberzeremonienmeister ab.

Herzogin von Angoulême *für sich*: Jetzt speisen! Welch unverwüstlicher Appetit! – *Laut:* Majestät, darf ich eines bitten?

König Ludwig: Fodre.

Herzogin von Angoulême: Laß sofort meinen Gemahl nach der Gegend von Lyon eilen, Berry ihn mit einem Teil der Haustruppen begleiten. Vielleicht treibt der Anblick der königlichen Prinzen den Empörern die Schamröte, falls sie davon etwas haben, in das Gesicht. Ich selbst bitte um Urlaub nach meiner treuen Stadt Bordeaux. Diese Perle an der See soll er mir ohne Kampf nicht nehmen.

König Ludwig: Du verlangst viel. Doch halb und halb hab ich Gewährung versprochen – – Wenn die Prinzen nichts erinnern?

Herzog von Angoulême: Ich bin konform mit meiner Gemahlin, Sire. *Für sich:* Unangenehme Reise. Das Wetter wird seit Mittag auch schlecht.

HERZOG VON BERRY: Den Spazierritt nach Lyon mach ich zur Abwechslung mit.

KÖNIG LUDWIG: Aber heute laßt uns erst von dem Wildbret Monsieurs kosten.

HERZOGIN VON ANGOULÊME: Sire, ich komme mir selbst wie ein gehetztes Wild vor und mag dergleichen nicht essen. Verschone mich mit dem Mahl – Laß mich noch diese Nacht nach Bordeaux.

KÖNIG LUDWIG: Wünschest du es, so muß ich es bewilligen, so lang auch der kurze Abschied meinem Herzen schmerzen wird.

HERZOGIN VON ANGOULÊME: Ich küsse deine Hand, Sire – – Ach, wo sehen wir uns wieder?

KÖNIG LUDWIG: In Paris.

HERZOGIN VON ANGOULÊME: Und wie?

KÖNIG LUDWIG: Du bist zu furchtsam.

HERZOGIN VON ANGOULÊME: Furchtsam? – Sire, Waffen, Waffen! Waffen!

Ab. Der König, der Herzog von Angoulême und der Herzog von Berry ebenfalls.

BLACAS D'AULPS *zu d'Ambray, indem er mit ihm folgt*: Die Herzogin behandelt den Vorfall auf die überspannteste Art.

D'AMBRAY: Es ist eine Dame, Herr Graf – da hilft nichts – die Damen lassen sich eher alles andere ausreden als ihre Schwächen.

Beide auch ab.

Fünfte Szene

Paris. Grèveplatz, in der Gegend der Laterne.

Zwei Bürger kommen.

ERSTER BÜRGER: Das ist eine Nacht!

ZWEITER BÜRGER: Hut ins Gesicht, Mantel enger um die Schultern! – Oben regnet's, unten marschiert Ney mit

Truppen aus den Toren. Gott weiß, was das bedeutet!

ERSTER BÜRGER: Schade um den Ney. Er war ein anderer Kerl, als er noch unter Napoleon im Feuer stand und nicht in den bourbonischen Vorhöfen kroch.

ZWEITER BÜRGER: Still – Patrouillen –

EINE LINIENINFANTERIE-PATROUILLE *kommt*: Wer da?

ERSTER BÜRGER: Bürger von Paris.

PATROUILLE: Begeben Sie sich nach Haus, meine Herren – im Namen des Königs!

Patrouille zieht vorbei.

ERSTER BÜRGER: Freund, was ist das –? – Ha, schon wieder eine Patrouille –

ZWEITER BÜRGER: Gendarmes zu Pferde.

EIN GENDARM: Wer da? Zu Haus, Leute, in eure Betten, zu euren Weibern – auf der Stelle –

ERSTER BÜRGER: Herr, Ihr sprecht, als wären wir Sklaven.

DER GENDARM: In den Betten ist es wärmer und besser als hier.

ZWEITER BÜRGER: Der Mann hat recht und Verstand. Komm, Freund. Es wird hier draußen mehr und mehr unheimlich.

ERSTER BÜRGER: Nun, wär auch eine Empörung im Ausbruch – die Nationalgarde, wozu auch wir gehören –

ZWEITER BÜRGER: – und die ihre Offiziere von den Vorstädtern an der Laterne da aufknüpfen läßt, weil sie stets an ihr Vermögen denkt, der Vorstädter an sein Nichts?

ERSTER BÜRGER: Wahr, wahr! Zu Haus, zu Haus!

DER GENDARM: Noch immer geschwatzt? Tod und Hölle, fort!

Patrouille und die beiden Bürger ab.

Fouché und Carnot begegnen sich von verschiedenen Seiten. Beide sind tief in Mäntel gehüllt.

FOUCHÉ: Ha, du bist es! – Ich schickte zu dir – du warest nicht zu Haus. Hier dacht ich dich zu finden.

CARNOT: Als ich hörte, daß du geschickt hattest, sucht ich dich auch hier, Otranto – oder, wie ich dich lieber nenne, Fouché.

GENDARMERIE-PATROUILLE ZU FUSS *kommt*: Wer hier?

FOUCHÉ *zu Carnot*: Die Narren will ich anführen. Ich kenne ihre Losung. Sie sollen uns für zwei Mouchards erster Sorte halten. *Zu den Gendarmes:* Wo Ihr Offizier?

OFFIZIER: Da bin ich. *Nachdem ihm Fouché etwas in das Ohr gesagt hat.* Wünsch Ihnen Glück im Geschäft, meine Herren.

Die Patrouille zieht weiter.

CARNOT: Hm, bediene dich nicht des Betruges.

FOUCHÉ: Muß man es jetzt nicht tun, wenn man unter den Schurken das Gute durchsetzen will?

CARNOT: Ha, da –

FOUCHÉ: Wie wird dir?

CARNOT: Ein unwillkürlicher Schauder ist verzeihlich: Bedenke, wo wir stehen, hergebannt vom dunklen Triebe.

FOUCHÉ: Die berüchtigte Laterne des Grèveplatzes faßt mit ihrem Mörderarm über uns in die Nacht, und dort in der Mitte rasselte die permanente Guillotine, als auch du im Wohlfahrtsausschuß saßest.

CARNOT: Da stand sie – das blutige Ungeheuer –

FOUCHÉ: Du selbst unterzeichnetest die Todesurteile der Tausende und aber Tausende, welche unter ihr fielen, mit.

CARNOT: Eben deshalb bin ich bewegter als du. – Fouché, welche Eichen verloren hier ihre Kronen! Dieser Platz ist der Opferaltar Frankreichs! – Hier sanken Danton, Hérault de Séchelles, Robespierre – auch der König fiel nicht weit von hier.

FOUCHÉ: Gereut es dich?

CARNOT: Nimmer! Es ging nicht anders. – Was mit den Leuten zu machen, wenn ihre Zeit vorüber war und ihre Anhänger doch trotzen und rückwirken wollten?

FOUCHÉ: Du hast in deinem Memoire gesprochen.

CARNOT: Du in dem deinigen. – Wir sind eins, nur unser Ausdruck ist verschieden. Aber sprechen wir auch mit den Zungen aller zweiunddreißig Winde, es hilft nichts. Darum sag an, was ist zu tun?

FOUCHÉ: Die Bourbons müssen fort mit ihrer alten Zeit – sie haben bewiesen, daß sie nichts Neues lernen können, und – erschrick nicht, Republikaner – Bonaparte muß zurück.

CARNOT: Bonaparte? Weißt du, was du sagst? Der vertilgte die Freiheit mehr als alle Tyrannen von Valois und Bourbon. Ja, man schelte den Wohlfahrtsausschuß und sein Blutsystem, wie man wolle: seine Ideen waren größer als der Egoismus des Generals Bonaparte.

FOUCHÉ: Gewiß. Aber wir bedürfen irgendeines neuen Menschen an der Spitze und können Napoleon nicht übergehn. Auch ist er nicht mehr der von 1811. Sein Ruhmesglanz war sein Diadem. Im Regen von Leipzig erblich es so ziemlich, und blieb nur so viel Schimmer übrig, als wir gebrauchen mögen, ohne zu fürchten, er blitze uns abermals damit zu Boden. Er werde wieder Kaiser, jedoch kräftig gebändigt mit einer Konstitution.

CARNOT: Die zerbricht er auf bekannte Manier, sobald er zwei Schlachten gewonnen hat.

FOUCHÉ: Zwei – oder sicherer drei Schlachten soll er nicht auf der Reihe gewinnen.

CARNOT: Mensch – ehemaliger Polizeiminister –

FOUCHÉ: Sprich den „Polizeiminister“ nicht bitter aus. Frankreich besteht ohne solchen keine vier Wochen.

CARNOT: Bonaparte kann nicht zurückkommen. Ausgestoßen von aller Welt ist er auf Elba.

FOUCHÉ: War!

CARNOT: Wie?

FOUCHÉ: Was schreiben wir heute?

CARNOT: Den siebenzehnten März.

FOUCHÉ: Gut, so ist er schon in Auxerre.

CARNOT: Raserei!

FOUCHÉ: Nein – lies mein Tagebuch, hier bei dem roten Schein der furchtbaren Laterne – am dreizehnten reiste er von Lyon ab.

CARNOT: Unmöglich!

FOUCHÉ: Das Wort kennt *er* nicht oder will es nicht kennen, was auch etwas sagt. – – Siehst du, wie der Telegraph mit Feuerlichtern auch bei Nacht geht? Und weißt du, welche Nachricht er eben empfängt und sie nach allen Ecken an Frankreichs Präfekten und Gouverneure weiterverbreitet?

CARNOT: Nein.

FOUCHÉ: Wart einen Augenblick – Da hab ich den Schlüssel der Chiffre – er verbreitet: Bonaparte ist diesseits Lyon gefangen, seine Leute sind zersprengt, und er ist vor die Assisen gestellt.

CARNOT: Das klingt anders als deine Behauptungen.

FOUCHÉ: O du unschuldiges, kindliches Genie! – Wär ich wie du und kennte bloß die Wissenschaft und die Tugend, nicht aber die Menschen! – – Wisse: In einer Stunde ist halb Frankreich getäuscht – denn die Telegraphenlinie von Toulon lügt, und das äußerst grob, wie es für den Verstand von Blacas d'Aulps paßt. Wahrscheinlich hat Napoleon, um die Bourbons desto sicherer zu machen, dabei selbst die Hand im Spiel. Wie wäre er über Lyon herausgekommen, hätt er nicht schon eine Armee um sich, wären nicht Grenoble, nicht alle Truppen zu ihm übergegangen? Noch wenige Tage, und er ist in Paris.

CARNOT: So mag er regieren. Aber jeder Blutstropfen empört sich bei dem Gedanken, daß er den asiatischen Despoten erneut.

FOUCHÉ: Ich wiederhole, das soll er nicht, und wären auch wir beide nur einig. – Folge mir – ich kenne eine Wirtschaft in St. Martin, wo wir uns unbeachteter sprechen können als auf diesem Platz oder in unsren Hotels.

CARNOT: Alleswissender, was machen jetzt die Bourbons?

FOUCHÉ: Sehen nach dem Telegraphen und glauben, bis sie fühlen, daß sie irrten. Vielleicht ist auch zu dem letzteren ihr Fell noch zu hart. Möglich, daß sie bald flüchten müssen und doch wähnen, es sei etwa nichts mehr als eine Promenade. – Teufel, wer schnarcht da auf der Treppe? – Heda! wer seid ihr?

CHASSECOEUR *mit Vitry aufspringend*: Zwei Kaisergardisten, ohne Brot und Obdach!

FOUCHÉ: Ah, die tun uns nichts! – Habt ihr etwas gehört, so sagt es nicht wieder.

Mit Carnot ab.

VITRY: Hast du etwas gehört?

CHASSECOEUR: Nichts Rechtes. Ich schlief schon ganz erträglich.

VITRY: Ich auch. – Wir wollen uns wieder hinlegen.

Sie tun es.

DRITTER AUFZUG

Erste Szene

Paris. Grèveplatz in der Nähe der Laterne.
Es ist Nachmittag.

Volk, zum Teil müßig, zum Teil beschäftigt.
Chassecoeur, Vitry und ein Schneidermeister im Vorgrunde.

VITRY: Es ist nicht richtig, Chassecoeur! Nachts wecken uns verdächtige Gespräche, Ney ist fort mit den Truppen, die Angoulême soll schon auf dem Wege nach Bordeaux sein, und dort geht ein kleiner Emigrant mit seinem Reisebündel – Adieu, mein Herr!

DER EMIGRANT: Wir kommen wieder, Herr von Namenlos – *Für sich:* O Feuer, Schwert, Schafotte – Das ganze abtrünnige Frankreich soll brennen und bluten! *Ab.*

CHASSECOEUR: Wer weiß, wohin der Emigrant betteln geht, und die Angoulême wird in ihrem Bordeaux beten wollen, daß sie ein Kind bekommt wie die Jungfrau Maria, ohne Hülfe ihres Mannes, weil ihr diese Hülfe doch nicht helfen kann. – Hol's der Teufel!

SCHNEIDERMEISTER: Meine Herren, meine Herren, die Herzoge Angoulême und Berry fahren aus der Stadt, auch die Herren Blacas d'Aulps und d'Ambray haben seit einer Viertelstunde Reisepelze an. – Es wird wieder lustig.

CHASSECOEUR: Konvulsivischer Wurm, wer bist du?

SCHNEIDERMEISTER: Herr Mensch, ein Pariser Kleiderfabrikant, der Sie, wenn Sie seine Ehre beleidigen, mit dieser Nadel siebenundsiebenzigmal durchbohrt, ehe Sie ihm eine einzige Wunde mit dem Degen anflicken!

CHASSECOEUR: Ich zittre schon.

FRAU DES SCHNEIDERMEISTERS *kommt*: Mann, lieber Mann, find ich dich endlich – o nach Haus! Auch unsre Straße ist voll Lärm und Bewegung! Man sagt, der Kaiser käme zurück.

CHASSECOEUR: Sollt es sein? – Oh!

SCHNEIDERMEISTER: Dummes, infames Weib, sprich leiser – *Leise:* Käm er zurück, so wäre das viel für Frankreichs Ehre und für meine Wohlfahrt. – Geh, Nadeln und Zwirn angeschafft, soviel du kannst! Wir machen bald Monturen! – Ich sondiere hier nur noch ein bißchen die Stimmung von Paris – es ist der beste Platz dazu. – Drum geh, ich komme gleich nach.

FRAU DES SCHNEIDERMEISTERS: Gleich? – Ist das gewiß?

SCHNEIDERMEISTER: Meinst du, ich würde dich und meine Würmchen in der Gefahr allein lassen?

Frau des Schneidermeisters ab.

Jesus! Heiliger Geist! Da kommt der König! Und welchen Rock trägt er! De anno 1790 – Geschmack, Geschmack, du sinkst in das Meer! Das verschulden die Engländer!

EINE DAME DER HALLE *tritt auf*: Ach Gott, ich weine – wie erschütternd geht es in der Deputiertenkammer her – Alle Deputierten wollen sich für den König opfern –

VITRY: Tun sie es auch?

DIE DAME DER HALLE: Sie hätten es gewiß getan, wenn er nicht zu schnell Abschied genommen hätte. Und wie sprach er! Tränen, sag ich, Tränen im Auge! Mit einem battistenen Schnupftuch voll gestickter Lilien wischte er sie ab – ach, die Lilien werden unter solchen Tropfen nur zu herbe genäßt.

VITRY: Da hält der Königsmann mit seiner Kutsche im Gedränge.

CHASSECOEUR: Der wird etwas herschwatzen, was wir in dieser Entfernung gar nicht hören, und von den Nächststehenden kaum drei, ohne daß sie es begreifen.

VITRY: Desto mehr Respekt haben sie davor.

VIELE AUS DEM VOLK: Still! still! – Der große Monarch!

SCHNEIDERMEISTER: Erhöbe sich der König nur nicht, bliebe er nur ruhig sitzen und verdeckte seine Frackschöße, denn von allen im Universum sind sie die abscheulichsten. Weit auseinanderklaffend! Ist das französisch? Es ist nicht einmal englisch – es ist barbarisch! – An dem Kleide den Mann – wer sich albern kleidet, ist albern – Aus mit unserm schönen Lande! – So gewiß die Revolution nicht entstehen konnte, wenn man Reifrock, Perücke und Puder beibehalten und sich daher wohl gehütet hätte, einander auf den Leib oder in die Haare zu kommen, so sicher kann die königliche Würde nicht bestehen, wenn der König durch seine Frackschöße eine Sache zeigt, die zwar auch groß und gewaltig, aber nichts minder als majestätisch ist.

Man hört den König reden.

EINE DAME DER HALLE: Ach – das ist zum Herzbrechen –

VOLK: Lang lebe der König!

Die Kutsche des Königs fährt weiter.

SCHNEIDERMEISTER: Was sprach er?

DIE DAME DER HALLE: O mein Herr, welche Zunge vermag es wiederzusagen? Die rührendsten Beweise der Liebe hätt er von seinem Volke erhalten! wenige Verräter störten Frankreichs Glück! Er wolle sich an die Spitze der Armee stellen! Oh, der wahre Sohn Heinrichs des Vierten!

CHASSECOEUR: Der alte podagrische Esel will an die Spitze der Armee?

SCHNEIDERMEISTER: Alles sehr gut, meine Dame, aber weshalb läuft er fort, wenn so rührende Beweise der Liebe und so wenig Verräter da sind? – Volk, Volk, laß dich durch Mitleid und Edelmut nicht um deine Klugheit betrügen! Der König will nach Wien und dort auf dem Kongresse Frankreichs beste Provinzen verschenken! Dafür sollen ihm die Russen helfen, alle Nicht-Emigranten zu unterdrücken! Das ist schon lange im Werk gewesen!

VOLK *wütend*: Der verfluchte bourbonische Heuchler! Ihm nach – fanget, fesselt ihn!

SCHNEIDERMEISTER: Recht so – und soll er verbluten, so tu er es an unseren treuen Herzen! *Für sich:* Das verdirbt die Kleider und nützt meinem Geschäft.

MEHRERE STIMMEN: Er ist schon fort – – über alle Berge!

EIN ÄLTLICHES FRAUENZIMMER: Schimpft nach Belieben – Er war doch ein guter Mann.

CHASSECOEUR: Ja, er aß Roastbeef, aber keine Ofenschrauben.

VITRY: Du schilderst ihn. – Was da?

LEUTE VERSCHIEDENEN STANDES *stürzen herein*: Napoleon ist gelandet –

CHASSECOEUR: Vitry!

VITRY: Chassecoeur! das Veilchen blüht!

SCHNEIDERMEISTER: Die beiden Gardekerle springen auf, als ging es zum Tanze!

DIE LEUTE: – und bei Chalons-sur-Saône ist er gehängt worden!

CHASSECOEUR: Wer sagt das?

DIE LEUTE: Der „Moniteur“ und der „Telegraph“.

VITRY: Sei ruhig, Chassecoeur. – Wenn die beiden zusammen es sagen, so ist es doppelte Lüge. Warum liefe der König sonst weg?

ANDERES VOLK *stürzt herein*: Der Kaiser ist in Fontainebleau!

SCHNEIDERMEISTER: Donner und Hagel! – Neys Armee?

VOLK: Ist zu ihm übergegangen und hat ihm den Marschall mitgebracht!

SCHNEIDERMEISTER: Die armen Bourbons!

VITRY *zu Chassecoeur*: Von nun an laß das Räsonieren – nicht mehr nötig – denk an deine Waffen.

CHASSECOEUR: Sie liegen geputzt und blank im Winkel.

VITRY: Die meinigen auch!

SCHNEIDERMEISTER *zu einem Nebenstehenden*: Paß auf, jetzt stift ich eine Revolution.

DER NEBENSTEHENDE: Wodurch?

SCHNEIDERMEISTER: Narr, durch diesen Pflasterstein – – Ich blicke, blicke und blicke auf ihn hin.

SAVOYARDENKNABE: „La marmotte" – *Er stockt und deutet auf den Schneidermeister:* Was hat der Mensch?

ANDERE UMSTEHENDE: Was sieht der?

NOCH ANDERE: Was geschieht?

Es drängt sich allmählich eine große Volksmasse um den Schneidermeister.

SCHNEIDERMEISTER *halblaut*: Hm – Hum – Oh!

VOLK: Großer Gott! Was ist?

SCHNEIDERMEISTER *murmelt*: Gefahr – Paris – die Seine – Aristokraten –

EINER AUS DER MASSE: Was sagt er?

EIN ANDERER: Verstehst du nicht? Die Aristokraten wollen Paris untergraben, es mit Pulver von Vincennes in die Luft sprengen, wollen die Seine ableiten und die Zufuhr sperren!

WEIBER: Wir Unglücklichen! Oh, unsere Kinder!

MÄNNER: Waffen! Waffen – Die Arsenale erbrochen! – Waffen! Waffen!

EIN BÜRGER *kommt*: Meine Herren, es ist wahr – man will die Seine ableiten – Hier hab ich eine Schaufel – sie lag an ihrem Ufer – Zeugnis genug!

VOLK IM VORDERGRUNDE: Die Schaufel – oh, die Schaufeln!

VOLK IM MITTELGRUNDE: Man miniert unter der Seine – Zehntausend Schaufeln sind entdeckt!

VOLK IM HINTERGRUNDE: Auf! auf! Wir wollen uns wehren für Leben, Weib und Kind oder was es sonst sein mag!

SCHNEIDERMEISTER *für sich*: Das letzte klingt lustig – „Was es sein mag!" – Sie wissen nicht, was sie wollen, und werden nehmen, was sie bekommen. – Ich aber weiß mein Teil – neue Regierung, neue Kleider! *Halb für sich:* Das Brot – Gott, das Brot –

VOLK: Die Bäcker, die Müller erwürgt! Sie sind von den Ministern bestochen, uns aushungern zu lassen! Es findet sich kein Brot mehr in der Stadt! Brot, Brot, Brot!

SCHNEIDERMEISTER: Wie sie auf einmal hungrig werden! – Aber – o wer kommt da? – Weh! die Vorstadt St. Antoine! Die ganze Stadtsippschaft, mit welcher ich mich bis jetzt vergnügte, rettet weder mich noch sich gegen das Belieben dieser Bestien von Habenichts und Herren von Schlagzu! – Ach, wir lebten unter dem achtzehnten Ludwig so glücklich.

EIN NEBENSTEHENDER: Auch du?

SCHNEIDERMEISTER: Freilich. Wie sonst hätt ich so kühn scherzen können? *Er horcht auf.* Und Himmel! schon das alte, wilde „Ça ira" – Mir fröstelt's im Blut! Es wird weiß wie Schnee!

VORSTÄDTER VON ST. ANTOINE *treten auf, singend*:

Ah! ça ira, ça ira,
Suivant les maximes de l'Évangile,
Ah! ça ira, ça ira, ça ira,
Du legislateur tout s'accomplira.

EIN BÜRGER: Wie paßt das heute?

SCHNEIDERMEISTER: „Ça ira", mein Herr, heißt soviel als „Kopf ab, wo es uns gefällt". Mit dem Inhalt ist es einerlei, aber die Bedeutung und Wirkung ist dieselbe. – Wir Armen!

VITRY: Ja, Chassecoeur, so etwas hast du in Rußland nicht gesehen – das sind die echten Ohnehosen und Schonungslosen – Ihre Piken sind schlimmer als die der feigen Kosaken!

VORSTÄDTER VON ST. ANTOINE:

Ah! ça ira, ça ira, ça ira,
Celui qui s'élève, on l'abaissera,
Celui qui s'abaisse, on l'élèvera,
Ah! ça ira, ça ira, ça ira.

Le peuple armé toujours se gardera,
Le clergé regrette le bien qu'il a,
Ah! ça ira, ça ira, ça ira,
Par justice la nation l'aura,
Ah! ça ira, ça ira, ça ira.

SCHNEIDERMEISTER: Welche Orchesterbegleitung! Ein zerlumpter Bärenführer mit der Trommel und ein schmutziger Junge mit einem Triangel! Na, Opern, jetzt ist es aus mit euch!

VORSTÄDTER VON ST. ANTOINE:

Pierrot et Margot chantent à la guinguette,
Ah! ça ira, ça ira, ça ira,
Réjouissons nous, le bon temps viendra,
Ah! ça ira, ça ira, ça ira.

SCHNEIDERMEISTER: Wie gern lief ich weg – die verwünschte Neugierde! Es sieht zu kurios aus – Oh – da ist Jouve, der Kopfabhacker von Versailles und Avignon, wieder an der Spitze, eine ellenhohe rote Mütze auf dem Kopfe – Seit zwanzig Jahren sah ich ihn nicht – – Und da tragen sie auf den Schultern eine Hure, in ihrer Jugend, als Gott vom Wohlfahrtsausschuß abgesetzt war, Göttin der Vernunft, und jetzt dieselbe noch einmal, aber recht gealtert.

VORSTÄDTER VON ST. ANTOINE: Hoch die Vernunft!

ANDERE: Die Hölle mit ihr!

WIEDER ANDERE: Und der Himmel breche zusammen!

NOCH ANDERE: Der Teufel soll Gott sein!

ALLE: Das soll er, er ist ein braver Kerl!

JOUVE: Das ist er, Brüder, aber eben darum der Verleumdete, der Unterdrückte – *Zu dem Schneidermeister:* Lumpenhund, was blinzelst du mit den Augen?

SCHNEIDERMEISTER: Vor Freude, mein Herr, daß in Frankreich auch der Teufel zu Recht und Ehre kommt.

VIELE VORSTÄDTER: Jouve, laß den Mann gehn – er ist so übel nicht –

JOUVE: Dann ist er schlecht genug – Wer nicht für uns ist, der ist wider uns – Dieser, merk ich, ist ein Schuft, der seine Courage da hat, wo er nichts zu fürchten braucht – der die Fahne auf der einen Seite weiß, auf der anderen dreifarbig trägt und sie nach dem Winde schwingt. – Seht, wie er anfängt, sich hin- und herzuwenden – er möchte jetzt gern fort, nach Haus, sich dort mit seiner Familie hinter den Ofen verstecken, bisweilen an die Fensterladen schleichen, durch die Ritzen gucken und ohne Gefahr bemerken, was es auf der Straße für Unheil gibt, um gleich darauf in Sicherheit darüber zu schwatzen – Derlei Memmen sind schändlicher als die öffentlichsten Mordbrenner – – Schneiderfetzen (denn so etwas wirst du sein), Courage, Schere, Nadeln heraus – hier mein Schmiedehammer – Wehre dich oder krepiere!

SCHNEIDERMEISTER: Weh mir!

JOUVE: Nieder! – *Er schlägt ihn zur Erde.*

VORSTÄDTER UND ANDERES VOLK: Ha! Blut! Blut! Blut! – Schaut, schaut, schaut, da fließt, da flammt es – Gehirn, Gehirn, da spritzt es, da raucht es – Wie herrlich! Wie süß!

JOUVE: Schneiderblut und Schneidergehirn – Besseres Blut tut uns not – Wer noch keine rote Mütze hat, färbe sich, bis wir edleres haben, mit diesem Blute das Haar.

Viele Vorstädter tun es.

Vorwärts – die Tuilerien angesteckt – Es lebe die Freiheit!

ALLE VORSTÄDTER: Sie lebe!

EIN VORSTÄDTER: Da kommt Nationalgarde!

JOUVE: Geh du hin und sag ihren Anführern, sie möchten sich mit ihren Leuten auf der Stelle, und zwar mit gekrümmtem Buckel, nach Hause begeben, sonst würd ich ihnen in der Manier, wie ich sie 1789 in Versailles lernte, ihre Köpfe, falls sie etwas von Kopf haben möchten, dergestalt abhacken, daß dieselben, ehe sie den Mund zum Schrei aufsperren könnten, auf dem Boden lägen. –

Der von Jouve Angeredete ab.

– Wer ein guter Patriot ist, folgt mir nach! Hacket dem verräterischen Schneider die Finger ab und steckt sie in den Mund als Zigarren der Nation!

VIELE VORSTÄDTER: Her die Finger! – Ach, er hat nur zehn!

JOUVE: Geduld, es gibt Verräter genug, um noch Tausende zu erhalten. Bekommen wir den König oder den Kaiser in die Hände, sie gehören beide mit dazu.

CHASSECOEUR: Der Kaiser?

VITRY: Kamerad, still – den Kaiser und uns hat die Revolution gemacht, diese aber machten die Revolution und den Kaiser.

JOUVE: Welcher Bengel wagte mir in die Rede zu fallen und nach dem Kaiser zu fragen?

VITRY: Da hast du es, Chassecoeur.

CHASSECOEUR: Ein kaiserlicher Gardegrenadier zu Pferde.

JOUVE: Leute, der Kerl macht sich Titel – An den Arm der Laterne mit ihm!

VORSTÄDTER: An den Laternenarm den Verräter!

VITRY: Bitte, bitte, schont ihn, ihr Helden der Revolution –

VORSTÄDTER: Ah –

VITRY: Schöne, allerschönste Göttin der Vernunft, leg ein Wort für den Unvernünftigen ein – Es geziemt der Vernunft, die Tollen zu bemitleiden.

GÖTTIN DER VERNUNFT: Jouve, laß den Narren närrisch sein. Er ist so geboren und in der Armee so erzogen – er kann es nicht ändern.

JOUVE: Du sagst es, Göttin. – Aber du, kaiserlicher Gardegrenadier zu Pferde, merke dir mit deinem schwachen Verstande die Kleinigkeit: soll dir nicht hineingeschlagen werden, so reiße gegen französische Bürger das Maul nicht zu weit auf.

CHASSECOEUR: Hölle –

VITRY: Sacht! – Der Kaiser ist gewiß bald da.

ADVOKAT DUCHESNE *kommt*: Meine Herren –

VITRY *beiseit zu ihm*: Herr Redner, still – Die da verstehen den Teufel von Ihrem Brei, und wen sie nicht verstehen, den bewundern sie nicht, wie unsre Bekannten im Palais Royal, sondern sie bringen ihn um.

Gendarmerie zu Pferde kommt.

EIN HAUPTMANN DER GENDARMES: Auseinander, Pöbel!

JOUVE *zu einem seiner Nebenmänner*: Schleich dich hinter das Pferd des Gendarmeshauptmanns, reiß ihn rücklings herunter – ich falle ihn und seinen Gaul von vorn an.

Jouves Nebenmann ab.

Was wollen Sie, mein Herr?

HAUPTMANN DER GENDARMES: Nur Ruhe.

JOUVE: Die soll Ihnen werden, in zwei Minuten. – Leute, habt ihr recht starke Stricke? Der Kerl ist fett und schwer.

HAUPTMANN DER GENDARMES: Empörung! Schießt, haut ein, Gendarmes!

JOUVE: Wer ist mehr, ein Gendarm oder ein Franzose? Ihr hauet nicht ein, Bürger Gendarmes, aber euren elenden Hauptmann hängen wir an jene Laterne, so gewiß als ihn mein Freund in diesem Augenblick vom Pferde reißt.

HAUPTMANN DER GENDARMES: Rettet mich, Kameraden!

JOUVE: Findest deine Kameraden in der Hölle. *Er schlägt das Pferd des Hauptmanns der Gendarmes nieder.*

VORSTÄDTER: In die Luft den Kerl! Hopsa!

HAUPTMANN DER GENDARMES: Schändlich – – Tut alles, nur meinem Halse nicht zu weh – *Er hängt.* Ach! *Er stirbt.*

JOUVE: Wo sind die anderen Gendarmes?

EIN VORSTÄDTER: Schnell auseinander und fortgeritten.

JOUVE: Das war von ihnen weise gehandelt! *Aufhorchend.* Was für Trompeten?

CHASSECOEUR UND VITRY *horchen auch auf*: Ha!

VOLK: Dort zahllose Reiterei!

EINIGE: Kennt ihr die klirrenden Kalpaks von Blech und Stahl? Es sind polnische Lanzenreiter.

JOUVE: In Ordnung, Brüder – Man will uns im Namen des längst hingerichteten Kaisers überrumpeln! – Da Trommeln?

EIN ANKOMMENDER: Die Infanterie von Ney, an den Tschakos das Trikolor!

JOUVE: Satan, von jener Seite?

DER ANGEKOMMENE: Artillerie, bedeckt von den Kürassieren Milhauds.

JOUVE: Wie konnte der kleine Korporal das alles so schnell ordnen? – Er ist doch ein tüchtigerer Kerl als Mirabeau, Robespierre oder ich – Schade, daß er tyrannisiert! – Links? und hinter uns?

DER ANGEKOMMENE: Links die Garde zu Fuß mit der alten Parademusik, hinter uns die Garde zu Pferde – so weit man blickt, nichts als Bärenmützen!

CHASSECOEUR UND VITRY: Unsre Kameraden! unsre Kameraden – In Reih und Glied mit ihnen – Jetzt, Pöbel, zittre! – *Sie eilen zu der vorbeirückenden Garde.*

JOUVE: Vorstädter, Ruhe! – Wir spielen nicht mehr mit Ludwigs Gendarmes, sondern mit i h m. Er ist ein schlechter Kerl, aber sein Handwerk versteht er. Paris liegt in seinen Ketten, eh es ihn nahe ahnte. –

EIN VORSTÄDTER: Da 'ne Kröte von einer Kutsche – Dragoner um sie her – Was wollen die bei dem erbärmlichen Dinge? Ich möcht es visitieren.

JOUVE: Der Blick aus dem Kutschschlag war vom Auge des Mannes von Austerlitz.

MEHRERE STIMMEN: Wieder zwei Kutschen mit kaiserlichen Wappen!

JOUVE: Voll von Prinzen und Prinzessinnen des kaiserlichen Hauses. – Wo Aas, da die Raben, sonst begreif's der Henker, wo diese Personen auf einmal herkommen. *Für sich:* Der Imperator zurück und in der Mode, solang es dauert. Ich mache sie mit und trage morgen wieder einen eleganten Frack. Die Jakobinermützen überdauern am Ende doch alles. *Laut:* Es beginnt zu dämmern! Hausbewohner, Lichter an die Fenster, zu Ehren des Kaisers und der Nation! – Damen von Paris, muß man euch erinnern? Das Volk erwartet schon lange von euren schönen Händen dreifarbige Kokarden!

Die Fenster werden erhellt – Damen eilen an dieselben und werfen die Kokarden in Menge unter das Volk.

VOLK: Heil den Damen von Paris!

EIN KRÄMER *tritt mit seiner Frau aus dem Gewölbe*: Liebe Frau, laß die weißen Kokarden, die sie wegwerfen, morgen mit dem frühesten aufsuchen und sorgfältig in einen Koffer packen – Vor einem Jahre macht ich es ebenso mit den dreifarbigen, habe drei Koffer davon voll, und paß auf, ich setze sie jetzt reißend ab. *Ruft:* Hier dreifarbige Kokarden, das Stück zu einem Sou!

JOUVE: Hund, du wagst die Farben der Nation zu verkaufen? – Du kommst meiner Laune gelegen! *Zu seinen Leuten:* Nehmt ihm die Kokarden! *Wieder zu dem Krämer:* Dir schaff ich dafür das Trikolor umsonst: Sieh, diese Faust ballt sich unter deiner Nase, und du wirst weiß – jetzt erwürgt sie dich, und du wirst blau wie der heitere Himmel – nunmehr zerstampf ich deinen Kopf, und du wirst rot vor Blut.

Frau des Krämers: Gott, o Gott!

Jouve: Die Gans fällt in Ohnmacht – notzüchtigt sie, wenn sie soviel wert ist, aber im Namen des Kaisers!

Alle: Jouve hoch und abermals hoch!

Jouve: Bärenführer, pfeif und trommle, Triangler, klingle!

Es geschieht.

Nach den Tuilerien!

Alle ab.

Zweite Szene

Vor den Tuilerien. – Abenddämmerung.

Alte Gardegrenadiere zu Fuß und polnische Lanzenreiter auf Wache. Überall Volk.

Alter Gardegrenadier: Was hast du da?

Ein anderer alter Gardegrenadier: Betten aus dem Schloß.

Alter Gardegrenadier: Wer schlief darin?

Der andere: Die königlichen Haustruppen.

Alter Gardegrenadier: Die haben ja einen Geschmack wie die Wickelkinder der – Ich wenigstens kannte außer Stroh und Straßenpflaster seit vierzehn Jahren kein Bett und schlafe so besser, je härter ich liege.

Der andere: Volk, nimm dich in acht! Es stäuben die Federn!

Er wirft die Betten unter das Volk und legt sich zum Schlafe auf das Pflaster, viele seiner Kameraden ebenfalls. – Das Volk streitet sich um die Betten und reißt sie bei der Gelegenheit zu Stücken.

Jouve *kommt mit seinen Vorstädtern. Für sich*: Wie es hier stehen mag? – Hm, schlimm – Hat der Kaiser hunderttausend Mann, die so wie diese für ihn sich in den Dreck lagern, so macht ganz Europa mit allen diplomatischen Sofas nichts gegen ihn.

Ein Bürger: Auf die Seite, Platz gemacht!

EIN VORSTÄDTER: Weshalb, Kerl?

DER BÜRGER: Es sprengen zwanzig, dreißig Estafetten aus dem Tor des Palastes.

EIN ANDERER BÜRGER: Und da kommen grade dreißig wieder an – Gleich und gleich hebt sich!

ERSTER BÜRGER: Da fliegen Adjutanten heraus!

ZWEITER BÜRGER: Und da jagen Kaleschen hinein!

JOUVE *für sich*: Er ist da – und schon reißt er Frankreich in seinen Strudel – – Aber hier ein kaiserlicher Wagen, die Hortense darin – Die Wache liegt zum Teil schlafend auf dem Boden – Macht sie nicht die Honneurs oder kommt sie in Unordnung, so faß ich frischen Mut, stürme noch heute nacht die Tuilerien und pflanze auf seiner Leiche den Freiheitsbaum auf!

SCHILDWACHE *ruft*: Ins Gewehr! – Königin Hortense!

Die ganze Wache kommt in Bewegung und hält gleich darauf zu Pferde und zu Fuß in Ordnung.

OFFIZIER DER GARDEGRENADIERE ZU FUSS: Präsentiert das Gewehr! Trommel gerührt!

OFFIZIER DER POLNISCHEN LANZENREITER: Säbel heraus! Trompete geblasen!

Trommeln und Trompeten.

VOLK: Es lebe Hortense!

HORTENSE *blickt aus dem Wagenfenster*: Ich danke!

VIELE DES VOLKES: Die ist doch hübscher als die Angoulême.

JOUVE *für sich*: Hier ist nichts zu machen – Die Leute sind zu einexerziert und zu begeistert – Weg meine Träume – Es lebe der Kaiser!

VOLK: Hoch der Kaiser!

OFFIZIER DER GARDEGRENADIERE ZU FUSS: Gewehr ab!

Es geschieht.

OFFIZIER DER POLNISCHEN LANZENREITER: Säbel ein!

Es geschieht.

DIE OFFIZIERE: Nun schlaft, bis die Schildwachen euch wekken.

Dritte Szene

Abend. Zimmer in den Tuilerien. Erleuchtet.

Napoleon. Viele diensttuende Offiziere um ihn. Andere sitzen und schreiben.

NAPOLEON: Wo Cambronne?

OFFIZIER: Sire, er visitiert die Wachen.

NAPOLEON: Diese Zimmer – Ich bin wieder zu Haus, und Frankreich ist mein! – Hier wandelten also vor ein paar Stunden Blacas d'Aulps und d'Ambray? – Ah – *halblaut* –,

s'il est un temps pour la folie,
il en est un pour la raison.

Wem gehörten diese Bücher?

OFFIZIER: Dem König Ludwig.

NAPOLEON: Ich bin doch neugierig – *Er blickt in mehrere.* Gebete! – Mit Gebeten und Jesuiten zwingt man nicht mehr die Welt – Die Bücher beiseit und Landkarten auf den Tisch – *Zu einem Offizier:* Lassen Sie in die Zeitungen setzen: Binnen drei Wochen würden die Kaiserin und der König von Rom hier sein.

Adjutant ab. Napoleon für sich:

O mein Sohn – in den Krallen von Habsburg – Ich kann's, ich mag's nicht denken! *Zu einem schreibenden Offizier:* Die Depeschen?

DER OFFIZIER: Sind fertig, Sire.

NAPOLEON: Fort mit ihnen in die Provinzen. – – Hier neue! – Welch sonderbares Ding von einem Stuhl?

EIN OFFIZIER: Des Königs Rollstuhl.

NAPOLEON *setzt sich hinein*: In dem sitzt es sich freilich bequem – in dem konnte man leicht vergessen, daß es in Frankreich und auf Elba anders war als in diesem Zimmer. *Wieder aufstehend.* Schließt den Stuhl beiseit.

EIN KAMMERHERR *tritt ein*: Sire, hier Depeschen – schriftliche Nachrichten von dem Telegraphen –

NAPOLEON: Her damit – – Die Depesche ist albern – *Er wirft sie weg.* – Da Aufruhr in der Vendée – General Travot kennt den Distrikt seit zwanzig Jahren – Er soll hin mit zehntausend Mann – Schnell, schnell das expediert, ihr Schreibenden! Die Truppen nimmt er aus Nantes und Angers. – – – Hier – oh, alles, alles seit dem April von 1814 in Frankreich Ruin, Festungen und bürgerliche Ordnungen – bloß mit den Einkünften der Pfaffen steht's gut – wenigstens beschweren sich die Gemeinden über das Unmaß derselben. *Zu den Schreibenden:* Die Missionskreuze auf den Marktplätzen sollen fort – kein Geistlicher unter Bischofsrang erhält mehr Gehalt als ein Bezirksrichter.

– Nochmals der Telegraph? – Murat marschiert. Konnt er denn nicht warten, bis *ich* gerüstet war? Die Übereilung ist schlimm für ihn und etwas schade für mich. – Zwölf Zimmer sollen in Toulon königlich eingerichtet und ihm überlassen werden, kommt er auf der Flucht dahin. – Bildet sich der Mensch ein, er könne in e i n e m Feldzuge mit seinem neapolitanischen Gesindel Italien organisieren – Das ist eine Arbeit für Jahrhunderte – Geistliche und weltliche Politik haben zu fleißig dafür gesorgt.

KAMMERHERR *tritt ein*: Der König flüchtet, wie man erfahren, über Lille.

NAPOLEON: Alle Behörden und alle Festungskommandanten sollen ihn laufen lassen, soviel er kann. Hab ich ihn, so macht er mir Plage, hab ich ihn nicht, so bin ich mit der Plage verschont, und er tut mir keinen Schaden.

Kammerherr ab.

EIN OFFIZIER: Sire, das Volk ruft Ihnen immer donnernder Vivat –

NAPOLEON: Schon gut.

DER OFFIZIER: Und es fleht, Sire, sich einen Augenblick am Fenster zu zeigen, um sein Sehnen nach Ihrem Antlitz zu stillen.

NAPOLEON: Die Canaille wird anmaßend – Die Bourbons haben, so hochadlig sie sind, die Zügel doch recht schlaff gehalten – – Nun –

Er geht einen Augenblick an das Fenster, lautes Geschrei: „Es lebe der Kaiser" erschallt. Er tritt zurück, und

DER KAMMERHERR *kommt wieder*: Neue Depeschen –

NAPOLEON: Gut. Übrigens verbitt ich, mir künftig jedesmal die Kuriere und Depeschen förmlich anzumelden. Wer Beruf oder Mut hat, mir etwas zu bringen, mit mir zu sprechen, komme unangemeldet. Europa blickt voll Erwartung hieher und läßt mir keine Zeit zur Etikette.

KAMMERHERR: Wie Sie befehlen, Sire.

NAPOLEON: Apropos – Standen Sie bei Ludwig dem Achtzehnten im Dienst?

KAMMERHERR: Sire, ja – einige Zeit.

NAPOLEON *für sich*: „Sire, ja – einige Zeit" – Ein stotternder Zweideutler. *Laut:* Meines Dienstes sind Sie entlassen.

Kammerherr ab. Kuriere, Ordonnanzen treten ein.

Die Botschaften – – Ah, Gilly hat den Angoulême bei Lyon gefangen – *Zu einem Offizier:* Der Telegraph hat nach Lyon zu berichten, daß General Gilly den Herzog von Angoulême im ersten besten Seehafen denen, die ihn zu besitzen wünschen, ausliefre.

Offizier ab.

Wieder der Telegraph – Die Angoulême ist nach tapferer Gegenwehr aus Bordeaux vertrieben. – Sie ist der einzige bourbonische Sprößling, der Hosen zu tragen verdiente. – – Was bringst du?

EINE ORDONNANZ: Dieses, Sire.

NAPOLEON: Auch vom Telegraphen. – Pah, der Kongreß zu Wien ist auseinander. Daß d e r auseinanderlief, wußt ich, als ich von Elba den Fuß in das Schiff setzte. – – Und du?

EINE ANDERE ORDONNANZ: Depeschen von Montmédy.

Napoleon *während er liest*: In Preußen marschiert's – Der sonst so sparsame Staat schickt seine Soldaten sogar auf der Post an unsre Nordgrenze – Die Niederlande machen es ebenso – – Nun, kommt ihr mir zu voreilig entgegen, so rechnet's euch selbst zu, wenn ihr mich zu früh findet. *Zu den Schreibenden:* Ist alles fertig?

Die Schreibenden: Ja, Sire.

Napoleon: So schickt es fort.

Mehrere ab.

– – Du hast?

Eine Ordonnanz: Telegraphische Nachrichten von Brest und von Toulon –

Napoleon: Ha, England – *Er liest.* – Die englischen Flotten überall an Frankreichs Küsten mit ausgesteckter, roter, großer Kriegesflagge – Orlcgs, kommt meinen Strandbatterien nicht zu nahe! – – Und ganz Frankreich ist von den Herren in St. James in den Blockadezustand erklärt? – Ei, warum verbieten sie uns nicht auch das Atmen?

Bertrand *kommt*: Sire, hier die Ausfertigungen –

Napoleon: Bist fleißig gewesen; ich glaube, du hast in drei Tagen weder unterwegs noch hier geschlafen.

Bertrand: Konnt ich's vor Freude? – Da wollt ich denn doch bei dem Wachen auch etwas tätig sein.

Napoleon: Was macht deine Frau?

Bertrand: Sitzt am Stickrahmen, springt wieder auf, tanzt, küßt ihr Kind, empfängt Bekannte, glüht vor Freude und Gesundheit und ruft einmal über das andere: „Es lebe Gott, es lebe der Kaiser, und jetzt mögen wir dazu leben!"

Napoleon: Grüße sie von mir – Nun?

Bertrand: Sire, noch etwas –

Napoleon: Ich merke, was Schlimmes – Entdeck es – ich bin kein Bourbon – wer wie sie das Schlimme nicht erblicken will, vermeidet es nicht.

Bertrand: Die Telegraphen melden von allen Seiten, daß

nirgends, vom kleinsten deutschen Fürstenhofe bis nach Wien, Berlin und der Newa, deine Briefe angenommen sind.

NAPOLEON: So will ich selbst sie den Herren bringen und dreimalhunderttausend Mann dazu. – Künftig läßt du in jedem offiziellen Schreiben das „Wir" und das „von Gottes Gnaden" aus. Ich bin ich, das heißt Napoleon Bonaparte, der sich in zwei Jahren selbst schuf, während jahrtausendlange erbrechtliche Zeugungen nicht vermochten, aus denen, die sich da scheuen, meine Briefe anzurühren, etwas Tüchtiges zu schaffen. – Jetzt durchzuckt es mich wie ein Blitz, und ich sehe klar in die tiefsten Gefilde der Zukunft: Es wäre klüger von mir gewesen, hätt ich die Österreicherin nicht zur Frau genommen, sondern, wie ich konnte, zur Mätresse. Sind einmal alle Vorurteile der alten Zeit umgewälzt, so schadet es den Enkeln meines Sohnes noch in späten Jahrhunderten, daß sie von einer als kaiserliche Prinzessin geborenen Mutter entsprungen und dadurch der Anhänglichkeit an lächerliche Ahnenideen verdächtig sind!

BERTRAND: Auch haben alle Mitglieder des Kongresses –

NAPOLEON: Zaudre nicht –

BERTRAND: – eine Art Acht über dich ausgesprochen.

NAPOLEON: Es ist spaßhaft. Geächtet? Mich? Warum?

BERTRAND: Sire –

NAPOLEON: Ich will es dir sagen: Alle die Leute mit all ihren Generalen, den alten, tollen Blücher vielleicht ausgenommen, beben nicht vor Frankreich, wie es jetzt ist, sondern vor meinem Genie. – Geächtet! Ich! Ich kann mir die schönen Phrasen denken, in welchen die Ächtung ausposaunt ist – vom „Störer des Weltfriedens, Eroberer, Tyrannen" wird's darin wimmeln. – Eh, eine treffliche Sprache im Munde der Teiler von Polen – Vermieden sie nur die politische Scheinsucht – würden sie nur nicht zugleich kleinliche Heuchler, indem sie große Gewalttaten begehen – aber da wird alles mit erlogenen Beweggründen motiviert, jeder Raub mit glatten Worten ausgeputzt, und beides dient bloß, die Bewältiger und Räuber verhaßter und verächtlicher und die Unterdrückten und Beraubten erbitterter zu machen! – Geächtet! – Weil ich als Kaiser, als unabhängiger Fürst von Elba, den Bourbons, die mir meine Pension nicht zahlten, Krieg gemacht? Hat Rußland je soviel Ursach zum Krieg mit den Osmanen gehabt? – Oh, Gott sei gelobt, daß ich Waffen genug habe, um meinen Grimm nicht wie ein armer Sultan verbeißen zu müssen! – Bertrand, am dreizehnten Juni, abends sieben Uhr, steh ich mit meiner ganzen Armee bei Avesnes, und weder sie soll wissen, wie sie dort zusammengekommen ist, noch der Feind mich eher ahnen, als bis ich mitten in seinen Kantonierungen hause. – Nimm diese Karte – die Marschrouten hab ich schon darauf bezeichnet – laß bis morgen früh an die Heerteile und Platzkommandanten die nötigen Befehle ergangen sein.

Bertrand ab. Fouché und Carnot treten auf.

NAPOLEON *für sich*: Die beiden zusammen? – Ich hätte jeden lieber einzeln – Doch der freie Eintritt ist einmal erlaubt.

FOUCHÉ: Sire, unsre Glückwünsche zur Wiederbesteigung Ihres Thrones.

NAPOLEON: Otranto – Sie übernehmen wieder das Portefeuille des Polizeiministers.

FOUCHÉ: Sire –

NAPOLEON: Und Ihnen, Graf Carnot, Dank für die Verteidigung von Antwerpen.

CARNOT: Leider war sie vergeblich – ich mußt es auf Befehl des Königs übergeben.

NAPOLEON: Tut nichts. Belgien entläuft uns doch nicht. – Wissen Sie, meine Herren, daß bereits ganz Europa gegen uns proklamiert und marschiert?

FOUCHÉ: Wir wissen es.

NAPOLEON: Was tun wir?

CARNOT: Sire, geben Sie Frankreich eine liberale Konstitution, mit sichren Garantien, und die Despoten Europas erzittern, während der Bürger von Paris fröhlich sein Vaudeville singt.

NAPOLEON: So auch sprach neulich ein braver junger Mann, Labédoyère. „Liberalismus", „Konstitution" lauten gut, aber, Carnot, Sie erfuhren selbst, wie wenig die Menge davon versteht. Der gute, wohlmeinende Advokat aus Arras, Robespierre, mußte zum Schreckensmann werden, als er die Republik aufrechterhalten wollte, und Sie selbst waren sein Kollege. Dafür haben die Zeitungsschreiber ihn und Sie so mit Tinte übergossen, daß es lange währen wird, ehe der Strom der Geschichte beide wieder weiß wäscht. – – – Was ich für den Augenblick tun kann, soll indes geschehen – Die Zukunft schaffe weiter. Alles, was in der neuen bourbonischen Charte nach Feudalismus und Pfaffentum schmeckt, will ich durch eine Zusatzakte wegschaffen und diese Akte auf einem Maifelde, ähnlich jenem der fränkischen Kaiser, publizieren lassen. Aber, aber, glauben Sie, meine Herren, Charten und Konstitutionen sind zerreißbarer als das Papier, auf welches man sie druckt.

FOUCHÉ: Sire, eine Druckerei bedeutet jetzt mehr als eine römische Legion.

CARNOT: Und bedeutete sie weniger als eine französische Kompanie – besser, das Gute wollen als das Schlechte tun.

NAPOLEON: Sie, Carnot, sind mein Minister des Innern.

CARNOT: Sire, Sie geben mir ein Amt, dessen Geschäfte ich nicht kenne.

NAPOLEON: Das Kriegsministerium wär Ihnen lieber, aber Davoust ist der dermaligen Armee bekannter als Sie – Er hat es. – Drum nehmen Sie den Minister des Innern an, wär's auch nur als nicht verschmähtes Zeichen meines Zutrauens, und seien Sie ohne Sorge, ob Sie dazu passen – Sie passen zu jedem großen Staatsdienst, denn Sie sind weise, kühn und brav. – Meine Herren, für heute gute Nacht.

FOUCHÉ *mit Carnot abgehend, flüstert diesem zu*: Die alte Manier, als wäre gar kein Elba gewesen.

NAPOLEON: Der listigkühne Fouché und der ehrliche Republikaner Carnot sind immer noch zehnmal besser als der klugfeige Talleyrand, welcher mit dem Winde schifft und nachher sagt, er hätte ihn gemacht. Weh ihm, irrt er sich einmal um die Breite eines Haares, der Seiltänzer! Weh ihm, irrt er sich jetzt an mir!

Hortense tritt ein.

Warum kommst du erst jetzt? Du bist seit einer Stunde hier. – Ich hörte deinen Wagen.

HORTENSE: So genau weiß das mein Kaiser? Ich sollte mir schmeicheln.

NAPOLEON: Und deine Reisekleider abgelegt – in Goldstoff – Welch ein Gürtel – eine Sammlung von Diamanten.

HORTENSE: Ich schmückte mich, um dich in würdiger Tracht zu grüßen.

NAPOLEON: Frischen Lorbeer im Haar? – Davon muß ich bald ein paar Blätter verdienen.

HORTENSE: Ach, seit wir uns nicht gesehen, Kaiser, ist manches, manches Schmerzliche über deine Familie ergangen – du sprühtest Funken, wüßtest du, wie undankbar, wie schlecht die Menschen sind! Allein das Geschick tat doch den härtesten Schlag –

NAPOLEON: Hortense, ich bitte, laß deine Gewohnheit, mache mich nicht schwermütig – Ich habe andere Geschäfte. –

HORTENSE: Einen Augenblick hast du übrig für das Angedenken an die, die jahrelang nur dich dachte – die bescheidene Blume, welche du der prächtigen Rose des stolzen Österreichs opfertest – sank dahin.

NAPOLEON: Josephine! – – Hortense, du bist hart – Oh, ihr Tod hat mir schon genug schmerzvolle Nächte gekostet – Ja, sie war mein guter Stern! – Mit ihr erlosch mein Glück! – – – Selige Tage, wo ich in Italiens Gefilden den Tod verachtete und nur siegte, um ihr meine Triumphe zu melden! Das hat mich zum Helden geschaffen! – Sprach sie von mir noch in den letzten Stunden?

HORTENSE: Als sie nicht mehr sprechen konnte, blickte sie auf das goldne N über ihrem Betthimmel und ließ sich die Hand auf das Herz legen.

NAPOLEON: Ha! – – Genug, Hortense. Es ist überhaupt alles anders geworden. Ich bin wie in einer Wüste. Berthier ist fern, Duroc, Bessières sind längst gefallen, Junot hat sich aus dem Fenster zu Tode gestürzt, Louise und meinen Sohn hält man zurück, und noch schlimmer als das alles, viele sind weder gestorben noch haben sie sich entfernt, aber sie wurden Verräter. Selbst der Ney – Er ist der mutigste meiner Marschälle, doch an Charakter der schwächste. Du hättest das Gesicht sehen müssen, mit dem er vor mich trat, als seine Truppen zu mir abfielen. Er hatte im Ernst gegen mich kämpfen wollen und konnte nun nicht das Auge aufschlagen. Als ich ihm aber entgegenging und tat, als wüßt ich nichts, ward er wie ein geretteter armer Sünder, wäre mir fast zu Füßen gefallen, und ich bin überzeugt, er streitet nächstens verwegener für mich als je.

HORTENSE: Ich würd ihn nicht wieder anstellen.

NAPOLEON: Ich muß es tun – Sein Name hat einen guten Klang im Heere.

HORTENSE: Es gibt einen unter deinen Ministern, der treuer ist als alle deine Marschälle – Er harrt im Vorsaal, Wonne im Auge –

NAPOLEON: Das ist Maret.

HORTENSE: Du errätst ihn.

NAPOLEON: Keine Kunst – er ist gewandt wie ein Aal, klammert sich aber auch ebenso fest an. – Er bekommt das Staatssekretariat zurück.

HORTENSE: Auch deine Brüder: Lucian –

NAPOLEON: Der Präsident der Fünfhundert naht sich dem Kaiser? O weh, ich muß ihm hülfsbedürftig, seiner Großmut würdig erscheinen.

HORTENSE: Auch Joseph, Jérôme –

NAPOLEON: Die beiden unterscheid ich nicht. Jeder fühlt sich in dem Teiche wohl, in den ich ihn setze.

HORTENSE: Beurteile nicht alle so hart. Bedenke, was würde die Welt, wären wir alle wie du?

NAPOLEON: Nun, die würde nicht so übel.

HORTENSE: Ewiger Krieg und Lärm würde aus ihr –

NAPOLEON: Hortense –

HORTENSE: Verzeihe, Kaiser – – Bin ich zu frei, ist deine Güte schuld. – Aber wie viele Kürassiere, Dragoner, Batterien, Grenadiere, Voltigeurs ziehen wohl schon auf allen Straßen? – Nicht? – O gesteh es nur – Ich kenne dich. – Dir donnern bereits tausend Kanonen im Haupte – – Schone, schone die Jugend Frankreichs, schone die Mütter, welche mit zerrißnen Herzen ihre Söhne in den Tod senden!

NAPOLEON: Die Truppen, welche jetzt marschieren, sind Veteranen aus Spanien und Rußland, haben schwerlich noch Mütter, und hätten sie deren, welche Französin wäre so schlecht, ihren Sohn nicht gern dem Vaterlande auf dem Felde der Ehre zu opfern? Wo stirbt er besser?

HORTENSE: Feld der Ehre – sage oft: Feld der – *Sie stockt.*

NAPOLEON: Sprich.

HORTENSE: – der Eitelkeit.

NAPOLEON: Der Albernheit beschuldigen mich die faden Zeitungsschreiber. – Hortense, denke du besser von mir: nie kämpft ich ohne Grund. Zog ich nach Spanien, so war es, um die Heimtücke des Kabinetts von Madrid zu strafen, die letzten Bourbonen des Kontinents, welche mich nie aufrichtig lieben konnten, aus meinem Rücken zu entfernen, den Engländern mit einem gewaltigen Bollwerk das Mittelmeer zu schließen. Zog ich nach Rußland, so war es, endlich mit einem Schlag zu entscheiden, ob südlicher Geist oder nordische Knuten die Welt beherrschen sollten. Jetzt hätt ich indes gern Frieden – doch groß und klein ist gegen mich, und ich muß kämpfen.

HORTENSE: Du mußt – ja, weil du willst.

NAPOLEON: Ihr Weiber! Wer euch belehren will, beschwört das Feuer. – Hortense, tanze – du verstehst es meisterhaft –, aber nie wieder ein Wort über Politik.

EINE ORDONNANZ *tritt ein*: Paris ist illuminiert.

NAPOLEON: Mir lieb – so haben die Lichtzieher vielen Absatz. *Zu Hortense:* Komm mit in den Vorsaal, Maret und die Brüder zu überraschen. *Zu den Schreibenden:* Meine Herren, schnell!

Mit Hortense ab.

VIERTER AUFZUG

Erste Szene

Paris. Das Marsfeld. Eine große, mit rotem Sammet überzogene Bühne ist im Hintergrunde errichtet. Mitten auf derselben der Thronsitz des Kaisers – ringsum, amphitheatralisch geordnet, die Sitze der Pairs und der Deputierten.

Kanonen donnern, Truppen und Nationalgarden ziehen auf. Volk überall. Jouve im blauen Frack darunter.

EIN JUNGE: Eine Zigarre, mein Herr, à la Reine Hortense.

JOUVE: Her damit, Bengel. Was kostet der Stümmel?

DER JUNGE: Zwei Sous, denn heute –

JOUVE: Denn heute machen wohlfeile Konstitutionen schlechte Zigarren teuer. Da – drei Sous!

DER JUNGE: Gnädiger Herr –

EINE DAME: Wie schrecklich donnern die Kanonen – von allen Seiten, den ganzen Morgen schon.

JOUVE: Es sind die bestellten Salven vom Invalidenhause, von Montmartre und Vincennes.

DIE DAME: Heute ist doch ein großer Tag.

JOUVE: Wenigstens knallt er sehr. – Mademoiselle oder, wie ich glauben muß, Madame, weil Ihre Schönheit schon irgend jemand zur Heirat bezaubert haben wird –

DIE DAME *für sich*: Wie galant der Herr ist!

JOUVE: – lassen Sie uns weiter links gehen – Von hier aus erblicken wir nichts. *Für sich:* Auch eine vor Eitelkeit lächelnde Bestie – vielleicht gut genug zur Zerstreuung.

DIE DAME: Mein Herr, wie dringen wir so weit durch? Es ist überall Volk.

JOUVE: Volk! Weiter nichts? Auseinander der Dreck – *Er ruft:* Ein Adler! ein Adler! Da fliegt er – von der Militärschule herüber – – Welches günstige Zeichen!

VOLK *durcheinander*: Ein Adler! ein Adler! – Siehst du ihn? – Nein – Da ist er! – Das ist ja eine Wolke – – Wolke? Ein Haufen Adler, wollt ihr sagen!

JOUVE: Nun, meine Dame, lassen Sie die Herren den Himmel betrachten – wir kommen auf der Erde desto weiter.

DIE DAME: Sie sind ein Genie, mein Herr, und Ihre Hände sind sehr kräftig. –

JOUVE: Es geht mir wie einigen Monarchen: Zum Amüsement schmiede ich bisweilen.

DIE DAME: Mein Wagen hält nicht weit von uns. – Fahren Sie mit mir nach Haus zum Souper?

JOUVE: Ohne andere Begleitung?

DIE DAME: Nur Ihre Ehre soll mich führen.

JOUVE *für sich*: Wer weiß, wohin wir dann geraten. *Laut:* Ich nehme die Einladung an, und Sie sollen meine Ehre Ihrer Erwartung gemäß finden. – – Oh – da stehen schon die allerliebsten Weihnachtspuppen, die Nationalgarden – dort sprengen Mamelucken oder gut verkleidete Franzosen heran – da brüstet sich die alte, da die neue Garde zu Pferd und zu Fuß mit dem schnöden Trabanten stolze –

DIE DAME: Wie Sie alles scharf und richtig bezeichnen!

JOUVE: Der Erzbischof von Paris mit seinen Pfaffen fängt an, die Zeremonie einzuräuchern – Wenn die Religion von dem vielen Dampf, den sie machen muß, nur nicht bald selbst verdampft!

DIE DAME: Sehen, sehen Sie! Pairs, Deputierte, Senatoren setzen sich auf ihre Plätze! – Welche prächtige Mäntel sie tragen!

JOUVE: Und da steigt Bonaparte auf das Gerüst mit seinen gleichfalls aufgeputzten Ministern.

DONNERNDES GESCHREI DER TRUPPEN UND DES VOLKES: Hoch lebe der Kaiser!

DIE DAME: Er ist wahrlich ein großer Mann.

JOUVE: Er verstand, auf unsren Nacken sich zu erheben.

DIE DAME: Wie Sie sagen? – – Wie ernst-majestätisch er blickt.

JOUVE: Solang er weiß, daß ihn die Menge anblickt. Zu Hause ist er nach den Umständen mürrisch, lustig, schwatzhaft wie jeder andere. Geht er aus, so überlegt er, wenn er in Zweifel ist, erst mit dem Komödianten Talma Mienenspiel und Faltenwurf. *Für sich:* 's ist ja doch alles Komödie – Es wird nächstens schwer halten, Theaterprinzessinnen von echten zu unterscheiden.

DIE DAME: Da tritt ein Herr vor, die additionelle Zusatzakte zu lesen.

JOUVE: Ja, er spuckt schon aus.

DIE DAME: Diese Akte wird die Revolution beendigen.

JOUVE: Auf das Ende, Madame, folgt stets wieder ein Anfang. *Er horcht auf.* Ah, er liest – Wahrhaftig, wie ich vermutete, der alte Brei in neuen Schüsseln – „Die Pairskammer erblich" – Daß grade ein Bonaparte nicht spüren will, wie erbärmlich die aristokratische Erblichkeit ist – „Der Kaiser ernennt die Pairs" – Früher hieß es, „der König ernennt sie" – „Kein Mitglied der Repräsentantenkammer kann wegen Schulden verhaftet werden" – Da werden sich die Bankrotteurs in Masse hineinmachen – „Der Kaiser bezeichnet aus der Pairskammer die Präsidenten der Wahlkollegien auf lebenslang" – Er wird seine Leute schon finden – „Der Gottesdienst frei" – Das Präsent kostet nichts – Ich wollte, es hieße: „unbedingt freie Presse". – Gottlob, der Herr Vorleser ist zu Ende.

DIE DAME: Der Kaiser hebt die Hand in die Höhe und beschwört die Akte!

JOUVE: Und die Pairs und Deputierten der Wahlkollegien äffen ihm nach.

DIE DAME: Das Volk erhebt sich – Wir müssen auch schwören –

SAVOYARDENKNABE: La marmotte, la marmotte –

JOUVE: Junge, laß das Singen – man beschwört hier die Zusatzakte der Charte der französischen Nation.

SAVOYARDENKNABE: Weiter nichts? Ich bin auch ein patentierter Franzose. *Er reckt drei Finger empor.*

JOUVE *für sich*: Heiligkeit des Eides! – Schafotte und Laternen an seine Stelle! Sie wirken besser!

DAS VOLK: Wir beschwören die Konstitution und die additionelle Charte!

JOUVE: Madame, Madame – wir schwören mit!

DIE DAME: Ist's Zeit? – Was die Dienstmagd da prächtige Straußfedern trägt –

JOUVE: Geschwind, geschwind, lassen Sie sich dadurch nicht aufhalten – *Er und die Dame:* Wir schwören mit! *Er für sich:* Fünfmalhunderttausend Meineidige, mich selbst mit eingeschlossen, ohne daß ein Blitz auf sie fällt, sind doch eine interessante Erscheinung! Was haben wir nicht alles beschworen und gebrochen, die erste, die zweite, die dritte Konstitution, die Satzungen Napoleons, die Charte der Bourbons –

DIE DAME: Der Kaiser entfernt sich. Welch herrliche Musik die Truppen haben!

JOUVE: Madame, Ihren Arm?

DIE DAME: Mit Vergnügen, mein Herr.

JOUVE *für sich*: Die ehebrecherische Kokette! – – – Ob nicht im unerforschten Innern der Erde schwarze Höllenlegionen lauern und endlich einmal an das Licht brechen, um all den Schandflitter der Oberfläche zu vernichten? Oder ob nicht einmal Kometen mit feuerroten, zu Berge stehenden Haaren – Doch was sollten unsre Albernheiten, was sollte ein elendes, der Verwesung entgegentaumelndes Gewimmel wie dieser Haufen Erdentiefen oder Sternhöhen empören? *Laut:* Kommen Sie, Madame.

Zweite Szene

Paris. Ein Zimmer in den Tuilerien.

Napoleon und Hortense treten ein.

NAPOLEON: Nun geht's in das Feld, Hortense. – Ich und meine Armee werden unsre Schuldigkeit zu tun wissen.

HORTENSE: Ahnt ich nicht, daß es so kommen würde? – Bitte, Sire, nimm dieses Etui.

NAPOLEON: Wahrlich, schön überzogen – Adler, Bienen, Veilchen daraufgestickt. – Und darin? Allerliebste Sachen! Ein ganzes kostbares Schreibzeug en miniature darunter!

HORTENSE: Länder, womit du zu spielen gewohnt bist, kann ich dir nicht geben. Nimm die Kleinigkeit und denke dabei der großen Liebe der armen Hortense.

NAPOLEON: – Wann sticktest du den Überzug?

HORTENSE: Als – oh – als du fern warest.

NAPOLEON: Auch etwas wie Tränen darauf gefallen?

HORTENSE: Harter, fragst du? – Es waren trübe Stunden – ja, entsetzliche!

NAPOLEON: Hätt ich doch nicht gefragt – – Dein Etui vergeß ich nicht unter den Donnern der Schlacht.

HORTENSE: Und, Kaiser, schone deine Gesundheit – du tust es leider nie.

NAPOLEON: Was ist auch zu schonen in einem Feldzuge?

HORTENSE: Feldzug, Feldzug! – Ach, laß uns flüchten!

NAPOLEON: Wohin?

HORTENSE: Nach Nordamerika.

NAPOLEON: Gute, dahin flüchte ein Bürger, der sich einmal gegen seinen Monarchen empört hat, Napoleon aber kann nicht flüchten, kann sich nicht verstecken. Ist er nicht vernichtet oder nicht behütet wie Feuer, so stürzt Europa zürnend oder liebend ihm nach. – Nordamerika wird übrigens binnen vierzig Jahren ein größeres Karthago, der Atlantische Ozean ein größeres Mittelmeer, um welches die Alte und Neue Welt sich lagern – Wie lange, liebe Hortense, währt das aber? Zwei, drei ärmliche Jahrhunderte, und dann wandeln auf den Inseln und Küsten der noch grenzenloseren Südsee die Herrscher des Menschengeschlechts.

HORTENSE: Bei jedem Anlaß in den entferntesten politischen Ideen!

Bertrand kommt.

NAPOLEON: Alles im Marsch?

BERTRAND: Ja, Sire.

NAPOLEON: Die Truppen sollen die Adler mit Flor umhangen, bis sie einen Sieg errungen haben. Besonders das Augenmerk auf die Artillerie und schwere Reiterei gerichtet, denn wir müssen dieses Mal rascher als je niederschmettern und zuschlagen – Drouot kommandiert die erstere, Milhaud die andere – zu den Kavalleristen meistenteils Elsasser oder Normannen genommen – sie reiten am besten, aber einige Gascogner unter sie gemengt, damit sie durch die verleitet werden, auch toll daraufloszureiten – die Kürasse sollen ein Drittel dichter als früher sein, um recht nah dem Feind ins Auge blicken zu können – Kriegsmanifeste nicht nötig, weil ich Formalien nicht mehr beobachte – für die Armee ein paar Proklamationen gegen die Preußen und Engländer, denen wir zuerst begegnen – meine Schnauzbärte lesen sie zwar nicht, wickeln sie um die Patronen, aber mancher meint doch unbesehens, es wäre etwas darin – von den alten dotierten, zu Herzogen und Fürsten gemachten Marschällen bloß der Ney mit mir nach Norden – nützt' es mir nicht, daß Europa glaubt, er sei freiwillig zu mir übergegangen, auch ihn behielt' ich vielleicht nicht – die Mehrzahl jener Herren waren tüchtigere und redlichere Korporale als Generale. – Mehrere sonstige Anordnungen kennst du, und ich bitte, besorg alles so gut, wie du meine Marschorders besorgt hast, wofür ich dir auch danke.

BERTRAND: Den Dank verdien ich nicht, denn für dich zu arbeiten ist mir Ehre und Freude. *Er entfernt sich.*

HORTENSE: Wenn der Mann all das behält und expediert, was du ihm eben und jede Stunde aufträgst, so ist er ein Genie, fast größer als du selbst!

NAPOLEON: Käm es auf das bloße Talent und nicht auf die Tatkraft an, durch welche es in Bewegung gesetzt wird, so wäre Berthier statt meiner Kaiser der Franzosen.

Er klingelt. Ein Ordonnanz-Offizier tritt ein.

Sind die Mitglieder des Ministeriums versammelt?

ORDONNANZ-OFFIZIER: Ja, Sire.

NAPOLEON: So will ich noch einmal bei ihnen präsidieren und selbst sehen, was und wie sie arbeiten.

HORTENSE: Und dann –

NAPOLEON: Mach ich einen Staatsbesuch in der Pairs- und einen in der Deputiertenkammer.

HORTENSE: Zuletzt aber?

NAPOLEON: Nehm ich Abschied von dir und besiege die Koalition oder erblicke dich nie wieder.

HORTENSE: Trifft das letztere ein, so sei mir die Blindheit willkommen.

Beide ab.

Dritte Szene

Paris. Platz vor dem kaiserlichen Marstall.

Drei kaiserliche Piqueurs treten auf.

ERSTER PIQUEUR: Den jungen Araber vor!

DRITTER PIQUEUR: Das arme Geschöpf! *Geht ab.*

ERSTER PIQUEUR: Was hilft das Bedauern? Der Kaiser zieht vermutlich ins Feld, reitet schnell, aber schlecht, und wir müssen das Tier mit unsrem Unterricht so lange quälen, bis wir sicher sind, daß es ihn nicht abwirft.

DRITTER PIQUEUR *kommt mit dem Pferde zurück*: Da ist der Araber.

ERSTER PIQUEUR: Ein treffliches Gewächs! – Hussa, über den Block!

Das Pferd setzt über einen Holzblock.

Ha! muckt die Kreatur? – Sie zuckte bei dem Übersetzen mit dem linken Vorderbein. *Er schlägt heftig auf das Pferd.*

DRITTER PIQUEUR: Schone das Tier!

ERSTER PIQUEUR: Eh, junger Mensch – kennst du den Kaiser genau?

DRITTER PIQUEUR: Nein. Ich bin ja erst seit drei Tagen in seinem Dienst.

ERSTER PIQUEUR: So wisse, er haut bisweilen mit seiner Reitpeitsche ärger auf seinen Piqueur als dieser auf sein Pferd, wenn es nicht so sicher springt, als dieses da lernen soll.

ZWEITER PIQUEUR: Es ist wahr – ich weiß es von Eßlingen her.

ERSTER PIQUEUR: Die geladnen Pistolen! *Er schießt zwei Pistolen vor den Ohren des Pferdes ab.* Es bäumt sich – Prügelt es!

Es geschieht.

Die Kanonen herbei.

Ein Kommando der Artillerie fährt mit einigen Kanonen vor.

Das Pferd mitten unter die Geschütze – Brennt ab!

Es geschieht.

Schlagt den Gaul – Er zittert!

DRITTER PIQUEUR: O Gott, das unselige Pferd!

ERSTER PIQUEUR: Es muß mit dem Kaiser in die Schlacht, und da gilt keine Furcht vor Geknall. – Bajonette her – Blinzelt ihm damit dicht vor den Augen.

Es geschieht.

Ah, da erschrickt es nicht mehr.

ZWEITER PIQUEUR: Bravo, Araber!

ERSTER PIQUEUR: Pst! Laß das Schmeicheln – Es möchte sich verwöhnen – Der Kaiser schmeichelt ihm auch nicht. – Jetzt setze dich darauf und tumml es in die Runde, bis es über und über Schweiß ist!

Der zweite Piqueur tut es.

So – so – – Und nun mit ihm in die Schwemme, wo das Wasser am kältesten – Auch die Sporen in seine Seiten, daß es lernt, wie sein Blut fließt.

Zweiter Piqueur mit dem Pferde ab.

Bei Gott, des Kaisers Pferd sein ist ebenso schwer als sein Piqueur oder sein Minister. – Teufel, da kommt der Oberstallmeister – Gewiß wieder Befehl über Befehl, einer eiliger als der andere – Unter dem Kaiser sind die Stunden tausendmal kleiner als die Geschäfte.

OBERSTALLMEISTER *mit Gefolge zu Pferde*: Erster Piqueur, in einer Stunde mit allen Reitpferden und Feldequipagen im schnellsten Marsch nach Laon. Dort das weitere.

ERSTER PIQUEUR: Hab ich Zeit zum Abschied von Frau und Kind?

OBERSTALLMEISTER: Nein.

ERSTER PIQUEUR: Auch gut. So spar ich meine paar Tränen für schicklichere Gelegenheit. – – Aber das ist verflucht, Herr Oberstallmeister: Mein bester Kollege ritt eben mit dem besten Gaul in die Schwemme und kehrt kaum in einer Stunde – – Doch wartet – Ich hol ihn ein, oder – *Zum dritten Piqueur:* Den Soliman aus dem Stall – ist er auch der eigensinnigste, steifste aller Gäule, so ist er doch zugleich der tollste und schnellste, beinah wie –

Dritter Piqueur führt das Pferd Soliman vor.

ERSTER PIQUEUR *sich auf den Soliman setzend*: Herr Oberstallmeister, der Kaiser liefert binnen vierzehn Tagen eine große Bataille, oder ich kenne seine Marstallsgebote sehr schlecht. *Er braust mit dem Pferde davon.*

Vierte Szene

Nachmittag. Preußisches Feldlager bei Ligny. Viele Feuer.

Soldaten aller Waffengattungen um und zwischen denselben. Einige rauchen, andere kochen, andere striegeln ihre Pferde pp. Marketender und Marketenderinnen an vielen Orten. An einem Feuer im Vordergrunde sitzen auf Holzblöcken ein ostpreußischer Feldwebel und ein Berliner Freiwilliger. Ein schlesischer Infanterist steht bei ihnen. Über den Flammen hängt ein Kessel.

DER BERLINER: Schlesier, da hast du zwei Münzgroschen. Hole mich von jene Marketenderin einen blauen Zwirn und vor dir einen halben.

Der Schlesier geht.

Herr Feldwebel –

FELDWEBEL: Was ist?

BERLINER: Ihre Pfeife ist leer – Darf ein Berliner Bürgersohn Sie etwas Tabak anbieten?

FELDWEBEL: Habe noch selbst Tabak. Danke.

Der Schlesier kommt zurück.

BERLINER *trinkt*: Das wärmt! – – Herr Feldwebel, wir bekommen schlechtes Wetter – der Himmel ist gräulichgrau.

FELDWEBEL: Das ist er.

BERLINER: Wie lange liegen wir wohl noch hier?

FELDWEBEL: Bis wir aufstehn.

BERLINER *für sich*: Der Kerl ist, wie ein berühmter Autor sagt, göttlich grob. Statt mir mit ihm zu ennuyieren, will ich lesen und mir bilden. *Er zieht ein Buch aus der Tasche. Dann laut:* Schlesier, wenn Huhn und Kreckente gargekocht sind, verkündest du es mich.

FELDWEBEL: Woher habt ihr das Geflügel?

BERLINER: Requiriert, requiriert – Herr Feldwebel, Sie essen mit.

FELDWEBEL: Gern.

BERLINER: Herr Feldwebel, was halten Sie von diese Kampagne?

FELDWEBEL: Wir müssen tüchtig auf die Franzosen losschlagen.

BERLINER: Versteht sich, so weh es mich tun wird. – Wann sind wir wohl in Paris?

FELDWEBEL: Sobald wir einrücken.

BERLINER: Waren Sie schon einmal da?

FELDWEBEL: Ja, 1814.

BERLINER: Ist es so schön wie unsre große Hauptstadt?

FELDWEBEL: So ziemlich.

SCHLESIER: Huhn und Ente sind gar.

BERLINER: Herr Feldwebel, so wollen wir die verfluchten Luder miteinander teilen. – Da, Sie die Ente, ich das Huhn – Kamm, Schnabel und Füße sind dein Teil, Schlesier.

FELDWEBEL: Behandle den Burschen nicht wie einen Hund.

BERLINER: Es ist man ein Wasserpole, ohne Bildung, aus die Gegend von Ratibor. Der Kamm schmeckt ihm wie Sirup.

FELDWEBEL: Kamerad Schlesier, hier hast du von meiner Ente das halbe Bruststück.

BERLINER: Herr Feldwebel, kennen Sie die Gebrüder Schlegel?

FELDWEBEL: Nein.

BERLINER: Die kennen Ihnen auch nicht, aber kennten sie Ihnen, so würden sie sagen, Sie wären äußerst sentimental.

FELDWEBEL: Alle Donner, ein ostpreußischer, im Regiment geborener und aufgewachsener vierzigjähriger Feldwebel sentimental?

BERLINER: Ja, ja, Ihr Herz ist weicher, als Sie ahnen. Es geht Sie wie Alexander dem Großen, als er seinen Freund zu geschwind totgeschlagen hatte.

FELDWEBEL: Warum nicht gar wie Napoleon, als er aus Rußland flüchtete?

BERLINER: Napoleon? – Oh, der ist auch noch lange kein Iffland! – – Kannten Sie Iffland?

FELDWEBEL: War er nicht Komödiant?

BERLINER: Komödiant! Sei Gott mich gnädig! – Ein Schauspieler, ein darstellender Künstler, ein Mime war er wie keiner unter die Sonne. Lesen, studieren Sie die Journale – – ach, Sie hätten die großartige Charakteristik sehen sollen, mit welcher er wundersam eindrang in den Geist der Rolle – Na, Lemm, Beschort sind auch sehr schätzbare Talente, aber – Wer kommt da zu Pferde?

FELDWEBEL: Aufgestanden! Der Feldmarschall und General Gneisenau!

BERLINER: Der Feldmarschall ist doch ein großer Kopf!

FELDWEBEL: Woran merkst du das?

BERLINER: Das sieht man ja, sowie er die Mütze abnimmt.

Blücher und Gneisenau sind bis in den Vorgrund gesprengt. Adjutanten hinter ihnen.

BLÜCHER: Kamerad, was für ein Buch das?

BERLINER: „Isabella von Mirando oder Die Kürassierbeute" –

BLÜCHER: Wirf's in das Feuer. – Feldwebel, Sie kenn ich.

FELDWEBEL: An der Katzbach präsentiert ich Ew. Durchlaucht zwei von mir gefangene Franzosen.

BLÜCHER: Wahr. Und Sie haben kein Eisernes Kreuz? – Hier das meinige. Heften Sie es sogleich an die Brust, und wenn die Kugeln pfeifen, denken Sie bei ihm: Es ist doch alles Kreuz, Jammer und Elend, aber das beste Kreuz ist doch immer das des Königs – – Wisset, Leute,

Bonaparte soll in der Nähe sein, angekommen wie ein Dieb in der Nacht. Ist es so, so haben wir morgen früh Bataille, und wenn das Heer will, morgen abend Sieg.

GNEISENAU: Der Posten von St. Amand muß verstärkt werden.

BLÜCHER: Nicht vielmehr der von Sombref? Er liegt dem Feinde näher.

GNEISENAU: Der französische Kaiser –

BLÜCHER: Nenne den Schurken nicht Kaiser, der meiner Königin das Herz brach.

GNEISENAU: Napoleon wird uns gern von den Engländern trennen, auf die Seite werfen wollen, und, du kennst ihn, da wird er, ohne sich umzusehen, die Stellung zuerst angreifen, die uns zunächst mit ihnen verbindet, und diese ist St. Amand.

BLÜCHER: Du hast recht, Freund. – St. Amand mit fünf Infanterie- und drei Dragoner-Regimentern verstärkt.

Mehrere Adjutanten ab.

Kuriere zu Wellington – Gruß ihm und die Bitte, er möge vorrücken – Andere zu Bülow: Der breche sofort mit seinem Korps auf und sei morgen mit Tagesanbruch hier.

GNEISENAU: Jetzt erfahren wir ein mehreres. – Da schickt Ziethen drei Husaren von der Vorhut.

Drei Ziethensche Husaren jagen in die Szene.

BLÜCHER: Es könnten verkleidete französische Spione sein. Dem Bonaparte ist keine List fremd. – Die Parole?

EIN ZIETHENSCHER HUSAR: Zorndorf!

BLÜCHER: Richtig. – Was gibt es?

DER ZIETHENSCHE HUSAR: Französische Truppen zu Fuß und zu Pferde, wie Sand am Meer, in Avesnes, Charleroi, Châtelet, Marchienne. Ihre Voltigeurs drängen sich schon an uns und schießen aus Strauch und Busch.

GNEISENAU: Haben die Feinde viele Kanonen?

DER ZIETHENSCHE HUSAR: Unabsehbare Züge.

BLÜCHER: Sogenannte Kaisergardisten unter ihnen?

DER ZIETHENSCHE HUSAR: Regiment an Regiment.

BLÜCHER: So ist er mit seiner ganzen Armee da und hat uns überrascht. Doch es soll ihm wenig helfen, denn er macht uns nicht bestürzt. – – Zurück zu Ziethen – er ziehe sich fechtend bis Sombref.

Die drei Ziethenschen Husaren wieder ab.

GNEISENAU: Alarm, Feldherr?

BLÜCHER: Versteht sich, auf der Stelle! Überall Rappell! Der Generalmarsch durchs Lager – Neue Patronen ausgeteilt, die Güte der alten untersucht!

Viele Adjutanten ab.

Und wir beiden, Freund Gneisenau, einen Ritt nach Charleroi hin – Es sieht sich nicht besser als mit eignen Augen.

Mit Gneisenau ab. Gleich darauf Rappell und Generalmarsch im ganzen preußischen Biwak. Alle zerstreut gewesenen Soldaten eilen zu ihren Kompanien und Schwadronen, rasch sich waffnend und ordnend.

FELDWEBEL: Adieu, Berliner und Schlesier – Gott mit euch in der Schlacht! *Ab.*

BERLINER: Herr Schlesier, holen Sie für uns beide noch einen großen Kümmel.

Schlesier geht.

Mein Jesus, welch ungeheurer Unterschied, wenn man erwartet, ob es losgeht oder wann es losgeht. Vorher besah ich die Gefahr halb mit Lust, fast wie einen schön gemalten Bären – jetzt wird der Bär lebendig, und mich bebt der Hemdschlapp. O hätte meine Mutter mir bei sich behalten, mir nie geboren, ich brauchte doch nicht zu sterben – oder wär ich doch kein Freiwilliger geworden – Ach, der mußt ich werden, sonst hätten sie mir unfreiwillig dazu gemacht!

Schlesier kommt mit dem Schnaps zurück.

BERLINER: Zittern Sie nicht vor die Bataille?

SCHLESIER: Nein.

BERLINER: Gnädiger Himmel, wie kommt denn das?

SCHLESIER: Es hülfe ja nichts – ich muß doch mit vorrükken.

BERLINER *für sich*: Das gesteh ich, der weiß sich in die Umstände zu finden. Diesem könnte die Polizei Rock und Kamisol wegnehmen, und er wäre grenzenlos zufrieden! *Laut:* Wissen Sie auch, warum wir kämpfen?

SCHLESIER: Das hört man auf allen Wegen – Für König, Freiheit, Vaterland –

BERLINER: Was halten Sie von die Freiheit?

SCHLESIER: Man sagt, sie wäre was Gutes.

BERLINER *für sich*: – – Wie ich ahnte – pure Dummheit – wasserpolackisches Vieh! – Der hat gut sprechen, hat gut krepieren! Ob der dahinsinkt oder nicht – es ist man ein Ochs weniger oder mehr – aber ein Kopf wie der meinige – Jammerschade wär es! – *Laut:* Da, trinken Sie das Glas aus.

SCHLESIER *leert das Glas. Dann*: Leben Sie wohl – ich muß zu meinem Regiment. *Ab*.

BERLINER: Was? Auch du, Brutus, dem ich so viele halbe Schnäpse gegeben? – Gott, o Gott, nun bin ich so ganz allein mit meine Angst!

EIN ZWEITER BERLINER FREIWILLIGER *kommt*: Schul-, Kriegs-Kamerad, was hier gezaudert? Mit mir zu unsrer Kompanie. Man erschießt dich, bist du nicht sogleich da.

ERSTER BERLINER: Herr Regierungsrat –

DER ANDERE BERLINER: Zum Geier den Regierungsrat! Wer denkt an Rang und Titel, wenn der Korse mit seinen Horden hereinbricht, um Preußens und Deutschlands Ehre zu zertreten? – Ich bin Freiwilliger und Gemeiner wie du.

ERSTER BERLINER: Das ist richtig mit Preußens Ehre, denn die Franzosen haben in Berlin erschrecklich geschändet – Unsre Magd Lotte weiß auch davon zu sagen – – Aber vor dem Erschießen, wenn ich zu spät komme, ist mich nun gar nicht bange – zwischen dem und mir steht noch ein deutsches Standrecht, und das schont das Pulver.

DER ANDERE BERLINER: Horch, der Zapfenstreich unsres Regiments!

ERSTER BERLINER: Sehr mißtönig! sehr schlechte Noten!

DER ANDERE BERLINER: Fort mit mir!

ERSTER BERLINER: Ich wollte, Sie würden verwundet – Wie schnell trüg ich Ihnen aus die Schlacht!

Der andere Berliner reißt ihn mit sich fort.
Blücher und Gneisenau kommen zurück.

BLÜCHER: Teufel, man muß sich in acht nehmen – die französischen Tirailleure sind ja schon überall wie das Unkraut – Da tanzmeistert wieder ein Haufen aus der Holzung! – Heda, von jenem brandenburgischen Husarenregiment zwei Schwadronen hieher!

Die zwei Schwadronen sprengen auf seinen Wink heran.

Husaren, in die Trompete gestoßen und heraus die Preußenschwerter!

Es geschieht.

Ha, wie das blitzt – Es tut einem wohl wie ein warmer Sonnenstrahl am kalten Wintertag. – – Seht ihr jene vorausgelaufenen Franzosenhunde? Wetterleuchtet unter ihnen mit euren Säbeln und jagt sie zurück wie der Habicht die jungen Hühner.

DIE HUSAREN: Wir jagen sie! *Sie sprengen fort.*

BLÜCHER: Hast du gesehn, Gneisenau, wie der welsche Grünrock seine Raubrotten herausgeputzt hat? Selbst als er nach Rußland zog, prunkten seine Reitergarden nicht mit so prachtvollen, hohen, roten Federn!

GNEISENAU: Auch die paar Kürassiere, die ich erblickte, waren wie mit Erz übergossen.

BLÜCHER: Hatten aber auch dabei wieder die schöngeputztesten Lappen Bärenfelles vorn am Helm –

GNEISENAU: Ohne Flitter geht's bei den Franzosen nicht ab.

BLÜCHER: Ein Narr verarg es ihnen, daß sie bei Tüchtigem und Großem auch den Glanz lieben, wenn ihnen der Schimmer nur nicht meistens die Hauptsache würde. – Und ihre Reiter verdienen die herrliche Montur wahrhaftig nicht – ein gutes Pferd schämt sich, einen von ihnen zu tragen – sie reiten wie die Judenjungen, nicht bügel-, nicht sattelfest.

GNEISENAU: Aber so wilder und verwegener.

BLÜCHER: Ei was, die Verwegenheit einer schlechten Reiterei ist einer guten gegenüber nichts als blindes Feuer. Fast all unsre Landwehrulanen sind eben vom Pfluge genommene Bauern, aber keiner darunter, der nicht den Zügel besser hält als siebentausend Franzosen, und könnt ich heute nacht die Herren mit einem Kavallerieüberfall regalieren wie einst bei Hainau und Laon, so wollt ich dir beweisen –

GNEISENAU: Eine Überrumpelung ist unmöglich – die feindlichen Vorposten sind zu zahlreich.

BLÜCHER: Leider – sorge du für die unsrigen. – Ich sehe mich derweile im Heere um und finde hoffentlich überall den alten Kriegsmut.

Er und Gneisenau auf entgegengesetzten Seiten ab.

Fünfte Szene

Andere Gegend des preußischen Feldlagers.
Abenddämmerung.

Ein Bataillon freiwilliger Jäger in Reih und Glied.

DER MAJOR: Es fehlt niemand – – Büchsen ab – Aus dem Glied getreten und an den Wachtfeuern ausgeruht, bis das Flügelhorn ruft.

ERSTER JÄGER: Herr Major, setzen Sie sich in den Kreis, der sich um dieses Wachtfeuer lagert. Er enthält Ihre besten Bekannten.

MAJOR: Gern, Brüder, deren Major zu sein mir die höchste Ehre ist. – Wann auch wohl säh man sich so gern bei dem Schein der geselligen Flamme noch einmal gegenseitig in das befreundete, lebensfrische Antlitz als am Vorabend der Schlacht?

Major und sechs Jäger setzen sich um das Feuer.

VIERTER JÄGER: Freunde, denken wir unserer Lieben – Wie mancher zärtliche, besorgte Blick von Müttern, Schwestern, Bräuten richtet sich hieher!

MAJOR: Mit ihnen das Auge des Königs.

DRITTER JÄGER: So umwölke der Himmel seine Sterne noch dichter, als er schon tut – uns leuchten bessere Sonnen, als er besitzt.

ERSTER JÄGER: Große Augenblicke erwecken große Erinnerungen: Es war doch eine wundervolle, alles entflammende Zeit, als wir im Februar 1813 den Aufruf des Königes vernahmen und sofort Breslaus Straßen zu eng wurden für unsere bis zum Tode für das Vaterland begeisterten Scharen – als wir dann in den furchtbaren Schlachten von Lützen und Bautzen zurückgedrängt, aber nicht besiegt, sondern immer kühner, immer stolzer wurden, als selbst Rußlands Kaiser mit seinen Veteranen von Eylau und Borodino, denen wir die Ehre des Vorkampfes nicht gönnten, uns als staunende Zuschauer ihr bewunderndes Hurra zurufen mußten – Welchen Klang hatten da alle großen Worte!

ZWEITER JÄGER: Ja, das ganze Heer war wie elektrisch – Berliner und Schlesier, Pommer und Märker, alle eine freudige, aber übergewaltige Glut, sowie es hieß: „Auf den Feind!" – Jetzt ist's ziemlich anders: Die Feigheit unserer Diplomaten ließ auf Wiens Kongresse sich die Früchte unserer Tapferkeit rauben. Hielt' man den Kongreß im Feldlager der siegenden Nationen, so möchte für die Souveränität Kniphausens und für Aufbewahrung manches anderen Drecks nicht so außerordentlich besser gesorgt sein als für das Interesse Europas und insbesondere

Preußens. Wir Preußen opferten das meiste, den größten Lohn erhielten die anderen.

MAJOR: Was bedeutet der Quadratmeilengewinn gegen die Sternenkrone, die das dreimal erneuerte, aber dreimal wieder mit ihr geschmückte Preußenheer der beiden vergangenen Jahre umflicht? Die Lappen von Ländereien, welche Österreich, Rußland, England und Holland sich anflickten, fallen einstens doch ab, aber wahrlich die blutroten Arkture der Schlachten, in denen wir vor allen die Kette des Weltherrschers zerreißen halfen, funkeln noch nach Jahrhunderten vom Himmel und zeigen, wenn Preußen längst untergegangen, den spätesten Geschlechtern die Stellen, wo es prangte.

SECHSTER JÄGER: Das, Herr Major, hilft alles nichts gegen den Spruch „Besser ist besser“, und besser war es, wenn Preußen, wenn Deutschland sich mehr konsolidierten.

FÜNFTER JÄGER: Alter Bruder Studio, ich sag's auch: Ruhm ist gut, ein fideler Bursch ist auch gut, aber ein rundes Stück Land hält den Ruhm, ein rundes Stück Geld den Burschen am besten zusammen.

ZWEITER JÄGER: Denken Sie an sich selbst, Herr Major – Goldnere Träume als die jetzigen umglänzten uns, als wir mit hochschlagender, in der Hitze der Schlacht entblößter Brust durch die Gärten von Leipzig dem Feinde in die Flanken drängten – Preußens Hoheit, der Kaiserthron Deutschlands, dem sie als schützender Cherub zur Seite stand, warfen ihre Strahlen mitten durch den Qualm der Geschütze. Der Rhein war wieder frei und deutsch, wie er geboren, in der Mosel und der Maas spiegelten sich nur deutsche Gauen – das schöne Elsaß, das freundliche Lothringen, das herrliche Burgund mit seinen sonne- und weinglühenden Gebirgen – wie grüßten wir sie schon als zurückgewonnene Glieder deutscher Genossenschaft! – Und dermalen?

MAJOR: Unser König ist nicht schuld, ward nicht alles, wie wir wollten. Er wollte wie wir.

FÜNFTER JÄGER: Er hätte seinen Willen nur durchsetzen und den Augenblick ergreifen sollen – nichts in der Welt konnte ihn damals hindern, und hätt er auch die vom sonst so bedenklichen Österreich so leichtsinnig aufgegebene römisch-deutsche Krone als ein herrenlos gewordenes Gut in Besitz genommen und sich auf das Haupt gedrückt.

DRITTER JÄGER: Er konnt es wagen – wir wären gern für ihn gefallen, und Hunderttausende mit uns.

MAJOR: Wer fiele nicht gern für einen Herrscher, so ritterlich, gerecht und edel als er?

SECHSTER JÄGER: Ja, Napoleon ist auch groß, ist riesengroß – aber er ist es nur für sich und ist darum der Feind des übrigen Menschengeschlechtes – unser König ist es für alle.

MAJOR: Marketenderin!

Marketenderin kommt.

Führst du einige Flaschen erträglichen Weines? – Guten hast du nicht und kannst ihn im Felde nicht haben.

MARKETENDERIN: Herr Major, ich hole Ihnen doch vier bis fünf sehr gute Flaschen. *Sie geht.*

MAJOR: Kinder, noch einmal wechselseitig die Hand – Männerfreundschaft in der Lust wie in dem Kampf – Es gibt nichts Höheres. – Da – da – Ihr verbeißt Tränen – Laßt sie rinnen – sie fließen edlen Abschiedsgefühlen – wer sich deren schämt, wer die nicht besitzt, hat sie aus der Brust verbannt, weil er sich davor fürchtet.

ZWEITER JÄGER: So kalt der Regen zu tröpfeln beginnt, so rauh der Wind weht, so nahe der korsische Löwe liegt und vermutlich schon auf den Hinterfüßen steht und die Vordertatzen nach uns ausreckt – wahrhaftig, mir ist's hier wohler um das Herz, als wenn ich in der gut geheizten Stube am Teetisch sitze, daselbst Geschwätz vernehme, was die Sekunde darauf vergessen ist, oder gar selbstgefällige belletristische Vorlesungen anhöre, bei denen ich mein Aufgähnen in Bewunderungsausrufungen verstecken muß.

FÜNFTER JÄGER: Überleb ich diesen Feldzug, so wird mir das Andenken an euch manche flaue Teevisite, in der ich sonst nichts gefühlt hätte, sehr heiß machen.

MAJOR: Was bloß Teevisiten! Nicht nur bei ihnen – auch in Sturm und Not, unter Kanonenkugeln und unter Friedenssonnen, vor dem Trauungsaltar und vor dem Grabeshügel brenne in unseren Brüsten im ersten Glanze stets der Name eines jeden von uns – Seht, die Marketenderin hat den Wein gebracht, und er ist unendlich trefflicher, als ich vermutete – das Weib ist eine brave Seele, sie kennt unsere Art und hat für einen Augenblick wie den gegenwärtigen trefflichen Hochheimer aus dem Mutterfäßchen aufgespart. – Angestoßen!

ZWEITER JÄGER: Zuerst denn:

Die Toten sollen leben,

und über alle hinaus die auf den Schlachtfeldern von 1813 und 1814 hingesunkenen vaterländischen Helden!

MAJOR: „Die Toten sollen leben", und mit ihnen der, welcher es schrieb: der erhabene, wetterleuchtende Schiller!

ALLE: Schiller hoch!

FÜNFTER JÄGER: Schillers Jünger nicht vergessen, der grade durch seinen Tod bewies, daß er ihm nicht nachklimperte, sondern nachfühlte.

MAJOR: Theodor Körner, hoch trotz seiner ofenhockerischen Rezensenten!

ERSTER JÄGER: Wie wär es, wir sängen seine „Wilde Jagd"?

MAJOR: Ein herrlicher Einfall – Die Hornmusik des Bataillons begleite uns!

Die Hornisten des Bataillons treten herbei.

Angefangen!

MAJOR UND JÄGER *singen unter Begleitung der Hörner*:

Was glänzt dort vom Walde im Sonnenschein?
  Hör's näher und näher erbrausen.
Es zieht sich herunter in düsteren Reihn,
Und gellende Hörner schallen darein
  Und erfüllen die Seele mit Grausen.
Und wenn ihr die schwarzen Gesellen fragt:
Das ist Lützows wilde, verwegene Jagd!

VIERTER JÄGER: Wer ließe sich nicht gern von Kartätschen zerschmettern bei diesem Liede und seiner Musik?

MAJOR UND JÄGER:

Was zieht dort rasch durch den finstern Wald
  Und streift von Bergen zu Bergen?
Es legt sich in nächtlichen Hinterhalt,
Das Hurra jauchzt, und die Büchse knallt,
  Es fallen die fränkischen Schergen.
Und wenn ihr die schwarzen Jäger fragt:
Das ist Lützows wilde, verwegene Jagd.

Wo die Reben dort glühen, dort braust der Rhein,
  Der Wütrich geborgen sich meinte,
Da naht es schnell mit Gewitterschein
Und wirft sich mit rüst'gen Armen hinein
  Und springt ans Ufer der Feinde.
Und wenn ihr die schwarzen Schwimmer fragt:
Das ist Lützows wilde, verwegene Jagd.

Was braust dort im Tale die laute Schlacht,
  Was schlagen die Schwerter zusammen?
Wildherzige Reiter schlagen die Schlacht,
Und der Funke der Freiheit ist glühend erwacht
  Und lodert in blutigen Flammen.
Und wenn ihr die schwarzen Reiter fragt:
Das ist Lützows wilde, verwegene Jagd –

BLÜCHER *kommt, zu Fuß, von einigen Adjutanten begleitet*: Recht, Kinder – ihr haltet mit eurem Singen und Musizieren das Lager wacher als ich mit zwanzig Tags- und Nachtbefehlen.

DER MAJOR UND DIE JÄGER *springen auf*: Der Feldmarschall hoch und noch einmal und tausendmal hoch!

Tusch der Hörner.

BLÜCHER: Danke, danke – ich bitte, hört nur wieder auf – still die Hörner – es ist genug.

DER MAJOR: Ich muß gestehen, Feldherr, wir haben eben bei unseren Toasten an alle Welt gedacht und Sie, das uns Nächste, Liebste, vergessen.

BLÜCHER: Major, das nehm ich nicht übel. Man sucht zuerst das, was man nicht bei der Hand hat. – Burschen, bleibt morgen so lustig wie heute.

Ein preußischer Unteroffizier und mehrere Gemeine treten auf mit dem General Grafen Bourmont und einem Adjutanten desselben.

DER UNTEROFFIZIER: Herr Feldmarschall –

BLÜCHER: Was bringst du?

UNTEROFFIZIER: Zwei Franzosen.

BLÜCHER: Weiter nichts? *Er blickt seitwärts über die Achsel nach Bourmont und dessen Adjutanten. – Dann zu den Jägern:* Man wird finster, wird man in eurer heiteren Gesellschaft durch solchen Anblick gestört. *Zu Bourmont:* Wer sind Sie und Ihr Nebenmann?

BOURMONT: Er ist mein Adjutant, und ich, Herr Feldmarschall, erscheine hier freiwillig und bin Graf Bourmont, General im sogenannten kaiserlichen Heere –

BLÜCHER: Demnach nunmehr ein Überläufer aus demselbigen Heere?

BOURMONT: Ich werde Ihnen alle Operationspläne Bonapartes entdecken.

BLÜCHER: Französische Entdeckungen mag ich nicht – überdem sehen Sie grade nicht darnach aus, als hätt er Ihnen viel von seinen Operationen zum besten gegeben.

BOURMONT: Solchen Empfang hätten treue Diener König Ludwigs des Achtzehnten, für den auch Sie kämpfen, für den auch wir mit Ihnen und Ihren Truppen streiten wollen, nicht erwartet.

BLÜCHER: Kennen Sie Deutschland?

BOURMONT: Ich habe Achtung für die lobenswürdige, loyale Nation, welche es bewohnt.

BLÜCHER: So wissen Sie denn, Herr Graf, wenn wir kämpfen, so kämpfen wir just für dieses Land mit der von Ihnen geachteten, lobenswürdigen, loyalen Nation – unser Blut opfern wir, daß nicht abermals ein Tyrann, wie Bonaparte es ist, von seinen Biwaks aus uns und die Welt wie Negersklaven kommandiert – aber Gott soll uns behüten, daß wir für Ihren Sire Louis dix-huit, den ich, als er emigriert war, in Hamm samt seinen Mätressen recht gut kennen und schätzen lernte, nur an ein Degengehenk faßten – unsrethalb mag er auf Frankreichs Thron oder auf seinem Nachtstuhl sitzen, Kirschen oder Roastbeef essen – abscheulich, wenn das Blut, welches wir verlieren, bloß für Herrn Ludwig den Achtzehnten hingeströmt sein sollte.

BOURMONT: Ich ersuche, mich sofort in das englische Lager bringen zu lassen, Herr Blücher.

BLÜCHER: Ich heiße Blücher, Fürst von Wahlstadt, bin königlich preußischer Feldmarschall, duze mich gern mit jedem braven deutschen Füselier, aber mit Ihnen und Ihresgleichen nicht – verlange daher von Ihnen die geziemende Titulatur, oder es –

BOURMONT: Eure Durchlaucht, es war verzeihliche Unvorsicht, wenn ich –

BLÜCHER: Schon gut. Machen Sie Ihre Unvorsicht durch einen Schwanz von Entschuldigungen nur nicht länger. *Zu dem Unteroffizier und dessen Soldaten:* Schafft den Herrn mit seinem Begleiter zu den Engländern und meldet dem Wellington dabei, es wäre mir eins, ob er sie zu König Ludwig schickte oder sie festhielte – aber weder er noch ich dürften Überläufern trauen.

Bourmont: Ha!

Blücher: Pah! *Zu den Jägern:* Kinder, singt wieder darauflos!

Bourmont und sein Adjutant werden fortgeführt.

Blücher mit seiner Begleitung ab.

Dritter Jäger: Wetter, der Feldmarschall ist ein Mann von Schrot und Korn. Wie schrumpften die beiden Franzosen zusammen, als er mit dem Fürsten Wahlstadt herausrückte!

Sechster Jäger: Ja, und er ist darum so tüchtig, weil seine Nase im Feuer der Schlacht nicht weiß wird – weil er immer gradeaus sieht, wo andere links und rechts die Augen verdrehen – weil er dem Napoleon ohne Furcht auf den Leib geht und dabei denkt: „Hab ich dich, pack ich dich" – weil er die Franzosen so offenbar haßt, als er die Deutschen liebt – und kurz und wahr: Blücher ist ein rascher Mann, der mehr als ein anderer 1813 und 1814 dem Korsen das Genick brach, weil er so ehrlich und kühn in die Welt sah wie der Korse verschmitzt und verwegen.

Sechste Szene

Vor Ligny. Das französische Heer.

Kanonen werden aufgefahren, die Kaisergarden stehen in Schlachtordnung, die Infanterie- und Kavallerieregimenter der Linie marschieren an beiden Seiten der Szene auf. Napoleon liegt, bis an die Brust lose von einem grauen Mantel überdeckt, schlummernd auf der Lafette einer Kanone. Eine Menge Adjutanten und Ordonnanzen zu Pferde und zu Fuß, vom General bis zum Gemeinen, Chassecoeur und Vitry darunter, in seiner Nähe. Desgleichen viele Piqueurs mit gesattelten Handpferden. Bertrand und Cambronne stehen, ersterer rechts, der zweite links an seiner Seite – der Obrist und Adjutant Labédoyère nicht weit von ihnen.

Vitry: Chassecoeur, nun hast du, was du wolltest – Da schläft er, und die Gewitter der Schlacht umziehen uns, als wären es seine Träume. – Wie kann er schlafen? – Vor uns Preußen, vom Himmel Regen, um uns schlachtdurstende, aufmarschierende Franzosen.

CHASSECOEUR: Der Kaiser kann, was er will. So sah ich ihn schon oft.

VITRY: Lies, bis der Lärm losgeht, die Proklamation.

CHASSECOEUR: Was steht darin? *Die Proklamation flüchtig überblickend.* Die „Preußen" – Ja, die Hunde haß ich. – Und „die Alliierten haben zwölf Millionen Polen, eine Million Sachsen, sechs Millionen Belgier an sich gerissen" – Meinetwegen noch neunundneunzig Millionen von all dem Volke dazu, aber nur kein Haar des Kaisers!

VITRY *übergibt die Proklamation einem Sergeanten der in der Nähe haltenden Garde zu Fuß*: Da – die heutige Proklamation.

SERGEANT: Proklamation? – Um die Patrone damit und sie den Preußen in den Leib gejagt – Die Canaillen rücken doch schon von jenen Höhen heran.

EIN KAPITÄN DER VOLTIGEURS *kommt*: Den Kaiser geweckt – Die Schlacht beginnt.

CAMBRONNE: Mein Herr, was schreien Sie dicht vor dem Ohr des Kaisers? Mit Ruhe und Anstand gesprochen!

DER KAPITÄN: Die Preußen fahren dort Batterien auf.

CAMBRONNE: Lassen Sie von den Preußen die ganze Hölle auffahren – Der Kaiser schlummert.

BERTRAND: Und die Rast ist ihm zu gönnen.

DER KAPITÄN: Aber, meine Herren, die Armee gerät in Gefahr –

BERTRAND: Sie irren, Freund. Wäre das, so hätt er diese Stunde nicht zum Schlafen gewählt.

Der Kapitän der Voltigeurs zieht sich zurück. –
Mehrere andere Offiziere sind im Gespräch miteinander.

ERSTER OFFIZIER: Die Preußen schieben uns ihre Batterien unter die Nase – fast riech ich die Lunten.

ZWEITER OFFIZIER: Man sieht ihren Achtzehnpfündnern bereits tief in die dunklen, hohlen Augen.

Erster Offizier: Die Augen werden bald hell sein und unsere Reihen licht machen.

Dritter Offizier: In der Tat, ich wollte, der Kaiser wachte auf oder würde geweckt, ehe die feindlichen Batterien sich festwurzeln – Aber man darf ja kaum vom Erwecken etwas sagen, denn der Cambronne und Bertrand stehen neben seiner Lagerstätte wie die „Zurück!" drohenden Cherubim an der Pforte des Paradieses.

Ein in der Ferne in die Schlachtlinie rückendes Regiment *singt*:

Allons, enfants de la patrie,
Le jour de gloire est arrivé.
Contre nous de la tyrannie
L'étendard sanglant es levé –

Cambronne: Ein Adjutant an jenes Regiment – Der Kaiser liebt die Marseillaise nicht – Man soll mit ihr aufhören.

Labédoyère: Herr General, die Marseillaise ist ein liberales Lied, passend für den Zeitgeist – das Volk siegte mit ihm bei Valmy und Jemappes.

Cambronne: Herr Obrist – „liberal"? „Zeitgeist"? – Die elende Kanonade von Valmy und das jämmerliche Tirailleurgefecht von Jemappes? – Wissen Sie, wo wir stehen? Unter den Waffen der Großen Armee. Da gibt es keinen anderen Liberalismus, als ihm zu gehorchen, keinen anderen Geist als den seinigen, keine anderen Gefechte als die à la Kairo, Austerlitz, Jena und der Moskwa.

Labédoyère: Weh, ich habe mich geirrt – ich dachte endlich die freisinnige Zeit, von den Umständen selbst bedungen, leuchten zu sehen, und es blinken schon wieder nichts als Bajonette, Säbel, Kürasse und Kanonen.

Cambronne: Sehen Sie, Herr Obrist, ein wenig an den Schwadronen und Bataillonen dieser Schnauzbärte hinunter, und zeigen Sie mir unter ihnen einen, dem der Kaiser nicht lieber ist als alle die zeitgeistigen Phrasen.

BERTRAND: Mein junger und tapferer Labédoyère – verzagen Sie nicht ganz, halten Sie sich an den Kaiser – Er kann die Welt eher umgestalten als die Welt ihn, und ich versichere, er hat in seiner großen Brust auch einen Platz für Ihren Liberalismus und schützt und fördert ihn da, wo er des Schutzes und der Förderung wert ist.

CAMBRONNE: Der Kaiser erwacht!

EIN OFFIZIER: Nun bin ich neugierig, was er zu den preußischen Batterien sagt, deren Auffahren er verschlief.

NAPOLEON *steht auf – der Mantel, welcher ihn bedeckte, fällt zur Seite*: Alles, wie ich befohlen?

BERTRAND: Jedes Regiment an seinem Posten.

NAPOLEON: Was ist das dort?

BERTRAND: Sire, preußische Batterien.

NAPOLEON: Albernes Zeug – die sollen die feindliche Armee maskieren und sind zu weit vorgerückt. Sie haben nicht Zeit zum Schuß, fällt man ihnen in die Flanke. Das fünfundfünfzigste Regiment am rechten Flügel tue das, im Geschwindschritt – zwei Kürassierschwadronen begleiten es.

VITRY: Chassecoeur, er ist wach!

CHASSECOEUR: Man merkt es: das Regiment und die Kürassiere marschieren, die Batterien jagen zurück, und da – sehen wir die ganze preußische Armee.

VITRY: Was wohl die Offiziere, welche hier eben schwatzten, davon halten?

NAPOLEON: Generalkommandant der Artillerie –

DROUOT *tritt vor*: Sire –?

NAPOLEON: Die preußischen Kolonnen entwickeln sich – Ligny ist die Mitte und der Schlüssel ihrer Schlachtordnung – merken Sie sich das – – Und nun lassen Sie uns anfangen.

DROUOT: Sie befehlen – *Zu der Artillerie:* Abgeprotzt!

Es geschieht.

Jener Zwölfpfündner den Signalschuß!

Der Zwölfpfündner wird abgefeuert. Sofort donnern auch alle französischen Batterien, Heergeschrei, Trommeln, Trompeten, Janitscharenmusik dazwischen. Infanterie und Kavallerie rückt vor, nur die Garde bleibt stehen. Die Preußen bewegen sich gleichermaßen unter gewaltigem Artillerie- und Kleingewehrfeuer den Franzosen entgegen.

NAPOLEON: Ha! meine Schlachtendonner wieder – – In mir wird's still – – – *Er schlägt die Arme übereinander.*

CAMBRONNE: Wer sollte sich nicht freuen, der ihn jetzt sieht? – Welche Ruhe, welche stillglänzende Blicke!

BERTRAND: Ja, nun ist's mit ihm, als stiegen heitere Sommerhimmel in seiner Brust auf und erfüllten sie mit Wonne und Klarheit. Still und lächelnd wie jetzt sah ich ihn in jeder Schlacht, selbst bei Leipzig.

NAPOLEON *für sich*: Josephine – Hortense – das Etui – – Und mein Sohn!

ADJUTANTEN *sprengen heran*: Rechts, bei Sombref, drängen uns die Preußen zurück.

NAPOLEON: Die zurückgedrängten Truppen sollen sich an den rechten Flügel der Garde schließen.

Kanonenkugeln schlagen in die Erde.

VITRY *ergreift einige und wirft sie fort*: Canaillen, ihr könntet rikoschettieren!

NAPOLEON: Wie heißt du?

VITRY: Philipp Vitry.

NAPOLEON: Du bist Hauptmann.

CHASSECOEUR: Gift und Tod, was hat der Kerl für Glück!

VITRY: Sire, trauen Sie mir Ehre zu?

NAPOLEON: Hätt ich dich sonst zum Hauptmann gemacht?

VITRY: So versichr ich auf meine Ehre, hier dieser Chassecoeur verdient eher Hauptmann zu sein als ich. Er dient schon seit Quiberon und rettete bei Leipzig einen Adler – Bitte, Sire, lassen Sie mich Gemeiner bleiben, und ernennen Sie ihn statt meiner zum Hauptmann.

NAPOLEON: Ihr seid beide Hauptleute.

CHASSECOEUR: Mein Kaiser, wobei?

NAPOLEON: In meiner Suite.

EIN FLÜGELADJUTANT *sprengt heran*: Graf Vandamme muß das eben von ihm genommene St. Amand wieder räumen. Die Preußen sind zahllos und wütig wie die Teufel.

NAPOLEON: Ob die Preußen St. Amand oder Otaheiti haben, ist in diesem Augenblick gleichgültig. – Aber melden Sie Vandamme: Es wäre mir lieb, wenn er durch wiederholte hartnäckige Angriffe den Feind glauben machte, ich hielte etwas auf die Stellung. Blüchers Generalstab wär imstande, die Position bei Ligny wegen St. Amands noch mehr zu schwächen, als er schon getan hat.

Der Flügeladjutant ab.

Ordonnanzen zu Gérard: daß er bei Ligny allmählich auch die Truppen der schweren Waffengattungen in das Gefecht führt.

Mehrere Ordonnanzen ab.

EIN FUSSGARDIST *wird von einer Kugel getroffen*: Jesus Maria!

NEBENSTEHENDE KAMERADEN: Karl wird fromm!

WIEDER EIN GARDIST *dem eine Kanonenkugel den Leib aufreißt*: Es lebe der Kaiser!

GARDE UND HEER: Er lebe!

NAPOLEON: Diese Kugeln kommen von Sombref. Vier Reservebatterien vor, unsre von dorther weichenden Truppen besser zu bedecken.

EIN ADJUTANT *heransprengend*: Der Fürst von der Moskwa bittet um Hülfe. Die englische Armee enfiliert mit ihm bei Quatrebras eine Schlacht.

NAPOLEON: Der Fürst von der Moskwa ist ein – Sie, mein Herr, melden ihm: Ich wüßte, Wellington tanze noch in Brüssel, und er, der Marschall Ney, hätt es nur mit dem englischen Vortrab zu tun. Nicht erschrecken soll er sich von ihm lassen – kühn zurückwerfen oder doch aufhalten, bis ich hier gesiegt habe, soll er ihn. Dann läuft er von selbst.

Der Adjutant ab.

Daß doch die meisten Menschen Aug und gesunde Vernunft verlieren, sobald sie das Glück haben, mit zwanzig- oder dreißigtausend Mann selbständig auf dem Schlachtfelde zu stehen. *Zu mehreren Adjutanten:* Schnell zum General Erlon. Er trenne und bedrohe mit seinem Korps zwischen Quatrebras und St. Amand die Engländer und Preußen – er schont aber seine Truppen, oder Bülow möchte bei St. Amand ankommen; wäre das, so stürzt er ihm entgegen.

Adjutanten ab.

Zwei andere sprengen nah hintereinander heran.

ERSTER ADJUTANT: General Gérard nimmt Ligny mit dem Bajonett –

ZWEITER ADJUTANT: Die Preußen treiben ihn Schritt vor Schritt wieder hinaus –

NAPOLEON: Drei Voltigeurregimenter sollen sich debandieren und dort die Preußen überall, von jedem Vorsprung, jedem Fenster her, beängstigen helfen

Adjutanten ab.

EIN ADJUTANT *jagt herbei*: Zwischen St. Amand und Ligny wird es schwarz wie die Nacht von sich anhäufender feindlicher Kavallerie.

NAPOLEON: Die reitende Artillerie mit Kartätschen wider sie vor.

Reitende Artillerie jagt vor und schießt,
kommt aber gleich darauf in Eile und Unordnung zurück.

Was? Der wilde Blücher bricht doch los? – Milhauds Kürassiermassen auf ihn ein.

Milhauds Kürassiere stürmen los.

EIN OFFIZIER: Ah, wie leuchtet und klirrt auf einmal die Luft von gezückten Schwertern.

EIN ANDERER OFFIZIER: Und horch, jetzt treffen sie Blüchers Horden – Wie ingrimmig und gräßlich wiehern die gegeneinander kämpfenden Pferde!

NAPOLEON: Bertrand, was sagst du zu der Schlacht?

BERTRAND: Die Preußen fechten besser wie bei Jena.

NAPOLEON: Geschlagen werden sie doch, nur ein paar Stunden später.

Adjutanten kommen.

ERSTER ADJUTANT: Milhauds Kürassiere treiben die feindliche Reiterei zurück –

ZWEITER ADJUTANT *später*: Blücher erholt sich, und Milhaud weicht –

NAPOLEON: Pajols Reiter dem Milhaud verhängten Zügels zu Hülfe.

Adjutanten ab.

Ha, da einer von Gérard mit siegtrunkenem Antlitz – Wie bei Ligny?

DER HERANSPRENGENDE ADJUTANT: Die westliche Seite ist unter unsren Kolben, und ganz Europa entreißt sie uns nicht wieder!

NAPOLEON: Ein Pferd!

Es wird ihm ein Pferd gebracht, und er setzt sich auf.

VITRY: Chassecoeur, nun muß die Garde daran – der Feind ist mürbe.

CHASSECOEUR: Mürb oder hart, die Garde macht ihn zu Brei.

NAPOLEON: Lieber Drouot, ein Kreuzfeuer des schwersten Geschützes auf Lignys Ostseite.

DROUOT: Wehe dem Mutterkinde, das noch darin ist! – Schwere Artillerie, marsch! *Mit der schweren Artillerie ab.*

NAPOLEON: Cambronne, alle Garden zum Sturm auf Ligny!

CAMBRONNE: Alte und junge Garden, zu Pferde und zu Fuß: den Kaiser salutiert!

DIE OFFIZIERE DER GARDE *den Befehl Cambronnes weiterrufend*: Den Kaiser salutiert!

DIE GARDE *salutierend*: Der Kaiser hoch!

CAMBRONNE: Und nun Bajonett gefällt, Säbel geschwungen – unser der letzte Trümmer von Ligny oder der Tod! *Ab mit der Garde.*

Napoleon: Estafetten nach Paris: ich hätte gesiegt – während Blücher mir mit seiner Reiterei meinen linken Flügel habe zerbrechen wollen, hätt ich sein Zentrum durchbrochen, und so weiter, wie jedes Auge es hier sieht. Zugleich der Munizipalität durch den „Moniteur“ angedeutet, sie möchte mit Abnahme der Vormundschaftsrechnungen nicht so nachlässig sein wie im vorigen Jahre, oder mein Zorn träfe sie ärger als die Preußen.

Adjutanten und Ordonnanzen ab. – Sombref, Ligny, St. Amand lodern vor der französischen Schlachtlinie in lichten Flammen – hinter ihr Quatrebras, Pierrepont, Frasnes, Geminoncourt und andere Ortschaften ebenso.

Napoleon *sieht sich nach den Feuersbrünsten um*: Ist's nun meine Schuld, daß ich mit einem unermeßlichen, weit und weiter sich ausdehnenden Flammendiadem wie dieses meine Stirn schmücken muß? Oder ist es das trübselige Fünkchen, die elende Ächtungsakte von Wien, welche diesen Weltbrand veranlaßt?

Adjutanten *heransprengend*: Sire, Drouots Batterien haben auch die Ostseite von Ligny zu Staub gemacht – sie schweigen, weil die Garden schon über die Trümmer vorrücken – nur einzelne preußische Jäger stecken noch hier und da hinter Hecken und Gräben.

Napoleon: Ligny ganz mein! – Das Tor Europas ist erbrochen, und ich stürme hindurch bis –

Bertrand *für sich*: Da spiegeln die goldglänzenden Kuppeln von Moskau sich schon wieder in seinem Auge.

Napoleon: Den schwarzen Krepp von den Legionsadlern, daß sie die wieder aufsteigende Sonne des Sieges sehen! *Zu Adjutanten und Ordonnanzen:* Grouchy verfolgt mit seinem Korps die Preußen – unter ihm noch Vandamme und Pajol mit ihren Heerteilen – er kann nicht rasch und kühn genug sein, darf sich durch keine Demonstration, keine Position aufhalten lassen.

Viele Adjutanten und Ordonnanzen ab.

Wir, Bertrand, besehen einige Augenblicke das Schlachtfeld, und dann mit der Großen Armee links, um mit Ney den Vortrab der Engländer auf ihre Hauptmacht zu werfen, diese zu vertilgen und übermorgen in Brüssel zu schlafen.

Napoleon, Bertrand und die kaiserliche Suite ab.

FÜNFTER AUFZUG

Erste Szene

Abend. Ein Hotel in Brüssel. Viele große Säle, prächtig erleuchtet.

Herzog von Wellington mit Gefolge, Damen und Offiziere höchsten Ranges darunter, tritt ein. Der Herzog von Braunschweig kommt etwas später, den sogenannten „schwarzen Becker", seinen Kammerdiener, zur Seite. Er setzt sich in eine Nische des vordersten Saales. Der „schwarze Becker" bleibt neben ihm stehen.

HERZOG VON BRAUNSCHWEIG: Becker, hast du alle meine Papiere in Ordnung?

SCHWARZER BECKER: Ja, Eure Durchlaucht.

HERZOG VON BRAUNSCHWEIG: Du bist ein braver Kerl, sorgst wohl zuerst für dich, dann aber zunächst für mich – Mehr kann man von einem Menschenkinde nicht verlangen –

SCHWARZER BECKER: Herr Herzog –

HERZOG VON BRAUNSCHWEIG: Laß das gut sein – So braun dein Gesicht und so schwarz dein Haar ist – du bist mir lieber als viele der Herrn, welche mich in Braunschweig bei meiner Rückkehr mit ihren nichtssagenden Fratzen und wohlfrisierten Perücken devotest empfingen und dennoch mit – und mit den – unter einer Decke spielen möchten. Schwarzer Becker, vernichte jedes Papier, von dem es dir nicht gut scheint, daß es an das Licht komme – die alten Korrespondenzen mit – – – – und Gott weiß mit wem sonst noch – fort damit! 's ist alles Lumpenzeug.

SCHWARZER BECKER: Sie befehlen, Durchlaucht.

HERZOG VON BRAUNSCHWEIG: Becker, ich falle bald – mir sagt's die Ahnung so deutlich, daß ich nicht zweiflen mag. Es tut mir leid um meinen unmündigen ältesten Jungen – man wird ihn vielleicht so – – und sich in solche Schaffelle zu kleiden wissen, daß, wenn er in die welfischen Brausejahre kommt und mündig wird und dann den ganzen Spuk der ausheimischen, einländischen und persönlichen Interessen erblickt, er glaubt, noch toller werden zu dürfen als die, welche – – Wenn ich nicht mehr bin, Becker, so laß dich nicht im Braunschweigischen nieder – gib dann das wildbewegte Leben auf, heirate irgendwo anderwärts eine tüchtige Person und denke bisweilen an mich, wenn du recht glücklich bist.

SCHWARZER BECKER: Herzog –

HERZOG VON BRAUNSCHWEIG: Laß das Weinen. Nichts verlachenswerter. – – Ich sage dir, in diesen Tagen fall ich –

SCHWARZER BECKER: Durchlaucht, gewiß Phantasien –

HERZOG VON BRAUNSCHWEIG: Mag sein, aber immer noch besser als Wellingtons Tanzlust – Er meint, er hätt es mit einem Jourdan zu tun – Bonaparte wird ihm den Unterschied zeigen.

SCHWARZER BECKER: Bonaparte ist noch in Paris.

HERZOG VON BRAUNSCHWEIG: Leicht möglich und ebensoleicht nicht. Er ist in der Regel da, wo man ihn nicht vermutet.

SCHWARZER BECKER: Durchlaucht, zerstreuen Sie sich – Hören Sie die Musik! Da das „God save the King"!

HERZOG VON BRAUNSCHWEIG: Solang es dauert. – Sind die Braunschweiger bereit?

SCHWARZER BECKER: Immer unter Waffen.

HERZOG VON BRAUNSCHWEIG: Gut.

SCHWARZER BECKER: Durchlaucht, welch ein Schimmer von

Uniformen – Da selbst der ehrliche Brite Picton in größtem Staat – Und gar der Herzog von Wellington, der Prinz von Oranien –

HERZOG VON BRAUNSCHWEIG: Der Herr Herzog halten immer den Mund auf und hören doch oft recht schwer. – Nehmen die englischen Krebse sich nicht besser in acht, so müssen sie bald nach gewohnter Manier zurück in die See, wie bei Corunna und Vlissingen.

SCHWARZER BECKER: Da naht eine Damendeputation – Sie hat uns an den Totenköpfen der Tschakos erkannt und will Ew. Durchlaucht mit Lorbeeren bekränzen.

HERZOG VON BRAUNSCHWEIG: Gehe zu den Damen, mache deine höflichsten Verbeugungen und sag ihnen, ich dankte für die Ehre.

SCHWARZER BECKER: Wie Ew. Durchlaucht gebieten. *Er richtet den Befehl des Herzoges mit größter Höflichkeit aus, die Damen ziehen sich zurück, und er geht wieder zum Herzog.*

HERZOG VON BRAUNSCHWEIG: Schaffe mir einen Whisky.

Der „schwarze Becker" geht und bringt den Whisky.

EIN ENGLISCHER ARTILLERIEOBRIST *eine junge Dame hereinführend*: Adeline – Was ich so lange in Londons ersten Zirkeln gesucht – hier, auf dem Feldzug, find ich es auf einmal in dir – entzückenden Schönheitsglanz und unversiegbare Liebe.

ADELINE: Wer weiß, wie viele herrlichere Blumen du vorbeigingst, ohne sie zu sehen, und wie zufällig dein Blick grade auf mich fiel.

ARTILLERIEOBRIST: Nein, nein – kein Zufall – Mein guter Genius selbst führte mich in deine bräutlichen Arme.

ADELINE: Siehe dort die Fürstin Ligne, die Herzogin von Chimay, die Gräfinnen von Barlaymont und so manche andere – Welche Gestalten! Welche Grazien! Welch überreicher Schmuck strahlt von ihrem Haar und Gewand, und wie armselig ist er gegen sie selbst! – Edward, es ist unmöglich, daß du mich liebst, wenn du solche Göttinnen siehst.

ARTILLERIEOBRIST: Deine Bescheidenheit ist göttlicher als all jener Prunk. – Oft schrien die ehernen Stimmen der Geschütze um mich, flogen Pulverwagen, Reiter und Pferde, Ingenieure und Bombenkessel in meiner Nähe auf – an keine Dame Europas hätt ich gedacht in dem Getümmel – aber an dein Auge gewiß, ja an die Spitze deines kleinen Fingers.

ADELINE: Edward, nimm den Abschied – mache den Feldzug nicht mit.

ARTILLERIEOBRIST: Es kommt zu keinem Feldzug, Geliebte – Der Korse scheint keine Armee zusammenbringen zu können – Wir marschieren wohl ohne Aufenthalt nach Paris –

ADELINE: Ach, wären wir auf deiner Stammburg in den grünenden Auen von Sheffield!

ARTILLERIEOBRIST: Der Prinz von Oranien faßt die Hand der Fürstin Ligne, Wellington die der Herzogin von Chimay – Alles arrangiert sich – der Ball beginnt – Horch! Die Musik braust los, ein Ätna feuersprühender Töne – Treten wir in die Reihen.

ADELINE: Musik! Musik! – Was rufen all die Töne? – mir nichts als deinen Namen!

Der Artillerieobrist tritt mit Adeline in die Tanzreihen.

HERZOG VON BRAUNSCHWEIG: Noch einen Whisky, Becker.

Der „schwarze Becker" holt den Whisky.

SCHWARZER BECKER: Da beginnen sie eine Galoppade.

HERZOG VON BRAUNSCHWEIG: Wer weiß, ob nicht schon die Kürassiere des Milhaud hieher galoppieren.

HERZOG VON WELLINGTON: Lauter die Musik! – Herzogin, Sie glühen – Der Tanz greift Sie an.

HERZOGIN VON CHIMAY: In den Armen des Siegers von Salamanca nimmer.

Dumpfe, aber sehr entfernte Töne.

HERZOG VON BRAUNSCHWEIG *springt auf*: Becker, was ist das?

SCHWARZER BECKER *aus einem Fenster sehend*: Ein Gewitter zieht auf.

Wieder entfernte, immer lautere Töne.

HERZOG VON BRAUNSCHWEIG: Gewitter? Gewitter? – Ob aber am Himmel oder auf der Erde? – Melde Wellington, ich glaubte Kanonenschüsse zu hören.

SCHWARZER BECKER *geht zu dem Herzog von Wellington*: Der Herzog von Braunschweig vernimmt Kanonenschüsse –

HERZOG VON WELLINGTON: Ei, woher denn? – Hält er etwa diese Pauken oder die Donner des Unwetters dafür? – Vorwärts der Tanz! – Napoleon ist noch in Paris oder daraus wieder nach Süden vertrieben. – Seine paar Bataillone bei Charleroi haben keine Kanonen, und unsere überstarken Avantgarden sind Blücher bei Ligny und meine Truppenteile bei Quatrebras – Vorwärts der Tanz!

SCHWARZER BECKER *zu dem Herzog von Braunschweig zurückkehrend*: Wellington hält die Töne nicht für Kanonenschüsse.

Lautere und stets lautere Klänge.

HERZOG VON BRAUNSCHWEIG: So kenn ich sie besser als der Herr von Ciudad Rodrigo – Es sind die Klänge, unter denen mein Vater fiel! Ein schlechter Sohn, der sie hört und verbeißt, statt rachedürstend ihnen entgegenzustürzen – Folge mir!

Mit dem „schwarzen Becker" ab.

Gleich darauf die Alarmmusik der Braunschweiger.

HERZOGIN VON CHIMAY: Hören Sie –?

HERZOG VON WELLINGTON: Ruhig, Beste, so schön Ihnen auch die Unruhe steht. – Der Braunschweig hat seine kriegerische Laune, läßt Alarm schlagen und übt seine Truppen in der Wachsamkeit.

Immer nähere Kanonenschüsse.

ADELINE: Wehe, was donnert da? – Das sind doch nicht – Da schreckt auch der Herzog auf!

ARTILLERIEOBRIST: Adeline – vor deinem forschenden Blick kann ich nicht lügen – Du hörst – o Gott – feindliche Kanonen!

ADELINE: Jesus Christus! – Wie hast du dich geirrt – Napoleon marschiert doch heran!

ARTILLERIEOBRIST: Wer könnte in ihm sich nicht irren? Er ist wie ein neuer, plötzlich aufgetauchter, unerforschter Erdteil –

ADELINE: Oh, wer stürzt da herein? – Das sind nicht Menschen – Das sind Teufel.

Adjutanten Blüchers stürzen in die Szene.

ARTILLERIEOBRIST: So nenne sie nicht – preußische Kameraden sind's, noch schwarz vom Pulverdampfe der Bataille.

ERSTER PREUSSISCHER ADJUTANT: Wo der Herzog Wellington?

EIN ENGLISCHER OFFIZIER: Dort steht er.

PREUSSISCHER ADJUTANT: Durchlaucht –

HERZOG VON WELLINGTON: Sie kommen?

PREUSSISCHER ADJUTANT: Aus der Schlacht.

HERZOGIN VON CHIMAY: Also dennoch –?

HERZOG VON WELLINGTON: Ruhig, ruhig, Herzogin!

HERZOGIN VON CHIMAY: Unmöglich, Herzog – Selbst Ihr Befehl bezwingt meinen Schrecken nicht – Wie stäubt der Ball auseinander –

VOLK *auf der Straße*: Der Feind! der Feind! er kommt! er kommt!

HERZOGIN VON CHIMAY: Gott! ganz Brüssel in Bewegung!

VOLK: Der Feind! der Feind! Brüssel brennt schon! Feuer! Feuer! Feuer!

HERZOG VON WELLINGTON: Madame, trauen Sie diesem tollen Straßengeschrei nicht – Aber fahren Sie zu Haus – eine zahlreiche Sauvegarde begleitet Sie.

Herzogin von Chimay ab.

PREUSSISCHER ADJUTANT: Herzog, Napoleon erschien mit seiner Armee urplötzlich vor Ligny, Ney vor Quatrebras –

HERZOG VON WELLINGTON: Feldmarschall Blücher und mein Vortrab?

PREUSSISCHER ADJUTANT: Sind beide geschlagen und ziehen sich hieher zurück.

HERZOG VON WELLINGTON: Was meint der Feldmarschall?

PREUSSISCHER ADJUTANT: Er hofft, Ihr Heer vor Brüssel schlagfertig aufgestellt zu finden, sonst schlägt er die zweite Schlacht auch ohne es.

HERZOG VON WELLINGTON: Bülows Korps?

PREUSSISCHER ADJUTANT: Hat an der Schlacht nicht teilgenommen und stößt bald zu uns.

HERZOG VON WELLINGTON: Und Blücher kommt, wenn ich standhalte?

PREUSSISCHER ADJUTANT: Er sagte es.

HERZOG VON WELLINGTON: So glaub ich es. – Sagen Sie ihm, Sie hätten mich leider in erbärmlichen Tanzschuhen getroffen, die ich leichtsinnig genug angezogen – aber ich wollte selbst dieser Schuhe nicht wert sein, träf er mein Heer nicht in Schlachtordnung vor dem Walde von Soignies.

Die preußischen Adjutanten ab.

Alarm! Alarm! Alle Truppen vorgeschoben nach Waterloo!

ARTILLERIEOBRIST: Geliebte –

ADELINE: Bleibe!

ARTILLERIEOBRIST: Darf ich? – Schon rasseln meine Batterien über das Pflaster!

ADELINE: Oh, diese Räder – Sie gehen durch mein Herz!

ARTILLERIEOBRIST: Adeline, auch durch das meinige – Doch ich muß, ich muß – Wehe mir, die Rosenhimmel der Liebe auf deinen Wangen erbleichen – Welch ein schmerzliches Bild nehm ich mit in den Kampf – – Lebewohl! Vielleicht sehn wir uns wieder! – Diener, meine Braut zu ihrer Mutter geführt! *Ab.*

Adeline, in Ohnmacht, wird fortgeführt. –

Draußen marschiert Kavallerie, Artillerie, Infanterie, unter letzterer

DIE HOCHLÄNDISCHEN REGIMENTER *singend unter Begleitung der Sackpfeife*:

Clan Douglas, Clan Douglas,
Die Mutter, sie weint –
Was weint!
Dort trotzet der Feind!

Clan Douglas, Clan Douglas,
Fluß Avon blinkt schön –
Was schön!
Die Sachsen dran stehn!

Clan Douglas, Clan Douglas,
Wie stürzt er bergab –
Was ab!
Wir kühn in das Grab!

Clan Douglas, Clan Douglas,
Was jammert die Braut –
Was Braut!
Der Feind ist schon laut!

Clan Douglas, Clan Douglas,
Wie steil unser Stieg –
Was Stieg!
Zu Rache und Sieg,
Clan Douglas, Clan Douglas,
Clan Douglas!

Herzog von Wellington: Wetter, die Bergschotten sind eine brave, treue Nation – Lieder auf die sächsischen Eroberer de anno 500 nach Christi Geburt begeistern sie noch heute gegen die Franzosen. – – Meine Herren vom Generalstabe: Bonaparte hat uns getäuscht und überrascht, aber das alles läßt sich gutmachen durch Festigkeit. Wir waren eben im Tanz begriffen und sehr heiter – seien wir in der Schlacht auch so, und die Franzosen sollen bestürzt aussehen, wenn sie ihre Erbfeinde nicht im Tanz, sondern gewaffnet und ruhig sich gegenüber erblicken. Verteilen Sie sich in den Kantonnements, sorgen Sie, daß jeder Befehlshaber seine Schuldigkeit tut. Ja keine Unordnung unter den Truppen – die strengste Disziplin geübt – aber den Leuten Lebensmittel gegeben, soviel aufzutreiben. Adieu! *Ab – die Offiziere gleichfalls.*

ERSTER AUFWÄRTER: Abgeräumt – Das Volk ist fort.

ZWEITER AUFWÄRTER: Alle Reste in die Tasche – Da Kuchen über Kuchen –

ERSTER AUFWÄRTER: Halbvolle Weinflaschen stehen dabei. Nehmt und trinkt sie aus mit den Hausmamsellen. *Für sich:* Ah, da find ich eine Brillantnadel –

ZWEITER AUFWÄRTER: Himmel, wie das marschiert und trottiert!

ERSTER AUFWÄRTER: Ich hoffe, die Franzosen gewinnen doch. Ich sage lieber „Monsieur" als „Mijnheer" oder „Ihro Hochedelmögenden". – – Daß die Küchenmädchen die Teller besser putzen, keinen gelben Rand darum lassen, sonst soll die Canaillen – – Hurtig, mit mir hinunter – Eine Menge Offiziere sprengt vor die Haustür und fodert noch einen Schluck, die Courage zu begießen.

Die Aufwärter ab.

Zweite Szene

Heerstraße in der Gegend von Wavre.

Die preußische Armee auf dem Rückzug. Blücher, eine lange irdene Pfeife rauchend, Gneisenau neben ihm, im Hintergrunde zu Pferde auf einem Hügel. Linie und Landwehr, hin und wieder in Schwadrone oder Kompanien geordnet, meistens aber aufgelöst, reiten und marschieren durcheinander. Artilleriezüge und Fuhrwerke jeder Art darunter. Auf den Kanonen und Wagen liegen und sitzen Verwundete und Gesunde. Jeden Augenblick stürzen Marode. Aus der Ferne ununterbrochener Kanonendonner. Alles eilt vorwärts. Es regnet.

DER TRAINKNECHT EINER KANONE *zu seinen Pferden*: Hot – ha! – Fritz, hot – links liegt ein Verwundeter – Hans, ha – – rechts ein freiwilliger Jäger mit einem Hemde so fein, daß einem das Herz weh tut, darüberzufahren.

DER BERLINER FREIWILLIGE: Dieses ist schrecklich erhaben – Ob mein Wasserpolacke tot ist?

DER OSTPREUSSISCHE FELDWEBEL: He, Berliner – wie geht's?

BERLINER: Sieh, der Herr Feldwebel – leben Sie noch? – Es schmerzt mir vor Freude.

FELDWEBEL: Auch immer frische Courage?

BERLINER: Courage! Weiter nichts? An die hab ich mir bald gewöhnt. Es sind mich gestern tausend Kugeln um den Kopf geflogen, und keine traf mir. Geht das so fort, so bin ich bald gar nicht mehr vor mich bange.

FELDWEBEL: Das ist mir lieb – Adieu –

BERLINER: Herr Feldwebel –

FELDWEBEL: Nun?

BERLINER: Sie steht die große Nase, die Sie haben, sehr gut – Wahrhaftig, ich möcht Ihnen damit auf dem Brandenburger Tore sehen, statt die Siegsgöttin, solange sie noch in Paris ist – Aber, Herr Feldwebel, ich muß Sie doch an etwas erinnern – Die deutsche Sprache, wie ich sie bei Herrn Professor Heinsius gelernt, verstehn Sie nicht im mindesten. Es heißt nicht, wie Sie sagen: „Es ist mir lieb", sondern „Es ist mich lieb".

FELDWEBEL: Weshalb?

BERLINER: Deshalb, Herr Feldwebel – – – Nämlich: sagen Sie nicht: „Mich wurde die Kuh gestohlen"? – He?

FELDWEBEL: Ich sage so ohngefähr.

BERLINER: Also? Verstehn Sie? – „Mich wurde die Kuh gestohlen" und „Mich ist es lieb" – Das ist tout égal.

FELDWEBEL: Möglich – *Geht weiter.*

BERLINER: Daß diese arme Würmer aus die Provinz durchaus nicht das Deutsche richtig sprechen lernen, oft gar zweifeln, daß in diese Hinsicht nichts über die Residenzer geht!

Feindliche Granaten und Haubitzen fallen,
einige dicht neben dem Berliner.
Er springt zurück.

Daß dir der Donner! – Ganz gesund ist's hier nicht! – – Was hilft's aber! Ich bin im Tumult und kann nicht hinaus – Und am Ende sind die Franzosen hinter die Königsmauer schlimmer als die hinter uns – Ephrim! Ephrim! Was läufst du?

EPHRAIM: Ferdinand, su meine Kumpanie –

BERLINER: Die ist weit voraus.

EPHRAIM: Weit voraus? – O wär ich dann doch so eher bei sie!

BERLINER: Ephrim! Hast einen Schuh im Dreck stecken lassen.

EPHRAIM: Laß ihn stecken, obgleich er kostet anderthalb Taler – Ach, halte mir nicht auf, laß mir vorwärts, mein Jugendfreund!

BERLINER: Wir gehen ja vorwärts! – Wie kommt es, Ephrim, daß du deinen Namen wieder kennst? Vor zwei Jahre in Berlin sahst du dir bei dem „Ephrim" nicht um – „Ibrahim, Ibrahim" hieß es bei alle deine Bekannte, Mutter, Schwester und Bruder.

EPHRAIM: Steckte der liebe Gott hier, er würde viel fragen, wie er hieße, sondern er nähme die Flügel des Sturmwindes und flöge vor die Geschosse davon wie ein Lämmergeier.

BERLINER: Spielt der kleine Moses auch noch immer „auf die Fleit"? Und hören eure „Leit" noch immer „su" mit offnem Maul und harten Ohren?

EPHRAIM: Wie kann ich hier wissen, was meiner Schwester Kind tut in die Hauptstadt?

Kartätschenschüsse schmettern in das flüchtige Heer.

Au wai, was ist alles Gold gegen einen Kartätschenschuß?

BERLINER: Ephrim, lauf doch nicht so – – Bist hungrig, Ephrim?

EPHRAIM: Ich bin es, ich bin es!

BERLINER: Ephrim, als wir noch auf die Schule gingen, betrogst du mir im Spiel um fünf Münzgroschen – Als ich sie nicht bezahlen wollte, sagtest du es meinem Vater, und ich bekam Prügel ärger als ein junger Gott.

EPHRAIM: Das ist nicht wahr, ist nicht wahr – irrst dir – eure Magd, eure Magd, die Lotte, hat es gesagt an deinen Vater – Sie hatte belauscht unser Spiel – Nie gestand ich, daß ich deinem Vater gesagt hätte von die Sache.

BERLINER: Daß du dieses nicht gestanden hast, Ephrim, glaub ich dich aufs Wort – Willst essen, Ephrim?

EPHRAIM: Ja, ja, ja –

BERLINER: So siehe zu, wie du etwas bekommst, denn dieses Stück Rindfleisch –

EPHRAIM: Ist gut, ist gut – Her damit!

BERLINER: Ich will es lieber selbst essen, denn es ist nicht kauscher, Ephrim – es könnte dir um Vater Abrahams alten Schoß bringen, und den gönn ich dich allzusehr –

EPHRAIM: Schweinehund, ich bin wohl ein Jude –

BERLINER: Nicht ganz, nicht ganz – Dein blondes Haar verrät einen Christen, der zwischen deinem Vater und deine Mutter – na, Ephrim, du kennst ja die musikalischen Intermezzos aus die Visiten bei Mauschels kleinen Konzerten –

EPHRAIM: Du Hund, wenn ich auch bin ein Jude, bin ich doch auch ein Bürger und ein Berliner Freiwilliger wie du – da!

Er gibt dem Berliner eine gewaltige Ohrfeige. Der Berliner will sie ihm grade wiedergeben, als eine Kanonenkugel dem Ephraim den Kopf abreißt.

BERLINER *stürzt zur Seite*: Ah, wie furchtbar rächt mir das Geschick! *Sich wieder aufrichtend.* Ephrim, warst doch ein guter Kerl – Bist ja tot! –

Die verfolgenden Franzosen beschießen die preußische Armee heftiger, und die Flüchtigen suchen sich rascher vorwärtszudrängen. Blücher und Gneisenau sprengen vor.

GNEISENAU: Halt!

Viele Soldaten eilen ohngeachtet dieses Kommandos weiter.

Steht, sag ich, steht – Wer den Fuß rührt, eine Waffe wegwirft, wird auf der Stelle erschossen!

Die Armee steht.

BLÜCHER: Kerle, seid ihr furchtsamer als mein Gaul? Er bäumt sich vor Lust, da er Kanonen hört, und ihr lauft krummen Buckels davon?

Französische Kugeln fallen dichter und dichter.

GNEISENAU: Feldherr, das Gehölz da – es nistet sich feindliche Artillerie hinein –

BLÜCHER: So soll die unsrige sich nach ihr umgucken – Sie hat ohnehin mit ihren zerbrochenen Rädern Zeit genug.

BERLINER: Der Blücher ist göttlich!

BLÜCHER: Nun, Kanoniere, losgebrannt! – – Ich will mittlerweile sehen, ob ich dem Volk im Holze nicht einen Haufen Jäger unserer Arrièregarde in den Rücken werfe. – Du, Berliner –

BERLINER: Wie, Herr Feldmarschall, Sie kennen mir?

BLÜCHER: Ich sah dich vorgestern im Biwak – Halt einige Augenblicke meine Pfeife in Brand.

BERLINER: Nur einige Augenblicke? Viele Jahrtausende, wenn Sie befehlen.

BLÜCHER: Gneisenau, ich bin gleich zurück. *Jagt fort.*

GNEISENAU: Meine Herren Offiziere – Eifriger, eifriger! – Schneller, besser die Truppen geordnet – Unsre Leute sind tüchtig, stets so brav als ihre Anführer. Vernichtete dieser Rückzug irgendeine Kompanie, die Schande fiele lediglich auf ihren Hauptmann.

BLÜCHER *wieder heransprengend*: Höre zu, Gneisenau.– Die Jäger machen sich schon mit „Piff" und „Paff" in das Gebüsch –

GNEISENAU: Die Kanoniere hier waren auch nicht faul –

BLÜCHER: Wahrhaftig nicht, sie haben den „Qui vives" so geantwortet, daß dieselben umkehren und die Schnauze halten – unser Rückzug bleibt eine Stunde lang ungestört. – Meine Pfeife!

BERLINER: Hier, Herr Feldmarschall! – – Und darf ich bitten?

BLÜCHER: Ja.

BERLINER: Lassen Sie mir zu die freiwilligen Jäger, die da dicht mit dem Feinde scharmutzieren. Seit die Zeit, daß ich aus Ihre Pfeife rauchte, ist's mich, als hätt ich mir an einem Vulkan vollgesogen wie ein unmündiges Kind, und ich krepiere vor Schlachtwut – denn außer dem, daß mir dieses Rauchen begeistert hat, ist's zweitens klarer als ein reines Bierglas bei Wisotzky, daß mir hier die Franzosen unvermuteter und eher treffen, als wenn ich die Halunken in das Gesichte sehe, ihre mörderische Bewegungen observiere, mir hinter einen Baum stelle und, selbst ziemlich gesichert, sie zuerst totzuschießen versuche.

BLÜCHER: Du bist ein klug-braver Kerl. Mache dich sogleich zu den freiwilligen Jägern.

BERLINER: Dann, Herr Feldmarschall, brechen Sie ein Endchen von Ihre Pfeife und verehren Sie es mich!

BLÜCHER: Wozu?

BERLINER: Zum Andenken, und dann auch, um mir bei die Jäger, da ich eine andere Uniform trage als sie, damit zu legitimieren.

BLÜCHER: Da hast du es, toller Patron.

BERLINER: Sehr gut gesagt, sehr schön, wenn ich auch am Inhalt des Ausdruckes zu zweifeln wage – Herr Feldmarschall, Sie sollen von mir sehr viel hören oder schlimmstens doch gar nichts. *Ab.*

GNEISENAU: Feldmarschall, rechts Musik – jetzt der „Alte Dessauer" – da „Uso voran" – und nun wieder ein neuer Walzer!

BLÜCHER: Gott sei gelobt, also endlich Bülow mit den Pommern! Reit ihm entgegen und lies ihm wegen seines ordnungswidrigen Ausbleibens die Leviten.

GNEISENAU: Was helfen die bei ihm? – Er wiegt sich in den Steigbügeln, sieht sich in der Gegend um und läßt die Vorwürfe zum einen Ohr herein, zum andren hinaus.

BLÜCHER: Freilich, so tut er – Aber, bei Gott, der leichte Sinn, welcher bei jedem Subalternen der Todesstrafe wert wäre, ist nicht strafbar bei dem Helden von Dennewitz. Vielleicht rettete er jüngst mit ihm Deutschland. Als wir 1813 noch immer zweifelten, den Korsen, sobald er uns persönlich gegenüberstand, anzugreifen, rief er nichts als: „Hole der Kuckuck das Zaudern! drauf los! den Versuch gewagt! ihr sollt sehen, er ist einer Mutter Sohn wie wir!"

Gneisenau reitet zu Bülow, welcher, zu Pferde, mit seinem Armeekorps unter Feldmusik in größter Ordnung in die preußischen Linien rückt.

BÜLOW: Guten Tag, lieber Gneisenau.

GNEISENAU: Bülow, des guten Tages bedürfen wir.

BÜLOW: Ihr seid abscheulich mitgenommen. – Was macht Blücher?

GNEISENAU: Dort hält er, gesund und frisch.

BÜLOW: Das freut mich. Er ist ein Degen, den weder Alter, Blut noch Wetter blind oder rostig machen. – – Sapperment, wie ist eure Artillerie, Infanterie, Kavallerie in Wirrwarr! 'ne wahre Höllenwirtschaft! – Und was von dort? Flintenschüsse? So nah habt ihr den Feind auf den Hacken?

GNEISENAU: Tirailleurgefechte –

BÜLOW: Meine Pommern machen bald aus den Gefechten wieder eine Schlacht. – Sieh einmal die Teufelskerle an: beschmutzt bis über das Ohr, aber Gesichter frisch und kernig, wie eben ausgeschältes Obst, und auf den Beinen munter, als ging es auf der Jakobsleiter zum Himmel – Ein Gichtbrüchiger wird bei dem Anblick gesund. – Will die alte Garde des Imperators Pommern fressen, bekommt sie harte Nüsse zu knacken.

GNEISENAU: Du hast gut reden – Unsere Korps sind seit zwei Tagen im Feuer – Deines sah noch keine französische Lunte.

BÜLOW: Im Feuer, Feuer – Feuer hätt euch bei diesem Unwetter erwärmen und erfreuen sollen. – Meine Leute prügeln sich noch, wer von ihnen zuerst Napoleons Mörser erstürmt, sie zu Kochkesseln zu gebrauchen.

GNEISENAU: Wir wollen das abwarten. – Der Feldmarschall hat aber, wie ich dir im Ernst sage, im Sinn, dich vor eine Militärkommission zu stellen. Du mußtest gestern, der Order gemäß, bei Ligny sein und konntest da sein, wenn auch später, als dir befohlen. Die Schlacht hätte eine andere Wendung bekommen.

BÜLOW: Wahrhaftig, eine schöne andere Wendung! Abends, als ihr schon geschlagen wart und uns in der ersten Fluchtwut angesteckt und mitgerissen hättet, wären wir eingetroffen, vom übermäßigen Marsch marode und leeren Magens dazu. – Eh, ich hab erst Mann und Pferd sich sättigen, alles Tritt vor Tritt marschieren lassen, und da ist nun mein Korps, tüchtiger als je. – Der Feldmarschall achtet die Vernunft mehr als seine Orders, und somit bin ich entschuldigt.

GNEISENAU: Bilde den Vortrab des Heeres – Ziethen stößt mit der Masse der Reiterei gleich zu dir. Der Marsch geht über Wavre nach den Waldhöhen von Soignies.

BÜLOW: Gut, mein Freund.

Gneisenau ab.

Tambours, den Armeemarsch! – So! – – Und nun einen Kirchmeßwalzer, Hoboisten! – – Brave pommersche Jungen, ist's nicht, als wären wir auf einer Bauerhochzeit bei Pasewalk? Gibt's etwas Lustigeres als einen Feldzug?

Er und die Pommern ziehen weiter.

GNEISENAU *wieder neben Blücher*: Feldmarschall, der Bülow spricht und denkt über sein spätes Eintreffen so, wie ich vermutete –

BLÜCHER: Aber sein Korps?

GNEISENAU: Ist in einem herrlichen Zustande.

BLÜCHER: Das ist die Hauptsache, und ich nehm ihm sein gestriges Ausbleiben nicht übel. *Zu dem Heere:* Kameraden, gestern sind wir mordmäßig geschlagen – Tröstet euch und schlagt die Franzosen morgen mordmäßiger wieder. – Die Engländer warten auf uns vor dem Walde von Soignies. Kommen wir bei ihnen nicht zeitig an, so sind sie verloren, kommen wir zeitig, so helfen wir ihnen mitgewinnen. – Also, dreist in diesen Dreck getreten, wir treten so früher auf die gebohnten Dielen des Louvre – – – Hölle, was für Physiognomien sitzen ganz behaglich in ihren großen Halstüchern auf jenen Feldwägen?

GNEISENAU: Feldchirurgen.

BLÜCHER: Herunter mit den Balbiergesellen, in den Kugelregen mit dem Volk, daß es dort die Verwundeten verbindet und hier ihnen Platz macht – – Ein paar gute Schuster mit tüchtigen Gesellen wären dem Heere nötiger als dieses ganze in Eil aufgeraffte Feldscherergesindel.

EIN HERANSPRENGENDER ADJUTANT: Die Franzosen drängen sich näher und näher in unsren Rücken –

BLÜCHER: Nur nicht allzu bestürzt – sie können uns ja desto eher in – – Melden Sie so etwas der Arrièregarde. Der Sieg liegt vor uns – Dorthin.

Alle rücken weiter.

Dritte Szene

Hohlweg vor dem Walde von Soignies.
Mitten durch ihn die Straße nach Brüssel.
Gebüsche auf beiden Seiten.

Diese sowie die Ufer des Hohlwegs sind von Detachements englischer Linientruppen, englischer Jäger und hannoverischer Scharfschützen besetzt. Hinter der Schlucht auf den Höhen von Mont Saint Jean steht das Gros des Wellingtonschen Heeres – rechts von ihr das Vorwerk Houguemont – in einiger Entfernung vor ihr das Gehöft La

Haye Sainte, etwas weiter hin das Haus La Belle Alliance und noch entfernter die Meierei Caillou – links die Dörfer Planchenoit, Papelotte, Frichemont pp.

EIN ENGLISCHER JÄGER: Wie heißt diese Gegend?

EIN SERGEANT DER ENGLISCHEN JÄGER: Weiß nicht, James – wir taufen sie bald mit Schlachtenblut.

JAMES: Ja, Sergeant. Schlacht gibt's. Die Vorposten sind darnach gestellt.

SERGEANT: Gott verdamme, jedesmal, wenn man mit den Franzosen zu tun hat, regnet's wie aus zerschlagenen Fässern. War's nicht auch in Spanien immer so?

JAMES: Immer. 's ist ja Suppenschlucker-Volk.

SERGEANT: Siehe, wie da einige von ihnen über den Dreck hüpfen, jämmerlich leicht wie die Kiebitze über den Sand.

JAMES: Warte, jenen naseweisen Leichtfuß will ich mit einem schönen Stückchen Blei schwer machen.

SERGEANT: Prosit die Mahlzeit, James – er riecht Lunte und versteckt sich hinter einer Erdhöhe.

DER AM HOHLWEG KOMMANDIERENDE ENGLISCHE GENERAL *sprengt vor*: Was ist das da linker Hand? Nebel, Dampf oder Feind? – Der verhenkerte Gußregen wäscht mir vor Aug und Fernrohr alle Gegenstände durcheinander.

JAMES: Herr General, 's ist der gewöhnliche große Leichenqualm, der drei Tage lang vor der Schlacht auf den Feldern umherzieht.

SERGEANT: James, sei kein Narr – Es ist Nebel, General, aber sehr entfernt.

GENERAL: Hum – Der Nebel hält mir zu lange auf einem Fleck.

EIN HAUPTMANN DER HANNOVERISCHEN SCHARFSCHÜTZEN: Mein General –

GENERAL: Nun?

DER HAUPTMANN: Ich habe unter meiner Kompanie einen sechzehnjährigen Burschen von den Harzjägern – Er sieht und schießt unglaublich weit –

GENERAL: Rufen Sie ihn.

DER HAUPTMANN: Fritz, Fritz!

Fritz kommt.

Was dort links für Nebel?

FRITZ: Nebel? Nebel? – Herr Hauptmann, ich sehe keinen. *Er wischt sich die Augen.*

SERGEANT: James, der ist scharfsichtig!

JAMES: Wie eine Nachteule.

DER HAUPTMANN: Was siehst du denn eigentlich?

FRITZ: Das ist ja ganz deutlich. – Dort hält, tief in graue Mäntel gehüllt, ein Regiment französischer Dragoner und guckt mit lauernden Katzenaugen hieher.

GENERAL: Dacht ich's doch!

SERGEANT: Wenn der Junge nicht lügt, so ist –

JAMES: Er ist –

GENERAL: Das feindliche Gesindel will sich an uns nisten, um uns recht sicher, zur ungelegensten Zeit, mit den Krallen zu fassen.

FRITZ: Soll ich ihm zeigen, daß wir es sehen? Schieß ich einen heraus?

SERGEANT: Der Bengel ist toll. Auf diese Entfernung treffen –

JAMES: Wie gesagt, der Junge ist ein Kobold aus Norddeutschland, und ein christlicher northumberländischer Jäger hütet sich, ihn anzublicken.

GENERAL: Schieß, Junge.

FRITZ: Wie gern! *Er zielt kurze Zeit und schießt.* Hahaha! „Da liegt des Königs Wildbret", sagt mein Vater, „und erquickt treuer Untertanen Beutel und Magen", wenn wir am Blocksberge einen Sechzehnender wilddieben.

GENERAL: Wer fiel?

FRITZ: Der Obrist, und die übrigen galoppieren davon wie ein Rudel Hirschkühe, wenn der Bock aus ihrer Mitte geschossen wird.

GENERAL: Gott verdamme, der vermeinte Nebel zerstiebt auch im Hui.

Ein alter hannoverischer Scharfschütz *tritt vor*: Verfluchter Dachshund, infamer Köter, was belügst du mich, deinen Vater? Das Hirn schlag ich dir ein! *Zum General:* Gnädiger Herr, wenn ich je mein Gewehr auf ein königliches Wild abgedrückt habe, will ich nie den Hahn auf eins gespannt – – Ach, kurz und gut, der Bengel lügt!

Der Schützenhauptmann: Alter Borstenkopf,

„wer sich entschuldigt, eh man klagt" –

General: Beruhige dich – triff du die Franzosen so brav wie dein Junge, und ihr seid dem Könige die liebsten Schützen in Schlacht und Wald.

Fritz: Hussa, hinter uns vom Berge kommt wieder eine Menge Leute – Schieß ich darein?

General: Bist du toll, Junge? – Das sind Linienbataillone von Mont Saint Jean, uns zur Hülfe geschickt.

Fritz: O dürft ich nur immer schießen – Der Pulvergeruch ist mir nun einmal in der Nase.

General: Was saust?

Sergeant: Eine bonapartische Paßkugel – Da schlägt sie in den Baum.

General: Fritz, nun schieß, schieß in die Franzosen, solang Atem und Pulver nicht ausgehn – *Laut:* Alles an die Ufer des Hohlwegs – Büchsen und Flinten frisch geladen – den Flinten die Bajonette aufgeschraubt! – Donner, da drängen sie sich schon herein – Feuer!

Ein französischer Hauptmann *an der Spitze der sich in den Hohlweg stürzenden Kolonne*: Laßt sie schießen, Kameraden! Hört ihr die Paßkugeln über uns, und seht ihr, wie sie dem Feinde Pferd und Mann hinschmettern? Sie kommen aus französischen Geschützen und sind die gewaltigen, helfenden Begleiter, aus der Ferne uns nachgesandt von dem Kaiser!

Ein anderer französischer Hauptmann: Schurke der, welcher einen Schuß tut, bevor wir diesen Chausseerand erklettert haben.

Ein englischer Liniensoldat: Wächst das Volk aus dem Boden wie die Ameisen? – *Einen der am Chausseerande emporgekletterten Franzosen mit dem Bajonett durchbohrend und wegschleudernd.* Zurück, du Hungerleider!

Ein französischer Soldat *vor Wut schäumend, schwingt sich auf die Höhe des Chausseerandes und wirft den Engländer auf die Bajonette der ihm nachdringenden Franzosen.* Und an den Spieß, du Sattfresser! – – Mir nach – mir nach –

Französische Adjutanten *sprengen heran*: Im Namen des Kaisers: zurück! Er sieht eine Überzahl englischer Linie und Artillerie sich gegen euch vom Berge stürzen – Zurück auf einige Augenblicke –

Die Franzosen: Beefsteaks, wir kommen wieder! *Sie ziehen sich unter stark erwiderten Gewehrsalven zurück.*

Ein englischer Obrist *zu seinem Adjutanten*: Was für Flammen glänzen rechts hoch aus diesem Rauch?

Der Adjutant: Der Lage nach das brennende Hougue-mont.

Der Obrist: Auch das schon? – Die Schlacht wird allgemein.

Adjutant: Sie ist es. Schauen Sie, La Haye Sainte lodert auch schon. – Ha, was da?

Obrist: Das ohrzerschneidende Geschrei unserer Verwundeten – – Himmel, warum steht das rechte Altengland da oben noch stets ruhig unter den Waffen?

Adjutant: Der Herzog pflegt, wie er es nennt, seinen Augenblick zu erwarten.

Obrist: Bonaparte ist erfinderischer und kühner: er schafft sich nötigenfalls den Augenblick. – Ah, wieder Kugeln über Kugeln hieher! Der Feind vergißt uns nicht.

Adjutant: Herr Obrist, jetzt aber geht Altengland auf Mont Saint Jean auch los – Da – alle Batterien – Hören Sie!

Obrist: Es ist, als rasselten alle Heerscharen der Hölle in eisernen Harnischen über unsre Häupter – Ha, und jetzt wettert ihnen die Artillerie der Franzosen entgegen – Ohne feige zu sein, bückt man sich unwillkürlich. – –

Wahrlich, ich habe noch keine Schlacht gekannt – Vitoria, wo man sich besinnen und atmen konnte, war Kinderspiel – – Hier jedoch: meilenweit die Luft nichts als zermalmender Donnerschlag und erstickender Rauch – darin Blitze der Kanonen, flammende Dörfer wie Irrlichter, immer verschwunden, immer wieder da – der Boden bebend unter den Sturmschritten der Heere wie ein blutiges, ein zertretenes Herz – Geschrei laut ausgestoßen, kaum vernommen – – Adjutant, das alles, weil dort bei Caillou der kleine Mann steht? – Keine Antwort? – Gott, er ist gefallen! – Und dort naht wieder der feindliche Vortrab – Mir lieb – So flut ich mit unter die tobenden Wasser, denn einsam ruhig kann ich in diesem sturmempörten Ozean mich doch nicht halten.

FRITZ: Vater, hier geht es ja gar nicht so her wie auf dem Exerzierplatz.

DER ALTE HANNOVERSCHE SCHARFSCHÜTZ: Dummer Junge, auf dem Exerzierplatz schießt man blind, aber hier hat alles geladen.

Vierte Szene

Die Höhen von Mont Saint Jean.

Auf ihnen Wellingtons Heer. Im Vor- und Mittelgrunde die Infanterie in Karrees – zwischen diesen die Artillerie, ununterbrochen feuernd – im Hintergrunde, welcher von dem Walde von Soignies umgrenzt wird, die Reiterei und die Reserven. Französische Kanonenkugeln schmettern überall in die Heerhaufen. Wellington mit seinem Generalstabe, neben ihm General Lord Somerset.

LORD SOMERSET: Ich beschwöre dich, Herzog, laß uns nicht weiter hier müßig stehen und die braven Leute, ohne daß sie einen Finger an den Hahn der Flinte legen dürfen, hinschmettern von den Geschützen des Korsen.

HERZOG VON WELLINGTON: Unsere Kanoniere sind nicht müßig.

LORD SOMERSET: Aber alle anderen Truppen sind's – laß sie endlich die Bajonette fällen, die Säbel ziehen und den gallischen Hähnen entgegenstürmen.

HERZOG VON WELLINGTON: Unmöglich – Europas, ja des Erdkreises Schicksal schwebt in dieser Stunde auf dem Spiel – wir dürfen nicht eher wagen, bis wir des Erfolges gewiß sind, und ich fürchte, wenn Blücher nicht bald kommt, haben wir mit ihm bei Caillou schon sehr viel gewagt.

LORD SOMERSET: O träf ihn doch eine, eine von hunderttausend Kugeln, die dahinfliegen – – Herzog, sollen denn diese Höhen die riesenhafte Schlachtbank werden, auf welcher Altengland sich opfert für die undankbare Welt?

HERZOG VON WELLINGTON: Wenn es zum Äußersten kommt – ja.

LORD SOMERSET: O schau dort – wieder eine ganze Reihe der braven Bergschotten hinsinkend wie Ähren vor der Sichel – – Und hier – das erste Glied des Leibregiments ebenso – Das zweite marschiert lächelnd ein, Milch und Blut auf den Wangen, die frischeste Jugend, die jemals im heiteren England schimmerte – ha, und da winseln sie auch schon im Staube – – Mutterherzen, Mutterherzen, wie wird's euch zerreißen – mein Herz ist schon zu Trümmer!

HERZOG VON WELLINGTON: Und zertrümmert das Gehirn dazu – wir müssen ausharren, bis die Hülfe naht.

ADJUTANTEN *heransprengend*: Die Franzosen nehmen Belle Alliance und drängen auf der Chaussee hieher vor.

HERZOG VON WELLINGTON: Kartätschen über die Chaussee!

Englisches Kartätschenfeuer – auf einmal ein französischer Kanonendonner, der allen früheren Schlachtlärm, so arg er gewesen ist, übertönt. Die Engländer stürzen dichter als zuvor.

LORD SOMERSET: Teufel – meine Locken – reißt mich nicht mit – Sechs-, Zwölf-, Vierundzwanzig-Pfündner fliegen darüberhin. – – Wie? wird das Höllengetöse, welches uns eben erschütterte, noch ärger?

Herzog von Wellington: Es wird's. – Auch ich finde ihn und seine Mittel und die Art, wie er sie gebraucht, gewaltiger, als ich gedacht. Ich meinte einen etwas besseren General als Masséna oder Soult, die wahrlich auch tüchtige Feldherrn sind, in ihm zu treffen – – Aber da ist gar keine Ähnlichkeit – wo die aufhören, fängt er erst an – Doch darum nur so mehr Ruhe und Ausdauer – das Ungeheure überstürzt am leichtesten – Er läßt uns hier nur die Wahl zwischen Sieg und Tod – eben darum erringen wir vielleicht den ersteren.

Versprengte englische Dragoner *denen während des folgenden Gesprächs, bis Milhaud erscheint, in stets dichteren Haufen andere folgen*: Hinter unsere Batterien! hinter unsere Batterien!

Herzog von Wellington: Flüchtlinge, schämt euch – haltet – Was gibt's?

Die Dragoner: Bonapartes Kürassiere in unserem Rücken – Nichts hält ihnen stand!

Herzog von Wellington: Hm – da schweigen auch seine Kanonen, weil sie sonst in seine eigne jetzt herankommende Kavallerie schießen würden – recht klar – erst wollt er unsre Reihen mit Kugeln lüften, dann mit den Haudegen der Kürassiere vertilgen – So leicht geht es nicht, mein Herr!
– Die Lücken der Karrees gefüllt – in die Karrees Batterien – die Reserven näher gerückt – Die vorderste Reihe des Fußvolks auf die Knie – die zweite schießt – Bajonette vorgestreckt – die Reiterei fürerst beiseit!

Lord Somerset: Laß mich an die Spitze meiner Gardekavallerie!

Herzog von Wellington: Nein – dazu ist's noch nicht Zeit, und die Kürassiere Milhauds, ungeschwächt wie sie noch sind, hieltest du doch nicht auf.

LORD SOMERSET: Wie? Mit Pferden und Reitern wie die meinigen –

HERZOG VON WELLINGTON: Folge mir in jenes Karree – *Mit ihm zu dem Karree gehend.* Ja, ihr seid brav – Aber Milhauds Kürassiere, so schlecht die Menge der französischen Kavallerie sein mag, sind die Elite der ältesten, fast unter jedem Himmelsstrich, gegen jede Nation geprüften Schlachtenreiter – *Sich einen Augenblick umwendend.* Da kommen sie – Betrachte sie – Sind ihre Gesichter nicht gelb und hart wie der Messing ihrer Helme und Sturmketten? Sehen sie nicht aus, als hätten sie unter Spaniens Sonne oder Rußlands Schneegestöber sich Tag für Tag mit Blut abgewaschen?

MILHAUD *zu seinen Kürassierdivisionen*: Kameraden, eingehauen! – Ha, welche Wollust, diesen Narren, die ihn nicht einmal kennen wollen, dicht vor ihrer Fronte in die Zähne zu rufen: Hoch lebe der Kaiser!

DIE KÜRASSIERE: Hoch lebe der Kaiser!

MILHAUD: Und hoch unsre Schwerter, um so tiefer auf die Lumpen niederzuflammen!

Die Kürassiere versuchen einzuhauen, Gewehrsalven empfangen sie. Manche stürzen, aber an den Panzern der meisten rollen die Flintenkugeln ab.

Was? Hat uns der Kaiser nicht feste Westen gegeben? – – Und schade, oder wir finden Schlüssel, die Tore dieser Vierecke zu sprengen! *Mit der linken Hand ein Pistol hervorreißend und es auf einen englischen in Reih und Glied stehenden Hauptmann anschlagend.* Hauptmann da – wahre deine Epaulette, daß sie nicht schmutzig wird – *Er schießt ihn zu Boden und sprengt über den Leichnam in das Karree.* Hohussa!

EINER DER KÜRASSIERE *mit den übrigen nachsprengend*: Fahne her!

ENGLISCHER FAHNENTRÄGER: Eher mein Leben!

KÜRASSIER: So nimm den Tod! *Haut ihn nieder und nimmt die Fahne. – Die Artillerie des Karrees schießt mit Kartätschen.*

MILHAUD: Diese Kanonen übergeritten! *Er stürmt mit den Kürassieren auf sie ein. Die Kanoniere brennen noch einmal die Geschütze ab und flüchten.* Ha, unser die Kanonen! – Vernagelt sie!

MEHRERE KÜRASSIERE *springen von den Pferden*: Das verstehen wir! Der Teufel selbst soll sie nicht weiter gebrauchen können!

MILHAUD: Vorwärts, vorwärts in und über die anderen Karrees! Das feindliche Heer aufgerollt vom Aufgang bis zum Niedergang! Der Gott der Siege umatmet unsre Helme!

HERZOG VON WELLINGTON: Lord Somerset, jetzt an die Spitze der Gardekavallerie und warte meines Wortes.

LORD SOMERSET: Endlich – Gott sei gelobt!

EIN ENGLISCHER OFFIZIER: Da haut der Milhaud das vierte Karree zusammen!

HERZOG VON WELLINGTON: Diesesmal scheitert er hier an dem fünften! – Sechzig Reservekanonen herein!

MILHAUD: Vier Karrees zu Stücken – In das fünfte!

HERZOG VON WELLINGTON: Herr General, es öffnet sich von selbst –

Das Karree öffnet sich,
und sechzig schwere Geschütze desselben geben Feuer.

MILHAUD: Heiliger Name Gottes – – Vorwärts in diese Höllenküche, und werden wir auch selbst darin gebraten – – Kamerad, wo dein rechter Fuß?

EIN KÜRASSIER: Mein Fuß? – Sakrament, da fliegt er hin, der Deserteur!

MILHAUD: Halte dich am Sattelknopf, wirst du ohnmächtig – – Nur drauf und dran! – – Nein, es geht nicht – Wir behalten sonst kein ganzes Pferd zum Zurückkommen! – Adieu, meine Herren – wir sprechen uns heute noch einmal, gleich nach dem zweiten Kugelsegen des Kaisers.

Mit den Kürassieren ab.

HERZOG VON WELLINGTON: Jetzt, Somerset, gib ihnen das Geleit!

LORD SOMERSET: Den Schurken nach, Kavallerie König Georgs des Dritten!

Ab mit der englischen Gardekavallerie.

HERZOG VON WELLINGTON: Zwei Adjutanten nach dem linken Flügel – Cooke und Clinton sollen Houguemont wieder zu nehmen versuchen – der Feind wird vielleicht durch die Diversion verwirrt.

Zwei Adjutanten eilen fort –
Lord Somerset kommt mit der Gardekavallerie zurück.

HERZOG VON WELLINGTON: Schon zurück?

LORD SOMERSET: Wir haben sie bis unter die Bajonette ihrer Infanterie getrieben – Mancher Küraß von Nancy liegt im Kot. – – General Picton ist eben gefallen.

HERZOG VON WELLINGTON: Auch der? – So sehr er mein Freund war, ich kann ihn jetzt nicht betrauren – Es ist keine Zeit dazu, und der Tod würgt heute so allgemein, daß er etwas ganz Gewöhnliches scheint.

Der französische Kanonendonner hebt wieder so furchtbar an wie kurz vor der Ankunft der Milhaud'schen Kürassiere.

Ha, von Caillou her zum zweiten Angriff geschossen und gebrüllt! – Seid gefaßt! Milhaud sprengt bald neugestärkt hieher!

EIN OFFIZIER DES GENERALSTABES: Noch ein paar solcher Angriffe, und unsere Armee ist nicht mehr. Wäre kein Rückzug möglich durch den Wald von Soignies?

HERZOG VON WELLINGTON: Mein Herr, ein Rückzug ist doppelt unmöglich. Erstlich erlaubt ihn unsre Ehre nicht, und dann ist die Heerstraße durch den Wald so voll von flüchtigem Gesindel und Fuhrwerk, daß nicht eine Kompanie, geschweige siebenzigtausend Mann darauf zehn Schritt in Ordnung machen können. – O wäre der alte Blücher erst da! – – Was ist die Glocke, Somerset?

LORD SOMERSET: Die Glocke von Waterloo schlug eben halb vier.

HERZOG VON WELLINGTON: Dorftürmchen von Waterloo, du schlugst den Beginn der schwersten, unvergeßlichsten halben Stunde meines Lebens! – Um vier Uhr wollte Blücher im Forst von Frichemont sein. – – Himmel, wenn er nun nicht – Ordonnanzen nach dem Forst, ob sie nicht endlich eine preußische Landwehrkappe erblicken!

LORD SOMERSET: Der zweite feindliche Reiterschwall naht!

HERZOG VON WELLINGTON: Altengland treibe ihn zurück wie den ersten. – Ich setze mich auf diesen Feldstuhl und weiche nicht davon, bis wir gesiegt haben oder eine Kugel mich davon wirft.

Fünfte Szene

Kleine Anhöhe vor Caillou.

Napoleon hält auf ihr zu Pferde. Bertrand, Cambronne und seine Suite um ihn. Die Garden hinter ihm. Neben ihm der Pächter Lacoste. Milhaud und seine Kürassiere kommen eben von ihrem zweiten abgeschlagenen Angriff zurück.

NAPOLEON: General, wie ist's da oben?

MILHAUD: Sire, die Engländer wehren sich matter als bei unserer ersten Attacke.

NAPOLEON: Bereiten Sie sich zu der dritten – Alle irgend überflüssigen Regimentsgeschütze dort zu Drouot – Die Zeit drängt, und was ihr an Länge fehlt, müssen wir durch Schnelle und Stärke ersetzen.

Adjutanten ab – die französische Kanonade wird immer gewaltiger.

PÄCHTER LACOSTE: Jesus Maria!

NAPOLEON *blickt ihn finster an*: Was gibt's?

PÄCHTER LACOSTE: Sire, Verzeihung – ich fürchte mich – mir ist das nicht gewohnt!

NAPOLEON: Wann kamen die Engländer hier an?

PÄCHTER LACOSTE: Gestern, Sire – Morgens neun oder zehn Uhr.

NAPOLEON: Waren sie marode?

PÄCHTER LACOSTE: Die, welche auf meinem Pachthof sich einquartierten, waren es, und wie es mir schien, auch alle übrigen. – Aber es währte nicht lange, so restaurierten sie sich bei zahllosen Marketenderfeuern.

NAPOLEON: Das Haus Belle Alliance vor uns – – Hat es Gehöfte, Hecken um sich?

PÄCHTER LACOSTE: Nein, es liegt offen an der Chaussee.

NAPOLEON: – Ist Milhaud bereit?

CAMBRONNE: Ja, Sire.

NAPOLEON: Kellermann stößt mit seinen Reitern zu ihm, und er versucht, während Drouots Batterien so lange einhalten, den dritten Angriff.

Adjutanten ab.

PÄCHTER LACOSTE: Weh, meine Frau und meine Kinder!

CAMBRONNE: Bauer, halte das Maul.

PÄCHTER LACOSTE: Hier fallen engelländische Kugeln!

CAMBRONNE: Laß dich das nicht kümmern. Verlierst du dein bißchen Leben, was verlierst du Großes?

NAPOLEON: Wellingtons Heer wehrt sich mit den Krämpfen der Verzweiflung. Sechs reitende Batterien dem Milhaud nachgesandt. Man soll auf Mont Saint Jean Posto fassen, es koste, was es will. Ney ebenfalls dahin über La Haye Sainte und mache seine Überweisheit bei Quatrebras gut durch strenge Befolgung meines Befehls. Kann er Haye Sainte nicht nehmen, so läßt er es samt dessen feindlicher Besatzung am Wege liegen. – In einer halben Stunde muß Mont Saint Jean mein sein, oder ich erneue die Tage von Lodi und stelle mich selbst an die Spitze der Kolonnen!

Viele Adjutanten ab.

Auf unsrem rechten Flügel ist's zu still – Dahin, zum Graf Erlon – ihm gesagt: Auf den Bergen jenseits Papelotte, in den Vierecken des linken englischen Flügels, wachse ein Marschallsstab von Frankreich.

Adjutanten ab – andere kommen.

EIN ADJUTANT: Der Fürst von der Moskwa ist über La Haye Sainte hinaus – da aber wehren sich die Engländer hinter Verhacken wie Rasende, und das Blut fließt in Strömen.

NAPOLEON: Und wogt es wie Meeresflut, wenn wir nur siegen! Der Sieg soll des Blutes wert sein. Der Stern des illegitimen, geächteten Napoleon von 1815 soll den Völkern freundlicher leuchten als der Komet des Erderoberers von 1811.

Viele Verwundete, auf Ambulanzen, werden vorbeigefahren.

Ihr Armen wißt auch nicht, weshalb ihr seufzet und stöhnt – Nach vierzig Jahren kommentierten es euch Gassenlieder!

ADJUTANT *heransprengend*: Die letzten englischen Reserven rücken in das Feuer –

NAPOLEON: Milhaud, Drouot und Ney sollen desto heftiger sie angreifen.

Was da links? In der Gegend von Houguemont?

BERTRAND: Kanonendonner naht von dort – Prinz Jérôme wird bedrängt.

NAPOLEON: Was bedrängt! – Der Feind ist dort schwach und neckt ihn eben darum mit Manoeuvres! – Zwei Schwadronen Gardelanciers mir nach!

Er galoppiert in Begleitung zweier Schwadronen Gardelanciers nach Houguemont – der Kanonendonner, welcher von dort sich näherte, verliert sich bald darauf in der Ferne.

EIN OFFIZIER DER GARDEGRENADIERE ZU PFERDE: Der Milhaud macht heute beneidenswerte Chocs – wir bekommen zu tun, müssen wir mit seinen Kürassieren wetteifern.

EIN ANDERER OFFIZIER DER GARDEGRENADIERE ZU PFERDE: Er ist im spanischen Kriege nicht umsonst braun geworden.

DER ERSTE OFFIZIER: Er erinnert an Murat.

Der andere Offizier: So ziemlich – aber mehr an seinen Mut als an seine Gewandtheit. Eine brillante Attacke, wie die des Murat bei Wagram, erleben wir wohl nicht wieder.

Der erste Offizier: Murat tat auch besser, ließ er, statt um Neapels Lumpenthron sich zu raufen, seinen Federbusch hier wehen!

Der andere Offizier: Kronen müssen einen eignen verlokkenden Glanz haben, sonst begreif ich nie, wie ein Franzose nicht lieber Gemeiner im ersten besten Linienregiment seines Vaterlandes sein will als König von Neapel oder Kaiser von Rußland.

Napoleon und Gefolge kommen zurück.

Bertrand: Sire, es ist doch wahr: vorgestern ist der Herzog von Braunschweig gefallen – Gefangene Offiziere seines Korps versicherten es mir eben in Houguemont.

Napoleon: Ein Husarengeneral weniger. – – Lacoste, der Geschützdonner rechts? Von Wavre?

Pächter Lacoste: Sire, ja.

Napoleon: Grouchy treibt also die Preußen in die Dyle.

Bertrand: Die Kanonade ist lebhaft, Sire – die Preußen leisten starken Widerstand.

Napoleon: Schwerlich, oder Grouchy wär ein äußerst erbärmlicher Verfolger gewesen – sie waren zu sehr geschlagen – selbst Bülows Korps muß von der flüchtigen Masse mit in den allgemeinen Strudel gerissen sein. – Graf Lobau schiebe jedoch zur Vorsicht seine Têten bis in das Gehölz zwischen hier und Wavre.

Großes Krachen von Mont Saint Jean her –
ungeheure Flammenmassen fliegen dort in die Luft.

Cambronne: Brav, Drouot, das war ein Meisterschuß – zwanzig englische Pulverwagen gingen gewiß darauf!

Napoleon: Bertrand – Cambronne –

Cambronne: Sire, ist es Zeit?

NAPOLEON: Ja.

CAMBRONNE UND BERTRAND: Garden, sturmfertig!

NAPOLEON: Es geht gradeaus, über La Haye Sainte, wo Milhaud und Ney sich an euch schließen. – Was pfeift da?

LACOSTE: Wehe, Meuchelmörder in unsren Reihen – ganz nahe Büchsenkugeln!

EIN OFFIZIER DER SUITE: Sire – Flügelhörner – Preußische Jäger keine zweihundert Schritt von uns.

NAPOLEON: Einige Cheveauxlégers hin, die an der Dyle versprengten jungen Tollköpfe zu ergreifen.

EIN ADJUTANT *heransprengend*: Vom Graf Lobau: das ganze Gehölz von Frichemont ist voll von Preußen.

ZWEITER ADJUTANT *später*: Von Lobau: schon leichtes preußisches Geschütz im Walde von Frichemont – Der General eilt, ihrem Angriff entgegenzukommen.

DRITTER ADJUTANT: Vom Graf Erlon: am linken Flügel der Engländer, auf der Höhe des Waldes von Frichemont erscheinen Blücher und Bülow mit zahllosen Heerhaufen, und Raketen über Raketen verkünden Wellington ihre Ankunft.

NAPOLEON: Blücher? Bülow? – Ihre Korps müssen Trümmer sein.

ADJUTANT: Sire, nein. Zug auf Zug, endlos, rücken sie aus dem Walde – immer breiter wird ihre Fronte – ein Geschützfeuer entwickeln sie auf den Anhöhen über dem anderen – ein durch die Wolken brechender Strahl der Abendsonne zeigte sie der halben Armee in voller Kampfordnung.

NAPOLEON *für sich*: Der Strahl war nicht von der Sonne von Austerlitz.

BERTRAND: Brechen Himmel und Erde ein? – Der Kaiser zuckte mit der Lippe! – – Sire, Sire, die Schlacht geht doch nicht verloren?

NAPOLEON: Grouchy hat viel daran verdorben – *Für sich.* – Daß das Schicksal des großen Frankreichs von der

Dummheit, Nachlässigkeit oder Schlechtheit eines einzigen Elenden abhängen kann! –

EIN HERANSPRENGENDER ADJUTANT: Graf Lobau bittet Verstärkung – Ziethen kommt ihm und der Armee in den Rücken.

NAPOLEON: Mouton soll sich in Planchenoit so verzweifelt wehren wie einstens auf der Insel, von welcher er den Namen Lobau trägt.

ANDERE ADJUTANTEN: Von Erlon: Bülow hat Papelotte erstürmt.

NAPOLEON: Meine schlechtesten Truppen gewesen, die Papelotte so schnell sich nehmen ließen. – Erlon läßt nur seine Arrièregarde den Preußen gegenüber und marschiert links ab zu Ney.

Adjutanten ab.

ANDERE ADJUTANTEN: Vom Marschall Ney und General Milhaud: die ganze englische Linie setzt sich gegen uns in Bewegung.

NAPOLEON: Zurück zum Marschall und zu Milhaud: gleich käm ich selbst – sie sollten sich halten bei La Haye Sainte, bei Gefahr ihrer Köpfe! *Zu den Adjutanten und Ordonnanzen seiner Suite:* Meine Herren, im Fluge zu allen Korps, welche nicht bei La Haye Sainte fechten – sie sollen alle dahin, ob auch die Feinde, mit denen sie grade fechten, sie verfolgen oder nicht.

Viele Adjutanten und Ordonnanzen ab nach allen Seiten.

EIN ANKOMMENDER ADJUTANT: Drouot bittet um Munition –

NAPOLEON: Alle Artilleriemunition zu ihm.

EIN ANDERER ADJUTANT: General Drouots Kanonen drohen vor Hitze zu springen, und er wünscht –

NAPOLEON: Er schießt, bis die Kanonen springen.

VIELE ADJUTANTEN: Ziethen pflanzt in unsrem Rücken Geschütze auf.

NAPOLEON: Das merk ich – Dort stürzt Friant mit zerschmetterter Stirn.

ANDERE ADJUTANTEN: Von Milhaud und Ney: Blücher treibt starke Kolonnen auf Belle Alliance und versucht, beide Generale von hier abzuschneiden.

NAPOLEON: Die Engländer?

EIN ADJUTANT: Rücken mehr und mehr vor. – Ney kämpft in wilder Verzweiflung.

NAPOLEON: Seine schwache, schädliche Manier. – Milhauds Kürassiere?

DER ADJUTANT: Die Mehrzahl schon gefallen.

NAPOLEON *wendet sich zu den Garden, mit gewaltiger Stimme*: Garden, kann es eine irdische Kraft, so könnt ihr die Schlacht retten und Frankreich! Noch nie ließt ihr mich in euch irren – auch heute zähl ich auf euch –

CAMBRONNE: Kaiser, zähle, und du findest lauter Treffer!

NAPOLEON: Den Kaiser werf ich weg von mir – *vom Pferde springend* – ich bin wieder der General von Lodi, und mit dem Degen in der Hand führ ich selbst euch auf Mont Saint Jean!

DIE GARDE: Über die Sterne der Kaiser!

BERTRAND: Kaiser, Kaiser – Entsetzlich – Da steht er, der Hut vom Kopf gefallen, den Degen in der Faust, wie der gewöhnlichste seiner Souslieutenante – Sire, die Pflicht gebietet dir, dein Leben nicht so auszusetzen, wie du im Begriff bist!

NAPOLEON: Wie ich im Begriff bin? Schmettern hier nicht die Kugeln schon so dicht wie irgendwo auf dem Schlachtfelde?

BERTRAND: Gewiß, Sire, doch daß du grade so wie jetzt –

NAPOLEON: Wie „grade so"? Was heißt das? – Zeige den Platz ehrenvoller als dieser meinige, an der Spitze meiner Garden, unter den Todesdonnern der Schlacht?

CAMBRONNE: Hört ihr, was der Kaiser sagt? – Die Musik dazu.

GARDEMUSIK SPIELT:

Où peut on être mieux,
Qu'au sein de sa famille!

BERTRAND: Verdammt das Pferd, welches mich trägt, wenn der Kaiser zu Fuß ist! Ich werde Gemeiner und kämpf als solcher!

ALLE OFFIZIERE DER SUITE: Wir auch! *Sie springen von den Pferden und ziehen die Degen.*

NAPOLEON: Wo die Granitkolonne von Marengo?

CAMBRONNE: Sie tritt schon vor und wünscht dich zunächst zu begleiten.

NAPOLEON: Das soll sie auch. Ihre Soldaten waren die Genossen meines schönsten Tages – so sollen sie auch Genossen und Helfer an meinem bösesten sein! – – Garden aller Waffenarten mir nach!

CAMBRONNE: Herr Pächter Lacoste, leben Sie nun recht wohl und laufen Sie von hier, was Sie können – Grüßen Sie die Frau und die lieben Kinder, und wenn Sie nach zehn Jahren mit denselben wieder zum tausendsten Male einen Kuchen essen oder Ihren Töchtern neue Kleider schenken, so freuen Sie sich ja von neuem über Ihre Existenz und Ihr Glück – Wir gehen jenen Kanonenmündungen entgegen und bedürfen Ihrer Elendigkeit nicht mehr! –
– Donner, welch ein Kugelregen – Die Melodie!

GARDEMUSIK SPIELT:

Freuet euch des Lebens,
Weil noch das Lämpchen glüht!

EINER DER GARDEHOBOISTEN *stürzt*: Oh, wie süß ist der Tod!

Alle ab gegen Mont Saint Jean.

Sechste Szene

Heerstraße vor dem Hause Belle Alliance.

NAPOLEON *mit den Garden im Vorüberziehen*: Graf Lobau ist bereits von den Preußen aus Planchenoit geworfen – Er soll sich auf uns zurückziehen und einige Kompanien seiner Arrièregarde in dieses Haus werfen, um den verfolgenden Feind aufzuhalten und zu necken.

Adjutanten ab. Napoleon und die Garden marschieren weiter. – Das Korps des Grafen Lobau, im Gefecht mit den Pommern unter Bülow, rückt allmählich über die Szene, dem Kaiser nach. Graf Lobau erscheint selbst.

LOBAU: Verwünschte Übermacht – kann denn weder Geist noch Verzweiflung gegen sie retten?

BÜLOW *mit den Pommern*: Jungen, das Pulver nicht geschont – – Das ist heut ein herrlicher Tag!

LOBAU: Immer wieder vor, alle Regimenter!

BÜLOW: Immer ihnen entgegen, alle Pommern! – –

LOBAU: Feuer!

BÜLOW: Gleichfalls!

LOBAU: Unmöglich, sich gegen diese Unzahl zu halten – – Drei Kompanien in jenes Haus – – Alle übrigen mit nach Mont Saint Jean!

BÜLOW: Vier Bataillone stürmen jenes Haus – alle übrigen hinterdrein nach Mont Saint Jean!

Das Bülowsche Korps folgt dem des Grafen Lobau – nur vier Bataillone bleiben zurück und erstürmen, ungeachtet der heftigen Gegenwehr der Franzosen, welche aus Türen und Fenstern schießen, während des Folgenden Belle Alliance.

ZIETHEN *mit zahllosen Reiterscharen*: Bülow, gegrüßt! Es geht gut – wir sind ihm von hier bis Mont Saint Jean im Rükken und in der Seite, und die Engländer klopfen ihm auch schon vor die Brust!

BÜLOW: Ja, Viktoria, Ziethen! Höre, wie er auf dem Berge mit all seinen Kanonen noch einmal aufschreit von wegen des Rücken-, Seiten- und Brustwehs!

ZIETHEN: He, welch Geschrei: „Die Garde flieht! Rette sich, wer sich retten kann!"

BÜLOW: Der ganze Mont Saint Jean wankt unter flüchtig werdenden Franzosen!

ZIETHEN: Wie sich das Volk durcheinanderwälzt – Kavallerie, Infanterie, Artillerie – ein verwirrter, unauflösbarer Knäuel!

BÜLOW: Na, englische und preußische Geschütze lösen tüchtig am Knäuel – ich will auch von dort ein paar passable Batterien hineinspielen lassen –

ZIETHEN: Tu es, und ob auch einige von deinen Kugeln in meine Reihen schlagen werden – ich stürze mich doch mit der Kavallerie unter den Feind, ihn so eher zu vertilgen.

BÜLOW: Pommern, die Gewehre verkehrt genommen – zur Abwechslung! – Warum grade immer das Bajonett obenan? – Die Franzosen zu Brei!

EINE MASSE FRANZÖSISCHER REITER *im Vorbeisausen*: Alles verloren – der Kaiser tot! Die Garden tot! – zurück nach Genappes, nach Genappes!

EINE MASSE FRANZÖSISCHER INFANTERIE *noch etwas geordnet*: Zurück nach Genappes! Nach Genappes!

EINE MASSE FRANZÖSISCHER REITENDER ARTILLERIE: Fußvolk, Platz da, Platz!

EIN FRANZÖSISCHER INFANTERIEOFFIZIER: Es geht nicht – Bajonette vor gegen die Unsinnigen!

ARTILLERISTEN: Was Bajonette! Pferde und Kanonen darüber weg! *Sie fahren über einen Teil der Infanterie.*

BÜLOW: Pommern, können wir die Kanonen nicht nehmen? Sind denn unter euch nicht einige ehemalige Ackerknechte, die besser als jene feindlichen Infanteristen ein paar Pferde aufzuhalten und ein paar Räder zu zerbrechen wissen?

Viele Soldaten seines Korps springen vor und nehmen die Kanonen.

Recht so! – Dreißig treffliche Zwölfpfündner! – Laßt sie ihren alten Herren mit ihren Kugeln Valet sagen! – Und, Burschen, läuft, springt, reitet und stürzt da nicht das bonapartische Heer, so weit man in der Dämmerung sehen kann – Dahin, wo es am dicksten ist!

Ab mit seinem Korps.

Siebente Szene

Blachfeld auf der anderen Seite des Hauses Belle Alliance.

Napoleon mit Bertrand und Offizieren zu Fuß – zwei Schwadrone der Gardegrenadiere in geschlossener Ordnung zur Bedeckung um sie, und Cambronne mit dem Überbleibsel der Granitkolonne von Marengo hinter ihnen.

NAPOLEON: Wir müssen hier mitten durch das Feld zurück – die Chaussee ist zerfahren und überdem von den Preußen erstürmt – – Der Abend wird kalt – Meinen Mantel und mein Pferd.

Bertrand hängt ihm den Mantel um – ein Pferd wird vorgeführt.

Solch eine Flucht kennt die Geschichte nicht – Verräterei, Zufall und Mißgeschick machen das tapferste Heer furchtsamer als ein Kind – Es ist aus – Wir haben seit Elba etwa hundert Tage groß geträumt. – – Bertrand, was ist? Du schweigst?

BERTRAND: Sire – sprechen – jetzt – – – o Gott! – Sieh diese Gardegrenadiere – Congreven lodern in ihren Reihen, und sie schweigen doch! – – Nur eines, du, in dessen Ruhmesglanz ich einzig lebte, sei billig, laß mich auch auf ewig dein künftiges Unglück teilen. *Er fällt dem Kaiser zu Füßen.*

NAPOLEON: Steh auf – du brichst mit mir das Brot des Elendes. – Aber deine Frau?

BERTRAND: Sire, sie wird dir in Tränen danken wie ich!

NAPOLEON *zurückblickend*: Da stürzen die feindlichen Truppen siegjubelnd heran, wähnen die Tyrannei vertrieben, den ewigen Frieden erobert, die goldne Zeit rückgeführt zu haben – Die Armen! Statt eines großen Tyrannen, wie sie mich zu nennen belieben, werden sie bald tausend kleine besitzen – statt ihnen ewigen Frieden zu geben, wird man sie in einen ewigen Geistesschlaf einzulullen versuchen – statt der goldnen Zeit wird eine sehr irdene, zerbröckliche kommen, voll Halbheit, albernen Lugs und

Tandes – von gewaltigen Schlachttaten und Heroen wird man freilich nichts hören, desto mehr aber von diplomatischen Assembléen, Konvenienzbesuchen hoher Häupter, von Komödianten, Geigenspielern und Opernhuren – – bis der Weltgeist ersteht, an die Schleusen rührt, hinter denen die Wogen der Revolution und meines Kaisertums lauern, und sie von ihnen aufbrechen läßt, daß die Lücke gefüllt werde, welche nach meinem Austritt zurückbleibt.

CAMBRONNE: Mein Kaiser, gegenüber nahen die Engländer, seitwärts die Preußen – Es ist Zeit, daß du fliehest oder daß –

NAPOLEON: Oder?

CAMBRONNE: Imperator, falle!

NAPOLEON: General, mein Glück fällt – Ich falle nicht.

CAMBRONNE: Verzeihung, Kaiser! Du hast recht!

NAPOLEON: Den Mantel mir fester zugemacht. – Es regnet immer stärker. – – Bertrand, besteig ein Pferd – tun Sie ebenso, meine Herren Offiziere. – Reitende Gardegrenadiere, bahnt uns den Weg! – Granitkolonne, lebe wohl!

Er, Bertrand, die ihn begleitenden Offiziere sind zu Pferd gestiegen und reiten mit den Gardegrenadieren fort.

CAMBRONNE: Er ist fort – Was will der andere Dreck, den man Erde, Stern oder Sonne nennt, noch bedeuten? – Er hat uns „Lebewohl" gesagt und leicht das Auge gewischt – das heißt: Sterbt meiner würdig, es geht nicht anders. – Also, Kameraden, die Schnurrbärte hübsch zurechtgedreht – bald sind wir im Himmel oder in der Hölle, und ein braver Franzose erscheint im Himmel wie in der Hölle geputzt!

Englische und preußische Reiterei von allen Seiten.

Seht ihr, wie unsere Spediteure uns umdrängen! – Also, Tambour, tüchtig auf dein Kalbsfell geschlagen – Bedenke, von all den hunderttausend Trommeln, die in den glorreichen Feldzügen des Kaisers erklangen, ist die deinige die letzte! – Und schlage lustig – auch dazu hast du Grund – du quälst dich mit Trommelschlag fortan nicht wieder!

Der Tambour trommelt ununterbrochen laut und kräftig darauflos.

Schießt!

Ein englischer Dragoneroffizier: Unsinnige, laßt das Schießen –

Cambronne: Schießt!

Der Dragoneroffizier: – ihr entkommt doch nicht –

Cambronne: Schießt!

Der Dragoneroffizier: Wahnsinniges Volk – Ergebt euch!

Cambronne: Laffe, die Garde stirbt, aber sie ergibt sich nicht! – Schießt, solang ihr atmet!

Englische und preussische Reiterei *einhauend*: Nieder die grauen Trabanten des Tyrannen!

Cambronne: Nieder –? Granitkolonne, hoch und stolz wie die Sonne, und gefallen herrlich wie sie!

Die Granitkolonne: Schon gut – sieh nur –

Die Granitkolonne samt Cambronne wird nach verzweifeltem Kampfe zusammengehauen. Die alliierte Reiterei rückt weiter, andere englische und preußische Truppen gleichfalls.

Blücher *mit Gneisenau und Gefolge heransprengend*: Wo mein großer Waffenbruder von Saint Jean?

Gneisenau: Da kommt er!

Herzog von Wellington *heransprengend*: Guten Abend, Feldmarschall!

Blücher: Herzog, der Abend ist des Tages wert!

Herzog von Wellington: Die Hand her, Helfer in der Not!

Blücher: Zum „Schönen Bunde“, wie der Ort hier heißt! – – Engländer, Preußen, Gemeine, Generale, Unteroffiziere – ich kann nicht weiterrücken, bis ich mir die Brust gelüftet, meine Feldmütze abgezogen und euch gesagt habe: Ihr alle, alle seid meine hochachtbaren Waffengefährten, gleich brav in Glück und Not – Wird die Zukunft eurer würdig – Heil dann! – Wird sie es nicht, dann tröstet euch damit, daß eure Aufopferung eine bessere verdiente! – – Wellington, laß deine Leute etwas rasten – sie hatten heute die drückendste Arbeit – Dafür übernehmen wir so eifriger die Verfolgung, und verlaß dich darauf, sie soll unseren Sieg vollenden wie noch keinen anderen! – Vorwärts, Preußen!

HANNIBAL

Tragödie

An K. Immermann

Immermann schaffte mir zur Vollendung des „Hannibal“ die Muße und stand mir bei mit dem treffendsten Rat. Mache das Stück ihm und den Lesern Freude.

Düsseldorf, den 11. Febr. 1835

Grabbe

I

HANNIBAL ANTE PORTAS!

Karthago.

Saal im Hause der Alitta.

Alitta und Brasidas.

BRASIDAS: Du liebst mich?

ALITTA: Ewiges Gefrag. Muß ich stündlich wiederholen, was man kaum sagt, ohne die Tiefe des Herzens zu entweihn?

BRASIDAS: So werde mir wieder ein heiterer Stern!

ALITTA: Ich? Die Waise?

BRASIDAS: Nicht das – Hat dir auch die Pest furchtbar rasch die Eltern entrissen, dir blieb –

ALITTA: Was?

BRASIDAS: Der Freund. Und Karthago, die allgemeine Mutter.

ALITTA: Ja, die! von Stein, mit einer Menge teilnahmloser Geschwister! – Ach, nichts Schrecklicheres als des Hauses einzige Tochter mit ihren Tränen an der Bahre der Eltern und Millionen Volks draußen im fremden Getrieb: ein Totenlichtlein in wüster, weiter Nacht!

BRASIDAS: Zerstreue –

ALITTA: Des kleinlichen Worts!

BRASIDAS: Laß uns die alten Abende erneun, wo wir hier saßen, von Hannibal sprachen und seinen Siegen.

ALITTA: Die beiden Sessel sind leer, in welchen die Eltern dabeisaßen – – Doch! wie? – Du sprichst von dem Schwarzgelben vor Rom? Was aber tust du?

BRASIDAS: Du zürnst? so plötzlich? Ich zittre!

ALITTA: Vor der Stirnfalte eines Mädchens? Nun ist's mir klar.

BRASIDAS: Was?

ALITTA: Das Rätsel wär einem echten Manne nicht schwer. Erbebst du vor dem Stirnfalten der Geliebten, wie eher vor den Toren Roms!

BRASIDAS: Ha!

ALITTA: Zu den Stutzern, zu dem Ungeziefer erniedrigst du dich, das sich hier auf den Gassen brüstet, sie beschmutzt wie Fliegen die Teller, welche an den Siegen mäkeln, bei denen mitzufechten sie sich gehütet. Der Schützer, Sieger, brauch ich ihn zu nennen? Hannibal, schändlich wird er unterstützt. Nicht zweitausend Bürger sind bei ihm, mit Negern, Nomaden, Gesindel jeder Art muß er sich von Sieg zu Sieg quälen, ohne Frucht und ohne Dank. – Sei besser, gib ein Beispiel, freiwillig zu ihm und kämpf ihm zur Seite! *Sie ringt die Hände.* Heilige Astaroth, was hab ich gesagt!

BRASIDAS: Die Wahrheit. Ich schwelgt in Liebe und vergaß, sie zu verdienen. Noch heut reis ich ab.

ALITTA: Und willst mich lieben?

BRASIDAS: Gebotest du die Reise nicht selbst?

ALITTA: Weiß nicht – du, durchbohrt von den römischen Speeren – –

BRASIDAS: Wir haben einen tötenden Sandstaub vor uns: balearische Schleuderer und numidische Reiter, und die Römer müssen die Augen waschen, bevor sie zielen.

ALITTA: Nein – ich ahne – höre! – Rom ist mir im Traum erschienen, vorige Nacht, glaub's! Es leuchtete mit seinen Ziegeln: eine rote Sonne, alles verschwemmend! – Dann wieder war's 'ne Wölfin, mit Augen, groß, weit wie das Meer, wenn es sich mit seinen stillen Tiefen nach dem Sturm hinsehnt, und in den Augen lagen versunkene Städte!

Brasidas: Weg mit Wolfstraum und roten Sonnen – Gibt's nicht auch schwarze? Dunkelt Hannibal nicht so um Italien?

Alitta: – Mitternächte sind lieblich, und die lieblichste – hast sie doch nicht vergessen?

Brasidas: Ewig durchspiegeln ihre Gestirne mir die Brust! Du sagtest zum ersten Mal: „Dein!" –

Alitta: Nicht? Du bleibst also?

Brasidas: Bin ich deiner wert, wenn ich nicht kämpfe?

Alitta: Nun und nimmer!

Brasidas: So nehm ich diesen Kuß auf deinen Busen mit in das Feld, und oft noch wird er mich wärmen, lieg ich zeltlos in kalter Nacht!

Alitta: Unverschämt!

Brasidas: Ich habe meine Lippen geheiligt, nie tönt von ihnen ein schlechtes, ein falsches Wort! Leb wohl! *Ab.*

Alitta: Träum ich? *Sie drückt an ihre Stirn.* Wach auf! – – Er, fort zum Schiff? *Am Fenster.* Weh, dort spannen sich schon die Segel – Träger, Sklaven, Krieger eilen an Bord – Da er, sicher unheimlich im fremden Haufen. – Sieht er sich nach meinem Fenster um? Nein, er wagt's nicht, sein Herz würde zu schwer. Schwer ist's, das verrät der wankende Schritt – Atem der Liebe, umweh ihn! – Ach, sie lichten die Anker, horch, laut schmettern die jubelnden Posaunen in den Abschiedsschmerz, und lustig springen die Flaggen dabei in die Lüfte, und von Sekunde zu Sekunde entfernt sich der einzige, den ich liebe, auf dem Meer! *Sie greift ans Herz.* Armes Ding, beim Scheiden erst merkst du, was du besaßest! – Hanna!

Hanna *alte Sklavin, kommt*: Herrin!

Alitta: Bleib heut bei mir und sticke.

Hanna setzt sich und stickt.

Wie? stickt sie mit meinen Tränen? *Sie verdeckt ihre Augen mit der Hand.*

Großer Marktplatz in Karthago.

AUSRUFER VON MEHREREN SEITEN: Kauft! hier Neger! Negerinnen! Mädchen, Weiber, Männer, Witwen, Ammen, Kinder, alle bester Sorte!

MARKTWEIBER: Gemüse!

ANDERE MARKTWEIBER: Datteln, Sago, Fisch, Thunfisch!

EIN MARKTJUNGE *alle überschreiend*: Ja Thunfisch! Syrakuser Thunfisch! frischer! allerbester!

MARKTWEIBER: Hyänen schreien nicht so vor Hunger, wie der Junge seine Ware ausschreit!

EIN MARKTWEIB: Hat's von der Mutter. Hättet ihr die gehört –

EIN ANDERES: Laß die Drommete. Ich höre, wenn ich träume, sie oft noch aus ihrem Grab schmettern: „Kohl und Wirsing, Wirsing und Kohl!"

EIN KARTHAGER: Das Pfund Sago?

MARKTWEIB: Fünf Silberlinge.

DER KARTHAGER: Drei –

MARKTWEIB: Nehmt's, weil Ihr es seid.

DER KARTHAGER: Kennst du mich?

MARKTWEIB: I nu – Ihr seid – ja Ihr – *Zu einer Nachbarin:* Trägst heut Seide? Das bedeutet?

EIN KAUFHERR *zu einem Sklavenhändler*: Dieser Neger?

ERSTER SKLAVENHÄNDLER: Viertausend Drachmen.

KAUFHERR: Hoffentlich Eunuch?

ERSTER SKLAVENHÄNDLER: Versteht sich. Ich kenne den Geschmack der Herrn Ehemänner und richte meine Ware zu.

KAUFHERR: Bringt ihn mir nach. Ich zahle zu Haus.

EIN ZIERBENGEL *zum zweiten*: Da, die beiden schwarzen Mädchen – allerliebst!

ZWEITER: Kohlen, die brennen wollen.

ERSTER: Moloch! sie brennen schon! Ganze Feuerherde auf den Lippen!

ZWEITER: Leih mir Geld, ich kaufe sie.

ERSTER *faßt nach seiner Börse und tut dann verlegen*: Habe grad nichts bei mir.

ZWEITER *beiseit*: Der Lügner, ich hör's klappern!

ERSTER: Indes, Freund, laß uns die Ware besehen. – Mein Guter, was kosten die beiden Mädchen?

ZWEITER SKLAVENHÄNDLER: Ihr Herren, treffliches Gewächs! Ja, ich darf's kaum sagen – *er spricht lauter* –, aber fühlt den Sammet ihrer Haut, seht, wie sie zittern bei der leisesten Bewegung, das macht ihre zarte Erziehung, denn unter uns: Königstöchter sind's, vom Gambia, und äußerst wohlfeil – *Sehr laut:* Wohlfeile Königstöchter!

ERSTER ZIERBENGEL: Nette, quecke Geschöpfe – Probier das Innere der Hände, keine Schwiele!

ZWEITER: Feines Fell!

ZWEITER SKLAVENHÄNDLER: Das Stück kostet –

ERSTER ZIERBENGEL: Wir kommen wieder.

Die beiden Negerinnen haben während der Untersuchung bitterlich geweint.

ZWEITER SKLAVENHÄNDLER *den Zierbengeln nachsehend*: Probier euch Baal in die Hölle! Immer probiert, nichts gekauft! – He! der Kran da? Wird er toll? Das agiert mit den langen, zweifingrigen Eisenarmen!

EIN VORÜBERGEHENDER: Eilschiffe aus Italien hebt er ans Land.

ZWEITER SKLAVENHÄNDLER: So – –? Wieder Siegsnachrichten, die uns keinen Scheffel Weizen eintragen. Seit die Barkas den Kaufmann aufgegeben und Soldaten geworden, haben wir den kahlen Nord statt des üppigen Sudan, Eisen statt Gold, Wandel statt Handel, Rekruten statt Schöpsbraten!

EIN ALTER MANN *an einer Krücke, hat mit ernster Miene zugehört*: Das ist leider nur zu wahr! *Er geht weiter, wackelnden Kopfes.*

EIN BOTE *eilt durch die Menge*: Bei Kannä Sieg! Unermeßlicher Sieg!

VIELE: Gut. Schrei nur nicht so. – – Sie kommt, da kommt

sie, die äthiopische Karawane! Ha, die Kamele, Pferde, Strauße! Das spreizt, das bäumt sich! Wie da hinten die Elefanten schnobernd die Rüssel erheben! Die Löwen, wie sie an den Stäben ihrer Kasten knirschen, wie die Panther brüllen, die Giraffen den Hals recken! Prächtig!

Die Karawane kommt.

Der führende Scheich: Die Karawane halte. Dort unter den tausend Säulen ist die letzte Zollstatt und das Ziel.

Zollbediente *kommen*: Ehrwürd'ger Vater, woher?

Scheich: Tief aus Sudan.

Ein Zollbedienter: Ihr führt?

Scheich: Elefanten, Kamele, Sklaven, Goldstaub, auch manches seltne Tier, den Völkern hinter dem Mohrenland, wo das Antlitz wieder hell wird wie unsres, abgekauft.

Zollbediente: Auch Palmwein? Er fehlt dermal am Platz und wird gesucht.

Scheich: Auch den. Nehmt hier die Listen und vergleicht.

Zollbediente: So zieht vorüber und werft am Stadthaus die Ballen ab.

Scheich: Die Sterne seien um Euch und die Bewohner dieser Stadt, wie sie um uns auf nächtiger Wanderung durch die Wüste waren: leitende Gottheiten, in funkelnden Gewändern!

Er legt die Arme eine kurze Zeit betend über die Brust und zieht dann mit der Karawane zur Zollstatt.

Karthago. Abend.

Kabinett in Hannos Palast.

Brennende Kerzen auf einem kleinen runden Tische, um welchen Hanno, Melkir und Gisgon sitzen.

Melkir: Ist der Bote gekettet?

Hanno: Daß ihm die Adern bluten.

MELKIR: Und was noch hattest du im Sinn?

HANNO: Alles, wird nur der Gisgon nicht einmal öffentlich zu hitzig.

GISGON: Wir sind die Dreimänner, durch Kugeln erlost, und niemand weiß recht, daß wir es sind, wohl aber, daß drei Monde am Himmel stehen, unter denen Suffeten und Volk sich bewegen. Jeder von uns hat seinen Anhang im vornehmen Synedrion und unter den guten Hundertmännern des Pöbels, streitet mit dem anderen öffentlich und unterstützt ihn heimlich hinter zehnfachen verschlossenen Türen. Das weiß ich, und leise raschl ich's mit der Zunge hin, wie die Schlange durchs gefallne Laub schleicht. Drum, beim Satanas, beleidigt mich nicht, ich scheine nur unter euch der jüngste, denn das Klima dieses engen Zimmers machte mich bald so alt wie ihr.

HANNO: Nicht ärgerlich! Heftigkeit schadet stets. Mit Ruhe.

GISGON: Ja, es ist gut, tut man das Schlechte mit Ruhe.

HANNO: Demnach – die Barkas müssen unter, bald, baldigst – sie werden zu bedeutend, sie siegen zuviel, einige im Volk bewundern sie schon.

GISGON: Und andere meinen, sie wären schon unter, als tüchtige Anker dieser mastenwimmelnden Stadt. Doch ich lasse mich belehren.

MELKIR: Du lächelst, Hanno? – Was ist?

HANNO: Man sollte nicht lächeln.

MELKIR: Und nicht weinen. Beides verrät.

HANNO: Ich freute mich, daß Gisgon sich belehren läßt. – Die Barkas, Gisgon, haben mächtige Gruben in Spanien –

GISGON: Und wir haben prächtige Katakomben, alle Barkas darin zu begraben – *für sich* –, sobald es Zeit ist. Aber noch ist's nicht Zeit, diesen beiden greisen Ziegenböcken, mir widerlich, als müßt ich sie einmal essen, zu zeigen, daß ich ihr Gemecker verstehe.

HANNO: Sie haben Italien –

MELKIR: – zausen nur an dem Erdstreif – wir dagegen kennen und nützen die von Pol bis Pol sich ausdehnende Atlantis.

HANNO: Als Hannibal die Alpen überstieg, zauste er ihnen am Schneehaar, daß die Flocken Italien umdüsterten und es auch hier seinen Gegnern winterlich ward. Jetzt abermalen der ungeheure Sieg –

MELKIR: Nach welchem er sich noch lange verschnaufen muß!

HANNO: Dazu die weitschichtige Familie der Barkas –

GISGON: Freilich, damit umranken sie Mauern und Dächer.

HANNO: Zerrissen den Efeu!

GISGON: Reißen wir! – Doch wie?

MELKIR: Leicht. Gebt dem Hannibal nicht weitere Unterstützung, und er scheitert vor Rom.

HANNO: Einige Hülfe muß er haben, zum Schein. Schicken wir ihm etwa sechstausend Mann erbärmlicher Söldner, und verbreiten wir, es seien sechzigtausend gute Stück, so bewundern uns Karthago und die Welt.

GISGON *für sich*: Wird man bei diesen zweien nicht schlecht, hat man ein steinernes Herz.

MELKIR: Warum auch nur diese Söldner? Sie könnten ihm immerhin nützen, er weiß Kleines anzuwenden.

HANNO: Melkir! Wenige schlechte Truppen, scheinbar zahlreich, geheime Befehle gegen ihn, die öffentliche Meinung für unsren guten Willen, jedenfalls besser als offner Kampf mit ihm und seiner Partei.

MELKIR: *nach einiger Überlegung*: Nicht unrecht – Ich aber will die Truppen auswählen.

GISGON *beiseit*: Der wird was aussuchen! Armer Hannibal! *Laut:* Der gefesselte Bote von Kannä, der so hell war auf den Gassen, hat gewiß noch mehr im kupfernen Schlund. Er muß nun zu Tod.

HANNO *drückt an eine der in den Wänden versteckten Springfedern und schmunzelt*: Jetzo ist er tot, lieber Gisgon – *Gisgon tut erstaunt* –, denn, Bester, ich habe nach dem Beispiel Melkirs –

MELKIR *mit einem lang werdenden Gesicht*: Hann – Hanno?

HANNO: Warum nicht sagen, was unser Genoß je früher je besser erfährt? *Wieder zu Gisgon:* Ich habe nämlich mein Haus mit Drahtfedern eingerichtet, deren jegliche auf einen der oberen Mittelquader der unteren Gewölbe wirkt, so daß jegliches einstürzt, drück ich seine Feder. Dieses Federchen nun hat den Boten in Schutt und Trümmer eben lebendig begraben oder auch schon zerquetscht, und wir drei nur wissen das.

GISGON *springt auf*: Ein Spinnweb! Ich muß fort! Meinen Mantel! *Für sich:* Der Schwätzer, mein Haus ist besser unterminiert als das seine.

HANNO: Nicht bang. Wir sind Freunde.

GISGON *setzt sich*: Ah – das vergaß ich.

MELKIR: Gisgon! Hanno tadelte nicht ohne Ursache deine Heftigkeit.

Rom. Kapitol.

Sitzung des Senats.

ERSTER KONSUL: Wißt ihr es?

PRÄTOR *ruhig und fest*: Ja.

ZWEITER KONSUL: Demnach zur Tagesordnung.

EIN SENATOR: Hier ein Gesetzvorschlag, nach welchem der Vormund dem Senat jährlich Rechnung über seines Mündels Vermögen abzulegen hat.

KATO ZENSOR: Fügt hinzu: der Vormund haftet doppelt für jedes Versehn!

ERSTER KONSUL: Billigt ihr das Gesetz und Katos Bedingung?

ALLE: Ja.

ERSTER KONSUL: Liktor, heft es unter die zwölf Tafeln an das Forum.

Ein Liktor geht ab.

Tiefes Schweigen. Der erste Konsul in sich.

Ich, ein Konsul Roms, und darf die Hand nicht nach der Stirn bewegen, weil jeder auf mich achtet. Zwei Söhne fielen auch mir, und mein Weib zergeht in Schmerz, und ich muß die Stürme in mir behalten, in meiner Brust die Wolken ausregnen lassen. Denn – – was Söhne, verglichen mit Rom?

KATO ZENSOR: Sind wir versammelt, um zu schweigen, so ist's besser, wir gehen heim.

Plötzlich erschütterndes Getöse, fernher.

MEHRERE SENATOREN: Ha! nun meldet er sich! nun klopft er an!

ZWEITER KONSUL: Bleibt sitzen. Verräter, der sich bewegt! – Die Mauern und Tore sind hinreichend verteidigt, und nur das Wort des Konsuls, des Tribunen, nicht die Sturmmaschinen eines verwegenen Puniers heben die Sitzung des Senates auf. Tribunen, habt ihr heute Veto?

TRIBUNEN: Nein! Wir haben nur den Feind zurückzuwerfen!

PRÄTOR: Es scheint, er wird schon ohne uns zurückgeworfen. Das Getöse verhallt.

KATO ZENSOR: Da hallt was Schlimmeres: auf den Gassen die Weiberstimmen!

EIN KURULISCHER ÄDIL: Laß sie! Es fielen bei Kannä sechzigtausend ihrer Söhne.

KATO ZENSOR: „Laß sie!" Die Weiber rasen lassen? Das hör ich vom kurul'schen Sitz? Fielen sechzigtausend ihrer Söhne, so mögen sie sorgen, sechzigtausend ehelich dafür wieder zu gebären. Ehen und Kinder daraus werden ohnehin selten.

ÄDIL: Das Unglück darf Nachsicht fodern.

KATO ZENSOR: Nicht, wenn es heult!

Abermals Weibergeschrei von draußen.

Hört, nochmals Gequieke von „Kannä und Rache!" Elendes Ende, braune Bastardenkel, schlösse Niederlage der

Weiber unsre Annalen! Dahin mit ihnen, wo sie sein sollen, nach Haus! Und jedes, das nicht binnen einer Stunde an seiner Spindel sitzt, verhafte ich, der Zensor, und lasse ihm Scham eingeißeln, blutrote, wenn im Gesicht nicht, doch – Und seinem Mann nehm ich das Bürgerrecht.

Mehrere Celeres ab.

ZWEITER KONSUL *nach einer Pause, in welcher es auf den Straßen still geworden*: Die innere Ordnung kehrt zurück. Nun paßt es sich, die äußere Gefahr zu beraten. Hannibal steht vor den Toren – Was beschließt der Senat?

KATO ZENSOR *erhebt die Hand*: Karthago soll zugrunde gehen!

ALLE: Wie der Zensor!

ZWEITER KONSUL: Karthagos Heer überschritt die Alpen, uns unerwartet zu Land zu überfallen. Lernen wir vom Feind und tun etwas Ähnliches. Durchschneiden wir die See und packen ihm in Spanien in den keck entblößten Nacken.

KATO ZENSOR: Das sei! Denn ob Hannibal auch Sieg an Siege gekettet, nie bricht er mit Gesindel wie das seinige, das nur im freien Feld zu tummeln weiß, in unsre Straßen, und wehrt sich auch nur ein Häuflein darin. Drum junge Mannschaft, soviel als möglich, ausgehoben und mit ihr nach Spanien – dem grimmen Hunde aus Afrika die Tore zu verhalten, bleibt der Rest der Bürger sattsam stark.

ZWEITER KONSUL: Vier Legionen also ausgehoben und mit ihnen gradenwegs nach Karthagos Lieblingstochter: Numantia.

KATO ZENSOR: Wer führt sie?

ZWEITER KONSUL: Du.

KATO ZENSOR: Entschuldigung. Mein Zensoramt erlaubt's nicht.

ERSTER KONSUL *beiseit*: Sein Landgut bestellen, Bücher darüber schreiben, in hohem Alter das Griechische (Zeus weiß vielleicht weswegen!) studieren und große Worte machen, das kann er, obgleich er Zensor ist – Aber Schlachtfelder – Rübsenfelder sind ihm angenehmer. *Laut:* Ich schlage vor: Ernennt jene beiden Scipionen zu Prokonsuln und vertraut ihnen das Heer. Sie haben im Gefecht und auf dem Forum sich schon oft sehr tüchtig bewährt, und ihre Jugendfrische wird der Stadt not.

DER SENAT: Du sagst es – Heil euch, Jünglinge, Prokonsuln!

SCIPIO DER JÜNGERE *errötend*: Ihr erwählt uns. Wir werden tun, was wir vermögen. *Er drückt seinem Bruder die Hand, heimlich:* Bruder, wie wird die Mutter sich freun!

SCIPIO DER ÄLTERE: Die vier Legionen?

ZWEITER KONSUL: Sind heut abend ausgehoben, und ihr zieht durch die vom Feinde noch unbesetzten Tore nächste Nacht ab.

SCIPIO DER JÜNGERE: Dürfen wir beim Ausheben gegenwärtig sein? Beachten, wählen, auch verwerfen?

ZWEITER KONSUL: Der Feldherr darf das nicht nur, es geziemt ihm.

KATO ZENSOR: Wie aber mit dem Tyrannen Mazedoniens? Er hat sich mit Hannibal gegen uns verbündet.

ZWEITER KONSUL: Mit leeren Worten. Er hat zuviel an all den Taschen zu schleppen, die ihm der große Alexander nachließ, um sich ernstlich um uns zu bemühen.

KATO ZENSOR: Demnach ihm vorerst Krieg erklärt –

ZWEITER KONSUL: – mit Worten, und zu seiner Zeit ihm Tod im Hungerturm.

EIN LIKTOR *kommt*: Er stürmt wieder, der Punier! Die Mauern wanken und zittern!

ZWEITER KONSUL: Der Senat?

PRÄTOR: Steht auf wie ihr jetzt und folgt seinen Konsuln dahin, wo die Gefahr ist und die Rache für Kannäs Niederlage mit Stahl bezahlt werden kann!

Die Konsuln schreiten voraus, und die übrigen folgen, die Hände an den Schwertern.

Vor Rom.

HANNIBAL *seine Truppen vom Sturm zurückführend*: Lagert.

Es geschieht.

Die Backsteinhütten nicht zu erstürmen? List, Mut, Kriegskunst, alles umsonst. Das tun Karthagos Lederbeutel, worin das Geld steckt, wohl verwahrt, nur kein Heer für mich.

EIN NEGERHÄUPTLING: Herr, jenes Rom ist ein Geschwür, es steckt die Welt an.

HANNIBAL: Fragt ich?

NEGERHÄUPTLING: Verzeihung! Nein!

EIN BOTE *kommt*: Feldherr –

HANNIBAL: Die Briefe. *Er erbricht sie.* Dieser vom Großvater Barkas – Ich küsse deine Handschrift, edler Greis! *Während des Lesens.* Auch du, fast Hundertjähriger, klagst? Wardst deshalb so alt und grau? – Ja, man will uns Barkas unterdrücken – Doch, Melkir, Hanno, noch schwebt dieses Schwert blutdampfend über euch, kennt ihr die List, so kennt es Schlachten! – „Verschwörungen in Hannos Hause, Dir eine geringe Hülfe bestimmt." – Wohl, werfen mich Roms Mauern zurück, an Karthago scheitr ich so bald nicht. – Die Barkas wissen im geheim von den Zinninseln und der Atlantis so gut als ihr, ziehn Geld genug daher. Sie verschließen's aber nicht, sie säen es, und Soldaten wachsen, die euch einst die Kisten öffnen sollen, während ihr weglauft und die Taler sich nicht wehren. Die Sinnlosen! Roms furchtbare Nähe zu vergessen um die goldblinkenden Fernen im West – das Herz wegen des Rocks! *Zum Boten:* Bringst du nicht auch Briefe vom Synedrion?

BOTE: Hier ein Paket.

HANNIBAL: Gewalt'ge Siegel, sicher so Kleineres dahinter!

BOTE: Die hohen Herren des Synedrion schicken mich eigentlich.

Hannibal: Eigentlich? *Während des Lesens:* „Gruß und Glückwunsch für Kannä." – Billiger Preis für sechzigtausend Römerleichen! – „Eine angemessene Hülfe soll kommen." Ja, meßt ihr erst, so schneidert ihr den Himmel zu einem Kleid, daß die Sterne darin ersticken und seine Donner engbrüstig werden. „Und Abgeordnete begleiten den Boten, um von Dir die Ringe, welche Du, recht ehrenhafter Feldherr" – Recht ehrenhafter! Messen sie auch an Worten? Mich wundert, daß sie mich nicht mit ziemlicher Ehrenhaftigkeit abspeisen – „bei Kannä erobert hast, in Empfang zu nehmen." Ha, die kostbaren Ritterringe, dahin gucken die Nasen, denn ihre Augen überließen längst das Sehen dem Sinn des Geruchs und Gestanks. Zum Glück sind die besten beiseit, für meine Leute. *Zum Boten:* Die Abgeordneten mögen kommen, die Ringe empfangen, gegen Schein. Aber du, tritt einmal näher!

Kerl, tritt nicht links hin, hieher, vor mein rechtes Auge – Thrasymene (ganz Karthago muß es wissen) schlug das andere mit Blindheit.

Bote: Ja, Herr! man sieht's Euch auch an.

Hannibal *nachdem er ihn eine Zeitlang betrachtet hat*: Du bist ein doppelter Kerl!

Bote *bestürzt, besieht sich*: Herr, ich wüßte nicht – doppelte Gliedmaßen? Nein – Er sagt's aber – Baal, wäre was dran?

Hannibal: Es ist. Du bringst zugleich Nachrichten vom Barkas und dem ihm feindlichen Synedrion.

Bote: So meint Ihr's? Ach, Herr, ich habe neun arme Würmer (Kinder, wollt ich sagen), und da ich sie ernähren muß –

Hannibal: Wirst du ein Schurk?

Bote: Ich nahm also, da ich von Eurem Großvater und vom Synedrion jederseits insbesondre bezahlt ward, beider Aufträge insbesondre an.

Hannibal: Freund –

BOTE: – Freund! Der gnädige Herr! Das sagt kaum unser Profoß, hält man ihm auch noch so willig den Buckel hin.

HANNIBAL: Berühre, wenn er es erlaubt, mit deiner rechten Hand, die ich dir drücke, in meinem Namen Großvaters Füße –

BOTE: Herr, ich küsse die Füße!

HANNIBAL: Nein, sie werden leicht schmutzig. – Und sag ihm, auf der weiten Erde wäre mir das Kostbarste ein Gruß von ihm und einer an ihn. – – Ist das bestellt, so gehst du ins Synedrion und meldest: wenn man mich nicht bald besser unterstütze, so ständen nächstens zwei Scipionen vor der Stadt, in einem Feuerglanz, der mir jetzt schon die Stirn heiß macht – dann: sie sollten eins sein, keiner des anderen Säcke beneiden, und schließlich: das Vaterland geht sonst unter in Familienzwisten und die Familien mit ihm!

Bote ab.

– Ich muß abziehn mit meinen siebzehntausend Mann, aus allen Nationen zusammengeflickt. – Wohin? – – Kapua! Die Stadt ist groß, voll Proviant, von Rom nicht fern, Karthago näher, Hülfstruppen aus Afrika da billiger – Billiger! fechte der Satan, wo Kaufleute rechnen! *Zum Negerhäuptling:* Hast du schnellwirkendes Gift?

NEGERHÄUPTLING: Herr?! Ich hätte nicht, was jeder Knabe in Nubien besitzt? *Er zeigt eine Giftflasche vor.* Ich selbst brach der Natter die Zähne aus, sorgsam (sie wehrte sich, doch ich streichelte sie, wie das in Nubien auch bei den Weibern hilft), und wer dieses gelbe Gift aus ihren Zähnen genießt, wird grad so toll, windet sich und stirbt so in Wut und Angst wie die Viper, als sie merkte, daß sie nichts Giftiges mehr an sich hatte. Zweifelst? Probiere, wirst dich wundern, dein Gedärm wird ein wimmelndes Schlangennest.

HANNIBAL: Du heißt?

NEGERHÄUPTLING: Turnu.

Hannibal nimmt ihm die Flasche und steckt sie zu sich.

Ihr Götter, Feldherr, du nimmst meinen letzten Trost. Vater und Mutter und Brüder schlafen im Grab mir – nur dieses Gift –

HANNIBAL: – blieb dir! – Wahr, Mohr, Gift ist ein letzter Trost, und darum will ich, sicherer als du vermagst, ihn dir und mir verwahren.

TURNU: Oh, dann ist es in besten Händen!

Zur Befehlsannahme beorderte Hauptleute treten auf.

HANNIBAL *zu ihnen*: Das Heer bricht heute nacht auf. – Was staunt ihr? Ich will nur Gehorsam! – Wir schlagen die Straße nach Kapua ein. Besorgt das Nötige, still und schleunig. *Hauptleute ab. Er zu Turnu:* Und fragen dich deine Landsleute, warum wir aufbrechen, so sag ihnen, weil der Winter nah sei und es in Kapua sich wärmer lagre.

TURNU: Ich verstehe!

HANNIBAL: Der versteht mehr als ich.

II

NUMANTIA UND KAPUA

Die Ruinen Numantias,
noch glühend und dampfend.

TERENZ: Noch immer nicht Morgen? Ich vergehe vor Frost. Hier wohl Feuer, aber welches! Reisig von Häusern und Menschenknochen! – Doch mich friert zu sehr – ich muß mich wärmen an dem heißen Graus! *Er kauert nieder an den Ruinen.* Entsetzlicher Abend! furchtbare Nacht! Scipionen, ihr Ungetüme, wie habt ihr euch entschleiert! Dieser jüngere Scipio, der so hold lächeln konnte, las ich ihm in seinem Ruhezimmer eins meiner Stücke vor – Was war er vor vier Stunden? Sturm, Mord, Feuer, sein

Antlitz eine arbeitende Waffenschmiede! Mich kannt er nicht mehr. „Jetzt ist's nicht Zeit! 's ist grad was Wichtigeres zu tun!" waren alle Antworten, wollt ich ihn anreden – weiter sauste er mit dem wildschnaubenden Rosse, und ich mußt im Troß mich verlieren, in Gefahr, daß ich von jedem seiner Krieger, der mich nicht kannte, übergeritten, erschlagen wurde – Ah, endlich zittern die ersten Strahlen der Sonne durch die Nebel, und – es wird noch kälter vor dem weiß gerinnenden Reif und dem erwachenden Windzug. Und, o Götter, da gegenüber ringt Numantias Volksrest die Hände, und die Soldaten schleppen ununterbrochen neu im Qualm aufgefundene Gefangene mit schwertgestählter Faust herzu!

Scipio der Jüngere und Scipio der Ältere kommen mit Gefolge.

SCIPIO DER JÜNGERE *zu einem des Gefolgs*: Diesen Schlüssel zu Numantias erstürmtem Haupttor bring meiner Mutter, der Kornelia, und möge sie daran erkennen, daß ihre Söhne streben, ihrer Lehren wert zu sein.

SCIPIO DER ÄLTERE: Und melde, daß wir gesund sind. Hoffentlich sie auch.

Der Abgeordnete ab.

SCIPIO DER JÜNGERE: Terenz? Wärmst dich an Numantias Kohlen? Das wäre Stoff zu einem Lustspiel, besser als eins der Atellanen, nicht bloß wunderlich – auch im Scherz mit einem großen Hintergrunde.

TERENZ: Ihr schufet den Stoff so tragisch, daß ich doch zu schwach bin, ihn zu einem lustigen umzudichten.

SCIPIO DER ÄLTERE: Eh, Freigelassener, was tragisch ist, ist auch lustig, und umgekehrt. Hab ich doch oft in Tragödien gelacht und bin in Komödien fast gerührt worden.

TERENZ *zu Scipio dem Jüngern, bitter*: Herr, in vergangener Nacht kanntest du mich nicht.

SCIPIO DER JÜNGERE: 's war grad was Wichtigeres zu tun.

TERENZ: Da wieder das alte Lied von Erz.

SCIPIO DER JÜNGERE *zu Soldaten und Liktoren*: Jene Gefangenen in Rudel gebracht, jedes Rudel dreißig Stück, und dann damit zu Schiff nach Ostia. Ob der Senat sie da oder in Rom will verkauft wissen, fragt ihr dort nach.

SCIPIO DER ÄLTERE: Und merkt ihr, wo Mann und Frau oder Verwandte beieinanderstehn, reißt sie auseinander, damit sie nicht konspirieren.

Mehrere Liktoren und viele Soldaten ab. Bald darauf treiben und schleppen sie die Gefangenen vorbei nach der Küste.

EIN GEFANGENER: Weib, mein Weib! Wohin gerissen an deinem Haar? In fremde Arme!

DAS WEIB: Die Glücklichen, die sich verbrannten!

EIN KNABE: Sieh doch um, Mutter, sie kommen mit Stricken, dich zu binden! – Weh, nun mich auch! Leute, mild! was taten euch diese armen Hände?

EIN LIKTOR *zu seinen Untergebenen*: Geißelt die Schreihälse! Muß man euch an den Dienst mahnen?

Das Geschrei erstirbt in Gewinsel.

TERENZ: Schrecklich!

SCIPIO DER JÜNGERE: Bester, es ist bei uns Sitte, daß man den Krieg so lang führt, bis der eine Teil ausgerottet oder Sklav geworden. Denn einen halben Frieden lieben wir nicht; er gibt dem Feinde nur Zeit, sich zum neuen Kriege zu stärken. Pfui, stell dich nicht albern! Ganze Kohorten blicken schon nach dir.

TERENZ *in sich*: Die Geißelei mit Bleiknöpfen: Sitte! Götter, was mag in Rom Unsitte sein?

SCIPIO DER JÜNGERE: Wer naht?

EIN SOLDAT: Ein Keltiberierfürst.

DER KELTIBERIERFÜRST ALLOCHLIN *kommt und stürzt Scipio dem Jüngeren zu Füßen*: Herr! Herr! Herr!

SCIPIO DER JÜNGERE: Dreimal dasselbe ist zuviel. Was willst du?

ALLOCHLIN: Herr, meine Braut! Ich bin der Fürst Allochlin, und sie und ich sind keine Numantiner, sind Ureinwohner und keine phönizische oder karthagische Kolonisten – sie war nur zum Besuch in Numantia, als ihr sie mitfingt – Ihr Sterne! meine Braut!

SEINE BEGLEITER *schreien mit*: Ihr Sterne, seine Braut, die blühende Braut!

SCIPIO DER ÄLTERE: Die hat viel Liebhaber. Ich möchte ihr Mann nicht sein.

ALLOCHLIN: Dort steht sie unter den Gefangenen.

SCIPIO DER JÜNGERE: Ein schönes Mädchen.

ALLOCHLIN: Wie der Mond aufschimmernd über dem dunklen Gebirgswald!

SCIPIO DER JÜNGERE: Karthago ist euch mehr Urfeindin als uns Römern. Wenn du mit mir gegen sie kämpfest, ist deine Bitte gewährt.

ALLOCHLIN: Gleich stell ich dir elftausend Krieger. Sie alle folgten mir, als sie mein Unglück hörten, bewegt wie ich.

SCIPIO DER JÜNGERE: Führt jene Jungfrau hieher.

Zwei seines Gefolges ab.

ALLOCHLIN: Sie kommt! Da ist sie! Die teuren, die lieblichen Züge wieder so nah! O Gräser und Blumen – Meine seligen Augen!

SCIPIO DER JÜNGERE: Fürstin, dein Bräutigam hat dich erfleht. Sei frei und mach ihn glücklich. – Allucius (verzeih, ich kann deinen Namen nur nach meiner heimischen Mundart aussprechen), zeig mir nun deine Krieger.

ALLOCHLIN: Sie bemerkten deine Huld und nahen schon mit freudigen Schritten. Ich stelle mich an ihre Spitze, die Ersehnte an meiner Seite, und führe sie dir vorüber.

DIE BRAUT *für sich, auf Scipio den Jüngeren blickend*: Die erhabene Gestalt mit dem mildernsten Antlitz – ist's ein Göttersohn, in irdisches Eisen gehüllt? – Ich könnte –

ALLOCHLIN: Du weilst?

BRAUT: Nein, Gespiele der Jugend, auch Götter machen mich nicht untreu!

Allochlins Heer rückt heran, er zieht das Schwert, stellt sich mit seiner Braut, die jubelnd empfangen wird, an die Spitze und führt es vorbei.

SCIPIO DER JÜNGERE: Bruder, dieses Heer ist besondrer Art.

SCIPIO DER ÄLTERE: Nach dem Geschnatter, nackten Beinen, den Federn auf den Köpfen hielte man es leicht für einen Haufen großer Enten. Aber die Enten folgen doch noch in einer Reihe dem führenden Entrich. Das Gewimmel wühlt durcheinander wie Kraut und Rüben.

SCIPIO DER JÜNGERE: Und statt der Tuba Saitenspiel!

SCIPIO DER ÄLTERE: Bei denen muß es lustige Schlachten geben. – Ich schäme mich solcher Bundsgenossen.

SCIPIO DER JÜNGERE: Warum? Im Kriege ist alles zu verbrauchen.

TERENZ *der, seitwärts stehend, aufmerksam zugehört hat, für sich*: Verbrauchen! Das arme Gesindel füllt bald die Gräben mit seinen Leibern, und die Römer gebrauchen es dann zur Brücke!

SCIPIO DER JÜNGERE: Jenen Langen ruft heraus. Ich will ihn sprechen.

SCIPIO DER ÄLTERE: Wie? Der scheint just der Närrischste!

TERENZ: Herr – *Er stockt und blickt furchtsam auf die Scipionen.*

SCIPIO DER JÜNGERE: Verschluck deinen Gedanken nicht. Poeten bersten, wenn sie ihre Weisheit bei sich behalten müssen.

TERENZ *ermutigt zu Scipio dem Ältern*: Euer Bruder will vom Schlechtesten auf das Bessere schließen. Ist das nicht vorsichtiger, als schlöß er umgekehrt?

SCIPIO DER ÄLTERE: Daraus mach nur einen guten Spruch für deine Possen.

TERENZ *betrübt, für sich*: Lustspiele, jahrelang bedacht, bearbeitet bei Tag und Nacht – Possen! Das der Lohn!

Der herbeigerufene Keltiberier kommt.

SCIPIO DER JÜNGERE: Du bist?

KELTIBERIER: Sohn Ullos, der da hieß „die Keule".

SCIPIO DER JÜNGERE: Und dein Name?

KELTIBERIER: Bin leider noch namenlos. Noch stieß ich keinem Feinde, nach dem ich mich benennen könnte, die Lanze ins Herz, denn so nur erringt man bei uns den Namen – Die Feiglinge! sie flohen alle, wie ich den Speer erhob! *Er schüttelt seine Lanze.*

SCIPIO DER JÜNGERE: Nun – sacht. Willst du in meine Dienste treten?

KELTIBERIER: Wenn mein Than mich dir schenkt.

SCIPIO DER JÜNGERE: Das tut er.

KELTIBERIER: Ich bin dein Sklav.

SCIPIO DER JÜNGERE: In müßiger Stunde sollst du mir von deinem Volk erzählen.

KELTIBERIER: Nur erzählen? Singen will ich davon!

SCIPIO DER ÄLTERE *trocken*: Sind alle deines Volkes Großprahler wie du?

KELTIBERIER: Ich hoffe, ich bin der Geringsten keiner.

SCIPIO DER ÄLTERE: Windbeutel! Das hoffst du?

KELTIBERIER: Die Barden singen: Zu fechten mit der Zunge ist schwerer als mit dem Schwert!

SCIPIO DER ÄLTERE: Das sind mir eigene Grundsätze.

SCIPIO DER JÜNGERE: Er muß sie doch für die rechten halten, so unbefangen sagt er sie.

TERENZ: Welch Unding verkehrte Erziehung nicht aus einem Menschen macht!

SCIPIO DER JÜNGERE: Sohn Ullos, tritt unter mein Gefolge.

SCIPIO DER ÄLTERE: Indes wir hier belagerten, ist uns Hasdrubal mit Karthagos letztem Heer in Spanien entwischt. Er klettert schon in den Alpen zum Hannibal. Wir müssen nach.

SCIPIO DER JÜNGERE: Nein. Er erblickt seinen Bruder nicht. Konsul Nero erwartet ihn längst mit drei Legionen in Ligurien. Zweimal geht's nicht mit Überraschungen, wie sie uns Hannibal bereitete, man lernt sich vorsehn. – Die Pferde!

Die Scipionen und die Reiter ihres Gefolgs setzen sich zu Pferde. Scipio der Jüngere, vor das Heer sprengend, mit erhobenem Feldherrnstab, laut zu ihm:

Wir aber wollen der afrikanischen Natter unmittelbar das Haupt zertreten, denn die tausend Schweife, mit welchen sie nach allen Zonen wedelt, verzappeln, wenn sie keinen Kopf mehr fühlen! Versteht ihr?

DAS HEER *wendet die Adler, die Mauerbrecher, Ballisten, Katapulten und das Kriegsgerät gen Süden*: Du siehst es!

Er winkt Beifall. Alles nach Süden ab.

Kapua.

Saal in Hannibals Wohnung.

Hannibal geht heftig mit Brasidas auf und ab.

HANNIBAL: Und eure heut angelangten Schiffe liefen mit dem Schiff des Boten aus, der mir vor acht Monaten die Ritterringe abfoderte? Wahrlich, meine Landsleute sind Adler, wenn sie holen, Schnecken, wenn sie schikken.

BRASIDAS: Unsre Schiffe waren schlecht –

HANNIBAL: Vorsätzlich so geliefert.

BRASIDAS: Sie wurden bald leck. Da ging's nach der Kleinen Syrte, zu kalfatern.

HANNIBAL: Nicht bloß zurück, auch seitwärts? Die Ottern!

BRASIDAS: Die Arbeit ging langsam, es fehlte dort –

HANNIBAL: An Holz, Pech, Teer, das wußten sie so gut wie ich!

BRASIDAS: – der Admiral ward sichtbar ungeduldig –

HANNIBAL: Ging's dem eingelernten Schurken noch zu geschwind?

BRASIDAS: Endlich konnten wir in See und steuerten nach Gades –

HANNIBAL: Katzen, die von den Buben durch die Straßen

getrieben werden, Windhunde auf der Jagd springen nicht so hin und her!

Brasidas: Es harrten dort fünfhundert neugeworbne Numidier, die wir für dich mitnehmen sollten.

Hannibal: War euer Admiral auch befehligt, sich um die äußersten Hörner Afrikas zu winden, mir ein Pfund Zimmet aus Indien mitzubringen?

Brasidas: Dann –

Hannibal: Laß! Sie treiben's so dummgrob, daß man vor Verachtung sich kaum darüber ärgert. – Und die paar tausend Mann Hülfe, die ihr bringt, sind auserlesen! Ich müßte sehr irren, oder ich kenne die hageren Finger, die mir diese Spreu aus dem Weizen gesucht. Als ich den Haufen musterte, ward vor all den Buckeln, schiefen Beinen der Krüppel und den Brandmalen der Galeerensklaven mein Pferd scheu! – Doch, Brasidas, für dich dank ich dir und meiner Muhme Alitta. Hätte je eine einzige Ader von ihr im Synedrion geschlagen, Rom läge zerschlagen! – Was sprach man von mir, als du Karthago verließest?

Brasidas: Wenig. Man erwartete die äthiopische Karawane. Mancher meinte, du hättest Rom nicht so lang unerobert lassen sollen.

Hannibal: Gescheuter, hätt ich Mittel gehabt, es erobern zu können. – Mein Aufenthalt in Kapua?

Brasidas: Man wußte noch nichts von ihm.

Hannibal: Ich soll hier schwelgen und auch mein Heer – Ich, der nie ein Weib, nie einen Weinbecher berührte! Und das Heer? Satt sich zehren, ausruhn laß ich die Erschöpften, mit denen ich das Feld nicht mehr halten konnte. Selbst mein letzter Elefant erlag, und, oder ich müßte mich arg im Auge des klugen Tieres trügen, er blickte sterbend voll Ingrimm nach der Gegend von Karthago.

Brasidas: Der edle Melkir –

Hannibal: Der?

Brasidas: – ist fast der einzige, der alles lobt, was du beginnst.

Hannibal: Hölle, beschütze mich vor Feindeslob! Es ist die gefährlichste Münze!

Ein Bote kommt.

Ha, du, den ich an Hasdrubal gesandt – Wagt er es auf den Zorn der Dreimännerschaft, und folgt er meiner Einladung?

Bote: Er hatte sie kaum gelesen, als er rief: „Bruder, ich komme! Bote voraus, daß ich dich nicht einhole!" Und als ich aus dem Lager ging, begleiteten mich schon, weithin schallend, die zum Aufbruch rufenden Signale!

Hannibal: Dank euch, Götter, denn ich kann einmal zu euch beten! Furchtbarer Moloch, ich glaubte oft, wir brieten dir die Säuglinge umsonst, du zögst mit vornehmer Nase den kostbaren Rauch ein, als sei er so ein gewohnter Tribut – nein, endlich willst du Karthago retten, bisher hast du es nur geprüft – Ich habe mich in dir geirrt! – Hasdrubal und ich – Das Kapitol ist zermalmt, sobald wir uns vereinigen – Wo schiffte er ein?

Bote: Dazu war Numantia bestimmt. Da dieses fiel, so hat er geglaubt, nichts Besseres tun zu können, als deiner Spur zu folgen, er hat die Pyrenäen bereits im Rücken und ist auf den Höhen der Alpen.

Hannibal: Und – ja – ich in diesem niedrigen Sessel –

Bote: Was ist?

Brasidas: Ärzte!

Hannibal *erst noch matt, allmählich sich wieder erholend, aufstehend*: Ärzte retten Hasdrubal wohl nicht mehr, und mir wäre meine kleine Apotheke zur Hand. – Bote, geh.

Bote ab.

Moloch, ich log! ich irrte mich doch in dir! Weshalb gabst du dem Hasdrubal auch nicht die mindeste Warnung? Er mit dem kleinen Heer auf den Alpen? Brasidas, weiß er nicht, daß sie mein großes zur Hälfte vernichteten, ihre Geier zu füttern? Daß wir, um Weg zu bekommen, mit Felsen, mit Leichen die Abgründe füllten? – Hasdrubal, du wirst auf den schwindelnden Stegen genug alte Bekannte finden, frisch und unverwest, aber schlechte Wegweiser wegen ihrer Füße von Eis, ihrer Augen von Glas!

BRASIDAS: Du selbst vollbrachtest diesen Übergang.

HANNIBAL: Eben deshalb weiß ich um Hasdrubals Ende. Eh die Sonne nicht noch Jahrhunderte daran geschmolzen, würd ich ihn nicht wieder versuchen – nie wieder Nächte, wo wir tief in Schnee uns hüllten, um nicht zu erfrieren, wo über mein halbtotes Heer die Sterne am klarsten Himmel glitzerten, als geschähe eben nichts, wo ich schlaflos für alle zu denken hatte, das Vorwärts und Rückwärts im kalten Nachtlager erwägend. Und als wir endlich auf unseren Schilden nach Italien hinunterglitten, fing uns nicht gleich ein Konsul Nero mit seinen Spießen auf, wie er jetzt dasteht: seinen Fuß auf dem damals freien, jetzt unterdrückten Cisalpinien! – Doch haben sie einen dummen Streich gemacht, müssen wir versuchen, ihnen zu helfen. Dazu sind's unsre Landsleute.

BRASIDAS: Wir kommen nicht aus der Stadt. Der Diktator Fabius Maximus steht davor mit vierfacher Übermacht.

HANNIBAL: Der Maximus! Beim Satan, ich kann noch lachen! – Mann, er ist Minimus, und da die Römer keinen Besseren zur Hand hatten, gaben sie ihm den großen Titel, und Mit- und Nachwelt werden ihn gläubig nachplappern. Rücken wir aus, weicht er, wie immer, beiseit, wir ziehen durch die fetten Täler, er klettert auf den kahlen Höhen nach – Das nennt er Vorsicht!

TURNU *kommt*: Der heut mit den Hülfstruppen angekommene Admiral harrt im Vorsaal, dir seine Aufwartung zu machen.

HANNIBAL: Er kommt mir gelegen –

Turnu will gehen.

Wart! Nimm sechs Soldaten meiner Wache und sag ihnen, sie sollten den Admiral –

TURNU: Als Ehrenwache –?

HANNIBAL: – sie sollten ihn sofort am höchsten Mast seines Hauptschiffs aufknüpfen, weil er mit der Flotte zu spät gekommen.

TURNU: Wetter, ich glaube, er kam noch zu früh und wird auch selbst nicht ganz anderer Meinung sein! *Ab.*

BRASIDAS: Was wird man dazu in Karthago sagen?

HANNIBAL: Was man will.

Mit Brasidas ab.

Straße in Kapua.

Gruppen der Bürger.

ERSTER BÜRGER: Ab ziehn sie! Wir sind frei!

ZWEITER: Bis sie wiederkommen.

ERSTER: Welcher Patriot denkt an so etwas?

DRITTER: Nicht einmal Besatzung zurückgelassen!

ZWEITER: Doch – viele kleine Punier bei den Weibern.

ERSTER: Leuchtende Schilde um die Mauern gehängt, mit kühlem Efeu und Eppich die weinglühenden Stirnen bekränzt und die Freiheit ausgerufen!

ALLE: Freiheit!

DER FRÜHERE DESPOT DER STADT *kommt mit zahlreichem bewaffneten Gefolge*: Recht so, ihr Bürger, und mithin tret ich wieder in mein altes, vom Hannibal mir anmaßlich entrissenes Recht und rat euch wohlmeinend, vor allem Ordnung zu halten, ohne welche keine wahre Freiheit denkbar; genießet der errungenen Freiheit, aber, bei Todesstrafe, sprecht nirgends ihren so leicht mißverstandenen Namen aus – erblickt getrost in mir den wahren, rechtmäßigen Vertreter der Gesamtfreiheit.

Nach Haus, Kinder, ich werde für alles sorgen. *Zum ersten Bürger:* Du zögerst, Freund? – Sklaven, werft ihn in Ketten.

Der Bürger wird von einigen Sklaven des Despoten gefesselt.

Zu Haus, ihr übrigen, im Schoße eurer Familien blüht euer schönstes Glück.

Da die Bewaffneten des Despoten Miene machen, auf die Bürger loszugehn, entfernen sich diese schweigend nach allen Seiten.

DER GEFESSELTE BÜRGER: Der gemästete Schuft, mit fettigem, immer lächelndem Gesicht! Die klebrige, an ihrem eignen Schleim so hoch gekrochene Schnecke! O du, mit dem ich in die Schule ging –

DESPOT: In unseren Schuljahren warnte ich dich oft, Kamerad, vor deinem ungestümen Wesen, hielt dich ab von manchen tadelwerten Streichen – Leider, wie man sieht, ohne Erfolg.

DER GEFESSELTE BÜRGER: Du hieltest mich ab? Bestahlen wir nicht gemeinschaftlich den Orangengarten des Ater? Machtest du selbst nicht dazu den Anschlag?

DESPOT: Das just das Schlimmste jedes Lasters, daß es, statt seine Scheußlichkeit einzusehen und sie wegzutilgen, zu einem anderen Laster flüchtet und die verleumdet, welche es bessern wollen. – Du tust meinem Herzen leid, aber deine nicht zu bändigende Zunge ist deines Unheils Schuld. *Zu seinem Gefolge:* Bringen ihn einige auf die Feste und schaffen ihn da still weg.

DER GEFESSELTE BÜRGER *während er abgeführt wird*: Wär ich doch durch Hannibal erdrosselt, er war doch nur ein Fremder, aber dieser einheimische –

Man verstopft ihm den Mund. Alle ab.

III
ABSCHIED VON ITALIEN

Tal bei Casilinum.

Ringsum von der sinkenden Sonne rot beleuchtete, hin und wieder mit Gestrüpp und Eichen bewachsene schroffe Felswände, und nur zwei Engpässe aus und ein, auf deren Höhen man die Vorhut römischer Legionen bemerkt. Hannibal mit seinem Heer in dem Tale, haltmachend.

HANNIBAL: Die Wegweiser sogleich gekreuzigt!

BRASIDAS: Sie haben sich nur geirrt, Casilinum mit Casinum verwechselt.

HANNIBAL: Mir eins! Gekreuzigt!

BRASIDAS: Du befiehlst! *Er schickt Soldaten ab.*

HANNIBAL *sieht sich um*: Das wäre diesmal ein enges, steingrobes, von der Sonne blutgetränktes Leichenhemd. Jetzt sinkt auch sie, und nun wird's sargdunkel.

BRASIDAS: Keine Rettung?

HANNIBAL: Wir sind dem Maximus (nein, von jetzt an nenn ich ihn bei seinem rechten Namen), dem Fabius schön in die Klemme geraten! Rings trefflich umstellt! – Daß ich mich diesmal so wenig umsah, den Boten so traute! Eine kümmerliche Hoffnung noch: ich sehe meinen Fehler ein, und so bleibt möglich, ihm abzuhelfen. – Turnu!

TURNU: Ich schwitze!

HANNIBAL: Warum?

TURNU: Weil du so nachdenkst.

HANNIBAL: Wieviel Ochsen sind noch im Proviantzug?

TURNU: Viertausend.

HANNIBAL: Laß Reisig, Fallholz aufsuchen, es verpechen und dem Vieh an die Hörner binden.

TURNU: Ich eile! *Ab.*

HANNIBAL: Geh, Brasidas, gib dem Heere Trank und Speise, tue heiter.

Brasidas ab.

– Wenn die List hülfe! – Horch, da rufen sich die römischen Nachtwachen an, und man erfährt, wo sie stehen. Ei, sind sie noch so unvorsichtig, zwing ich sie auch mit Ochsen.

TURNU *kommt zurück*: Die Ochsen sind ausstaffiert! Nun den Reisig angezündet, und mit ihnen auf die Römer!

HANNIBAL: Woher weißt du, daß sie dahin sollen?

TURNU: Was denn andres?

HANNIBAL: Unternimmst du, sie auf jenen nördlichen Engpaß, durch den wir vorwärts müssen, treiben zu lassen?

TURNU: Für alles schon gesorgt, und die Treiber stehn bereit, trockne Schwämme in der Hand, die sie dem Vieh brennend in den Hintern stecken sollen, nachdem vorn die Reisigbündel angezündet sind. Brennt nun der Ochs zuerst an den Hörnern und dann hinten, so verliert er die Vernunft und stürmt vorwärts, seinem Hintern zu entwischen!

HANNIBAL: Entstellt den Tieren Gesicht und Gestalt, macht sie tollen Soldatentrupps ähnlich, bindet Schilde vor ihre Köpfe, Lanzen an ihre Seiten und habt acht, sobald ich befehle, mit großem Geschrei, Posaunen, Zimbeln sie auf den Feind zu jagen; das Heer folgt ihnen in gedrängter Ordnung.

Turnu ab.

Höhe des nördlichen Engpasses bei Casilinum.

Fabius Maximus,
sein Reiterfeldherr und die Hauptmacht seines Heeres.

FABIUS MAXIMUS: Junger Freund, was wollen nun die Scipionen mit ihren spanischen Siegen? Da unten steckt er, der Urheber alles Übels, im Käfig!

REITERFELDHERR: Laßt uns auf ihn niederbrausen wie der

gelbe Tiber, wenn er im Februar Roms Äcker überschwemmt und ihren Schnee zernichtet.

FABIUS MAXIMUS: Nicht diese breiten Gleichnisse, wo es richtige Gedanken gilt. Wir brauchen nicht niederzusteigen. Er muß heraufkommen oder drunten verhungern.

REITERFELDHERR: Und, beim Pluto, mir scheint's, als käm er herauf – denn es regt sich und trappelt in seinem Lager!

FABIUS MAXIMUS: Sollt er es wagen? Gegen unsere furchtbare Stellung?

REITERFELDHERR: Ich trau ihm die Tollkühnheit zu.

FABIUS MAXIMUS: Wirklich, wirklich, sie blasen Schlachtsignale, erheben Schlachtgeschrei – Es kann zum Gefecht kommen! – Unser Heer ist, dank Jupiter Stator, durch meine Vorsicht zwar in Ordnung – Nur – man tut des Guten nicht zuviel – Ihr Priester, opfert dem Stator auch noch schnell acht durchaus weiße Schafe und betet nebenbei zu den übrigen Göttern – Doch nein, letzteres möcht er übelnehmen.

EIN FLAMEN: Wir haben solcher Schafe nur sieben. Das achte starb vorige Nacht.

FABIUS MAXIMUS: Ein totes Schaf! Schlimmes Auspizium! Großes Unglück!

REITERFELDHERR: Wir können ja dem Gott dazu geloben, nächstens das achte nachzubringen.

FABIUS MAXIMUS: Gut bemerkt. Opfert vorerst die sieben! Das achte versprecht auf nächstens!

Mehrere Priester ab.

REITERFELDHERR: Das Tal wird hell, und ungeheure Massen bewegen sich in ihm auf uns zu.

FABIUS MAXIMUS: Hätte er durch seine List Hülfe bekommen? In der Tat, es ist an dem! – Eine Reiterei mit Fakkeln! Daß dich, die springt! Und das Geschrei! – Hätt ich nur einen punischen Gefangenen zur Hand, der es mir übersetzte!

REITERFELDHERR: Es lautet, als schrieen ein paar tausend Ochsen.

FABIUS MAXIMUS: Ochsen? Die könnten das nicht – oh, du kennst noch keine wütende Menschenstimme – die nur schreit so gräßlich, durch die Macht des erregten Geistes! – Sieh hin, genau: Sie tragen Mützen mit zwei Zipfeln, Schilde wie Bretter vor den Köpfen – so ist das Wappen Uticas, es sind neu angekommene Uticenser.

Er hält sich einen Augenblick erstaunt die Hand vor den Kopf.

REITERFELDHERR: Gleich sind sie hier – Es gilt standhalten.

FABIUS MAXIMUS: Bei Nacht? Gegen einen noch unbekannten Feind? Und hier besonders gegen die verwegene, geübte Reiterei, die uns zu umzingeln droht, ja schon damit anfängt? Denn schau, mit welch beispielloser Kühnheit sie die Felsen hinauf, in die Wälder sprengt und die Bäume ansteckt – Nein, wir müssen den Tag erwarten, um diesen Herren erst in die Augen zu sehen und ihre schwachen Seiten zu ergründen. – Legionen, still zurück über jene Höhen nach Casilinum!

Alle ab. Pause.

HANNIBAL *mit seinem Heer*: Haha! – Geht das Glück so fort, hoff ich doch noch dem Hasdrubal erzählen zu können, daß mir Rindvieh den Weg durch ein Diktator-Heer öffnete! – Weiter!

Weite, schöne Flur bei Cajeta.
Im vollsten Herbstschmuck.

Winzer und Winzerinnen bei der Weinlese.

ALLE: Evoe Bacchus! Jo! *Sie bewerfen sich mit Reben und Trauben.*

EIN GREIS: Atellanen, die vollen Weinsäcke sind mit Öl geglättet – Nun eure Scherze auf ihnen!

DIE JÜNGLINGE: Laßt die Pfeife ertönen! Die Schellen erklirren!

Die Mädchen: Erst ihnen diesen frischen Most!

Ein Atellan: Dank! – Aber jetzt spielen? seht ihr nicht dort die Römer auf den Bergen ziehen wie Wolken?

Die Mädchen: Des Anblicks sind wir monatelang gewohnt, die Wolken regnen nicht, die kommen nie herunter!

Der Atellan: Doch Hannibal rückt in der Ebene nach!

Die Mädchen: Uns willkommen. Er war Cajetas Flur immer freundlich und wird uns nicht stören.

Der Greis: Drum Evoe! spielt euer Stück: das, wo der Faun die Nymphe hascht.

Ein Atellan: Numidische Reiter!

Heransprengende Reiter: Nur ruhig! Wir tun euch nichts. Der Feldherr verbot's und nennt euch Befreundete!

Die Mädchen: So nehmet hier und kostet von unsrem heurigen Herbst! *Sie kredenzen ihnen Wein.*

Der Greis: Wohin geht's?

Ein Numidier: Nach Rom, und hoffentlich zum letztenmal, es in Trümmern hinter uns lassend. – Ha, unser Heer!

Das karthagische Heer rückt an;
Hannibal zu Pferd, unterm Vortrab.

Der Greis *zu einem Mädchen*: Du, die Schönste, füll und reich ihm diesen Becher!

Das Mädchen *tritt mit dem gefüllten Becher vor Hannibal*: Erhabener Feldherr – Nimm den Gruß Cajetas!

Hannibal *steigt vom Pferde, alle übrigen Berittenen auch*: Ich nehm ihn, doch da ich Wein nicht genießen darf, gieß ich diesen allen Göttern der Fluren, Berge, Ströme und Täler Kampaniens hin und flehe sie, ihn wohlgefällig aufzunehmen, als Opfer eines Gastfreundes, dargebracht für dieses Landes Heil! – – Nun setzt eure Spiele fort. Das Heer rastet hier ohnehin. Wir wollen zusehn – so etwas ward uns lange nicht.

Er läßt sich mit seinen Begleitern auf den Rasen nieder. Ein als Satyr verkleideter Atellan stellt sich zur linken Seite der Ölsäcke und spielt auf der Querpfeife, ein zweiter, als Pomona aufgeputzt, zur rechten und rührt klingelnde Schellen, zwei andere, der eine als Faun, der zweite als Nymphe gekleidet, wollen die beölten Säcke besteigen, gleiten aber immer mit lustigen Wendungen aus.

DIE MENGE: Herrlich! Faun, du fällst prächtig! Nymphe, ist der Boden schon jetzt deinem Fuß so glatt? Was wird geschehn, wenn der Faun dich packt?

HANNIBAL *lacht herzlich*: Ihr habt lustige Schauspiele, Vater, sie ergötzen schon, eh sie beginnen – *Zu einem jungen Punier:* Was meinst du?

DER JUNGE PUNIER: Im Felde, wo man Karthagos Pompaufzüge nicht hat, läßt sich das ansehn.

HANNIBAL: Freilich. – Der Himmel ist so rein, die Luft so erquickend, mein eigner Geist wie durchweht von ihr, die Leute so heiter wie ihre lachenden Gefilde. – Ich fühle mich zu wohl und fürchte fast, es steht mir ein Unglück bevor.

EIN ALS KARTHAGISCHER KRIEGER VERKLEIDETER RÖMER *der unter dem Mantel ein Paket zu halten scheint, tritt an Hannibals Seite; für sich:* Es steht neben dir!

HANNIBAL: Mein Glück wäre vollendet, säh ich des Bruders teures Haupt!

DER RÖMER *wirft ihm den Kopf Hasdrubals vor die Füße*: Hier ist es!

ALLE UMSTEHENDE: Entsetzen!

HANNIBAL: Gut! Das Schauspiel endet, wie es muß! Mit einem Theaterstreich! – Rom, du tröstest mich: Sinkst du von deinen sieben Hügeln so niedrig, daß du deinen Feind mit grausamem Spott bekämpfst, so sinkst du bald noch tiefer. Ich habe deine gefallenen Feldherrn ehrenvoll bestatten lassen, als wären sie unter Römern gestorben, und du – Was Rom? *Er nimmt Hasdrubals Haupt.* Bruder, du – ja, es sind seine Locken, seine Züge – Ach, neun Jahr war ich alt, als ich von der Heimat schied, da klettertest du dem ältern Bruder heimlich nach auf das hohe dunkle Schiff und wolltest und wolltest nicht lassen von ihm, bis man dich wegriß, und seitdem sah ich dich nicht wieder, doch dein Gesicht blieb mir in das Herz geschnitten und wuchs dir nach mit den Jahren wie ein Namenszug in der Eichenrinde! – Laß dich umfassen – Wehe, er hat ja die Brust nicht mehr! *Zu dem Römer:* Und du, Schurk, lächelst?

DER RÖMER: Mein Wunsch ist erfüllt. Ich sah den Todfeind weinen.

HANNIBAL: Du sahst es. Turnu, begrabe Hasdrubals Haupt.

TURNU: So, daß mich niemand bemerkt, der es wieder aufgraben und schänden könnte?

HANNIBAL: Du errietest es. *Zu Brasidas:* Befiehl den Rückzug nach Kapua; wir haben hier keinen Halt weiter. – Die heitere Gegend wird mir zum Nebelmeer. – Doch der Marsch wird mich stärken.

Brasidas ab.

Karthago, die du dich priesest: „Ich bin die Schönste unter allen, die da prangen am Meer“, wenn nur dem Haupt meines Bruders nicht auch deine Türme nachsinken und deine Purpurgewande nicht nach allen Winden zerflattern!

Kapua.

Ein Zimmer im Schlosse des Despoten.

Der Despot und viele Sklaven. Letztere mit Einpacken von Gold und kostbarem Gerät beschäftigt.

DESPOT: Etwas rascher, Freunde!

ERSTER SKLAV *beiseit zu den anderen*: Sind wir wieder Freunde wie neulich auf zwei Tage, als er mit unsrer Hülfe die Herrschaft an sich riß?

DESPOT: Die Karthager kommen zurück, und wir müssen uns retten, nicht nur wegen der drohenden Plünderung, sondern auch –

DIE SKLAVEN: Uns?

DESPOT: Was für grinzendes Fragen?

ZWEITER SKLAV: Es ist alles eingepackt.

ERSTER SKLAV: Bis auf das Kostbarste – Ihn da!

ALLE SKLAVEN *jauchzend*: Ha, den Tyrann in diese Kiste! Ja!

DESPOT: Tolles Geknirsch – Was gibt's?

ERSTER SKLAV: Zerrissene Ketten!

DESPOT: Freunde, ihr tut mir unrecht – Ich ernährte euch –

ERSTER SKLAV: Damit du schwelgtest von unsren Händen!

DESPOT: Ich war menschlich gegen euch –

ERSTER SKLAV: Daß unsre Rücken es fühlten! – In die Kiste! Beliebt's, gnädigster Herr?

DESPOT: Erbarmen!

Die Sklaven werfen ihn in die Kiste und schlagen sie über ihm zu.

ERSTER SKLAV: Versenkt den Hausherrn nun im tiefsten Keller seines Hauses – Er selbst wird kein besseres Denkmal in seinen Sterbestunden über sich wünschen als seinen eignen Palast. *Auf die Kiste klopfend:* Nicht wahr, Gebieter?

ZWEITER SKLAV: Und rufen wir nun unsere Kameraden auf, öffnen dem Karthager die Tore, und dann Mord, Brand und Notzucht den feigen Kapuanern und ihren Weibern!

Vor Kapuas Nordtor.

HANNIBAL *mit seinem Heer*: Die Tore zu? Wollen die Sybariten Rom nachäffen und sich wehren? – Heda, die Gefangenen mit Spaten an den Graben geführt, daß sie ihn ableiten, Sturmleitern bereit, vor, Balearen, zur Bedeckung der Arbeiter!

DIE BALEARISCHEN SCHLEUDERER *springen vor*: Hussa!

HANNIBAL: Haltet! Das Tor öffnet sich, und die Zugbrücke

sinkt. Beim alten Moloch, die Sklaven kommen und bringen ihre Herren!

Züge kapuanischer Sklaven mit ihren gefesselten Herren.

Ein Sklav: Großer Feldherr, nimm diese Tyrannen zu deinen Sklaven und, verschmähest du uns nicht, uns zu deinen Kriegern.

Hannibal: Wärt ihr vor Jahren so gekommen, hätt ich Zeit gehabt, euch zu Kriegern zu bilden, jetzt, da mich die Abfahrt drängt –

Brasidas: Die Abfahrt?

Hannibal: So nennt man's – *wieder zu den Sklaven* –, kann ich nur die Tüchtigsten unter euch auswählen. Eure kapuanischen Gefangenen nehm ich auch, soweit es meine Schiffsräume gestatten –

Ein vornehmer Kapuaner: Alter Gastfreund!

Hannibal: Kann ich nicht wohl geblieben sein, da du ein junger Sklav wardst.

Der Kapuaner: Die satanische, punische Silbenstecherei!

Hannibal *wieder zu den Sklaven*: – um sie in Afrika zu verkaufen. Den Rest behalten die, welche von euch zurückbleiben. – Jetzt führt mich zum öffentlichen Schatz, den ihr hoffentlich nicht berührt habt, denn er ist heilig –

Sklaven: Und unverletzt!

Ein Sklav: Doch! Feldherr, strafe mich! Ich brach dieses Drachenköpfchen vom Fuß des Gegitters – es schien mir, da es so viele Schätze bewahren half, ein herrlicher Fetisch, mich auch zu bewahren.

Hannibal: So behalte deinen Fetisch zum Lohn deiner Aufrichtigkeit. *Wieder zu den Sklaven:* Und ist der übrige Schatz gerettet für Karthago, verteil ich Kapua unter euch und mein Heer zur beliebigen Plünderung.

Alle ab.

Eine Höhe mit dichtem, dunklem Kastanienwald bei Kapua. Man hört aus der Nähe das Brausen des Meers.

Hannibal windet sich zu Pferde rasch durch das Gebüsch, steigt an einem kleinen Grasfleck ab und hängt die Zügel des Pferdes an einen niedrigen Baumast.

HANNIBAL: Gaul, solltest du verstehen, wie ein lang niedergedrückter Schmerz sich lüftet, so wiehere es nicht aus, oder ich schlage dich nieder! *Er stürzt sich auf die Erde und faßt sie mit beiden Händen.* Italia! Herrliche, um die ich siebzehn Jahr warb, die ich geschmückt mit eignem und mit Konsulblut, so muß ich dich verlassen? Nichts bleibt mir von dir, die ich mitreißen möchte übers Meer? Du, ganz anders als die finstre Karthago und ihr heißes, trübrotes Firmament, du, prangend mit Helden, die nur vom Ruhm und Eisen, nichts vom Gold wissen, mit dem Glanz selbst – nicht durch Mietlinge – errungener, zum Kapitol hinaufschimmernder Triumphe, nie erhabener, als da ich dich zu meinen Füßen wähnte und du dich aufrichtetest zu dem Gewölbe deines ewig blauenden Himmels! – Ha, diese Gräser entreiß ich dir und berge sie an meinem Herzen; mein jahrelanges Mißgeschick entschuldige bei mir selbst einen Augenblick der Empfindung!

STIMMEN DER KOMMANDIERENDEN FLOTTENOFFIZIERE VOM MEERE HER, VON ALLEN SEITEN: Strammer die Taue! Seewasser darauf! – Noch zwanzig Ruderer an die fünfte Bank hier! – Schnell, der Landwind wird frisch! – Dort naht das Heer schon zum Einschiffen! – Flöße, Barken, ans Ufer – Hier eine Schiffbrücke geschlagen – und da – Die Segel bereit – Nach Süd-Süd die Vorderdecke! – Ihr da, an die Anker! Zur Heimat geht's! – Wo bleibt der Feldherr?

HANNIBAL *ruft laut*: Hier von der Höhe hat er euer Treiben beobachtet und findet es gut! *Er reitet zum Ufer.*

Am Gestade.

Die Flotte, gerüstet zum Absegeln.
Es werden noch immer Truppen eingeschifft.

Ein Soldat kommt mit zwei karthagischen Gesandten.

SOLDAT: Hier wartet. Der Feldherr kommt gleich. Ihr habt ihn rufen hören.

ERSTER GESANDTER: Behandelt man Mitglieder des Synedrion so?

ZWEITER: Sind wir zwei verlorene Weizenkörner?

SOLDAT: Weiß nicht, ich behandle euch, wie mir befohlen. – Da kommt er. Macht euren Bückling. *Ab.*

ERSTER: Bückling? Wir, die wir ihn beaufsichtigen sollen?

HANNIBAL *erblickt sie und sprengt zu ihnen*: Nicht bang, das Pferd ist fromm.

ERSTER: Uns sendet Karthago –

HANNIBAL: Mich nach Afrika zurückzurufen, die Vaterstadt unter ihren Mauern zu verteidigen, weil die Scipionen dort bald ankommen –

ZWEITER: Du errätst es.

HANNIBAL: Ich wußt es. Jene schwellenden Segel bezeugen es euch. Beschaut die Landschaft umher, ehrwürdige Väter. Sie ist schön, grün und fruchtbar. Sie wäre unser, hätten eure Genossen und ihr es gewollt. Erhaltet ihr nun auch keinen Tribut davon, so begnügt euch mit den Freuden der Natur, nur hütet euch vor den Dolchen der Römer, die keines Karthagers mehr schonen.

ERSTER: Hier lassen wolltest du uns?

HANNIBAL: Gewiß, zum Andenken, aber euer Schiff nehm ich mit. Wärst du (ich kenn euch, sah ich euch auch seit zwanzig Jahren nicht) nicht schlecht wie dein Bruder Melkir, du nicht erbärmlich wie dein Vetter Hanno, ihr könntet hier Könige sein!

BEIDE: Wir Unglücklichen!

HANNIBAL: Das Gesindel hat noch den Mut, zum Himmel zu seufzen! Hörten die Götter seine Mißtöne, wie würden sie es niederdonnern! *Reitet zum Hauptschiff und besteigt es.*

Die Flotte stößt vom Lande.

Hinterverdeck des karthagischen Hauptschiffes.

Hannibal steht darauf und blickt nach Italien. Brasidas neben ihm.

BRASIDAS: Dieses Kapua hat eine herrliche Bucht.

HANNIBAL: Die Schiffe riechen noch stark nach Pech und Teer.

BRASIDAS: Die blauen Berge in der Ferne –

HANNIBAL *für sich*: Was spricht er von meinen zorngeschwollnen Adern?

BRASIDAS: – man möchte tausend Augen haben, um sich satt zu sehen an ihnen, in diesen klaren Wellen, an jenen duftatmenden Tälern.

HANNIBAL: Hätte man gar kein Auge gehabt, brauchte man das alles nicht zu vergessen.

BRASIDAS *halblaut*: Jene Rebengehänge, über ihnen das Traubengehäng der ewigen Sterne nach und nach aufquellend – Es ist, als ob –

HANNIBAL: – es Abend würde. – Steuermann, das Steuer rechts – siehst du nicht jenen Felsvorsprung?

Ein Zug Kraniche zieht hoch über die Flotte hinweg nach Süden.

MATROSEN: Heil, Kraniche, Vorboten!

HANNIBAL *in sich*: Heil ihnen, ja, wenn es Lenz wird, kehren sie zurück zu den Horsten in Thule. Auch ich hatte mir im Norden einen Horst gemacht, aber

– wieder nach Italien blickend –

ich kehre nimmer! – *Laut:* Die Bucht endet – Piloten, nicht zu nah an der Küste gehalten, frisch ins Meer!

BRASIDAS: Da schüttet die Küste uns noch einen Haufen falber Herbstblätter auf die Verdecke!

HANNIBAL: Sie wird satirisch. – Sammelt die Blätter in Säkken, passende Kränze für die Hannos, oder doch, was ihnen vorteilhafter dünkt, Streu für ihr Vieh.

Turnu klimmt über den Schiffsrand.

– Brasidas, räume das Verdeck von allen, die nicht darauf beschäftigt sein müssen, laß zum Nachtessen läuten und bring die Mannschaft zur Ruh.

BRASIDAS: Und du?

HANNIBAL: Ich beobachte hier die Polhöhe.

Brasidas ab. Turnu schwingt sich aufs Verdeck und legt sich zu Hannibals Füßen. Beide sprechen leise.

TURNU: Ich war auf allen Schiffen und bin durchgeprügelt, wie es der rechtschaffenste Köter nicht verlangen kann, und hätte er das beste Stück Fleisch gestohlen.

HANNIBAL: Wie?

TURNU: Ich fing an, auf dich zu schelten, sagte, jedermann wüßte, daß ich dein treuester, fleißigster Diener sei, und doch erhielt ich kaum einige Bissen von deiner Tafel, und die immer gepfeffert mit Schimpfworten, Schlägen, Ohrfeigen, Maulschellen.

HANNIBAL: Sie erwiderten?

TURNU: „Schurk, behandelt er dich so, so verdienst du es – er hat noch niemand unrecht getan", und als ich zu bemerken begann, daß wir doch eigentlich Karthago dienten, du uns aber immer bloß nach deinem Sinn geführt –

HANNIBAL: Nun?

TURNU: „Karthago!" war die Antwort, alle durcheinander: „Ich habe das Loch noch nicht gesehn" – „ich kenn's, es ist ein Schandnest" – „der brave, große Feldherr, es hat ihn betrogen" – „der Feldherr hat mir Brot und Gold gegeben, dort ward ich mit Ketten gescheuert" – „wir sollten Spitzbuben sein, und es stahl uns von Kannäs Ringen!"

HANNIBAL: Ha, Synedrion, hast du dir selbst mit deinen Mietlingen das Rutenbündel gebunden, mit dem ich dich peitsche?

TURNU: Und wollt ich dann fortfahren, so fiel ein Hagel Faustschläge auf mich, daß, wär ich ein bewußtloses Reisfeld gewesen, auch nicht ein Körnchen von mir davongekommen wäre, aber mir machten sie Freude, denn sie geschahen aus Liebe zu dir, und – nimm mir's nicht übel – ich habe dich lieb – ja, wie drück ich's aus?

HANNIBAL: Bemühe dich nicht. Bist selbst Ausdruck genug.

TURNU: So sprach, so litt und ergötzt ich mich auf jedem Schiffe, denn ward's auf dem einen zu arg, sprang ich in See und schwamm zu einem andern, und wieder die nämliche Unterhaltung und die nämlichen Prügel.

HANNIBAL: Nimm diesen Schlüssel zu meiner Kajüte, iß dort und bekleide dich mit trockner Wäsche. Ich komme bald nach.

IV

GISGON

Karthago. Nachmittag.

Gemach in Melkirs Palast.

Melkir, Hanno und Gisgon.

MELKIR: Der Tag ist schwül. Setzen wir uns und laben uns am kühlen Wein, und dann – *Er stößt mit Gisgon und Hanno an, diese tun, als nippten sie von dem Wein, setzen aber die Becher unberührt beiseit. Melkir in sich:* Die Niederträchtigen! sie merken gar das Gift!

GISGON: – Hannibal kann heut noch ankommen. Sosehr wir seiner gegen die nahenden Scipionen bedürfen, so gefährlich ist's, ihn mit seinem Heere in die Stadt zu lassen.

MELKIR: Er kommt auch nicht damit herein. 's ist gesorgt: Er soll draußen einige Stunden ruhen und gleich darauf den Römern entgegen.

HANNO: Diesem ist so, Gisgon. *Er legt einen großen Brief auf den Tisch.* Dieses Schreiben des Synedrions verfügt's, und der Lotse steht bereit, der es ihm überbringt, sobald man seine Wimpel gewahrt. Du zweifelst? *Mit Gewicht:* Ja, ja, der Lotse steht bereit!

GISGON: Und befolgt Hannibal die Befehle nicht?

HANNO: Wie dürft er es wagen? Wie könnt er sich rechtfertigen?

GISGON: Das kann er kurzweg. Er sagt: „Ich habe die Befehle nicht gelesen" und bricht durch den Hafen in die Stadt.

MELKIR: Geht nicht. Äußerer und innerer Hafen wehren es ihm mit Ketten und mit Toren von Erz, deren sich die Pforten der Hölle nicht zu schämen brauchten.

EIN VERTRAUTER DIENER MELKIRS *tritt ein*: Unsere italische Kriegsflotte naht mit vollem Winde.

MELKIR: Deinen Brief, Hanno. *Zum Diener:* Ihn sogleich an den bewußten Lotsen geschickt.

Der Diener ab.

Kommt an dieses Gitterfenster – Wir übersehen von hier das Meer, und laßt uns beobachten, ob alles nach unsren Befehlen geschieht.

GISGON: Die Flotte sieht zwar recht lumpig, aber auch verdammt ernsthaft aus, ihre Segel sind geflickt, ihre Vorderteile von der Zeit geschwärzt und voller Spalten, aber alles das nicht wie ein gebeugtes, sondern wie ein durchgrämtes, wütendes Gesicht.

HANNO: Der Lotse fährt zum Admiralschiff – er steigt hinauf mit dem Brief –

GISGON: Ich bin begierig, ob – Moloch, die ganze Flotte zieht die Flaggen auf, Karthagos Befehle zu begrüßen – Verzeihung, Melkir und Hanno, ihr kanntet Sachen und Menschen besser als ich.

HANNO: Da steigt der Lotse wieder mit einem Hauptmann ins Boot und fährt hieher.

MELKIR: Diener!

Der Diener kommt.

Eile jenem Hauptmann entgegen und führ ihn hier ein.

Der Diener ab.

GISGON: Lieber Hannibal, bist doch nur ein Haudegen, und jetzt begreif ich, wie du überall siegen und doch weder Rom noch Karthago bewältigen konntest.

DER HAUPTMANN HANNIBALS *tritt ein*: Wer unter euch der edle Melkir?

MELKIR: Melkir bin ich.

HAUPTMANN: Mein Feldherr entbietet mich zu dir: Er weiß, wie sehr er alle Hülfe vorzüglich deiner, auch Hannos des Großen und Gisgons Bemühung –

MELKIR: Auch die beiden siehst du hier.

HAUPTMANN: Auch ihnen Gruß! – Ferner weiß er, wieviel ihr bei dem erhabenen Synedrion geltet, und bittet euch, da er in den langen Feldzügen ungewohnt geworden, in einer so hohen Versammlung zu reden, seine Vermittler zu sein und ihm die nötigen Befehle auszuwirken, nach welchen er gegen das heranrückende Römerheer zu verfahren und wo er jetzt zu landen hat, ob im äußeren oder inneren Hafen oder an welcher anderen Stelle.

MELKIR: Unseren Gruß ihm wieder. In den beiden Häfen soll er nicht landen, sondern den Scipionen entgegen, auf der Ebene am Westende der Stadt.

HAUPTMANN: Das war seine unmaßgebliche Meinung auch. – Ein Teil unsrer Mannschaft ist seekrank – er wünscht einige Verstärkung, wenn sie möglich.

Melkir: Er soll die Seesoldaten unserer beiden Häfen erhalten. Hier die Vollmacht.

Der Hauptmann ab.

Hanno: Die Häfen so zu entblößen?

Gisgon: Hannibals oder unsere Dummheit ist so groß, daß mir ihretwegen titanisch zumut wird.

Melkir: Du bist jung, Gisgon, höchstens sechsunddreißig Jahr, da kann uns der eitle Kriegsglanz noch blenden und glauben machen, daß ein brauchbarer Feldherr wie Hannibal nicht außer seinem gewohnten Kreise ein beschränkter Kopf sein könne.

Gisgon *durch das Gitterfenster blickend*: Seine Flotte rührt sich!

Melkir: Nach Westen, genau wie wir vorgeschrieben.

Hanno: Wendet sie sich jetzt nicht ein wenig östlich?

Melkir: Um den Ostwind zu gewinnen. Sie geht schon wieder nach West.

Gisgon: Und nun wieder nach Ost – alle Blitze und ihre Zickzacke!

Melkir: Sie laviert.

Gisgon: Erhebt euch, Götter der Unterwelt, und reißt diese Lavierer in eure Tiefen! – Ha, schaut, es wendet sich, gradaus, nach Osten, auf die Häfen stürmt's, die Ketten springen vor dem Anstoß, die schlechtverwahrten Eisentore rauschen auf – In der Stadt ist er, und wir sind alle an der Nase geführt!

Hanno: Und da schwingt sich der Hauptmann aus einem Boot ans Land, den bloßen Säbel in der Faust, eine Kuppel bewaffneter Neger hinter ihm – seine eben noch schmeichelnden Mienen flammenrotes Gewölk!

Melkir: Man kann sich irren, der Weise muß aber auch darauf gefaßt sein. Und – *höhnisch* – hättet ihr meinen Wein getrunken, ließ euch Hannibal nicht kreuzigen. Ich indessen bin gerettet! *Er versinkt.*

Hanno: Der – dieser –

Gisgon: Folg mir – Hier ist eine versteckte Wandtür, die

ich ihm längst ablauschte. Wir entwischen bequemer als er!

Sie entfliehen durch eine Wandtür, die sich hinter ihnen schließt.

DER HAUPTMANN HANNIBALS *mit Kriegern*: Da sitzt der dreiköpfige Höllenhund! – Was? weg? – Das ganze Haus zu Brei, daß er und jede Maus darin ersticke!

Der große Marktplatz in Karthago.

MARKTJUNGE: Fische! neue! Hannibals!

VOLK: Zeig!

MARKTJUNGE: So heißen sie, denn nie speist Hannibal andere! Das Stück dreißig Drachmen!

EIN MANN: 's ist teuer, doch meine Frau murrte mich krank, brächt ich ihr nicht einen mit.

EIN ANDERER: Sie hielten mich für einen Anhänger des zerstäubten Synedrions, kauft ich nicht ein paar.

MARKTWEIB: Der Junge sticht jetzt seine Mutter selig aus. Vorhin schrie er nur wie sie, doch jetzt lügt er, daß mir vor Ärger und Verwunderung das Herz wackelt.

Ein Herold kommt, eine starke Truppenmasse hinter ihm.

HEROLD *laut*: Hört!

Der Markt wird still.

MARKTWEIB *für sich*: Wieder ein Ausrufer, nur anderer Art.

HEROLD: Unser erhabener Feldherr Hannibal, tief empört über die Niederträchtigkeit des Synedrions und der Dreimänner, welche die Stadt an den Untergang gerissen und die nicht wagten, vor ihm zu erscheinen, als er mit bescheidener Frage vor die leeren Throne der Suffeten trat –

EIN KARTHAGER *leise zu einem andern*: Und noch dazu mit dreißigtausend Mann, die nach gar nichts fragten!

HEROLD: – hat, da die römischen Legionen herandräuen, solang die Gefahr währt, diese auf sich genommen und das Regiment allein ergriffen. Jeden Bürger, der sich berufen fühlt, ladet er ein, das Vaterland zu verteidigen, zwingen will er niemand dazu –

VIELE *atmen auf*: Ah!

HEROLD: – Schiffahrt und Handel nach allen Teilen der Welt gibt er frei, nur die Ausländer zahlen von ihren gebrachten Waren Zoll. Er begehrt bloß gute Verpflegung seiner Krieger während der kurzen Zeit, welche sie hier verweilen. Und jeder Freie, der ein Mitglied des Synedrions vor ihn bringt, sei es tot oder lebendig, erhält zwölftausend Drachmen, jeder Sklav dieselbe Summe, wovon er aber viertausend Drachmen seinem Herrn abzuliefern hat!

DIE MENGE: Ha, er ist Karthagos echter Sohn! Hoch Hannibal und sein erhabener Stamm!

Halle im Palast des alten Barkas.

Barkas und Alitta.

BARKAS: Teuerste Urenkelin, du kommst in diesen bewegten Tagen, und er, der meinem Herzen noch näher sein sollte, kommt nicht, vergißt mich in seinem Glück!

ALITTA: Nein, Greis. So denk ich ihn mir nicht. Er will gewiß erst so freudiger vor dich treten, wenn er alles beendigt hat.

BARKAS: Du sprichst wie ein empfindendes Weib. Er ist ein gefühlloser Krieger.

ALITTA: Nimmermehr bloß der! Hohe Taten wie die seinigen wurzeln tiefer als unter der Stirn, wo sie sich nur entfalten. Wahrlich, das fühl ich im kleinen in meinem eignen Busen.

BARKAS: Sahst du ihn je?

ALITTA: Großoheim, ich war ja noch lange nicht geboren, als er abreiste, doch erzählen ließ ich mir von ihm, seit ich denken konnte.

BARKAS: Er war ein eigensinniger Knabe.

ALITTA: Vielleicht nur eigen!

Hannibal und Brasidas erscheinen im Hintergrunde.

BARKAS: Warum kommt er aber nicht?

HANNIBAL *mit Brasidas vortretend*: Er kniet zu deinen Füßen!

BARKAS: Auf, auf! – Du, vor dem die Hunderttausende fielen, willst knien? Auf – es erschreckt mich!

Hannibal erhebt sich.

– – Enkel! Deine Stirn ein sturmerstarrtes Meer!

HANNIBAL: Es stürmte lange drüber hin, bis endlich der Frost kam und die Wellen stehn blieben.

ALITTA: Das die Hände, die von Kannäs Höhen zum Siege winkten? Ich zittre vor Schauder und Wonne!

BARKAS: Dein Haar schon weißlich –

HANNIBAL: Es geht meinem Kopf wie dem Eisen – glüht man es zu arg, wird's weiß. *Zu Brasidas:* Ist die es?

BRASIDAS: Alitta, kennst du mich nicht?

ALITTA: Brasidas! – – Und er hat doch tapfer gefochten?

HANNIBAL: Ich bezeug es dir.

ALITTA: So lieb ich ihn tausendmal mehr!

BARKAS: Senken wir die Häupter: Die Posaunen der Priester rufen zum Gebet.

HANNIBAL: Es sind Opferpriester, Ahn, doch freiwillig wollen wir ihnen die Nacken nicht reichen.

BARKAS: Nicht Opferpriester – die kennen nur Gesang, nicht Posaunen.

HANNIBAL: – – – Großvater, die Scipionen kommen vor der Stadt an, und was wir hören, ist der langgedehnte, zum Aufwerfen der Nachtlager rufende Klang der römischen Tuba!

ALITTA: Der Feind vor den Mauern! Hannibal, Held, rette! Brasidas, hilf ihm! – Wie's da wieder schallt! wie sie mit ihren nordischen schaurigen Tönen hoch über die Mauern in die Stadt fassen! Rettet!

HANNIBAL: Versuchen will ich's! – Europa und Afrika stehen auf dem Spiel – Meine Würfel liegen aber schlecht, ich habe nur dreißigtausend schnell zusammengeraffte Söldner gegen eine vier- bis fünffache Übermacht auszuspielen, die da fühlt, daß sie um die Ehren eines Vaterlandes kämpft. Doch versuchen muß ich's, und zusehn will ich, ob ich das Glück nicht verbeßre, und sei's mit der Zunge.

BARKAS: O könnt ich mit euch!

ALITTA: Dürft ich mit euch! – Aber es falle, wie es will, ich weiß –!

HANNIBAL UND BRASIDAS: Lebt wohl!

Beide ab.

In der Nähe des Städtchens Zama.

Vormittag. Römisches Lager. Vor dem Zelt der Scipionen. Das Heer und die Hülfstruppen in Schlachtordnung.

Scipio der Ältere, Scipio der Jüngere, Allochlin, Massinissa, Terenz und der Keltiberier.

SCIPIO DER JÜNGERE: Massinissa! mit deinen lybischen Reitern stellst du dich denen deines Gegenkönigs, des Halbkarthagers Syphax, gegenüber – Allochlin, scharmützle nach jenen Dörfern. Der Feind sammelt sich hinter ihnen.

ALLOCHLIN: Herr, gönnt meinen Leuten erst eine Stunde Ruhe. Sie waren wieder drei Tage und drei Nächte in Dienst. Drei Vierteile meines Heeres sind während deines Feldzugs daraufgegangen – Die armen Männer tun mir leid – Ich habe meine Braut sehr teuer erkauft!

SCIPIO DER ÄLTERE: Schmeckt sie dir nicht mehr wie anfangs?

SCIPIO DER JÜNGERE: Kauf ist Kauf, Barbar. Hinterdrein daran mäkeln zeigt keinen rechtlichen Mann. Befolge, was ich befohlen, und ihr zehn Zenturionen da, schließt euch an seine Seite und tötet ihn, sobald er uns untreu wird. Sein weinerliches Gewäsch läßt mich das Niederträchtigste fürchten.

ALLOCHLIN: Oh! *Mit den Zenturionen ab.*

TERENZ *für sich*: Bekommt er es nun, wie ich's prophezeite?

EIN VELIT *kommt*: Karthagische Friedensboten bei den Vorposten.

SCIPIO DER ÄLTERE: Schickt sie zurück.

SCIPIO DER JÜNGERE: Laß mich sie hören. Es gibt Zeit, daß du das Heer unterdes ganz so ordnest, wie wir übereingekommen.

SCIPIO DER ÄLTERE: So dehne das Gespräch hin wie einen Bandwurm, der immer vorn wieder anwächst, wenn man ihn hinten abschneidet, bis ich zurückkomme und wir ihn und die punischen Patienten mit dem Schwert zum Tode kurieren. *Ab.*

SCIPIO DER JÜNGERE: Die Abgeordneten sollen kommen.

Der Velit ab.

Sohn Ullos, was starrst du?

TERENZ *für sich*: Mit dem Barbaren spricht und scherzt er – Der ward seinem Gaumen angenehmer als die früheren attischen Unterhaltungen.

KELTIBERIER: Herr, ich sah manche mächtige gefleckte Kröte, gelb mit schwarzen Buckeln, doch so eine meilenweite, wie jene Stadt, zuerst gestern abend. Und was für schwarze Riesen ragen über all die Dächer und Türme noch hinaus, ihre Hände gen Himmel streckend, dampfend, als böten sie Brandopfer dar?

SCIPIO DER JÜNGERE: Es sind die ehernen Bilder der Götter, und wenn Gefahr droht, legen die Karthager in deren glühende Hände ihre Kinder zum Opfer, Errettung flehend.

KELTIBERIER: Ei – höchst vernünftig kommt mir das vor, je mehr ich darüber nachdenke. Sie werden der kleinen, oft unvorsichtig erzeugten Mitesser los, werden gerettet und tun dazu den Göttern einen Gefallen! Ich werd es in Keltiberien zur Nachahmung empfehlen.

Die beiden karthagischen Abgeordneten kommen.

ERSTER: Uns sendet Hannibal. Er wünscht den bevorstehenden Kampf durch Vergleich abzuwenden und dich dort auf freiem Felde mitten zwischen beiden Heeren zu sprechen.

SCIPIO DER JÜNGERE: Und wo hat er seinen Hinterhalt gelegt?

ERSTER: Er wählte ja, um jeden Verdacht zu vermeiden, das freie Feld. Auch will er dir nur zu Fuß, bloß von zwei Hauptleuten ebenso begleitet, entgegenkommen und ersucht dich, ein Gleiches zu tun.

SCIPIO DER JÜNGERE *für sich*: Ich möcht ihn wohl sehen. Auch gewinnt mein Bruder Zeit. *Zu den Abgeordneten:* Ich komme, gleich.

Die Abgeordneten ab, von welchen der zweite immer nur genickt hat, wenn der erste gesprochen.

Die Ebene zwischen beiden Heeren.

HANNIBAL *mit zwei Hauptleuten*: Er kommt also – – Das währt lange. – Nun, muß ich auch noch das Warten lernen? – Ha!

Scipio der Jüngere tritt auf mit zwei Hauptleuten; Hannibal winkt die seinigen in einige Entfernung zurück, Scipio die seinen ebenso. Beide Feldherrn treten einander gegenüber und sehen sich lange stumm an.

HANNIBAL: – – Scipio, ich muß wohl der erste sein, welcher in dieser Stunde redet, denn ich bin der ältere.

SCIPIO DER JÜNGERE: Du bist es.

HANNIBAL: Wozu längerer Kampf zwischen Rom und Karthago? Haben die endlosen Kriege nicht beiden einsehen lernen, daß sie am glücklichsten sind, wenn Rom sich auf Italien, Karthago sich auf Afrika beschränkt?

SCIPIO DER JÜNGERE: Dachtest du so, als du Spanien erobertest und die Alpen überschrittest?

HANNIBAL: Nein. Aber grade meine Feldzüge lehrten mich seitdem, daß wir so denken sollten. – Du, jugendlicher Feldherr, stehst auf der Höhe deines Ruhms, alles, was du bisher unternahmst, ist dir geglückt – Doch bedenke, wie leicht wechselt die launische Fortuna, wie schnell kann sich alles wenden in diesen zentnerschweren Augenblicken, die über unsre Häupter heraufziehn! – Siehe mich, den Hannibal, der dein Land mit euren Niederlagen füllte, jetzt –

SCIPIO DER JÜNGERE: Sehr ungelegen erinnerst du mich daran, denn ich stehe hier, sie zu vergelten.

HANNIBAL: – Der Weise wählt das beste Gut und das geringste Übel, muß er einmal unter beiden wählen. Siegst du heut, macht es dich glücklicher? Du hast Lorbeers genug. Verlierst du heut, ist all dein erworbener Ruhm dahin.

SCIPIO DER JÜNGERE: Was bietet Karthago?

HANNIBAL: Alle Besitzungen außer Afrika, volle Genugtuung den Fürsten der Numidier, die mit euch verbunden sind.

SCIPIO DER JÜNGERE: Und nicht sich selbst und dich unserer Gnade?

HANNIBAL: Römischer Gnade! – Nein, eher wollen wir es mit eurer Ungnade zum letzten Mal versuchen!

SCIPIO DER JÜNGERE *wendet sich zum Abgehn, kalt*: Dann erwarte mit deinen dünnen Haufen das Schicksal der Schlacht. Du, hättest du mein überlegnes Heer, handeltest nicht anders, ständest du an meiner Stelle. *Mit seinen beiden Hauptleuten ab.*

HANNIBAL: Es erwarten? Nein, ich ruf es, es war mir oft eine helfende Göttin! *Gegen sein Heer:* Schlacht! *Ab.*

Die Schlacht beginnt.

Warte über einem Haupttor Karthagos.

Der Pförtner mit seinem Knaben.

PFÖRTNER: Kind, sieh genau hin, denn heut erblickst du etwas, wovon du nach hundert Jahren erzählen kannst, und zum Glück ist's helles Wetter.

KNABE: O die lustige Musik! Die blanken Harnische!

PFÖRTNER: Siehst du die beiden Staubwolken?

KNABE: Die da links den Himmel verdunkeln und durcheinanderwirbeln?

PFÖRTNER: Das ist die numidische Reiterei im Gefecht mit der römischen. Den Göttern Dank, die unsrige dringt vor!

KNABE: Was wimmelt und windet sich hinter ihr am Boden, als wollt's aufstehen und fort und könnte nicht?

PFÖRTNER: Verwundete und Sterbende, mein Sohn.

KNABE: Hilft ihnen keiner?

PFÖRTNER: Nachher. Im Drange der Schlacht ist's zeitstörend und gefährlich, sagt unser Nachbar, der Bader.

KNABE: In der Mitte der Scharen, Vater – hu, was sträuben sich da die Lanzen empor, fast wie Großmutters Haare, wenn sie keift!

PFÖRTNER *schlägt ihm hinter die Ohren*: Bengel, schimpf nicht auf Großmutter!

KNABE *weint*: Darf ich nicht sagen, was ich sah? *Will fort.*

PFÖRTNER: Junge, du bleibst.

KNABE: Meine Schulstunde – ich komme zu spät.

PFÖRTNER: Werde dich entschuldigen. – Schau, die beiden Mitteltreffen geraten aneinander!

KNABE: Der Feind zieht aber seine Schwerter und rollt sich zusammen wie neulich der Stacheligel.

PFÖRTNER: Es hilft ihm nichts, unsre Lanzen sind länger.

KNABE: Der Feind schlägt sie doch beiseit – Weh, da sitzen und würgen sie sich an den Kehlen!

PFÖRTNER: Teufel – und es wird dabei so schauderhaft still,

und man sieht's so deutlich! Brausten doch alle Donner los, wirbelten und dampften alle Wüsten auf, dies leise Gewürg und Gemetzel zu übertäuben, zu verhüllen! – Ha, da kommt der edle Brasidas mit Reiterei zu Hülfe!

KNABE: Und da stößt ihm ein Römer den Dolch unter die Rippen, daß ihm das Blut auf die Erde prasselt und er vom Pferde stürzt! Hu!

PFÖRTNER: Wie sie sich um den Leichnam streiten! Er macht hundert andere!

KNABE: Ich kann's nicht mehr ansehn! Wär ich auch tot!

PFÖRTNER: Was fällt dir ein, Bube?

KNABE *schreit*: Die Römer brechen durch!

PFÖRTNER: Ruhig – Hannibal lockt sie in eine Falle – Ha! siehst du? Da ist er, unerwartet aus dem Versteck, frisches Fußvolk, frische Reiterei hinter ihm – Moloch, wie wird's Platz, wohin er kommt! – Da hat er die Leiche des Brasidas, empor reißt er sie mit gewaltiger Hand, zeigt sie racherufend dem Heer –

KNABE: 's klingt ohrzerschmetternd!

PFÖRTNER: – und wirft sie auf das Pferd! – Hölle, nun erst geht's los – Die Funken stäuben von den Panzern, meine Augen beben!

KNABE: Vater, Vater! Er hat zuwenig Leute! Der Feind umschwemmt ihn!

PFÖRTNER: Pah! was das? Sieh, er schwimmt allerwärts durch, patscht gut hinein, wo er ist, spritzt doch das Blut himmelhoch!

Der Knabe hält sich die Augen zu.

Die Hände von den Augen – Karthago siegt!

KNABE: – – Was für eine Eisenmasse kommt aber da aus der Ferne? Kalt, blinkernd, still und doch vordrängend – So ist's, wie unser Lehrer sagt, bei Thule mit den Eisblökken!

PFÖRTNER: Aff', das ist die letzte römische Macht – Hannibal sprengt schon selbst darauf zu, wetzt den Degen daran und haut das Eis zu Stücken.

KNABE: Das tut er, aber es gefriert und schließt sich immer wieder – die Unsren werden matt –

PFÖRTNER: Er zerbricht's mit seinen wenigen – schau, die Lücke!

KNABE: Ja, und da kommt er bluttriefend mit einem Schock Mann nur aus ihr zurück!

PFÖRTNER: 'ne Teufelsgeschichte!

KNABE: Wie winkt er mit dem Arm den Unzähligen, die nahe vor uns stehen, so schön in Silber gewaffnet, ihm zu helfen? Sie rühren sich nicht.

PFÖRTNER: Müßten auch Narren sein, ihre teuren Rüstungen und ihr kostbares Leben einzusetzen. Genug, daß sie dastehn und dem Feinde Achtung einflößen. Sprich vorsichtiger von ihnen, Junge. Es sind die Söhne unsrer angesehensten Familien, und von ihnen hängt es einst ab, ob du mein Nachfolger werden sollst oder nicht – Die Unsterblichen sind's!

KNABE: Weil sie, wie jetzt, weglaufen, ehe man sie totschlägt?

PFÖRTNER: Halt den Schnabel von Dingen, die du nicht verstehst. *Er blickt in die Stadt.* Melkir, Hanno, Gisgon, die Geächteten, jeder mit wildem, großem Pöbelgefolg, und wie es hieß, unlängst unter sich in Zwiespalt, jetzt, so scheint's, noch einmal e i n e Seele! – Was nicht eine verlorene Schlacht tut!

KNABE: Mutter sagt, wo ein Aas, da –

PFÖRTNER: Schurk, schweig!

MELKIR: Hanno, Gisgon, besetzt jene Mauern! *Indem er zum Pförtner steigt:* Ich besetze diese! – Verliert der Windbeutel?

PFÖRTNER: Du meinst –?

MELKIR: Hannibal, den Schuft, von dem ihr Schufte alles hofftet und der nichts leistete. – Ha, er ist geschlagen, alles flieht, die Unsterblichen voran – Denen öffne die Tore, jedem andren Flüchtling schlag sie vor der Nase zu.

PFÖRTNER: Dem Feldherrn auch?

MELKIR: Ja, und mit einem kräftigen Ruck!

PFÖRTNER: Komm, Junge.

Mit seinem Sohn ab.

MELKIR: Mein altes Herz, bebe vor Freude, daß du zu so hohen Jahren kamst! Die Römer konnten mir keinen größeren Gefallen erzeigen als mit ihrem Sieg! Hannibals Name ist dahin, er selbst wird von der Stadt ausgeschlossen, und belagern sie uns, so verderben sie sich an unseren dreifachen Kyklopenmauern mehr als er an Roms niedrigem Gemörtel. Eh, da ist er!

Hannibal sprengt mitten durch die Unsterblichen, die scheu vor ihm ausweichen und vor denen er im Vorübersausen ausspeit, mit einem kleinen Reiterhaufen auf Karthago zu; wie er Hanno, Gisgon und Melkir mit ihren Leuten auf den Mauerzinnen erblickt, reckt er die Hand gen Himmel und jagt dann abwärts, pfeilschnell, zur Küste.

Er flieht! – – So etwas tut einem Greise wohl! – Daß aber großes Glück immer größere Sorgen mitbringt: Der Maulaffe Gisgon und der Blasebalg Hanno müssen endlich unbedingt fort. Hanno erbte mit seiner Familie ein Rudel Anhänger, und Gisgon sammelt sich fleißig neue – Der alte Melkir aber überlistet euch beide und wird Karthagos einziger Herr, oder er müßte nicht Melkir sein!

In Karthago.

Platz vor der riesigen erzenen Bildsäule des Moloch.
Ihre Hände glühen rot und dampfen.

Mütter mit ihren Kindern auf den Armen knien ringsum mit aufgelöstem, zur Erde wallenden Haar. Priester gehen kalt zwischen ihnen und der Bildsäule auf und ab und nehmen ihnen nach der Reihe die Kinder, um sie zu opfern. Vieles Volk.

EIN WEIB *blickt ihrem Kinde ins Gesicht*: Mein Knabe – er lächelt und winkt nach den flammenden, nach ihm ausgestreckten Fäusten! – Kind, wie wehe mir, als ich dich gebar, und noch endlos weher, da man dich mir entreißt – Dein dunkles freundliches Auge bald Rauch! – Ha, da nehmen die Priester der Nachbarin ihr Mädchen, nun kommt die Reihe an mich! Hu!

EIN PRIESTER: Den Knaben.

DAS WEIB: Nehmt, verbrennt mich, und laßt ihn leben! Er ist noch so jung, so schuldlos!

DER PRIESTER: Moloch will eben schuldloses Blut.

EIN ZWEITER PRIESTER *tritt hinzu und nimmt dem Weibe das Kind. Zum andern Priester:* Was zankst du lange mit dem Weib? Der Gott muß Opfer haben, der Staat ist in Gefahr!

DAS WEIB: Ich auch! *Sie drückt die Hände erst an die Brust, dann an die Stirn.* Meer, erlösche die beiden Funken! *Stürzt ab.*

Melkir, Gisgon und Hanno kommen mit ihren Begleitern.

MELKIR: Schön, Karthager, daß ihr so feierlich der Götter gedenkt!

Die Mütter schaudern.

Aber auch nie noch drohte uns größere Gefahr, noch nie verlangte sie größere Opfer. Wir dürfen die größten nicht scheuen, bräche uns auch darob das Herz, denn der Feind droht mit Sturmangriff, und nur Moloch kann uns retten.

GISGON *für sich*: Mir wird zumut, als röch ich bei seinem Gerede Speck in einer Mausefalle und ich sollte eine der Mäuse sein. *Laut zu Melkir:* Erfahrener, weisester, edelster Mann –

MELKIR: Laß das –

GISGON: Es wird schwerhalten, just die edelsten Bürger auszufinden, welche sich dem Flammentode für das Vaterland weihen – es sind ihrer zuviel.

MELKIR: Nicht doch – Die beiden besten seh ich vor mir: du und Hanno.

VOLK: Wahr! Hoch Melkir! Hanno, Gisgon kommt! Zum Moloch!

HANNO: Melkir, dieses hätt ich nicht von dir, Freund –

MELKIR: Die Not löst auch Freundesband.

HANNO: Muß es denn sein? Oh, so laß mich doch erst erdrosseln und nicht lebendig verbrennen!

MELKIR: Der Gott nimmt nur Lebendige, nicht Leichen.

GISGON: Melkir, Erhabener! wie bescheiden du bist, bescheiden wie jede Größe!

HANNO: Die Sterbenden rasen wirklich! Er lobt unsren Mörder!

GISGON: Du, der älteste der Dreimänner, geschmückt mit den verdientesten Ehren, du, der für ganz Karthago gelten kann –

MELKIR: Danke! hör auf!

GISGON: – hast dich heute selbst übersehen –

HANNO *atmet auf*: Aha! der göttliche Junge!

GISGON: Karthagos Volk ernannte dich, die Größten zum Opfer zu wählen, und du dachtest kaum, daß der Wähler noch weit größer sein muß als alle seine Erwählten – Drum – *er faßt ihn an der Schulter und schüttelt ihn* – juble, kehr dich um vor Freuden, dreimal, so, denn dort oben verbrennst du zu unserer Rettung!

VOLK: Gisgon! Weisester der Männer!

GISGON: Und hier treten meine Bewaffneten vor – Hanno, laß deine auch vortreten – Jedem das Schwert in die Kehle, der sich gegen uns sträubt!

MELKIR: Schlange –! *Er wird fortgeführt.*

EIN KRIEGER *kommt mit einem römischen Gesandten*: Ein Bote vom Feinde.

DER GESANDTE: Ich bringe billige Friedensvorschläge.

GISGON: Hm, geht's mit Karthagos Mauern so leicht nicht?

GESANDTER: Rom wünscht nicht, daß eine würdige Nebenbuhlerin wie eure Stadt untergehe.

GISGON: Die edle Feindin – Was begehrt sie?

GESANDTER: Ihr verzichtet auf alle Länder, außer Afrika –

GISGON: Wir tun's.

GESANDTER: Dann liefert ihr uns eure Waffen, eure Kriegsschiffe aus, diese bis auf zwanzig, welche ihr immer instand erhalten und ersetzen mögt, aber nie vermehren sollt.

GISGON: Das sei.

HANNO: Wie?

GISGON *leise*: Das alles läßt sich wiederherstellen. Schicke Leute ab, welche an den abzuliefernden Schiffen möglichst verderben.

HANNO: Wohl. *Er geht ab.*

GESANDTER: Ferner helft ihr dem Massinissa, sich in Besitz des Landes eures Bundesgenossen Syphax setzen, und besoldet dazu zehntausend Mietvölker.

GISGON: Die Bedingung ist hart – Doch auch sie werde erfüllt.

GESANDTER: Endlich zwanzigtausend Talente zu Roms Entschädigung –

VOLK: Zwanzigtausend Talente!

GISGON: Ruhig, Volk! Lerne das Vermögen edler Karthager kennen und ihre Selbstverleugnung – Ich zahle sie!

VOLK: Gisgon, Größester! Allerreichster.

GISGON *zum Gesandten*: Und fordert ihr nicht Weiteres?

GESANDTER: Nein.

GISGON: So komm mit mir und sei mein Gast.

Saal in Gisgons Hause.

EIN SKLAV *hereineilend*: Hausmeister, Mitsklaven, Sklavinnen!

Der Hausmeister kommt.

Der Herr naht mit dem römischen Gesandten zum Mittagsessen!

HAUSMEISTER: Ambra angezündet! Die perlenschwellenden Pokale aus Ophir, die goldenen Becher der Atlantis herbei! Diese elenden Tische von Zederholz fort, die alabasternen, mit Diamanten geränderten her!

Die Sklaven bringen und ordnen alles, wie er befiehlt.

GISGON *mit dem römischen Gesandten eintretend*: Gefällt's dir bei mir?

GESANDTER: Zu prächtig für den Bürger einer besiegten Stadt.

GISGON: Ich dachte, dich zu erfreuen. *Beide setzen sich zum Speisen.*

HANNO *kommt*: Gisgon, ich lade mich ein zu deinem Mahl, und, edler Römer, alle Friedensbedingungen sind erfüllt, Schiffe, Gelder, Waffen, alles, wie du wünschtest, abgeliefert.

GESANDTER: Die Bescheinigungen?

HANNO: Hier, von euren Quästoren unterzeichnet.

GESANDTER: Richtig. *Für sich:* Wir hätten sie, die Füchse!

HAUSMEISTER *kommt*: Ein zweiter Gesandter aus dem Römerlager.

GISGON: Willkommen!

Hausmeister ab.

Was will der noch?

GESANDTER: Die Scipionen werden bemerkt haben, wie rasch ihr alles herausgegeben, alles erfüllt habt, und wünschen vielleicht noch einige Erläuterungen, Bestimmungen –

GISGON: Wir haben, mein ich, genug erläutert und bestimmt.

HANNO *steht auf*: Mir schmeckt das Essen nicht mehr.

ZWEITER RÖMISCHER GESANDTER *tritt ein, zu Hanno und Gisgon*: Die Scipionen senden mich, euch ihr Wohlgefallen –

GISGON: Wohlgefallen?

ZWEITER GESANDTER: – an der schnellen Vollziehung des Traktats zu bezeugen. Nur –

GISGON: Nur?

ZWEITER GESANDTER: – verlangen sie noch eines, das den ewigen Frieden zwischen Rom und euch sichern, jede feindliche Berührung hemmen wird – Rom liegt auch nicht am Meer –

HANNO: Was! das Meer! unsere Mutter! unsere Amme! an deren Wogenbusen wir uns groß gesäugt, die uns fortwährend ernährt, sollen wir missen?

GISGON: Hanno, wirst du poetisch?

HANNO: Und du wider deine Art so tief prosaisch?

GISGON: Wer würde das nicht bei so guter lateinischer Prosa? *Zu dem zweiten Gesandten:* Die Stadt unsrer Väter also soll –

ZWEITER GESANDTER: – geschleift werden, und ihr könnt im Lande, vierzig Stadien vom Meer, eine neue aufbauen, jedoch mit anderem Namen.

GISGON: Und nicht einmal den Namen laßt ihr uns?

ZWEITER GESANDTER: Nein.

GISGON *mit donnernder Stimme*: Nun, treibt ihr uns an solche Abgründe, so wollen wir beides, den Namen und die Sache, behalten, so müssen wir uns zurückstemmen, umkehren und euch Räubern selbst das geraubte Gut und eure eignen Kleider abzureißen trachten!

HANNO: Aus euren Gräbern, Geister der Ahnen!

GISGON: Nicht nötig! Tausende von Geistern erwachen schon in meiner einzigen Brust! – – Und ihr, Römer, bei denen Stolz, Tapferkeit, Todesverachtung nur Münzen anderes Gepräges sind als unsre Silberlinge – schämt euch, daß ihr sie gebraucht, so zu betrügen! *Zum ersten Gesandten:* Du, Schurk, wußtest, daß der zweite Botschafter nachkam, nachdem du uns die Waffen abgelockt – *Zum zweiten:* Und du warst bestellt, den Rest Karthagos zu vertilgen, wenn wir wehrlos geworden – O der großen Scipionen, wie hoch sie über aller Heuchelei, Falschheit, allem Laster stehn! Zwei Elmsfeuer, zwei Dioskuren werden sie von den Zinnen des Kapitols in die späteste Nachwelt glänzen, und diese Dioskuren sind doch nur weitschulterige, betrügerische Rattenfänger!

ERSTER GESANDTER: Wer dann wären die Ratten?

GISGON *rufend*: Sklaven!

Sklaven in gedrängten Haufen kommen.

Gisgon zu den Gesandten:

Da siehst du einige! *Zu den Sklaven:* Ihr seid frei, und jeder, der sich tapfer gegen die Römer wehrt, ist Bürger. Holt Waffen, die besten liegen noch unter den Fußböden der Arsenale versteckt, Proviant für Jahre neben ihnen – Ihr Römer, wie waret ihr so einfältig, uns für ganz einfältig zu halten? – Und, Sklaven, schreit durch die Straßen, „die Scipionen haben den Vertrag gebrochen! sie wollen die Stadt in die Wüste verlegt wissen, daß sie dort verdorre, ein wasserloses Kraut!"

ERSTER GESANDTER: Wir –

GISGON *zu den Sklaven*: Alle Karthager ruft zur Gegenwehr, ruft aus: „Nun ist es keine Kunst, nicht Gefahr mehr, Mut zu besitzen, denn ohne ihn gehn Leben, Haus, Hof, Gut, alles, was in Feigheit gespart ist, verloren!"

DIE SKLAVEN: Wir brechen auf!

GISGON: Haltet – Auf reißet die Tempel der Götter, werft um ihre Bildsäulen, daß sie zu Waffen geschmolzen werden, zu Kriegswerkstätten machet ihre Hallen!

HANNO: Gisgon! Die Götter verletzen?

GISGON: Duldeten sie nicht, daß wir verletzt wurden? Können sie uns jetzt zu etwas Besserem dienen als zu Waffen? *Zu den Sklaven:* Karthagos Weiber und Töchter – es sind die schönsten der Erde, zu schön, als daß je Gemeines ihnen zu nahen wagte –

HANNO: Die Weiber?

GISGON: Ein Weib gründete Karthago, Weiber helfen es retten, edler sind sie bei uns als die Männer (oh, ich weiß es, obgleich ich nur e i n e kenne!) – *Wieder zu den Sklaven:* Ruft Mütter und Töchter auf, sie sollen in den Tempeln die Stellen der Göttinnen ersetzen und mehr noch als die sein, denn nicht stumm und müßig sollen sie dastehn, sondern ihren Schmuck an Gold und Kleinodien verwenden, um Speere, Schwerter, Helme und Harnische zu gießen und zu zieren, nur den besten, den Brautschmuck, mag er getragen sein oder harrt er noch auf den Brauttag, behalte jede, auf den Fall, daß es doch einst gälte, sich dem untergehenden Vaterlande zu vermählen! – Hanno, Hanno! wär ich immer das gewesen, wozu mich heut das Unglück macht – wär ich meiner besseren Natur und nicht deinen und Melkirs Listen gefolgt, bei allen Himmeln und Erden – *indem er auf die römischen Gesandten blickt* –, diese beiden Schweißhunde hetzten uns nicht in unsren Häusern, und Hannibal, ich als Gemeiner unter ihm, wäre in den ihrigen!

ERSTER GESANDTER: Wir beurlauben uns. Bei euren Veranstaltungen würde unsre Gegenwart nur störend sein.

GISGON: Gar nicht – Sklaven, ergreift sie!

Die Gesandten werden ergriffen.

ZWEITER GESANDTER: Das bietest du Gesandten?

GISGON: Und mehr noch, wenn die Gesandten Spitzbuben sind! *Zu den Sklaven:* An das Kreuz mit ihnen, fest und hoch, daß sie bluttriefend sehen, wie um sie her Karthago sich rüstet!

HANNO: Nicht übereilig –

GISGON: Eile, rücksichtsloseste, ist das nötigste, wollen wir einholen, was wir versäumten! – Fort mit den beiden! Könnt ich die Scipionen ihnen ins Antlitz gegenüber kreuzigen lassen!

ZWEITER GESANDTER *zum ersten*: Antworte nichts und denk an Regulus!

GISGON: Hüllt euch nur in die Schaffelle eurer Erinnerungen, man weiß doch, daß Wölfe von Fleisch und Blut darunter, und verzieht ihr bei eurer Bestrafung auch keine Miene, es tut euch doch weh!

Die Gesandten werden abgeführt.

– – Warum erschreckt, Hanno? Meinst du, mit den Römern wäre irgend Friede? Sie würden nicht frecher, je zahmer wir tun? Wer uns einmal betrog wie sie, dächte uns nicht weiter zu betriegen? Zu Sklaven Massinissas ergriffen und verkauften sie uns, rissen wir diese Stadt um und zögen wehrlos ins offne Feld, eine neue zu bauen!

V

KÖNIG PRUSIAS

Hauptstadt Bithyniens.

Thronsaal im Palast des Königs Prusias.

Der König Prusias kommt mit seinem Gefolg
und setzt sich auf den Thron.
Tiefe Stille. Ein Höfling niest.

PRUSIAS: Was vernehm ich?

HÖFLING: Großer Monarch, verzeihe – Ich – ein unwiderstehlicher Drang –

PRUSIAS *mit gedämpfter Stimme*: Jeden Drang der Natur kann die Kunst besiegen, wie du in den Schulen zu Byzanz, wohin ich dich auf meine Kosten gesandt, hättest erlernen können. Dein Prusten, gar klingend wie eine Anspielung auf meinen und meiner Ahnen Namen –

HÖFLING: Behüten mich die Götter vor solchem Frevel – Ich prustete nicht, ich nieste nur.

PRUSIAS: Der Verdacht schon gilt bei Königen für ein Vergehen, denn wir können bei der Menge unsrer Schmeichler und unsrer heimlichen Feinde nicht erraten, ob ein Narr lobhudeln, ein Feind uns ausspotten will. Entferne dich und erscheine nicht eher, als bis zwanzig Jahre abgelaufen sind und du deine Sitten gebessert hast, wieder vor meinem Hof.

Der Höfling ab.

Protovestiarios – Wartet Hannibal draußen?

PROTOVESTIAR: Er harret auf die Audienz.

PRUSIAS: Ist er audienzmäßig gekleidet, Protovestiarios?

PROTOVESTIAR: Einfach, doch anständig, wie es Schutzflehenden geziemt.

PRUSIAS: Er hat mich in einiger Hinsicht verletzt. Warum kam er nicht gleich zu mir, sondern ging erst zum syrischen Antiochus, der seine Ratschläge ohne Umsicht zum eignen Schaden benutzt und ihn dann verlassen hat?

PROTOVESTIAR: Im Unglück wählt der betäubte Mensch oft ganz verkehrt.

PRUSIAS: Es freut mich, daß auch die Arbeiten meiner Erholungsstunden Früchte bringen und du diesen Spruch aus meinem Trauerspiele „Sesostris" dir gemerkt. – Ruf und führe den Hannibal bis an den Rand des Purpurteppichs vor der Estrade meines Throns. *Zu den Höflingen:* Erstaunt nicht – Merkt euch vielmehr, ich habe mich von allen Seiten her unterrichtet und gefunden, daß Hannibal zwar keine erlauchte, aber doch eine edle Person ist, der in Betracht seiner Taten als Krieger und der langen Reihe seiner Vorfahren auch erlaucht wäre, wären die letzteren nicht Kaufleute gewesen. Darum darf er kommen grad bis an des Teppichs goldfranzigen Rand.

HANNIBAL *vom Protovestiar begleitet, tritt ein. Er verbeugt sich ehrfurchtsvoll dreimal gegen den König, der sich dabei auf dem Thron noch steifer sitzen macht, und knieet mit dem rechten Knie an dem Rande des Teppichs. Tiefe Stille.*

PRUSIAS *der sehr ernst zugesehen, nach einer Pause*: Stehe auf!

Hannibal erhebt sich.

Du begehrst?

HANNIBAL: Hoher Herr, ich habe nichts zu begehren, nur zu bitten. *In sich:* Dieser Mensch hat eine knisternde Stimme, als ginge am Festtag ein banger Dienstbote über den Sand des Hausflures!

PRUSIAS *für sich*: Sein Benehmen nicht übel –

HANNIBAL: Ich biete mich zu deinem Krieger an.

PRUSIAS: Das kann ich noch nicht gewähren – *Zu einem Höfling:* Gib!

Der Höfling überreicht ihm ein Konvolut Landkarten, Prusias entfaltet sie und zeigt passenden Orts sie dem Hannibal.

Ich habe deine Kriegszüge genau durchstudiert und finde, du hast oft recht unvorsichtig gehandelt.

HANNIBAL: Unvorsichtig, Herr? *Für sich:* Eher hätte ich vermutet, daß er mir übertriebene Vorsicht vorgeworfen – Doch er und diese Höflinge – eine neue Art Schlachtfeld! Wir wollen mit andren Waffen, mit Verbeugungen und dergleichen, uns darauf versuchen – *Laut:* Belehre mich, König.

PRUSIAS: Das will ich. – Dein ganzer Feldzug fing quer an –

HANNIBAL *für sich*: Werd ich ein Schuljunge?

PRUSIAS: Weshalb das gefährliche Abenteuer versucht, über Pyrenäen und Alpen zu steigen, da du weit rascher, weit ungefährdeter über das Meer nach Italien eilen konntest?

HANNIBAL *für sich*: Eine blinde Sau findet auch eine Eichel! Er hat recht! *Laut:* Mein damals jugendlicher Geist verlockte mich.

PRUSIAS: Und du hast, wie ich erfahren, an deinem Bruder Hasdrubal den ähnlichen Übergang streng getadelt.

HANNIBAL: Das tut mir leid.

PRUSIAS: So der Mensch – Er sieht die fernsten Nebelsterne eher als seine eigenen Fehler. – Dann, Bester, ist in deinen Schlachten durchaus kein System. Bisweilen hast du deine Reiter rechts, bisweilen links, bald in der Mitte, und mit deinem Fußvolk geht's ebenso.

HANNIBAL: Meine Entschuldigung sci, daß ich mich nach Zeit- und Ortsgelegenheit richten mußte –

PRUSIAS: Die gilt nicht, weder in der Kunst noch im Krieg: Das System nur ist ewig, und nach dieser Richtschnur müssen sich Heere richten, Gedichte ordnen, und das System stirbt nicht, geschäh ihm auch ein Unfall.

HANNIBAL: Hoher Herr, dein Wissen scheint aus einer so tiefdurchdachten Praxis –

PRUSIAS: Jawohl. Mein Vater ließ mich am byzantinischen Hof als Ehrenoffizier bei der Leibwacht erziehen. *Er erhebt sich.* Pantisaalbaderthilphichidis!

DER LEIBPAGE *vorstehenden Namens tritt vor*: Herr?

PRUSIAS: Geleite Hannibal zu der ihm bestimmten Wohnung. *Mit Wohlbehagen:* Hörst du, Pantisaalbaderthilphichidis?

Alle außer Prusias entfernen sich.
Ein Maler tritt aus dem Hintergrunde.

Hast du sie entworfen, die zwischen mir und dem Hannibal vorgefallene, denkwürdige Szene?

MALER: Wie du befahlst, und unbemerkt – Hier ist die Skizze –

PRUSIAS *hält sie ins gehörige Licht*: Im ganzen gut – Dein Stift ist indes noch hier und da zu scharf – Mein Haar hat daher etwas Dürres, als trüg ich trocknes Heu auf dem Kopf – das tut deine ängstliche Hand, gewöhne dir sie ab. Ununterbrochene Übung das beste Mittel dagegen. – Das Knieen Hannibals brav – etwas zu lang hast du ihn zu meinen Füßen hingereckt, jedoch das ist byzantinischer Stil und schadet meiner Würde nicht, welche in allen Stücken die Hauptsache bleibt.

Karthago.

Nacht. Große Halle im Palast des Barkas,
festlich mit Ampeln und Lichtern erhellt.

BARKAS *auf ein Ruhekissen das Haupt gesenkt, erwacht aus dem Schlummer*: Himmel, was hat Alitta mit leisem Tritt veranstaltet, während ich schlief? – Die Halle schimmert von goldenen Ampeln und Leuchtern und blendendem Licht! Duftet von Ambra! Ist heute ein Familienfest?

Römische Tubatöne, erst in weiter Ferne, dann immer näher und stärker, von allen Seiten herüberschwellend.

O Meer, bedecke mich vor diesen Tag für Tag furchtbarer, näher werdenden Klängen! *Sich erhebend.* Was da? – Diese Halle ist hundert Stiegen hoch, und welche Riesenweiber schauen da in ihre Fenster – und – spalten sich die Mauern vor meinem Blick? – fegen die Gassen aus, die Gassen selbst fort? – Da, du, du eine, höher als alle, was weinst du in mein Haus? Ich bedarf deiner Tränen nicht, habe schon Grams genug – Eine funkelnde Königskrone auf dem Haupt? – – Elissa – Dido – bist du es, die vor meinem Fenster steht? Standest du auf, um deine Stadt noch einmal vor ihrem Untergange zu sehn? Wehe, Karthago! sie nickt, verdeckt ihr Haupt und verschwindet mit ihren Gefährtinnen im Meer! – – Träum ich? Nein, dazu ist's zu furchtbar!

Alitta tritt ein mit den vornehmsten der jungen Karthagerinnen, alle im glänzendsten Schmuck, lodernde Fackeln in der Hand.

BARKAS: Mädchen, Myrten im Haar? Mit Diamanten und Perlen beschneit? In jetziger Bedrängnis?

ALITTA: Teuerster Ahn, wir alle haben Tag und Nacht gearbeitet, unsre Krieger zu bewaffnen – Sie sind nun bis auf wenige gefallen, und denen kann unsre Arbeit nicht mehr fruchten – Was hilft nun der Gram? Wir wollen unsren Schmerz erleuchten und Hochzeit feiern, darum ließ ich Ampeln und Fackeln anzünden!

BARKAS: Hochzeit? Dein Brasidas liegt tot.

ALITTA: So feiern wir nicht die irdische, aber bald die schönere himmlische! Hört! wie sie den Reihen dazu spielen!

BARKAS: Das ist der Sturmalarm des feindlichen Heeres!

ALITTA: Desto besser! Der Feind spielt selbst zu unsrem Fest, und die Musik scheint kräftig! – Greis, Karthagos Jungfrauen und Matronen wissen, daß die Römer die Mauern erbrechen, obgleich der in seinen letzten Tagen so edle Gisgon sie mit seinem Todesblut versiegelt hatte – sie wissen, daß alle Gegenwehr vergeblich ist, darum sind sie alle, keine ausgenommen (sieh nur, wie es auch in den nachbarlichen Häusern und Palästen hell wird), entschlossen –

BARKAS: Doch nicht –?

ALITTA *fest*: Die Stadt und sich zu verbrennen!

BARKAS *Pause*: – – Gebt mir auch eine Fackel!

TURNU *sich vordrängend*: Da!

ALITTA: Ha, der Mohr, welcher nach Zamas Schlacht hier Hannibal suchte und den ich beschützte – Du bleibst leben!

TURNU: Muß ich?

ALITTA: Um dich durch die Römer zu schleichen und dem Hannibal zu berichten, was hier geschehen.

Turnu ab.

Und nun, Freundinnen, Gespielinnen, besser, wir werden heiße Asche als blühende Sklavinnen! – Ich beginne!

Sie wirft ihre Fackel an die Tapete; die übrigen ebenso; der Palast beginnt zu brennen, die Nachbarwohnungen lodern auf dieses Zeichen auch auf. Alle umarmen sich.

ALITTA: Urvater, wie ist dir?

BARKAS: Wohler als je!

Hauptstadt Bithyniens.

Ein Zimmer im Palast Königs Prusias.

Prusias und ein Höfling.

PRUSIAS: Also ein römischer Gesandter?

HÖFLING: Er bittet um Gehör.

PRUSIAS: Kommt der Mensch allein?

HÖFLING: Er hat nur einige Diener bei sich. Aber an unseren Küsten kreuzen sechs bis zehn römische Kriegsschiffe.

PRUSIAS: Lächerlicher Pomp! – Was wünscht das römische, so trotzig angekommene Bürgersubjekt?

HÖFLING: Die Auslieferung Hannibals.

PRUSIAS: Wird nimmer bewilligt. Er ist mein Gastfreund.

Der Prätor Titus Flamininus tritt ein.

Prusias für sich: Er beugt sich nicht? Öffnet nicht einmal den Mund zum Reden? – Ich muß wahrhaftig anfangen – *Laut:* Wer bist du?

FLAMININUS: Ein Prätor Roms, an dich gesandt.

PRUSIAS: Was bittet Rom?

FLAMININUS: Es will, daß du mir auf der Stelle den Feldherrn des untergegangenen Karthagos, jetzt Provinz Afrika geheißen, den Hannibal, auslieferst.

PRUSIAS: Ein eigener Antrag – *Zu dem Höflinge:* Bemerk ihn dir einstweilen zu den Akten.

FLAMININUS: Damit ist mir nicht gedient. *Er entfaltet seine Toga und legt sie wieder zusammen.* Wähle! hier Krieg oder Frieden!

PRUSIAS: Rasche Leute, ihr! *Zu dem Höfling:* Was meinst du?

HÖFLING *leise*: Unsrer Truppen sind jetzt eben wenig –

PRUSIAS: – Mein braves Volk wegen des Heimatlosen in Krieg stürzen? Wär es recht, billig, weise? Nein, spricht auch manches bei mir für ihn, ich muß es bezwingen, denn höhere Verhältnisse sind gegen ihn! Ja, so ist's. *Zu dem Höfling:* Überliefere dem Prätor den Hannibal. – Ich gehe auf die Hirschjagd.

Villa vor Bithyniens Hauptstadt.

Zimmer.

HANNIBAL *sitzt an einem Tische*: Wollt es der Prusias, Kleinasiens winzige Staaten wären bald überrumpelt, doch ich bin ihm zu dumm – – Karthago – sei, wie du willst, doch meine Vaterstadt und mir doppelt teuer, weil du jetzt so unglücklich sein wirst! – *Aufstehend.* Heimliches Geschleich? – Es kriecht! Ohr, trügst du mich? Es ist Turnu! Von Karthago! – – Hannibal, mach dich gefaßt, sei stärker als die Eiche und schaudre nicht mit allen Blättern, wenn die Wetter herannahen! *Er öffnet die Tür.* Komm!

TURNU: O Herr! Du!

HANNIBAL: Mäßige dich!

TURNU: Kann's nicht, Herr, Fürst, Vater, Mutter, du mir alles!

HANNIBAL: Welche Nachricht bringst du?

TURNU: Mich schickt Alitta.

HANNIBAL *für sich*: Ah, nun steht es noch gut mit Karthago. Die hätte seinen Untergang nicht überlebt.

TURNU: Sie trug mir auf, dir zu erzählen, wie alles geschehen.

HANNIBAL: Erzähle.

TURNU: Die Scipionen haben lang genug an Karthago vergeblich erobern wollen.

HANNIBAL *für sich*: Also endlich abgezogen! *Laut:* Meld es mir, soviel du kannst, nach der Reihe.

TURNU: Als die Römer vor die Stadt kamen, machten sie einen Höllenlärm, daß einem Ohr und Auge weit wurden! Brandschiffe zischten auf den Hafen los –

HANNIBAL: Und?

TURNU: – platzten! – Dann kamen sie mit hölzernen Türmen an die Mauern gewackelt, große Eisenbalken daraus hervor, wir aber schmissen Pechkränze darauf, und Turm und Mannschaft verbrannten!

HANNIBAL: Ihr habt euch brav gewehrt.

TURNU: Das mein ich. – Leider waren unsre Waffen bald zerfetzt, unsre Munition erschöpft – Da kam (in Nubien glaubt's niemand!) das Weibervolk und brachte neue!

HANNIBAL: Weiter!

TURNU: Schrecklich war's: Jeder Tempel summte von ihm wie ein Wespennest, wie ein Ehebett, Tag und Nacht keine Ruh: die eine zupfte Verband für Wunden, die andere behämmerte die Schilde, die dritte schliff Speere und so alle – Nur Alitta stickte bloß Ehrenzeichen für die Heldentaten der Männer, und sie tat klug, denn hatte sie so einem Firlefanz eins angeheftet, ging er tausendmal tapferer fort, als er gekommen war.

HANNIBAL: Die Römer?

TURNU: Waren nicht müßig. Sie dämmten unsren Hafen zu.

HANNIBAL: Ihr?

TURNU: Gruben in einer einzigen Nacht einen neuen, rechts ab vom alten. – Da fingen die Scipionen wieder zu Lande an – Schlaf, Essen, Trinken, Unterschied von Tag und Nacht hörte auf vor Kampf und Blut, bis –

HANNIBAL: Die Scipionen ermatteten?

TURNU: Bewahre! Sie brachen endlich Bresche!

HANNIBAL: Hölle!

TURNU: Wurden auch höllisch betrogen!

HANNIBAL: Ich atme wieder!

TURNU: Als Gisgon und Brasidas gefallen –

HANNIBAL: Die sind tot?

TURNU: Es kräht kein Hahn fürder nach ihnen. – Und als sonst kein waffenfähiger Mann sich noch wehren konnte, erhoben sich abermals die Weiber, Alitta an ihrer Spitze.

HANNIBAL *freudig*: Ah!

TURNU: Weiberlist ist unergründlich, Herr. Die Römer wurden schmählich betrogen. Sie wähnten schon Karthago mit seinen Schätzen in der Hand zu haben, da sammelt sich das Weibszeug in den Palästen und verbrennt sich, deinen Großvater, der ganz lustig dabei wurde, und die Stadt mit Haut und Haar. Siebenundzwanzig Tage brannte Karthago, Alitta warf die erste Fackel! Hat man es auch gesehn, man glaubt's kaum! Bald wogten die Flammen hin und her, als wäre aus allen Löwen Afrikas einer geworden und spiegelte er sich mit seinen Mähnen im Meer! Die betrogenen Römer mußten lange warten, eh sie einrücken konnten, und fanden nur – Asche, die der Wind noch heute in die See weht!

HANNIBAL *kalt*: Wie kamst du aus der Stadt?

TURNU: Da Alitta mir zu flüchten und zu dir zu eilen gebot, schlich ich mich zu den Römern und tat, als gehört ich zu Massinissas Negern – Das ging durch, denn wenn auch Massinissa Weiße, Gelbe und Schwarze hat, seine Zucht ist eben nicht sonderlich.

HANNIBAL: Laß die!

TURNU: Ach, und da erst sah die brennende Stadt prächtig aus! Bei Tag schien die Sonne gelbrot durch den Dampf, bei Nacht wurden die rotfunkelndsten Sterne bleich vor dem Feuer, wie das Weiß meiner Augen – Und die Paläste donnerten einer nach dem anderen ein, die Flammen reckten sich nach dem Himmel, als wollten sie ihn mitverbrennen.

HANNIBAL: *Er will etwas sagen und kann es nicht.*

TURNU: Die Gipfel des Atlas standen immer taghell vor dem sie durchfunkelnden Brand mit ihren Klippen, Felsen und Waldungen! Es erschienen die Tiere der Gebirge und Wüsten: entsetzliche Schlangen ringelten sich auf an den Bäumen, Löwenaugen, Hyänen starrten in das Feuer –

HANNIBAL: Die Scipionen?

TURNU: Die hatten es gut. Sie kamen zuzeiten, und es sah prächtig aus, wenn die brennende Stadt in dem Brustharnisch des Jüngeren, der auf einer Anhöhe des Lagers stand, sich abspiegelte. Er wußte sich auch so zu drehen, daß jedermann das sah, und kam oft. Als er aber in der siebenundzwanzigsten Nacht kam, wurde er wehmütig – die Stadt erlosch just, und es fielen ihm mit ihren letzten Funken Tränen aus dem Auge.

HANNIBAL: Gut weinen, ihr Römer! Zur bequemsten Zeit, wenn ihr alles gewonnen habt!

TURNU: Herr, laß mich abtrocknen – Du bekommst da ein Tierchen ins Auge –

HANNIBAL: Laß! Ein altes Augenübel.

TURNU: Habe das früher an dir nicht bemerkt. – Dann sprach der jüngere Scipio auch Verse – ein schmächtiger Kerl, der immer hinter ihm scherwenzelte wie ein Katzenschwanz (sie nannten ihn auch so mit einem „Z“, ich glaube Terenz), schrieb sie in eine Wachstafel, die stahl ich ihm aber, als er in tiefen Gedanken sie seitwärts, lose in der Hand hielt!

HANNIBAL: Zeig. – ’s ist griechisch. *Liest.*

> Einst wird kommen der Tag, wo die heilige Ilios
> hinsinkt,
> Priamos auch, und das Volk des lanzenkundigen
> Königs.

Macht der Bube aus Karthago eine homerische Reminiszenz!

EIN SKLAV *eilt herein*: Herr, guter Herr, verrate mich nicht – Es kommt ein Fremdling, weiß gekleidet, mit purpurner Verbrämung, vor ihm sechs Männer mit Äxten, mit ihm viele Krieger unsres großen Königs, und die ganze Villa ist schon umstellt!

HANNIBAL: Auch meine unterirdischen Ausgänge?

SKLAVE: Sind verraten! *Ab.*

HANNIBAL *nachdem er einen Augenblick an ein Fenster getreten*: Turnu, es kommen Römer. Prusias hat mich ihnen feig übergeben.

TURNU: Kein Mittel, daß ich dem Prustian an den Hals komme?

HANNIBAL: Überlaß ihn nur sich. Daran hat er Strafe genug. – *Er zieht die Giftflasche hervor.* Also –

TURNU: Müssen wir daran?

HANNIBAL: Du bist es nicht, den sie verfolgen – Rette dich!

TURNU: Ohne dich? Ich häute mit dir.

HANNIBAL: Häuten?

TURNU: Wir werfen das alte Fell ab, wie die Schlangen im

Frühjahr, und sollst sehen, wir bekommen anderswo ein anderes.

HANNIBAL: Ja, aus der Welt werden wir nicht fallen. Wir sind einmal darin. – Trink!

TURNU *nachdem er getrunken*: Da, nimm den Rest – Es schmeckt kräftig – Teufel, was wird? Dreh ich mich um die Welt oder die Welt sich um mich? Ich schwitze, und – *sich matt an die Stirn fühlend* – es – ist heißes Eis – Feldherr – ? – *Stirbt.*

HANNIBAL: Du hast überwunden. – Nun, Römer, entzieht sich euch ein verbannter, greisender Mann, vor dem ihr gebebt, bis sein letzter Atem dahin – *Er trinkt den Rest des Giftes.* Gift zu eurer Gesundheit! – Ei, wirkt es noch nicht bei mir? Das währt lange! – Ha, da – es kommt – Schwarzer Pilot, wer bist du? – – *Er stirbt.*

König Prusias kommt mit Gefolg und Flamininus.

PRUSIAS: Hier triffst du ihn.

FLAMININUS *sieht Hannibals und Turnus Leichen*: Ja, tot.

PRUSIAS: Tot? – Kannst du mehr verlangen?

FLAMININUS: Ja, wir wollten ihn lebendig vor dem Triumphwagen.

PRUSIAS: Wär ich nicht auf der Jagd gewesen, hättet ihr ihn vielleicht auch lebendig –

FLAMININUS: Du hättest die Jagd unterlassen sollen. Ich werde alles in Rom anzeigen, und der Senat wird entscheiden, wie man dich bestraft. *Ab.*

PRUSIAS: Was – –? Doch das hat Zeit, und dagegen wird Rat sein. *Mit sehr gedämpfter und feierlicher Stimme:* Jetzt ist der Moment in das Leben getreten, wo es das zu tun gilt, was ich in mancher Tragödie ahnungsvoll hingeschrieben: edel und königlich sein gegen die Toten! *Er nimmt seinen roten Mantel ab.* Hannibal war, wie ich oft gesagt, ein zu rascher, unüberlegsamer Mann – hart kam mir die Gastfreundschaft zu stehen, welche ich ihm erwies – aber er war doch einmal mein Gastfreund, und darum seien seine Fehler, seine Abstammung vergessen, ihn und sie deck ich zu mit diesem Königsmantel! Grad so machte es Alexander mit Dareios!

DAS GEFOLG *will Beifall jubeln*: Oh –

PRUSIAS: Wartet – diese Falte am Zipfel des Mantels liegt nicht recht – Auch sie zu bessern sei mir nicht zu niedrig!

DAS GEFOLG: Hoch, Prusias, größter der Könige!

ÜBER DIE SHAKSPEARO-MANIE

VORWORT

Auch diese Abhandlung entstand vor mehreren Jahren und ist jetzt nur revidiert. Der Verfasser kann über die zur Mode gewordene Bewunderung des Shakspeare um so eher sprechen, als er selbst daran etwas gelitten hat. Der „Gothland" (keines der übrigen Stücke) trägt vielleicht einige Spuren davon, jedoch glaubt der Verfasser, daß sowohl der Geist des „Gothland" als auch seine formelle Behandlung im ganzen mehr eigentümlich als shakspearisch sind. Der Verfasser will mit den Andeutungen dessen, was das deutsche Volk von seinen Dramatikern eigentlich wünscht, keinesweges den *einzigen* Weg angegeben haben, den jene gehen sollen. Er hätte sich selbst den Stab gebrochen. Die Hauptsache ist, das Volk will *deutsche Originalität.* Es ist hier ein Streit über literarische Ansichten verhandelt, und da geziemt sich Offenheit und Wahrheit. Es wäre *feig* gewesen, wenn der Verfasser unter denen, gegen die er ankämpft, L. Tieck ausgelassen hätte, weil er diesen großen Dichter mit vollster Ursache liebt und verehrt. Eben deshalb, weil er Tieck hochachtet, ist er überzeugt, daß Tieck ihn *vielleicht* zu widerlegen suchen, nicht aber die Freiheit, mit welcher der Verfasser sich ausspricht, tadeln wird.

Der Verfasser

Lord Byron sagt in seinem „Don Juan" etwas spöttisch, Shakspeare sei zur *„fashion"* geworden.

Ich gestehe vorläufig, daß mir in der englischen schönen Literatur nur zwei Erscheinungen von hoher Wichtigkeit sind: Lord Byron und Shakspeare – jener als die möglichst poetisch dargestellte Subjektivität, dieser als die ebenso poetisch ausgedehnte Objektivität. Lord Byron, in seiner *Art* so groß als Shakspeare, mag grade wegen seines verschiedenen dichterischen Charakters nicht das kompetenteste Urteil über ihn abgeben. Niemand ist indes scharfsichtiger als ein würdiger Gegner, und sollte nicht am Ausdrucke „fashion“ beim Shakspeare etwas Wahres sein?

Ich glaube es.

Will heutigestages ein seichter Theater-Kritikus sich eine *vornehme* Miene geben und kann er diese aus eignen Mitteln nicht zuwege bringen, so ist ihm nichts leichter, als mit seinem Finger auf den großen Shakspeare hinzudeuten und ihn mit einigen leeren Floskeln als Muster zu nennen. Die armen dramatischen Dichter fahren dabei am schlimmsten: Schreibt einer von ihnen im Geiste Shakspeares, des angeblichen alleinigen oder doch höchsten Vorbildes deutscher Dramatiker, so heißt es: „Der Mann ahmt nach, und wie wenig erreicht er seinen Meister!“ Ist der Poet dagegen so kühn, in eignem Geiste zu dichten, so fällt das Urteil für ihn noch übler aus, denn alsdann „befindet sich der Mann auf Abwegen, es ist ihm zu raten, Wahrheit und Natur nicht etwa in ihr selbst, sondern in ihrem einzigen Spiegel, im Shakspeare, zu studieren“.

Drei Fragen müssen uns hier beschäftigen.

I) Woher entstand und entsteht diese zur „fashion“ gewordene Bewunderung Shakspeares?

II) Verdient Shakspeare eine solche Bewunderung?

III) Wohin würde diese Bewunderung und Nachfolge Shakspeares das deutsche Theater führen?

Wir wollen versuchen, diese drei Fragen in etwa zu beantworten.

Zur ersten Frage also. – Seit dem Zeitalter Ludwigs XIV. herrschte auf der deutschen Bühne die französische Manier. Zum Heil der Menschheit erwacht im Menschen leicht der Gegensatz und rettet ihn oft vom „Versauern“. So geschah es mit dem französischen Trauerspiel bei den Deutschen, welche, beiläufig gesagt, in der Politik wohl den wenigsten, in Kunst und Wissenschaft aber den größten Mut unter den Völkern haben. Der Trab der *deutschen* (ich sage der *deutschen*) Alexandriner fing mit Recht an zu langweilen, durch Bodmers und Klopstocks epische Werke erwachte die Aufmerksamkeit auf die englische Literatur, besonders auf den im „Zuschauer" von Addison zum ersten Male gewürdigten Milton. Das weitere Bekanntwerden der Manessischen Sammlung wirkte auf die Stimmung für die sogenannte Romantik ein. Durch Lillo (Verfasser des „Kaufmanns von London") und Diderot war das bürgerliche Schauspiel mit dem Streben nach nackter Natürlichkeit aufgekommen. Aber eine bisher unbekannte Eigentümlichkeit, hohe Romantik neben großer Natürlichkeit, alle Fremdartigkeiten eines ausgezeichneten ausländischen Theaters – kurz alles, wonach die neue Richtung des Zeitalters sich neigte, fand sich im Shakspeare *vereinigt*, und Lessing und Schröder wiesen dieser Richtung durch Wort und Tat in ihm die Befriedigung an.

Der Deutsche glaubt sich so wenig originell, daß Originalität bei ihm einen gesuchten Einfuhrartikel bildet. Die Engländer lieferten damals wie jetzt auch hier die Hauptware. Mit Begierde wurde alles, was shakspearisch war, aufgegriffen, Shakspeares Werke erschienen in Übersetzungen und auf der Bühne, und ohne Zweifel zum Heil der im einseitigen Streben befangenen Zeit. Aus dem Ringen der französischen und englischen Schule konnte das Wahre, für uns Passende hervorgehen, wie einstens, um ein historisch genau treffendes, aber leider etwas juristisches Gleichnis zu gebrauchen, aus dem Streit der Proculianer und Sabinianer die Blüte der römischen Jurisprudenz sich entfaltete.

Das *Volk* ist eine wunderbare Erscheinung; die Individuen, aus denen es denn doch besteht, sind in der Regel nur mittelmäßig begabt und fassen das ihnen Dargebotene oft sehr flach und einseitig auf – dennoch pflegt im Volke als Gesamtheit stets die richtige Ansicht, das wahre Gefühl vorzuherrschen.

Man sage, was man will: Das *deutsche Volk* hat wohl den Shakspeare als eine neue interessante Erscheinung angeblickt, es hat seine Größe nicht verkannt, aber *nie hat es ihn geliebt.* Nicht die Hälfte des Effekts, welchen Schillers Stücke von der Bühne herab verursachten, hat die Aufführung irgendeines Shakspearischen Schauspiels begleitet, und wenn durch einzelne darstellende Künstler, z. B. durch Schröder in Hamburg, einige der Shakspearischen Stücke oder vielmehr *einzelne Charaktere in ihnen* einige Zeit auf die Menge drastisch wirkten, so zweifle ich sehr, ob es eben das „*Shakspearische*" war, welches diese Wirkung zuwege brachte. Die ältern Bearbeitungen des „Hamlet" und des „Lear" von Schröder, Beck pp. rechtfertigen meinen Zweifel. Die beiden tragischen Dramen sind darin zu wahren Familienstücken aus der Diderot-Lessingischen Schule umgewandelt: Den Lear, der früher gewiß nicht ohne königliche Größe, ohne Erhabenheit und Geist gewesen (es gehört schon eine bedeutende Portion Verstandes dazu, um *so* wahn*witzig* zu werden, wie Lear es ist) und der auch im Alter noch Hochherzigkeit und selbst in seiner Raschheit noch Spuren vergangener Kraft an den Tag legt – diesen Lear gibt uns die ältere Bearbeitung als einen „edlen", „schwachen" *père de famille,* durch seine Kinder in ifflandisch häusliches Unglück geraten. Ich habe es stets als ein Zeichen feinen Taktes angesehen, daß Devrient, der in Berlin den Lear noch immer nach jener Bearbeitung spielen muß, auch den Geist derselben ergreift und konsequent festhält und uns nicht den Lear des Shakspeare, sondern den umgearbeiteten vorstellt, vielleicht auch grade hierdurch die enorme Wirkung auf das große Publikum hervorbringt, welches das Einheimischere, selbst wenn es bedeutungsloser als das Fremde wäre, natürlich diesem in der Regel vorziehen wird. „Hamlet", mit wenigen Ausnahmen so treu von Wilhelm Schlegel übersetzt, daß man oft das

Original zu lesen glaubt, will trotz der besten Schauspieler nach Schlegels Übersetzung kein rechtes Glück machen.

Anders wie das Volk spricht aber ein Haufen ästhetischer Individuen. Ihnen ist Shakspeare das Höchste oder, richtiger, das Äußerste. Doch frage man sie einmal: Was schätzt ihr denn eigentlich am Shakspeare? Sind sie offen, so müssen die meisten antworten: „Seine Auswüchse." Und warum diese? „Weil sie so leicht zu erkennen sind." Die bizarren und grotesken Charaktere, die sonderbaren Ausdrücke und Bilder (z. B. „er weint Mühlsteine" im „Richard III.", „des Gedankens Blässe ankränkeln", „beschmiert mit grausamer Heraldik" im „Hamlet"), wenn es hoch kommt, einzelne *Szenen und Sentenzen* (einzig dadurch hat „Hamlet" sein Glück auf der Bühne gemacht), das Unbegreifliche der Handlung (was unbegreiflich ist, imponiert jedem, der sich wenig Begriff zutraut), das Bunte des Szenenwechsels und Ähnliches – das ist es, was den „Gründlingen" im Parterre und den „Zaunkönigen" der Galerien am Shakspeare groß, gewaltig oder wunderbar scheint, wie denn die modische Phrase grade heißt.

Dies verhielt sich bei Shakspeares erstem Auftritt in Deutschland just so wie jetzt, weshalb es nötig war, vorläufig davon zu sprechen. Nur ist zwischen damals und jetzt der Unterschied, daß damals kräftige Geister genug da waren, welche von den *wahrhaft* elektrischen Blitzschlägen Shakspeares wohl erleuchtet, aber auch zu *eigner* Glut entzündet wurden, ohne wie ein Bleigerät davon in starre Schlacken verwandelt zu werden.

Goethe, nachdem er mit dem „Werther", welcher eher etwas Ossianisches als Shakspearisches an sich hat, erschienen war, trat im „Götz von Berlichingen" nicht sowohl als Nachfolger, sondern als Nebenbuhler Shakspeares auf. Höchstens die größere Freiheit der szenischen Behandlung, das kühne Beiseitlassen des Ortes, der Zeit und des *gordischen Knotens,* den die Franzosen mit Einheit der Handlung zu verwechseln pflegen, erinnerten an den Shakspeare –

das wahre Wesen des Stückes, die Charaktere, die vorherrschende Empfindung, die Einfachheit und anspruchlose Größe sind rein deutsch und in einer Weise ausgedrückt, welche Shakspearen (der sich zu Goethen wie Michael Angelo zum Raffael verhält) nie zu Gebote stand. Auch ohne Shakspeare hätte Goethe einen trefflichen „Götz" zustande gebracht, und daß sein Genie (welches nur den liebenswürdigen Fehler besitzt, im Hoch-Tragischen und Tief-Komischen zu sehr von der Anmut, einem Begriff, der weniger umfassend ist als die Schönheit, sich zügeln zu lassen) weder des Shakspeares bedurfte noch im Shakspeare das alleinige Heil der deutschen Bühne erblickte, bewiesen bald die Schöpfungen der „Iphigenie", des „Tasso", ja die Übersetzungen des „Tancred", des „Mahomet" waren unter anderen auch wohl *Warnungen* vor der Shakspearo-Manie.

Nächst Goethe erhob sich Schiller am gewaltigsten, und ohne Zweifel zeugen die „Räuber", sein erstes großes Werk, von Shakspeares Einflusse. Neben diesem Einflusse ist darin aber auch die Einwirkung Goethes, der *enzyklopädischen* und der damaligen *deutschen* Philosophie und des, wie Windeswehen vor dem Gewitter, in Oden, Deklamationen, Staatsanzeigen und Pamphleten vor der Französischen Revolution hergehenden Freiheitsdranges nicht zu verkennen. Merkwürdig genug hat ohngefähr mit der Zeit der Französischen Revolution die deutsche Literatur ihr Zenit erreicht, und vieles, was man bisher in deutscher Kunst vom Shakspeare herdatiert, läßt sich richtiger aus der Einwirkung des damaligen revolutionären *Zeitgeistes* erklären.

Was aber an den „Räubern" dem Publico gefiel, war wieder nicht eben das sogenannte Shakspearische. Dieses hatte, wie fast überall, *nur in der Form* seinen Sitz. Die erhabene, überall hervorleuchtende Begeisterung des Dichters (Shakspeare sucht die seinige zu verstecken, und zwar, solange er dennoch Begeisterung *erweckt*, mit Recht), eine Tiefe und Gewalt des Gefühls, welche selbst sich oft an die Stelle des Charakters drängt (bei Shakspeare herrscht der

Charakter stets vor), dabei alles in der kräftigen Sprache Luthers vorgetragen – das war und ist es, was das deutsche Volk am Schiller sucht, bewundert und empfindet, das ist es, was in sämtlichen Schillerschen Werken, wenn sie auch der Form nach dem Shakspeare noch so nahe stehen, das auszeichnende Merkmal bleibt. Er selbst spricht in dem Vorworte der „Braut von Messina" deutlich aus, wie wenig ihm der Shakspeare genügt.

Schiller begann die deutsche Tragödie, Kotzebue die deutsche Komödie zu beherrschen. Die *Opposition* blieb nicht aus. Wohl vorzüglich gegen Schiller, den mancher beneidete, erhob sich *die romantische Schule* (die Schlegel, Novalis, Tieck pp.). Diese bemühete sich, der allgemeinsten Objektivität in allen spanischen, englischen, italienischen und mittelalterlichen Darstellungsformen zu huldigen. Trotz der ausgebreiteten Gelehrsamkeit des älteren Schlegel, der für Genialität ausgerufenen Bizarrerien seines Bruders und der wirklich trefflichen Poesie Tiecks war (wie schon Pustkuchen in seinen „Wanderjahren" nicht mit Unrecht bemerkt) dieser Verein nicht kräftig genug, seine Grundsätze zu den herrschenden zu machen. Daher wurde Goethe (wohl ohne seine Einwilligung) zum Meister erkoren, und als auch dieses nicht ausreichte (besonders da Goethes Talent zu umfassend ist, um sich einer Schule zu fügen), wurden verstorbene Dichter fremder Nationen, vor allem Shakspeare, zur Meister- und *Mitgliederschaft* berufen. Nun legte Wilhelm Schlegel durch die klassische Übersetzung von siebzehn Schauspielen Shakspeares die festeste Basis zur Dauer der romantischen Schule in Deutschland – ohne diese Übersetzung wäre sie schon aus Mangel eigner Stärke erloschen – seit dieser Übersetzung hat aber auch außer Goethe, Schiller und einigen wenigen anderen Bevorzugten die deutsche schöne Literatur nichts Bedeutendes hervorgebracht – vieles, sehr vieles, was sich sonst wohl selbständig und herrlich entfaltet hätte, ist seitdem im *shakspearischen Streben untergegangen.*

Es ward unter den Schriftstellern (nicht unter dem Volke) beinah Mode, etwas spöttisch auf Schiller hinabzusehen, man warf ihm nicht undeutlich eine bornierte Subjektivität vor, und als Schiller gestorben war, Goethe wenig mehr schrieb, Kotzebue nach Rußland flüchtete, herrschten die Romantiker ohne Hindernis.

Die napoleonische Zwangsherrschaft trat ein: Da die Deutschen im *Leben* nichts mehr von Freiheit besaßen, suchten sie dieselbe in der *Kunst* – was sie an Land verloren hatten, schienen sie in der Wissenschaft *wiedererobern* zu wollen – aus der trüben Gegenwart flüchtete man in das Mittelalter, zu dem leuchtenden Throne der Hohenstaufen – und wer weiß, ob nicht ebenso, wie in der Wissenschaft geschah (Humboldt, Oken), etwas Eigentümliches, Vollkräftiges auch in der Kunst hervorgegangen wäre, wenn nicht abermals all und überall der Shakspeare als höchstes poetisches Kriterium hätte gelten müssen. Nur das ernstere Studium und die größere Verbreitung eines *nationellen* Kunstwerkes, welches aber keinem Gedichte in der Welt an Range nachsteht, der *„Nibelungen"*, erfreut bei Betrachtung dieses Zeitraums den Nachdenkenden.

Wilhelm Schlegels Vorlesungen über dramatische Kunst (1809 oder 1810 in erster Ausgabe erschienen) setzten der shakspearischen Sache die Krone auf. Wilhelm Schlegel geht die Theater aller Völker durch, um im dritten Teile seines Werkes zu zeigen, wie Shakspeare weit über alles hinausragt, wie alle Nationen (höchstens die Griechen, vor denen noch immer einige *philologische* Ehrfurcht zurückgeblieben zu sein scheint, und die *katholischen* Spanier ausgenommen) auf Irrwegen gewesen sind, indem sie nicht auf *shakspearischen* gingen. Dabei schreibt Wilhelm Schlegel einen glatten Stil, er hat, als ein echter geborener Übersetzer, das Talent, ein von ihm besprochenes Kunstwerk mit allen seinen äußeren Eigenheiten selbst *verschönert* widerzuspiegeln, ja ich will manche seiner lobpreisenden Relationen mit mehr Genuß wieder lesen, als ich das gelobte

Werk, sei es auch ein Shakspearisches, noch einmal lesen würde – aber strebt Wilhelm Schlegel über das Zurückspiegeln der äußeren Erscheinung hinaus, will er urteilen, das *Herz* des Kunstwerkes erfassen, die Vorzüge und die Schwächen zeigen, so fehlt es ihm mit einem Worte an *Kritik*. Das zu beweisen, berufe ich mich nur auf sein Urteil über den „Lear“, welches Schauspiel er zweifelsohne im vollsten Werte anerkennen *will*. Wilhelm Schlegel findet im „Lear“ kaum eine andere Tendenz als die Darstellung des *Mitleidens*. Wo bleibt bei dieser Bezeichnung, die fast jeder Tragödie zukommt, das Charakteristische des Shakspearischen Schauspiels, in welchem eine Welt von Zorn, Grausen, Entsetzen, Haß, Liebe, Rache und Selbstaufopferung vereinigt ist?

Den Ansichten Wilhelm Schlegels huldigte in ihrem Werke über Deutschland eine geistreiche Französin, die Staël-Holstein – wie hätte da noch der deutsche Dichterhaufen zweifeln oder widerstehen können?

Nächst Schlegel (und vielleicht ebensoviel oder gar noch mehr als dieser) wirkte, besonders seit dem Erscheinen des „Phantasus“ (1812), L. Tieck auf das Wachstum der Bewunderung des Shakspeare ein. L. Tieck, einer der bedeutendsten Romantiker Deutschlands, bedürfte einer zu großen Verehrung Shakspeares, die ihn nur in seiner Eigentümlichkeit hindern kann, durchaus nicht. Seine früheren Novellen, gewiß so sehr zu schätzen als die in den letzten Jahren von ihm erschienenen, zeigen recht deutlich, wie selbständig Tieck auch ohne Shakspeare dasteht*. Aber L. Tieck,

* Während ich das Obige durchlese, kommt mir, der ich seit langer Zeit wenig Aesthetica ansehe, die Tiecksche Novelle „Dichterleben“ zufällig in die Hände. In ihr hat die übergroße Verehrung des Shakspeares selbst auf die Handlung störend eingewirkt; man sieht überall zu offenbar den einzigen Zweck, den Shakspeare, dessen Persönlichkeit in der Novelle uns doch nicht vorzüglich anzieht, erheben zu wollen. Viele Reden, welche den Gang der Novelle hinhalten und schwerfällig machen, spielen auch um dieses Ziel und tragen außerdem etwas von der in den Shakspearischen Stücken nicht selten vorkommenden Redseligkeit an sich. Die Personen sprechen zwar immer geistreich, aber sie ermüden uns. – Wie hoch und herrlich steht dagegen die

stets mit Liebe zur dramatischen Kunst hingeneigt, seinem Genie nach mehr zur erzählenden Dichtkunst hingewiesen, fand wohl im Shakspeare den Mann, in dessen Namen und Geiste er auch bei eigner theatralischer Unwirksamkeit selbstkräftig auf dem dramatischen Felde schaffen konnte. L. Tieck hat den Shakspeare mit einem gelehrten Fleiße studiert, er hat ihn sich zu eigen gemacht – aber wie bei Tieck alles Schöpfungskraft ist, während Wilhelm Schlegel nur rückzuspiegeln vermag, so ist der Shakspeare, den Tieck uns gibt, nicht mehr Shakspeare selbst, sondern es ist der *Tiecksche*; Tiecks Kritik ist nicht bloß Zergliederung und Beurteilung, sondern sie ist selbständige *Poesie*, veranlaßt durch die Betrachtung Shakspeares; sie verhält sich zu diesem fast wie eine geniale Naturphilosophie zur Natur selbst. Zum Beispiel die Ansicht von dem Charakter der Lady Macbeth, von der durchbrechenden Weichheit desselben, welche, wie ich gleichfalls erst jetzt beim Revidieren dieses Aufsatzes vernehme (Journale lese ich wenig), Tieck der Mad. Stich mitgeteilt haben soll, zeugt von tiefster Menschenkenntnis und dichterischer Lebens-Durchschauung: Denn selten wird jemand so erstarrt wie die Lady Macbeth im Bösen werden können, wenn er nicht vorher weich und äußerst reizbar gewesen ist. Aber sollte Shakspeare hier so weit zurückgedacht haben? Vielleicht. Jedoch im Drama selbst besteht unbedingt die große Seite der Lady Macbeth darin, daß sie durch Kraft ihres Willens überall, sowohl gegen Macbeth als gegen sich selbst (wie ihre *Monologen* ausweisen), jedes weiche Gefühl *niederdrückt* und nur ihren furchtbaren Zweck fest im Auge behält. In der schrecklichsten Szene des Stückes, bei der Ermordung Duncans, *höhnt* sie ihren zagenden Gemahl sogar aus. Fast grenzt das alles bei einem Weibe an Unnatur, und Lady Macbeth würde uns ein Rätsel

einige Jahre ältere Novelle da: „Die Verlobte". Solche Muster in das Publikum geschickt, und Tieck wird mit ihrer Größe, die keines Lobredners bedarf, mehr Gutes stiften und mehr Aufregung und Nacheiferung erwecken, als Belehrungen und Erläuterungen über Shakspeare es tun können.

bleiben, wenn Shakspeare selbst nicht den Schlüssel gäbe und unser moralisches Gefühl befriedigte: Die, welche *wachend* weder von Weiblichkeit, Schrecken oder Gewissensbissen sich besiegen läßt, wird *schlafend* im Nachtwandel davon emporgetrieben und überwältigt. Hier möchte ich der Mad. Stich zurufen: Hier allein, sonst nirgends im Stücke, gilt es, alle zurückgehaltenen Empfindungen hervorstürmen zu lassen, hier gilt es, nicht wie gewöhnlich geschieht, bloß zu erschüttern oder gar nur Verwunderung zu erregen, sondern auch zu Tränen zu rühren. Je starrer früher die Lady Macbeth war, um so gewaltiger wird der Naturruf, welcher in dieser Szene sich frei macht, den Hörer bewegen. –

Übrigens ist Tiecks Ausdauer bei dem Erforschen des Shakspeares ebensosehr an einem selbstschaffenden Dichter zu bewundern, als es natürlich ist, daß bei so langer Betrachtung eines geliebten Gegenstandes derselbe dem Betrachtenden immer interessanter wird.

Ist L. Tiecks Kritik etwas Originelles, Großartiges und ausgestattet mit Kenntnissen vieler Art, so ist es zu erwarten, erstens daß sie von vielen nicht verstanden und mißkannt wird, zweitens daß also, je nachdem das Individuum beschaffen ist, der eine sie tadelt, der andre sie lobt, weil beide sie *nicht verstehen*, drittens daß bei Tiecks literarischem Ruhme eine ganze Schule von Ästhetikern ihm nachspricht und weder weiß, *was* noch *wie* lächerlich *sie* redet.

Denn, um die übrigen heutigen Shakspearo-Manisten einiger kurzer Sätze zu würdigen, so bewundern sie den Shakspeare ohngefähr aus folgenden Gründen: erstens weil sie fühlen, selbst nichts wert zu sein, und daher den Shakspeare wie einen Zwölfpfünder betrachten, mit dem sie angreifen und sich verteidigen können, zweitens weil die Bewunderung des Shakspeare, nachdem seit siebzig Jahren in Wort und Schrift das möglichste für sie getan ist, außerordentlich *leicht* geworden – man braucht dabei nur alte Floskeln nachzuleiern –, drittens weil, was noch mehr sagen will, wegen dieser *Leichtigkeit* die Shakspearo-Manie

Mode geworden, viertens weil die unbedingte Bewunderung des Shakspeare ein mehrfach *assekuriertes* Geschäft ist, indem die Mode und große Meister für sie sprechen, also der bewundernde Laffe immer seinen Hinterhalt behält, fünftens weil es einem kleinen Mann ein gewisses Selbstgefühl gibt, einem großen sein Lob erteilen zu können, in specie wenn er dabei geringschätzende Seitenblicke auf angeblich mindergroße Geister, als der Gepriesene ist (z. B. vom Shakspeare auf Schiller), werfen kann; der kleine Mann mag nun selbst das kurzlebigste Trauerspiel geschrieben haben – was kümmert ihn das? Er, der mit einem Decisiv-Spruche den Shakspeare zum Himmel hebt, muß doch eigentlich auf einem höheren oder festeren Standpunkte als dieser stehen, er ist gleichsam ein Napoleon, der zwar nur in einfacher grüner Kleidung mit Obristen-Epauletts vor die Fronte reitet, aber einem General den Orden der Ehrenlegion erteilt und den Glanz, welcher von dieser Beehrung des Untergebenen zurückfällt, selbst einsaugt, sechstens weil der Deutsche eine dumpfe Ehrfurcht vor dem hat, was er nicht begreift (er traut jedem Menschen so viel gesunden Verstand zu, daß er nicht glaubt, er habe etwas Unbegreifliches gesagt), siebentens weil der gemeine Haufen *„sonderbar"* und *„interessant"* für gleichbedeutend hält, achtens weil der Deutsche genug kleinstädtisch denkt, um nur das hochzuschätzen, was in Zeit oder Raum *weit her ist*, wie denn schon im Sprichwort „Er ist nicht weit her" dieser Grundsatz zur Stereotype versteinerte, obwohl, wenn auch die Ankunft aus weit entfernten Zeiten und Ländern eine ziemlich *zähe* Konstitution beweisen mag, schon die *„Kreuzer"*, welche auf den Urgewässern der indischen Literatur umherstreifen und von dort Glaubensartikel einschwärzen wollen, dartun sollten, daß zwischen dem *„weither sein"* und dem *„erbarmenswert sein"* oft keine Grenze zu finden ist.

– – Wir kommen zur zweiten anfangs aufgestellten Hauptfrage: Verdient Shakspeare solche Bewunderung, wie ihm nach heuriger fashion zuteil wird?

Manches zur Beantwortung dieser Frage ist schon vorgekommen, hier also nur das Folgende.

Niemand wird dem Shakspeare wahrhaftiger huldigen, als ich es tue. Sein umfassendes Genie, welches überall, wohin es den Blick wirft, sei es auf die Erde, in den Himmel oder in die Hölle, Leben in die Wüsten schafft – seine Schöpfungskraft, welche ihm manche Charaktere mit einer Selbständigkeit auszustatten vergönnt, nach welcher man fast an ein inneres wirkliches Leben derselben glauben sollte und wenigstens, wenn man sie aus dem Rahmen des Schauspiels nähme und in das Leben treten ließe, nicht (wie bei den meisten heutigen Tragödien) befürchten dürfte, nur *Marionetten* zu produzieren – seine vielseitige und geniale Phantasie – sein tiefer Blick in das Leben und in die Weltgeschichte – die göttliche Ruhe (welche Friedrich Schlegel wohl mit seiner „göttlichen Faulheit" verwechselt), mit der er oft auf dem vom Archimedes ersehnten Punkte außer der Welt zu stehen und sie zu bewegen scheint – der Humor, die Ironie, mit welchen er selbst durch Tränen lächelt – alles dieses und noch viel mehr erkenne ich mit Erstaunen im Shakspeare an und hoffe es einst in einer besonderen Schrift, die ich, um die Mode zu ehren, gleich dem Franz Horn „Erläuterungen zum Shakspeare" nennen werde, mit Beweisen niederzulegen.

Hier aber tut es leider not, von Shakspeares Schattenseite zu reden, indem die Shakspearo-Manisten lieber blind sein als diese sehen wollen.

Grade mit dem ersten Vorzuge, den der Haufen der Shakspeare-Vergötterer an seinem Idole zu entdecken glaubt, deckt der Haufen nur seine *Unwissenheit* auf – ich meine mit dem Lobe der dem Shakspeare fast sprichwörtlich zugeschriebenen *Originalität.* Unter dieser Originalität verstehen die Herren vor allem anderen die *Form,* das heißt die Theaterverwandlungen, die Art des Dialoges, die Manier einzelner Ausdrücke und der Charakterschilderungen, den willkürlichen oder willkürlich scheinenden Gang der

Handlung pp. Dieses alles ist jedoch nicht *shakspearisch*, sondern *altenglisch*. Weit vor dem Shakspeare, von dem alten Schauspiele *„Gorboduc"* an, war alles das, selbst das Aufsuchen und Auffinden solcher Gedanken, welche wir jetzt echt shakspearisch heißen, auf der englischen Bühne zur Mode geworden. Ben Jonson, Francis Beaumont und Fletcher, Thomas Heywood, Christoph Marlow und viele andere zogen mit ihren ebenso genialen Dramen (man erinnere sich an die Tragödien „Faust", „Sejan", „Catilina" pp., an die Lustspiele „Every Man in his Humour", „The Knight of the Burning Pestle" pp.) *vor* und *mit* den Shakspearischen Schauspielen über das Theater, und deshalb konnte Shakspeare zu jener Zeit, wo so viele geistesähnliche Nebenbuhler ihn umstanden, nicht den Beifall erhalten, welcher ihm jetzt, da die Nebenbuhler aus Unwissenheit vergessen sind, *allein* zuteil wird. Mancher deutsche Kritiker wird ein Stück von Fletcher und Beaumont, wenn man ihm den Namen der Verfasser verhehlt, von einem Shakspearischen nicht zu unterscheiden wissen. Shakspeare schuf weder eine Schule noch eine neue Schauspiel-Art, er fand vielmehr eine Schule *vor*, war *Mitglied* derselben, und zwar, was seine *einzige wahre Originalität* ist, das *größte* Mitglied *dieser Schule*.

Weiter wird die einst durch Voltaire so verrufene Shakspearische *„Komposition"* der Schauspiele jetzt zum Himmel erhoben. Zu einiger Erläuterung will ich gleich nachher einige von Schlegel übersetzte Stücke (weil sie am bekanntesten sind) betrachten und *kurz*, wie der Raum dieser Blätter es nur erlaubt, dabei verweilen.

Daß Shakspeares komponierendes Talent ausgezeichnet ist, leugnet niemand, daß es aber *besser* sein soll als das vieler anderen Schriftsteller, leugne ich offen. Vor allem rühmt man dieserhalb seine historischen Stücke. Es ist wahr, daß alle seine Vorzüge in ihnen strahlen und daß da, wo er eigentümlich ist, kaum Goethe (z. B. im „Egmont"), noch weniger Schiller mit ihm wetteifern können. Aber vom Poeten verlange ich, sobald er Historie dramatisch darstellt, auch eine *dramatische, konzentrische und dabei die Idee der Geschichte wiedergebende Behandlung.* Hiernach strebte Schiller, und der gesunde deutsche Sinn leitete ihn; keines seiner historischen Schauspiele ist ohne dramatischen Mittelpunkt und ohne eine konzentrische Idee. Sei nun Shakspeare objektiver als Schiller, so sind doch seine historischen Dramen (und fast nur die aus der *englischen* Geschichte genommenen, denn die übrigen stehen noch niedriger) weiter nichts als *poetisch verzierte Chroniken.* Kein Mittelpunkt, keine Katastrophe, kein poetisches Endziel läßt sich in der Mehrzahl derselben erkennen. Hätte Shakspeare deutsche Geschichte in dieser Manier behandelt, so würden mir die Chroniken eines Tschudi und Turmayer (Aventinus) stets lieber sein als seine Schauspiele, denn ich finde dort wenigstens reine und keine geschminkte Natur.

Einige Stücke anzusehen, beginne ich weder mit dem besten noch dem schlechtesten, mit „Julius Cäsar". Einzig ist die Art, mit welcher die Kritiker den Fehler dieses Stückes (die *doppelte Handlung*) erst eingestanden und hinterdrein zu retten gesucht haben: nicht Cäsar, sondern Brutus soll der Held darin sein (der indes *wieder* an Cassius einen das Interesse schwächenden Nebenmann hätte!). Schon der Titel des Stückes (und Shakspeare wählt die Titel nie ohne Ursache, wie man am „Wintermärchen", „Sommernachtstraum" pp. sehen kann) hätte den Leuten Bedenken einflößen sollen. Und dann – ist Julius Cäsar nicht die *Seele* des Ganzen? Soll er nicht noch nach seinem Tode als erscheinender Geist (welche Erscheinung im Drama betrübt und dürftig, im Plutarch ergreifend ist) fortwirken? Interessiert er nicht schon deshalb mehr als Brutus, Cassius und Konsorten, weil alle diese Leute sich *gegen ihn* verschwören? Zieht nicht jeden empfindenden Menschen der Punkt am meisten an, wider den die meiste Tätigkeit gerichtet ist? Und verliert sich nach Cäsars Tode nicht alles dies, indem plötzlich zwei untergeordnete Individuen, Brutus und Cassius, uns von nun an mit ihren Schicksalen allein anziehen sollen?

Schlimmer ist fast noch die Behandlung, welche Shakspeare, der oft so große Menschenkenner, dem Charakter des Cäsar hat angedeihen lassen. Julius Cäsar, in der Geschichte der einfachste, scharfsinnigste, liebenswürdigste aller Menschen, ist im Shakspeare zu einem Phrasen machenden *Renommisten* geworden. Nur die Beziehungen, welche alle übrigen Personen des Dramas auf ihn nehmen, retten ihn in etwas als dramatische Hauptperson, machen aber just dadurch diese Personen noch unfähiger, nach seinem Tode seine Rolle fortsetzen zu wollen.

Hierbei betrachte man die Art, wie Shakspeare das *Volk* behandelt. Volksszenen gehören zu seiner Hauptstärke, jedoch nur Szenen des *englischen* Volkes. Gegen die Franzosen z.B. trägt er einen Nationalhaß, der dem Effekte seiner Dramen aus den französisch-englischen Kriegen sogar schadet, indem er seine Engländer mit Gegnern kämpfen läßt, deren Besiegung *sie nicht ehren kann*. Und die *Römer*! Im „Julius Cäsar“ konnte Shakspeare sie als „Narren“ behandeln, denn zu der Zeit waren sie schon längst als Römer untergegangen – er hat aber, obgleich hier nur Volksszenen die Möglichkeit erklären konnten, daß je ein Mensch wie der *Shakspearische* Cäsar die Welt beherrschte, sich mit einer flachen Berührung derselben begnügt. Dagegen erscheinen im „Coriolan“ die Römer als wahrer *„elender, kindischer Pöbel“*, mit Fleiß und Liebe dazu ausstaffiert. Nie scheint Shakspeare begriffen zu haben, was zur Zeit Coriolans der Kampf der Patrizier und Plebejer sagen wollte, wie dieser Kampf aus der äußersten Notwendigkeit, aus dem innersten Leben sich entwickelte. Eine Lektüre Niebuhrs wird das Shakspearische Drama in dieser Hinsicht dem Leser unerträglich machen, und ich bemerke nur beiläufig, daß aus dem „Coriolan“ und mehreren anderen Stücken mir hervorzugehen scheint, daß Shakspeare einen fast *aristokratischen* Sinn gehegt habe.

Die aus der englischen Geschichte genommenen Schauspiele, in denen Shakspeare mehr auf eigenem Boden steht, leiden dennoch alle („König Richard II." vielleicht ausgenommen) an Fehlern, welche kein Rezensent *Schillern* verziehen hätte. Ich meine nicht allein äußere Fehler (zu denen ich die Anachronismen rechne, welche man endlich einmal recht tüchtig tadeln sollte, und zwar aus dem einfachen Grunde, weil das Bessere besser ist), sondern vorzüglich *innere*.

Im *„König Johann"* grenzt die Sprache an den Bombast eines Crébillon. Freilich hat Shakspeare das geahnt, indem er den Bastard (einen seiner herrlichsten Charaktere) als ironischen Gegensatz auftreten läßt. Doch solcher Bombast, wie in den Gesprächen König Johanns (der auf dem Todesbette noch die schwülstigsten Ausdrücke gebraucht), des Königs Philipp, selbst in den Schmerzensäußerungen der Constanze sich vorfindet, ist zu sehr Unnatur, als daß selbst Ironie seine unangenehme Wirkung mäßigen oder entschuldigen könnte.

„König Heinrich IV." hat gar keinen Mittelpunkt, der erste Teil sogar keinen befriedigenden Schluß. Die Falstaffs-Szenen sind eine Episode, welche bei dem Lesen und noch mehr auf der Bühne die Haupthandlung unterdrückt und nicht einmal in inniger Verbindung mit derselben steht. Dabei will man jedoch weder den Falstaffschen Humor noch den tief, sehr tief angelegten Charakter des Königs, bei welchem keine Phrase ohne Bedeutung ist, noch die Gestalten des Prinzen Heinrich und des Heißsporns Percy verkennen.

Wo, *außer in einzelnen Szenen*, im „König Heinrich V." das Dramatische stecken soll, wird selbst Schlegel nicht aufzusuchen wagen. Die an sich schönen Prologe verbessern diesen Mangel nicht. Die Handlung zerfällt in zwei Teile, nämlich in die Verschwörung gegen den König und in den französischen Krieg. Nur die Darstellung der Einzelheiten erregt Interesse.

„König Heinrich VI.", ein Jugendstück, ist angefüllt mit den großartigsten Szenen. An falschem Pathos (Helden und

Kinder sterben mit lateinischen Brocken im Munde), an Mängeln der Komposition fehlt es auch nicht. Kein einziger der drei Teile des Stückes hat ein *Ende*, und wenn endlich, nachdem einige hundert Personen gemordet sein mögen, alles im Trauerspiele „Richard III." auf ein Ziel, auf einen Charakter hinausläuft, so ist es hier auch nur dieser Charakter, welcher exzelliert. Denn wie sind König Richards Umgebungen? Die Margaretha mit ihrem nie ermüdenden Jammergeschwätz, die Anna, welche, man weiß nicht wie, sich auf einmal von Richards Liebeserklärungen umstricken läßt, die Königin Elisabeth, die es ebenso macht, sind wahrhafte Marionetten-Figuren. Marionettenmäßig sind die Klagen der Weiber vor dem Tower: „Auch ich hatte einen Edward, einen Richard" pp. und so vieles andere. – Dabei übersehe man bei Shakspeares historischen Stücken, bei denen ich jetzt zugleich mit Schlegels Übersetzung abbreche, ja nicht, daß auch der Ruf, er halte sich treu an die geschichtlichen Begebenheiten, ein falscher ist, denn oft versetzt er Schlachten (z. B. die bei Shrewsbury) um Jahre vor- oder rückwärts.

In einem anderen Genre versiert *„Hamlet"*. Der Prinz Hamlet selbst ist eine wahre Fundgrube der genialsten Gedanken, zu welchen jedoch der triviale

Es gibt noch andere Dinge zwischen Erd und Himmel,
als Eure Schulweisheit sich träumen läßt, Horatio

nur darum so oft von dem großen Haufen gezählt wird, weil er wegen seiner Trivialität auch dem einfältigsten Gehirn sich anpaßt. Die übrigen Personen sind wahre Nullen, so sehr, daß man die Höflinge Güldenstern, Rosenkranz und Osrik nicht einmal voneinander *unterscheiden* kann. Wilhelm Schlegel verteidigt dies zwar, aber die Andeutung des feinen Unterschiedes, der sich auch in der gebildetsten Menschenklasse an den Individuen bemerklich macht, hätte ich grade beim Shakspeare erwartet. Auch der König ist nur ein Phrasenmacher, denn einen Narren wie den Polonius, der, wie es scheint, eine Art altgewordenen Hamlets sein soll, ernsthaft anzuhören und sogar als Minister zu behalten zeigt Beschränktheit an, wie wir sie selbst heutzutage selten in den – – -schen Kabinetten finden. Nichts besser, sondern äußerst grob ist die Erfindung, zu welcher sich der König endlich emporschwingt, um den Hamlet umzubringen. Den Prinzen in eventum mit einem Trunke, der sofort tötet, vor den Augen der Königin, des ganzen Hofes vergiften zu wollen macht den hinterlistigen, besonnenen und feigen König zu einem albernen Waghalse. Selbst der Geist, *vor* dessen Erscheinung in der Tat das Grauen hergeht, vernichtet durch seine breiten Expositionen, mit abgedroschener Moral untermischt, jeden Eindruck, den man gefaßt hatte. Steckt hier eine Shakspearische Ironie (wie ich fürchte), so kann ich sie doch nicht verzeihen, weil sie den Effekt stört. Vortrefflich ist der Gegensatz Hamlets zum Laertes: jener voll Tiefe, dieser voll Hohlheit und Bombastes (in der tiefsten Trauer erinnert er sich an *sieben*fach gesalzne Tränen). Sicher nicht ohne Anspielung läßt Shakspeare den Laertes eine Sehnsucht nach *Frankreich* empfinden. Auch Fortinbras gibt gegen den Hamlet einen guten Kontrast ab, er mußte aber in der Ferne bleiben, weil sein näheres Eintreten ihn entweder zum Hauptheiden gemacht oder doch den Hamlet in Schatten gestellt hätte.

Schon aus diesen Charakteren ergibt sich, wie das dramatische Verhältnis des Stückes im ganzen sein muß. Alles ruht im „Hamlet", das Reden ist die Hauptsache, die Handlung ungelenk und schleppend. Ophelias Wahnsinn, Laertes' Empörung, Hamlets Reise nach England, seine zufällige Errettung pp. pp. fallen wie aus den Wolken, und soll hier abermals eine Shakspearische *Feinheit* (welcher Ausdruck so oft als Substitut eines Shakspearischen *Fehlers* gebraucht wird) stecken, daß nämlich, wie Wilhelm Schlegel meint, trotz aller Hebel, welche Erde und Himmel zur Bestrafung der Frevler in Bewegung setzen, diese Bestrafung nicht durch das erwählte Werkzeug, den Prinzen Hamlet, zustande gefördert wird, sondern nur *zufällig* eintritt – so hätte uns der Dichter sowohl die *Wiederholung* solcher *Zufälle* sparen sollen, als man ohnedem bei Hamlets Charakter a priori weiß, daß nicht er, sondern der Zufall das Spiel entscheiden werde.

Der Dichter scheint an der Handlung im „Hamlet" *Langeweile* gehabt zu haben. Wie zeitungsmäßig und wie steif bewegt sich alles, was nicht zur Reflexion gehört. Man denke nur an den Teil der Exposition, welcher in Horatios Erzählung von dem Wettstreit des alten Hamlet und des alten Fortinbras sich vorfindet. Überhaupt sind, wie ich bei dieser Gelegenheit wohl bemerken darf, Shakspeares *Expositionen* nicht so sehr, wie Schlegel es tut, zu loben. Freilich eröffnet Shakspeare *oft* (nicht immer!) seine Stücke mit phantastischen Szenen, z. B. mit der Schildwache und der Geistererscheinung im *„Hamlet"* , mit dem Vorbeischweben der Hexen im *„Macbeth"*, mit dem Untergange des Schiffes im *„Sturme"* – aber hinter diesen Phantasiebildern pflegt die eigentliche Exposition nur um so sicherer daherzuhinken, wie das denn in allen genannten Stücken der Fall ist. Und wenn man aus langer Erfahrung weiß, wie wenig auf dem Theater gleich beim ersten Aufziehen des Vorhangs große Schläge auf den Zuschauer wirken – wie dieser noch nicht genug gesammelt ist, um sie zu verstehen oder aufzunehmen, so wird man exempli gratia einräumen, daß der Untergang des Schiffes im *„Sturm"* wenig dient, der nachfolgenden Unterredung zwischen Prospero und Miranda, bei welcher die letztere *einschläft* (ist das vielleicht auch Shakspearische Ironie?), die Langeweile zu benehmen. Die kunstloseste und trockenste Exposition befindet sich jedoch gleich zu Anfang des *„Cymbeline"*.

Kurz auf den „Hamlet" zurückzukommen, ist es merkwürdig, wie der Prinz zwar an der Wahrhaftigkeit des Geistes zweifelt, aber den nächsten Grund eines vernünftigen christlichen Zweifels nicht einsieht: Der Geist fodert ihn zur *Rache* auf. Das tut kein guter Geist, und entweder hat

Shakspeare sich hier versehen, oder es steht mit seinem Geiste nicht richtig. Übrigens verkenne ich in der Anlage des Schauspiels nicht eine echt Shakspearische Feinheit. Ich bin subjektiv überzeugt, daß es ein wirklicher Geist ist, der den Hamlet zur Rache aufruft; objektiv geht darüber dennoch keine Gewißheit aus dem Stücke hervor. Es könnte dieser Geistererscheinung auch ein *Betrug*, eine *Kabale* zugrunde liegen, und grade dadurch, daß selbst diese alles motivierende Geistererscheinung, dieses Kettenglied zwischen Himmel und Erde, im zweifelhaften Lichte schwebt, wird im „Hamlet" das Menschenschicksal zu einer „Sphinx".

Der Raum gestattet mir nicht, die genannten Shakspearischen Stücke spezieller zu berühren oder noch mehrere zu allegieren. Wie leicht, wenn man auch bloß bei den von Schlegel übersetzten Dramen stehenbleibt, ein begründeter Tadel wäre, zeigt sich schon durch die Bemerkung, daß z. B. in „Romeo und Julie" die Amme eine gemeine widerliche Person, keineswegs eine zur Handlung nötige ist – daß im selben Stücke, ganz gegen die Shakspearische Art, die beiden Hauptpersonen keine *Charaktere*, sondern nur verliebte junge Leute sind – daß der „Kaufmann von Venedig" zum großen Teil nur aus Episoden zusammengeflickt ist, deren verknüpfendes Band man nicht sieht. Nur das Geständnis bitte ich mir zu erlauben: daß ich den „Sommernachtstraum" wirklich für ein vollendetes Meisterstück halte.

Shakspeares komische Kraft, seinen Witz und Humor betrachten und empfehlen die Leute gleichfalls als ein non plus ultra. Welch Geschrei erhob sich vor einigen Jahren, als in Berlin die „Twelfth night" („Was ihr wollt") durchfiel. Die guten Berliner begriffen den Shakspeare nicht!

Der Shakspearische Humor trägt ohne Zweifel etwas von der altenglischen Schule an sich, selbst der Einfluß des „Euphues" ist nicht zu leugnen. Selten jedoch hat einem Dichter eine so großartige Komik zu Gebote gestanden als dem Shakspeare: Falstaff und Percy, beide auf dem

Schlachtfelde, der eine sich tot stellend, der andere tot – darin liegt eine Weltanschauung, von der Longin sagen könnte, daß sie ein *erhabenes* Lächeln erregte. Shakspeare begnügt sich in seinen Lustspielen nicht mit Einzelheiten, einzelnen Schlagwörtern, einzelnen Witzen, er legt *das ganze Stück, die Charaktere selbst* komisch an.

Aber die bloße komisch angelegte *Charakteristik* und *Komposition* können zur vollkommenen Wirkung eines Stückes *allein* nicht genügen: Am lebhaften Dialog, voll von Geist, sprudelnden Einfällen und von Humor, darf es ebenfalls nicht fehlen. Shakspeare hat auch hier, wie der Falstaff fast durchgängig beweist, Großes geleistet. Aber, aber – wie oft stößt man in dieser Hinsicht in anderen Shakspearischen Stücken auf ganze witz- und blumenleere *Wüsten*, statt aristophanischen Scherzes mit geschraubten Redensarten angefüllt. Dies zu beweisen, braucht man grade das als *Ganzes* vortrefflich angelegte „Was ihr wollt“ anzuführen. Einen witzloseren Narren, der nur mit herbeigezogenen Vergleichungen aufwarten kann, kenne ich nicht, selbst Junker Tobias, trotz der herrlichen Situationen, die er zu veranlassen weiß, scheint unfähig, sie mit dem gehörigen Scherze auszustaffieren. *Bloße Situationen ermüden* endlich, und das Berliner Publikum pochte das Stück *mit Recht aus.* – Übrigens verschmäht Shakspeare selbst ein Wiederholen der nämlichen Einfälle und Späße nicht. Leider sind es meistens die fadesten. Der abgedroschene Scherz des Hornschmucks der Ehemänner zieht fast durch alle Shakspearischen Dramen.

Höchst ausgezeichnet ist Shakspeares dramatischer *„Verstand“*. Shakspeares alles überflügelnde Phantasie, sein Pathos, sein Humor, alles steht wenigstens in seinen späteren Stücken unter der strengsten Herrschaft eines *berechnenden* Verstandes. Selten verliert er sich daher in das Unbestimmte, Neblichte, aber ich fürchte, daß mancher Beobachter so deutlich als ich fühlt, wie oft bei den größten Szenen das tiefe Gefühl, der Hauch der Begeisterung fehlt – wie das meiste nur berechnete Kunst ist, freilich die gewaltigste, die sich denken läßt. Dieser Mangel am aufrichtigen Gefühl ist es, welcher dem Romeo noch am Grabe seiner Gattin ein Wortspiel zu machen erlaubt, welcher den Edgar im „Lear" während des verstellten Wahnsinns mit einer Art Wohlbehagen in die *breitesten* (wenig und gut wäre besser gewesen!) Aufzählungen der gemeinsten, ekligsten Dinge eingehen läßt. Ohne diesen Gefühlsmangel wäre auch wohl Cordelia, deren Tod ein reiner *Zufall* ist und mir weder motiviert noch notwendig erscheint, am Leben geblieben. Über Cordelias Tod denkt Wilhelm Schlegel freilich anders – warum, sieht man nicht.

Streben nach Bizarren ist dem Shakspeare nicht abzuleugnen. In etwas entschuldigt ihn auch hier die Manier seiner Schule. Grade das, was den resp. Vergötterern des Shakspeare stets vorn auf der Zunge liegt, die Originalität der Charaktere, ist oft eine *gesuchte* Seltsamkeit der Charaktere und ermüdet durch ihre *zu häufige Wiederkehr*. Hat ein Dichter einmal den Entwurf zu einem sonderbaren Charakter gemacht (was bei einem erträglichen Poeten gewiß nicht zu den schwersten Kunststücken gehört), so ist nichts leichter, als den Entwurf konsequent durchzuführen – weit, weit schwerer ist es, einen einfachen, aber darum allgemein menschlichen Charakter darzustellen, und zwar mit Effekt. Statt daß Shakspeare meistenteils in *Extremen* schwebt, selbst einem gewöhnlichen Charakter, sobald er damit Effekt machen will, eine Zugabe von etwas Seltsamen gibt (dem Antonio im „Kaufmann von Venedig" zum Beispiel die melancholische Stimmung), haben Goethe und Schiller im „Götz von Berlichingen", in der „Iphigenia", im „Tasso", in der „Natürlichen Tochter", im „Wilhelm Tell" pp. die Charaktere auch ohne diese Zugabe dem Menschen an das Herz zu legen gewußt.

Und hier ist es endlich einmal Zeit, von den Äußerlichkeiten der Shakspearischen Werke zu reden, welche man jetzt, wo die Bewunderer schon so weit gediehen sind, daß sie *Inkonsequenzen* des Shakspeare *Feinheiten, offenbare Fehler* desselben *Ironie* nennen, um so mehr in ihrem Werte zeigen muß.

Der Shakspearische Stil ist oft dem Gedanken angemessen, in der Prosa ist er gedrängt, aber oft etwas gesucht, im Verse ist er häufig holperig und dunkel, bisweilen zu breit und noch mehr wegen gesuchter kurzer Wendungen affektiert. *Sprachfehler* wie in „Romeo und Julie"

both our *remedies*
Within thy help and holy physick *lies*

mangeln auch nicht.

Shakspeares Vers ist im ganzen nicht der beste und besteht aus *hinkender Prosa*, aber die Kritiker, welche diesen Vers oft nur aus der Schlegelschen verschönernden Übersetzung kennen (v. das *versüdlichte* Trauerspiel „Romeo und Julie"), nennen das echt dramatisch.

Abwechslung zwischen Prosa und Vers ist im Drama an der gehörigen Stelle gewiß nicht zu tadeln, aber beim Shakspeare fällt diese Abwechslung oft herein wie die Tür in das Haus, zum Beispiel gleich in der ersten Szene des „Kaufmanns von Venedig" in den Worten Bassanios über Graziano, in dem Wahnsinn des Lears pp. – doch die schlechtern Kritiker finden auch dies a priori vortrefflich, und die besseren sagen, daß die Fehler am undeutlichen Manuskript gelegen.

Im Shakspearischen *Szenenwechsel* liegt oft wahre *Poesie*, die ich nicht missen möchte. Schon die Griechen (welche in dieser Rücksicht von den Franzosen ganz mißverkannt oder *nicht gelesen* sind) verstanden sich hierauf. In den „Eumeniden" des Aeschylus ist die Versetzung von Delphi nach Athen, Orestes' Flucht, die Furien hinterdrein, wahrhaft großartig. Ebenso beim Shakspeare die Szenenverwandlungen im „Lear", im „Macbeth" und sogar im „Kaufmann von Venedig", in dem ich die bunte Abwechslung der Kulissen, die wie Gondeln vorüberschießen, nicht gern entbehrte, denn man erinnert sich dabei unwillkürlich an das meerdurchströmte, vielbewegte Venedig. Aber den Szenenwechsel so weit zu treiben wie in „Antonius und Cleopatra", wo ohne *Vorbereitung, Notwendigkeit und Wirkung* (nur diese drei Stücke rechtfertigen den Szenenwechsel) Alexandrien, Rom, Messina (und in diesen Städten wieder die verschiedenen Zimmer und Straßen), Schiffe, syrische Ebenen pp. pp. im selben Akte wiederholt den Schauplatz bilden, heißt mit der theatralischen Form *spielen.*

Wie mit dem Raum verfährt Shakspeare mit der Zeit. Auch da läßt sich die Nichtbeachtung der Zeit zu den größten poetischen Schönheiten benutzen, nur muß der Leser oder Zuschauer alsdann, gleich dem Liebenden, welchem nach Schiller „keine Glocke schlägt", auch nicht an den *Verfluß* der Zeit erinnert werden. *So* künstlerisch behandelt Shakspeare die Zeit im „Macbeth", in dem (wie, glaub ich, schon Wilhelm Schlegel sagt) der Zeiger vom Zifferblatt der Uhr genommen ist und nur die Handlungen dahinrollen und wie ein Strom uns *fortreißen.* Aber Erscheinungen wie im „Wintermärchen", wo in den ersten Akten das Kind geboren wird und im vierten Aufzuge als erwachsenes Mädchen auftritt, sind um so strenger zu mißbilligen, als alle die Schönheiten, welche das Auftreten Perditas und Florizels begleiten, sich auch ohnedem hätten erreichen lassen, ja es *wünschenswert* gewesen wäre, die ersten Akte mitsamt der läppischen Eifersucht des Leontes und der Schwangerschaft der Hermione in den Hintergrund zu stellen. Im „Othello" sind die ersten beiden Akte gleichfalls außerwesentlich.

– Aus dem Bisherigen, welches sich aus allen Shakspearischen Stücken noch weit mehr begründen ließe, ergibt sich das Resultat, welches der anfänglichen zweiten Hauptfrage zur Antwort dienen muß, von selbst. Spezielle Wiederholung wäre Wortverschwendung. Shakspeare ist groß, sehr groß, aber nicht ohne Schule, Manier und vielfaltige Fehler und Extremitäten.

Shakspeare verdient nicht das höchste bekannte Muster der Tragödie genannt zu werden. Man erinnere sich einmal der „Eumeniden“ des Aeschylus, des „Ödipus in Kolonos“ vom Sophokles. In den „Eumeniden“ wird das Schrecklichste aufgeregt, was nur im Menschenleben erscheinen kann, die Furien selbst, die Töchter der Nacht, treten blutlechzend in die Szene, immer zweifelhafter schwebt die Waage für den Orestes zwischen Himmel und Hölle, und endlich ziehen ebendiese Töchter der Nacht *versöhnt, segnend*, als *„Wohlwollende“* unter Geleit der Bürger, Jünglinge und Jungfrauen aus der Stadt. Den Leser ergreift die Empfindung, als wäre ein Gewitter vorübergezogen und hätte nur Segen hinterlassen. – Des Sophokles „Ödipus in Kolonos“ macht den nämlichen Total-Effekt, nur ist er mit noch sanfteren Tinten gemalt, das Schreckliche steht schon in der Vergangenheit; wie die bleiche müde Nachmittagssonne noch einmal errötet, die Welt mit Purpur überstrahlt und dann versinkt, geht der alte Held unter. Auch da ist vollkommene *Versöhnung und Ruhe*. Dabei findet sich in beiden Stücken (die „Eumeniden“ hier und da ausgenommen) kaum ein Fehler in der Diktion und überdem nichts Außerwesentliches oder Groteskes.

So weit hat Shakspeare es nie in der Tragödie gebracht, er schließt jedesmal ohne *Befriedigung* (im „Lear“ sogar durch Cordelias Tod mit einer schneidenden *Dissonanz*), und die höchste Beruhigung, welche er uns gibt, pflegt die zu sein, daß, nachdem die Bösewichter den Guten in Tod und Elend gestürzt haben, noch ein paar unbedeutende Charaktere übrigbleiben, von denen man hoffen darf, daß sie besser handeln werden als die zu bestrafenden oder bereits getöteten Verbrecher.

Unsere Genies täten gut, bei dem Trauerspiele eher an die Griechen als an den Shakspeare zu *denken*, womit ich keine *Nachahmung* anrate.

Selbst eine *ernstliche nähere* Ansicht der französischen, freilich in mehrerer Hinsicht einseitigen Tragiker würde den Leuten nur *nützen*; sie finden da, was ihnen fehlt: Ernst, Strenge, Ordnung, theatralische und dramatische

Kraft, Besonnenheit, raschen Gang der Handlung. Sie finden auch (was sie kaum glauben werden) eine Menge Charaktere, wie sie Shakspeare nicht besser hat, unter vielen Corneilles Chimène, Medea pp., Racines Iphigenia, Athalie, Bérénice, Phädra, Nero pp., Voltaires Mahomet, Tancred, Amenaide, Orosman, Nerestan, Lusignan, Zaïre, Gusman, Alzire pp. pp. Sind Kraftworte, schlagende tragische Ausbrüche einmal da (wie sie die Herren am Shakspeare so besonders schätzen), so trifft man sie in den französischen Dichtern in der Regel schöner ausgedrückt und besser motiviert an: Man höre nur das „Moi" der Medea, Augusts „Soyons amis, Cinna", Agamemnons „Vous y serez ma fille" pp. Blitzende Perlen sind es im dunklen Gewande der französischen Melpomene.

Wie in der Tragödie, finden wir auch im Lustspiele größere Meister als Shakspeare. Schon das ist fatal, daß der Charakter, welcher Shakspeares Ruhm als Komiker besonders begründet hat, der *Falstaff*, ziemlich willkürlich zwischen den Szenen eines historischen Dramas *eingeschoben* steht. Ich setze (und glaube, daß mehrere, welche die französische komische Literatur *kennen*, es auch tun) den Molière als komischen Dichter weit über den Shakspeare. Wenn in Molières Stücken die größte Politur des Verses und des Stils („École de maris", „Misanthrope", „Tartuffe" pp.), echt dramatischer Dialog, der feinste Konversationston, ein ununterbrochener Erguß von Laune, Witz und Schalkheit, eine hinreißende Schilderung der tiefangelegtesten Charaktere (ich nenne nur den Tartuffe!), eine treffliche, gewandt und leicht sich dem Zuschauer einschmeichelnde Moral, die verschiedenartigsten Gestalten (Sosias, Climène, Alcest, Harpagon, Agnes in der „Männerschule", die Scapins und Sganarells pp. pp.), dabei eine wohlberechnete Anlage des Ganzen sich vorfinden, so sehe ich nicht ein, warum man nicht dem, welchem sie gebührt, die Ehre geben und frei gestehen soll: Shakspeare hat im Komischen weder *so viel Fehler vermieden noch so viel Gutes geleistet als Molière.*

Die dritte zu Anfange aufgestellte Frage heißt: Wohin würde die zur „fashion“ gewordene Bewunderung und Nachfolge Shakspeares das deutsche Theater führen?

Die Antwort ergibt sich schon aus dem vorigen: Blinde *Bewunderung* eines großen Mannes, der gleich allen großen Männern von einer Menge Fehler und Schwächen nicht frei ist, führt zur *Nachbeterei*; Nachbeterei stellt sich als etwas *Unwürdiges* dar und führt *zu nichts Guten.* Das Beste, was sie zuwege bringt, ist eine stereotype *Manier*, und die Manier hat stets das Eigene an sich, daß sie vorzüglich in weiterer Ausbildung der Fehler des Vorbildes sich gefällt, wie denn dies schon auf hundert deutschen Komödienzetteln shakspearisierender Poeten zu sehen.

Nachahmung ist überall verwerflich und schickt sich nur für gedankenlose Kinder und Affen. Der Deutsche fühlt das, er läßt sich daher nicht gern Nachahmer schelten und sucht fast immerdar die Nachahmung durch *Übertreibung* zu verstecken. Auch dies ist bei dem Shakspeare geschehen.

Die Poesie hat tausend Formen und Arten, eine so schätzenswert als die andere, jeder wahre Dichter ist zugleich ein Original-Dichter, und es können in den Köpfen noch tausend dramatische Formen schlummern, welche die Kritiker gar nicht ahnen; den Shakspeare aber als alles in allem, wie es tagtäglich geschieht, als einzige wahre *dramatische Natur* darzustellen heißt die besseren Köpfe vor jedem selbständigen Schritte einschüchtern, das Unendliche in ein Wort, in eine Person „Shakspeare“ bannen, ja *in anderer Art* dasselbe werden zu wollen, was zu unserem Erschrecken die Franzosen geworden sind, versteinerte Mitglieder einer *despotisch* herrschenden dramatischen Schule. *Despotie in der Kunst ist noch unerträglicher als im Leben.*

Wir wollen kein *englisches* Theater, *können* auch keins haben, wir wollen noch weniger ein *shakspearisches*, wir wollen ein *deutsches* Schauspiel. Wir können und sollen alle übrigen guten Dramatiker (unter ihnen auch den Shakspeare) *studieren, benutzen*, aber wir müssen auf eigenen Füßen stehen bleiben, die Nahrung in eignes Blut verwandeln.

Grade Shakspeare wimmelt von englischen Eigenheiten und Nationalvorurteilen, grade das, was bei ihm fast überall fehlt, ist das, wonach das deutsche Volk sich am meisten sehnt. Das deutsche Volk will *möglichste Einfachheit und Klarheit* in Wort, Form und Handlung, es will in der Tragödie eine *ungestörte Begeisterung* fühlen, es will *treue und tiefe Empfindung* finden, es will ein *nationelles und zugleich echt dramatisches historisches Schauspiel*, es will auf der Bühne das *Ideal* erblicken, welches im Leben sich überall *nur ahnen* läßt, es will keine *englische*, es will *deutsche Charaktere*, es will eine *kräftige Sprache* und einen *guten Versbau*, und in der Komik verlangt es nicht sonderbare Wendungen oder Witze, welche außer der Form des Ausdruckes nichts Witziges an sich haben, sondern es verlangt *gesunden Menschenverstand, jedesmal blitzartig einschlagenden Witz, poetische und moralische Kraft*. Ein Charakter, der bloß des Lebensgenusses wegen komisch und witzig ist, ist von der Grundlage der deutschen National-Komik, welche auch das Lustige unmittelbar auf Ideale bezieht und daher schon dessen *Erscheinung als solche* schätzt, so weit entfernt wie der Charakter Falstaffs von dem *Eulenspiegels* (welchen die Komiker schon längst besser hätten benutzen sollen, als geschehen ist).

Man gesteht es sich selten, aber wir wünschen im Grunde noch mehr: Die neuere Zeit ist in Philosophie, Wissenschaft, Staatsleben (besonders seit der Französischen Revolution) und an Erfahrungen aller Art viel weiter als das Shakspearische Zeitalter gekommen – wir wünschen und hoffen Dichter, welche es nicht bei der Nebenbuhlerei des Shakspeare beruhen lassen, sondern, indem sie alle Fortschritte der Zeit in sich aufnehmen, ihn *überbieten*. Hat sich ein solches Talent noch immer nicht gezeigt, so beweist das nicht, daß es nicht noch kommen kann, und in mehrerer Hinsicht hat Goethes Erscheinung hier bereits unseren Wunsch erfüllt.

Mit Shakspeare, das heißt durch Streben in dessen Manier, erwirbt sich kein Dichter Originalität; bei jetzigem Stande der Bühne wird er beinahe schon dadurch ein Original, daß er Shakspeares *Fehler vermeidet*. Müllners „Schuld" und zum großen Teil auch sein „König Yngurd" sind mir seit Schillers Tode wenn auch keine ganz befriedigende, doch wohl die *erfreulichsten* Erscheinungen am deutschen Theaterhimmel gewesen; offenbar herrscht in diesen beiden Stücken das Streben, romantische Schauspiele auf die *einfachste, möglichst dramatische* Weise zu liefern, und selbst gegen die Schicksals-Idee habe ich (mit Wieland) nichts zu erinnern, sobald das Schicksal *unerforschlich*, nicht *blind* dargestellt wird. „Die Albaneserin" ist eine so *eigene* Erscheinung, daß ein Urteil über sie hier nicht hergehört; der überlegende und komponierende Verstand liegt darin vielleicht zu offen am Tage (Shakspeare umschleiert seine Tendenzen weit dichter), und wäre zu wünschen, daß einige Shakspeare-Verehrer sich etwas davon aussuchten.

Die Engländer haben einen *musikalischen Shakspeare*, ich meine den Purcell. Nichtsdestominder haben wir Deutschen auch noch später als Purcell die *ersten* und *originalsten* Heroen der Tonkunst unter uns aufstehen sehen, einen Händel, Gluck, Haydn, Mozart, Beethoven, Weber – sollten wir in der dramatischen Kunst nicht dasselbe Glück haben können?

Ich schließe, und sollte eine *offene literarische Fehde* über meine Ansichten beginnen, so werde ich den Kampf nicht weigern.

ETWAS ÜBER DEN BRIEFWECHSEL ZWISCHEN SCHILLER UND GOETHE

Etwas über den Briefwechsel zwischen Schiller und Goethe in den Jahren 1794 bis 1805 (6 Teile, Stuttgart und Tübingen, Cotta'sche Buchhandlung) sowie auch einiges über die ebengenannten beiden Dichter selbst und über unsere Zeit.

Von Grabbe*)

Die Guillotine der Revolution steht still, und ihr Beil rostet – mit ihm verrostet vielleicht auch manches Große, und das Gemeine, in der Sicherheit, daß ihm nicht mehr der Kopf abgeschlagen werden kann, erhebt gleich dem Unkraut sein Haupt. Napoleons Schlachtendonner sind gleichfalls verschollen. Seine Feinde denken seiner nicht mehr, weil sie ihn nicht mehr sehen noch hören – Freunde, die ihn kannten, sterben allmählich aus – jugendliche Enthusiasten bewundern wohl seinen Kriegesglanz, von dem ihnen noch einige Augenzeugen zu erzählen wissen, begreifen aber schwerlich seinen Charakter, seine Sendung und seine Zeit.

Mit Napoleons Ende ward es mit der Welt, als wäre sie ein ausgelesenes Buch und wir ständen, aus ihr hinausgeworfen, als die Leser davor und repetierten und überlegten das Geschehene. In succum et sanguinem haben wir es in-

* Obiger Aufsatz wurde, wie ich erweisen kann, vor den letzten Tagen des Juli d. J. geschrieben. Diese Tage rütteln die Welt wieder auf, wenn auch der wohlhabende Mittelstand in seinen Geld- und Erwerbs-Systemen ebenso befangen sein sollte, als 1789 die adligen und geistlichen Kasten, trotz der Wut, mit welcher ihre Mehrzahl anfänglich die Revolution begünstigte, in ihren verjährten Rechts- und Lebensansichten es waren. Immerhin wird vorliegender Aufsatz mit seinen gelegentlichen politischen Bemerkungen doch nicht zu spät kommen. Dann daß seit Belle-Alliance eine Zeit war, wo man der äußeren Erscheinung nach große Abspannung, einige Anspannung, aber wenige Tatkraft gewahrte, ist *historisch*.

des noch nicht vertiert, selbst die historischen Kompendienfabrikanten und Guckkastenzeiger, wozu insbesondere die deutschen Geschichtsschreiber mehr oder weniger gehören, nicht ausgeschlossen. Und was soll man da hoffen? Was wenigstens bei unsren Landsleuten? Eine Rezension, von irgendeinem Laffen zusammengeschrieben, ist ihnen oft mehr wert als das rezensierte Buch, denn – es ist eine Rezension – eine Pflanze lernen sie eher aus Linnés System kennen als in der Natur selbst, denn – sie steht in einem System. Analogisch geht's ihnen grade so bei den Weltbegebenheiten.

Aber so ruhig unsere Zeit scheinen, so ruhig man sie betrachten mag, der nachdenkende Beobachter schaudert doch zuletzt zusammen: unter den Gebildeten (und diese wirken auf die Masse vermöge der vielen Mitteilungsmittel mehr zurück als je) Weltüberdruß allethalben – selbst der Mystiker ist von ihm angesteckt, nur flüchtet er davor nicht in den sinnlichen Wust des Lebens, sondern in seine überirdischen Himmel. Wie wenig Achtung vor den altbürgerlichen und religiösen Institutionen! Wieviel Tausende, welche diese Achtung zu haben glauben, brauchen nur *geprüft* zu werden, um selbst zu fühlen und anderen zu beweisen, daß sie dieselbe nicht besitzen. Wie wenige kennen und schätzen die Bedeutung von König, Staat, Geistlichkeit und Adel? Sogar das nicht historische, das *persönliche* Verdienst wird bloß da respektiert, wo Stimmführer (meistens elender als der Pöbel, den sie leiten) darauf hinweisen oder Geldbesitz ihm die Mittel gibt, sich wichtig zu machen. Alles liegt chaotisch durcheinander, und Zeit ist es, daß der Geist Gottes wieder über den Wassern schwebe. Möglich, daß er schon da ist – manche Brust schlägt hoch auf bei dem Gedanken einer besseren Zukunft. – Die Erdbewohner haben nur *eine* Periode gehabt – die hieß *Rom*, und sie ist wieder in zwei Abschnitte geteilt, in die kriegerische und in die christliche Weltherrschaft, welche letztere aus der ersteren folgte oder doch genau damit zusammenhing.

Eine *andere* Periode ist im Annahen – neue Lebensfrische wird sie um sich verbreiten, aber nach 1800 Jahren werden ihre neuen Institute ebenso veraltet sein wie die, welche wir jetzt alt nennen.

Bei alledem sieht's an vielen Orten des Erdballs noch ziemlich fröhlich oder doch lebendig aus. Und mit Ursache. Von der Vergangenheit haben wir große Erinnerungen, für die Zukunft dunkle Hoffnungen, und die Gegenwart gibt uns, was wir suchen – Genuß.

Was das Volk im Palais Royal, der Padischah in seinem Harem, mancher Fant unter den Linden in Berlin unter Genuß verstehen, sei, wie es sich gebührt, beiseite gestellt. Die *geistigen* Genüsse, künstlerische oder wissenschaftliche, verdienen hier eher Erwähnung. Und wie ist es da? Überall *Dilettantismus*, das heißt: die Sucht, genießen zu wollen und die Sache nur halb zu verstehen. Bei den Wissenschaften fast an jeder Stelle nur Insekten, die sich an den literarischen Resten der großen Männer des achtzehnten Jahrhunderts fett zu zehren und damit dem Haufen zu imponieren versuchen, oder kenntnisreiche Männer, die mit dem reinen Ergebnis ihrer Forschungen nicht zufrieden sind und sich und andere verwirren, indem sie aus Steinen Gold machen wollen, wie z. B. ein Savigny aus dem altrömischen Rechte, ein Creuzer aus der Mythologie, ein Justinus Kerner aus der Medizin, respektive ihre historischen Schulen, Symbolik oder Seherinnen von Prevorst zu deduzieren wissen. Mancher anderen Scienzen, vorzüglich jedoch der Theologie und Philosophie, gar nicht zu gedenken: Die beiden ebengenannten kennt man schon seit 6000 Jahren so genau, daß etwas Neues, ungeachtet aller Qualanstrengungen derjenigen, die nun durchaus einmal *erfinden* wollen, nicht mehr hervorgebracht werden kann.

Die Masse der jetzigen Menschheit, wenigstens der Halbgebildeten in größeren Städten, wendet sich (ihr Essen, Trinken, Betrügen und Betrogenwerden ausgenommen) zu der *Kunst.* Wahre Kunst, es sei welche es wolle, hat mit der

Schönheit gemein, daß jeder, auch ohne Studium, ihre Wirkung fühlt. In unserem Zeitalter sind aber so viel durch Ruhm-, Geld- oder Freß- und Saufsucht entstandene belletristische Kompendien, Journale, Vorlesungen pp. erschienen, daß ein Teil der Leser dadurch verwirrt worden ist, ein anderer Teil sich an der Nase ziehen läßt nach irgendeiner beliebigen Autorität und ein dritter Teil, im halbblinden Vertrauen auf diese Umstände (denn klar erkennen kann er sie nicht) die Marktschreier oder Kunstrichter zu spielen wagt.

Die Losung ist jetzt Musik! Und leider, leider nicht deshalb, daß die musikalischen Enthusiasten die Tiefe dieser Kunst erkannt hätten, sondern weil Musik noch bequemer und leichter als Poesie die Ohren kitzelt.

Auch das möchte man dahingehen lassen, aber ekelhaft (und was ist schlimmer als ekelhaft?) ist es, daß die musikalischen Dilettanten mitsamt dem kunst- und wissenschaftslosen Pöbel nunmehr nicht mehr die Künstler, sondern die Persönlichkeit beachten.

Was die junge oder die alte theatralische Garde in Berlin denkt oder wünscht, wenn sie die Mamsell Sontag erblickt, weiß jeder, der die Leute kennt. Diese eben nicht schöne, ja nicht einmal feurige, aber ziemlich kalt reflektierende Sängerin weiß recht gut ihre feine Koketterie in Blick, Bewegung, Putz und Stimme anzubringen, und solange es dauert, gefällt sie dadurch manchem Narren, der sich leicht in Theaterprinzessinnen verliebt. Signor Paganini, ihr Gegenstück, kokettiert mit dem Publico in anderer Art. Dieser Mensch hat zweifelsohne Genie – er ist aber nichtsdestominder ein musikalischer Scharlatan geworden. Seine Kunststücke auf der G-Saite, ewig und immer die alten, haspelt er in jeder Stadt wieder neu ab, und ein Frankfurter oder Berliner Referent sollte sich schämen, wenn er emphatisch abermals das berichtet, was wir schon längst seit Paganinis erstem Auftreten in Wien wissen. Aber Paganini, der bei seinem ziemlich häßlichen Aussehen nicht die Rolle einer männlichen Sontag (sit venia verbo) spielen kann, hat dafür bei dem Vortrage seiner Kunststücke statt einer *liebenswürdigen* Fratze eine *melancholische* angenommen. Paganinis Melancholie möchte wohl mit den Geldsummen zusammenhängen, die er in England deponiert hat oder deponieren will.

Ist aber alles das nicht in einer Zeit entschuldbar, wo sogar Könige, die keinen Geldzweck haben können, sondern bloß von überspannten Ansichten ihrer poetischen Kraft getäuscht sein müssen, Gedichte herausgeben, welche weder Dichtergenie noch grammatikalische Kenntnis verraten? Der jetzige König von Bayern hat genug Gutes und Großes getan, als daß ihm etwas am Dichterruhme gelegen sein könnte – Er kann gewaltiger und erhabener dichten als irgendein Poet in seinen Staaten; er kann als Herrscher schaffen – Er tut es auch, und dieses Ποιειν ist ein besseres Gedicht als alle die Verse, welche er den so oft flachen, meistens aus persönlichen Gründen lobhudelnden oder schimpfenden Kunstrichtern der Gegenwart oder Nachwelt vorlegt. Friedrich der Einzige und Napoleon ließen ihre schriftstellerischen Werke erst nach dem Tode in die Welt gehen – jetzt scheint aber fast die Zeitung der Revolution, die Dichtung der Tat voraneilen zu wollen.

Alles das ist wieder Schuld der Zeit – sie ist so schlecht, daß sie nach etwas, das ihr besser scheint, als sie selbst ist, unvorsichtig hascht. Die Hoffnung ist bei unseren politischen Weltverhältnissen zu oft getäuscht worden – wer daher von dem Kunstwahnsinn unangesteckt geblieben ist oder dabei einige Muße übrig behalten hat, sich auch bisweilen um ernstere Dinge zu bekümmern, wendet sich zu den Bildern der Vergangenheit. Diese dürfen aber ja nicht großartig geordnet, wie sie uns etwa ein Gibbon darstellt (wieviel Belletristen möchten wohl auch nur Gibbon gelesen haben?), gezeigt werden – das wäre zuviel verlangt. Nein, wir müssen die Geschichte brockenweise genießen, und die Brocken müssen modisch gebacken sein. Da regnet es denn hageldicht Memoiren, dem literarischen Pöbel immer willkommen, wenn sie nur Anekdoten, gleichviel ob wahre, ob unwahre, mitbringen, denn den Weizen aus der Spreu sondern kann solcher Pöbel nicht – da kommen Segursche phantastische Kriegsgeschichten – desgleichen historische Romane à la Walter Scott, in denen die Heroen der Vorzeit schnöde kastriert sind, damit sie in ihrem, in der Laffen Tone etwas dem Leser vorpfeifen können. Endlich finden sich da auch Briefwechsel Verstorbener oder Lebender ein, selbst solche, bei welchen für den Briefsteller und den Briefempfänger nichts wünschenswerter gewesen wäre, als daß man sie ewig unter ihrem Siegel hätte ruhen lassen und nie der Welt zum Skandal mitteilen sollen. Der über seine Klugheit närrisch gewordene Hamann, welchen Goethe vielleicht eben deshalb, weil er ihn nicht versteht, als Philosophen bei uns einschwärzen will, muß jetzt, nach dem Tode, seine Briefe zum Druck hergeben – Lessing, Winckelmann, G. Forster, Jean Paul müssen desgleichen tun. Gut, es findet sich stets in diesen Briefen etwas Interessantes, und klärte es auch nur den Charakter dieser Männer auf. Aber da kommt auch noch der Briefwechsel zwischen Schiller und Goethe, und etwas Unbedeutenderes (man möchte sagen Elenderes) ist seit langem nicht gedruckt.

Die Briefe eines Cicero, eines Plinius geben uns wichtige Aufschlüsse über die Zeit, in der sie geschrieben wurden – die Briefe aus dem Jahrhundert Ludwigs XIV. (von Bussy-Rabutin, von der Sevigné pp.) zeigen einen eleganten Konversationston, eine außerordentliche Feinheit des Stils – die Briefe Friedrichs des Einzigen, mit Voltaire, d'Argens und anderen gewechselt, lassen uns überall Geister erkennen, welche, die alte Zeitlage erkennend, reformierend in das neue Weltalter schritten – aber der Schiller-Goethische Briefwechsel, in sechs Bänden dem Publico vorgelegt, welches vielleicht im Vertrauen auf die Firmen Schiller und Goethe tüchtig loskaufen wird, hat keines der den obigen früheren Briefsammlungen beiwohnenden Interessen, ist weiter nichts als eine Sammlung billettmäßiger Lappalien, wobei anfangs Schiller und Goethe, besonders in ihren staatsbürgerlichen und schriftstellerischen Verhältnissen zueinander, an nichts weniger als deren dereinstige Publikation gedacht haben.

Ex post, nach mehr als 20 Jahren, hat sich jedoch Goethe eines Schlimmeren besonnen. Er selbst hat wahrscheinlich diese Trivialitäten herausgegeben. Sicher glaube ich freilich an ein solches Vergehen gegen Schiller und gegen sich selbst noch nicht recht. Indes – wo kommen die von Schiller an Goethe gerichteten Billette her, wenn letzterer sie nicht zum Druck ausgeliefert hat? Und – ach! – beginnt der sechste Teil nicht mit einer Dedikation an den König von Bayern, nach welcher jeder unseren Dichterliebling (Dichterfürst ist für ihn zuviel) als Herausgeber der qu. Briefsammlung halten muß?

Schiller und Goethe, ihr beiden Heroen am deutschen Dichterhimmel, brauchtet euren Glanz nicht mit den Erbärmlichkeiten eures Privatlebens zu umnebeln – Recht gut, daß man eure Charaktere kennenlernt, aber so manche Elendigkeiten, die wir nicht zu wissen brauchten, dabei! – Auch das mag gut sein, wenigstens bei dem blinden Bewunderer Menschenkenntnis verbreiten – aber war es (gelinde ausgedrückt) klug oder delikat, daß Goethe sie bekanntmachte? Was Schiller oder Goethe künstlerisch oder moralisch sind, weiß der Gebildete auch ohne diese Briefe.

Das literarische Gesindel, welches nichts kann als Nachschreien und Nachbeten, wird nicht ermangeln, auch diesen Briefwechsel zum Himmel zu erheben. Die Berliner Jahrbücher der Literatur, in denen die Rezensionen von den Rezensenten unterzeichnet werden und das im belletristischen Fache sehr überflüssig, da man die darin an hohlen Phrasen sich abwürgenden Menschenkinder schon kennt oder schon nicht achtet, haben in ihrem breiten, nach der Schule schmeckenden Stile bereits nicht versäumt, dies auf

Kosten Schillers zu tun, der immer nur als Schildknappe neben Goethe mitgehen soll. Auch auf Kosten der Wahrheit – Herr Varnhagen von Ense, der mehr Kenntnis, und die ist auch so arg nicht, als Urteil besitzt, hätte sich z.B. recht hüten sollen, Schiller und den jetzigen König von Bayern am Schlusse seiner Kritik in eine poetische Bekanntschaft zu bringen, die nie existiert hat. Andere Journale machen es indes ebenso, und mancher heult mit, weil er muß.

Schmutz ist Schmutz, und kommt er auch aus dem Palaste eines sogenannten Dichterfürsten. Beschenkt dieser die Welt mit Sächelchen, die wie die qu. Briefsammlung oft nichts enthalten als Einladungen zum gemeinsamen Ausfahren, Grüße an die liebe Frau, an Karlchen bisweilen dazu, so schütze uns Gott, wenn etwa Napoleon, der an Kraft, Geist, Charakter und Wirksamkeit etwas mehr als Goethe und Schiller bedeutet, ja auf ihre Dichtungen (Schillers „Wallenstein“, Goethes Werke seit 1813) sichtbaren Einfluß gehabt hat, alle seine Tagsbefehle, freundschaftlichen Billetts, Lizenzzettel pp. ediert hätte. Hält Goethe sich für so wichtig, glaubt, es sei zu seiner und zu Schillers dereinstigen Charakterschilderung so nötig, daß er nach Schillers Tode diese Briefwechselei herausgibt, so hätte er doch den Leser und das Papier mit den Visiten- und Küchen-Charten (denn viele Billette sind nichts weiter) verschonen sollen. Er konnte ja, wenn „Grüße und Einladungen zum Mitspeisen“ so große Bedeutung auf die Bildung und das Wesen zweier Dichter haben, sie nur chronologisch anzeigen – einige hundert Seiten hätte er gespart.

Wer diesen Briefwechsel in das Publikum gegeben hat, ist auch imstande, seine und Schillers abgetragene Hosen lithographieren zu lassen. Goethe irrt sich aber, wenn er etwa glaubt, jeder Leser würde sein Verhältnis zu Schiller so annehmen, wie es hier sich darstellt. Ohne Kontrolle nichts Gewisses in der Welt – Sollte Schiller an dritte Personen so über Goethe geschrieben haben wie an Goethe selbst? Man hat Grund zu zweifeln, selbst nach der behutsamen Körnerschen Biographie vor Schillers Werken. Es wäre dankenswert, wenn noch lebende Freunde Schillers, die mit ihm briefgewechselt haben, nun auch die empfangenen Briefe edierten.

Das Widerlichste der qu. Briefwechselei ist der Anfang des 6. Teils desselben, die Dedikation an den jetzigen König von Bayern. Meine Leser und ich werden sich freuen, wenn dieser Punkt beseitigt ist, darum zuerst einiges über ihn. Man begreift die Verblendung nicht, mit der Goethe dergleichen drucken lassen sollte. Der Besuch, den der Bayerkönig ihm vor einigen Jahren gemacht hat, scheint Se. Weimarische Exzellenz, von deren Vornehmtun schon Bürger zu singen wußte, ganz in eine bayerische verwandelt zu haben. Goethe, der seit mehr als einem halben Jahrhundert von dem Weimarischen Regentenhause unterstützte, beinah verzogene Dichter, entblödet sich nicht, in jener Dedikation dem Könige von Bayern zu sagen, „wie sehr Schiller das Glück, Sr Majestät anzugehören, wäre zu wünschen gewesen und wie durch allerhöchste Gunst Schillers Dasein durchaus erleichtert, häusliche Sorge entfernt, seine Umgebung erweitert“ pp. geworden sein würden. Welch ein Gallimathias von höfischer Kriecherei, Unwahrheit und poetischem Schwulst! Haben Goethes Schmeichler ihn so angesteckt, daß er selbst einer wird?

Ich will davon absehen, daß es zweifelhaft bleibt, ob der mit Recht für die Finanzen seines Landes sorgende König von Bayern Schiller in das von Goethe geträumte Utopien befördert hätte, denn nach dem Tode Schillers läßt sich leicht *sagen*, aber nicht mehr *tun*, man würde ihn bei seinem Leben gern glücklicher gemacht haben, als er war. Dann weiß ich außer dem Herrn Eduard von Schenk keinen Dichter, der vom König begünstigt scheinen könnte, und von Schenk wird diese Gunst mehr seiner Tüchtigkeit als Staatsdiener oder Lebemann, schwerlich seinem dichterischen Klingklang verdanken. Graf Platen *soll* von dem Könige jährlich 600 Fl. erhalten – davon wird er aber in seinem Rom keinen Falerner trinken können.

Aber womit kann Goethe beweisen, Schiller habe so in häuslicher Sorge und drückendem Dasein gelebt, daß es für ihn ein *Glück* gewesen wäre, wenn er dem Könige von Bayern angehört und dieser sein Dasein erleichtert hätte? Grade der Briefwechsel beweist das Gegenteil, und auch ohne denselben wußte der Unterrichtete es besser. Bedeutendes Vermögen, enorme Einkünfte hatte Schiller nicht, aber siehe den Briefwechsel: Glücklich, ohne Geschäftssorgen konnte er durch die Gnade seines Herzoges leben, konnte, ungeachtet er Professor in Jena war und dort seine Funktionen hätte verrichten müssen, nach Belieben in seinem Garten daselbst oder in Weimar wohnen und dichten. Goethe mißt, so ausgeschrien seine angebliche Objektivität ist, hier mit einem subjektivem Maßstabe: *Er* war seit seiner frühesten Jugend an ein mehreres gewöhnt, als Schiller je besaß.

Und was heißt es, der König würde Schillers Umgebung erweitert haben? Vielleicht, daß er ihn statt in Jena oder Weimar in München oder Rom (von letzterem soll der König in dieser Beziehung gesprochen haben), als zwei größeren Städten, plazierte? Ich denke, Schiller hätte solche Anerbietungen so gut abgelehnt als seine bekannte Berufung nach Berlin. Nicht auf die Größe der Städte, auf die Geister, welche darin hausen, kommt es an. München wird schwerlich und Rom wird kaum einen Kreis von Geistern wie Herzog Karl August und Amalia, wie Wieland, Herder, Goethe selbst, Fichte, Schelling (den jetzt München als Bruchstück aus dieser Versammlung besitzt), die beiden Humboldts wieder vereinigen können. Die Unterhaltung mit ihnen war einem Schiller sicherlich werter als jede sonstige äußerliche Erweiterung seiner Umgebung. Dieses Erweitern scheint einer von den vagen Ausdrücken zu sein, deren sich Goethe so häufig bedient, wenn er nicht weiß, was er zu sagen hat oder sagen will, z.B. wunderlich, behaglich usw., so wie

Lage gedieh, die Brust auch nicht allzu stark zerrissen haben. Er studierte mehr, um den einmal nötigen akademischen Kursus zu machen, als sich zum Broterwerbe vorzubereiten. Sein „Götz von Berlichingen“ brachte ihm Ruf. „Werther“ gleichfalls. Der Herzog von Weimar stellte ihn an und ließ ihm auch im Staatsdienst ziemlich freien Lauf. Goethe reisete oft und wohin er wollte.

In Goethes langem Leben wäre also beinahe nichts, was ihn zur Poesie, einer Tochter des Schmerzes, hätte aufregen können, wenn er nicht, wie er selbst verraten hat, in der Jugend eine Brustwunde empfing, aus der bei so manchem Jamben, Hexameter pp. getröpfelt sind: die Liebe. Es war aber nicht die ideale Liebe Dantes noch dessen Patriotismus. Auch hatte sie schwerlich etwas gemein mit der zu frühen Ehe Shakespeares, welcher sehr jung eine weit ältere und wahrscheinlich eben nicht unübel geformte Frau heiratete und grade dadurch nach einigen Jahren zu seiner oft etwas beschränkten, aber doch möglichst *ruhigen* Weltanschauung kam. Goethe hat nach seiner Wahrheit und Dichtung ein nettes, vermutlich armes, bürgerliches Mädchen, Gretchen, geliebt und diese Liebe wohl ziemlich kultiviert. Seine wohlhabenden, spießbürgerlichen Eltern haben ihm aber, wie es scheint, nicht erlaubt, seine Leiden oder Versehen durch die Ehe zu mildern. Der Sohn fand freilich bald nachher in Kunst und Leben Abwechslungen – aber alte Liebe rostet nicht, auch nicht bei dem angeblich so objektiven Goethe. Fast alle Mädchen und Damen, die er geschildert hat, haben etwas von dem Gretchen aus seiner Wahrheit und Dichtung. Margaretha im „Faust“, Klärchen im „Egmont“, Mariane in den „Geschwistern“, die Spinnerin in dem nach ihr benannten Gedichte sind dieselben Personen. Lotte im „Werther“, Mariane und Mignon im „Meister“, Leonore im „Tasso“, Eugenie in der „Natürlichen Tochter“ pp. sind, wie das einem gebildeten Dichter sehr leicht war, in Sprache und äußerer Erscheinung zwar etwas anders ausstaffiert worden als das Normal-Gretchen – aber den Grundton haben sie doch von dem lieben Kinde. Iphigenia in Tauris, die Prinzessin im „Tasso“ und Philine im „Meister“ entfernen sich am meisten davon – aber bis auf die Philine, welche nur die Sinnlichkeit Goethischer Gretchen besitzt, sind sie dafür auch ziemlich verzerrte Gestalten geworden: Iphigenia eine ganz ungriechische, sentimentale Priesterin, halb in Pylades verliebt, Tassos Prinzessin eine geist- und sentenzenreiche Schwätzerin, an einem Teetische recht unterhaltend. Daß Goethe bei einem Talente, wie das seinige ist, dennoch hier und da, außer Hauptfiguren wie die genannten, weibliche Nebenfiguren etwas anders zu markieren wußte, fällt nur einem Kopfe auf, der nichts machen kann.

Mit seinen Helden, Männern, lustigen Burschen geht es Goethe wie mit seinen Damen – sind die meistens ein Gretchen, so sind die Herren meistens *er* selbst. Es sind begabte Menschen, richtig gezeichnet, dafür jedoch auch einer wie der andere schwach, auch gutmütig, solange sie keinen Grund haben, ärgerlich zu sein, höchstens mit einem Anklange von Wehmut dabei. Diesen Anklang wissen sie aber immer bald zu vertreiben: Egmont streicht sich über die Stirn, und fort ist alles, Faust vergißt sein dämonisches Wesen bei Liebeständeleien und Blocksbergsspektakeln. Werther, Götz, Wilhelm Meister, Söller etc., sind es nicht Leute nach demselben Modell? Orest und Tasso dazu, nur schwatzt letzterer etwas mehr als die anderen.

Dennoch bleibt im Munde seiner Kritikaster Goethe noch stets objektiver als Schiller.

Nur in den kleineren lyrischen und erzählenden Gedichten Goethes möchte diese größere Objektivität stattfinden. Diese Gedichte entstanden bei ihm aus augenblicklichem Gefühl. Sobald er aber selbst in diesem Fache größere Kompositionen versucht, wie etwa die „Braut von Korinth“, wird er matt, verrät angestrengte und doch nicht tiefe Überlegung und steht seinem großen Nebenbuhler weit nach. Da möchte denn doch mancher auch hier Schillers gedrängte

Gedankenreihe, geistvolle Auffassung, dramatische Berechnung und herrliche Sprache, deren Klänge schon an sich, fast so wie die Bibelübersetzung von Luther, das Herz erheben, den Goethischen Versuchen vorziehen.

Schiller hatte einen ganz anderen inneren und äußeren Lebenslauf als Goethe. Niederen Standes, in die Stuttgarter Militärschule gezwängt, um von da aus die Brotkarriere zu machen, erschuf er, um seine vom bürgerlichen Lebensverhältnis gedrückte Brust zu lüften, die „Räuber". Nachher verliebte er sich, und außer tiefgefühltem Schmerz schafft nichts mehr als Liebe (einerlei, ob unglücklich oder glücklich) den Poeten – aber er *genoß* in seiner Jugend der Liebe nicht, wie Goethe vermutlich getan. Herr Buchhändler Schwan in Mannheim hielt es für rätlich, dem jungen unbemittelten, bloß von seinem Geiste zehrenden Mann die Hand seiner Tochter Laura zu verweigern. So erreichte er das Mannesalter, ohne äußeres Glück gekannt zu haben. Er mußte sich in sich selbst zurückziehen und mit Idealen begnügen. Doch ein Geist wie der seinige, zwar übervoll von Gedanken, tüchtige und phantastische durcheinander, aber auch im Drama unaufhörlich mit der Darstellung der realen Welt beschäftigt, merkte bald, daß poetische Gebilde nicht bloß Gedanken sein, sondern auch Form und Körper haben wollen. Und da strebte er denn mit der ihm eigentümlichen Kraft, die Welt, das Leben und den Menschen aus Erfahrung und Geschichte kennenzulernen, und daß er mehr und mehr diese Kenntnis errang, bezeugen seit dem „Wallenstein" alle seine großen Werke. Er wird mit Ausnahme der „Braut von Messina" (die vielleicht viele Anklänge früherer Zeit und früheren Naturells ausspricht und ihm dadurch für stets die Brust lüftete) immer wahrer, objektiver und in Naturschilderungen ebenso trefflich als Goethe. Man lese nur den „Tell" und das Fragment vom „Demetrius".

Schillers Geist und Fleiß hatten am Ende seiner Laufbahn das *erobert*, was Goethes Talent und Glück bei dem

Anfang der Goethischen *besaßen.* Schiller begann mit einer „Semele“ und schloß mit einem „Tell“, Goethe begann mit dem „Werther“ und dem „Götz von Berlichingen“ und schloß mit der „Natürlichen Tochter“ und den „Wahlverwandtschaften“. Die Belletristen mögen über den Unterschied dieses verschiedenartigen Endes urteilen. Was Goethe *seit* den „Wahlverwandtschaften“ und der „Natürlichen Tochter“ geliefert hat, verdient nur, daß seine Lobhudler in berüchtigter Art es loben. Darum erwähn ich es nicht.

ANMERKUNGEN

Don Juan und Faust

Grabbe hat einige Szenen dieser Tragödie schon im März 1823 vorgelesen. Die Grundkonzeption des Stückes lag damals wohl schon fest. Mit der endgültigen Ausarbeitung begann der Autor aber erst 1827, als ihm Kettembeil sichere Publikationsmöglichkeiten eröffnete. Im März 1828 kündigte Grabbe die Fertigstellung der Tragödie für den „Mittensommer" an: „... sie ist der Schlußstein meines bisherigen Ideenkreises." Das Manuskript war aber erst am 30. August 1828 in den Händen des Verlegers. Der Druck des Stükkes erfolgte im nächsten Jahr, in dem auch die Uraufführung am Hoftheater Detmold stattfand. Sie soll ein Erfolg gewesen sein; dennoch wurde das Stück nach einer Vorstellung abgesetzt. – Grabbe äußerte sich späterhin ziemlich verächtlich über sein Stück. Wohl im Juni 1835 schrieb er: „Mein Faust und Don Juan ist nur 'ne dumme Vorarbeit." Derartige Äußerungen Grabbes waren aber wohl weniger Selbstkritiken früherer als Ankündigungen künftiger Leistungen.

7 *spanischer Platz* – Im Norden der Innenstadt Roms gelegener Platz.
Albas Berge – Gemeint ist wohl das Albanergebirge südöstlich von Rom.
10 *Sbirre* – (ital.) Polizeidiener in Italien.
12 *Guadiana* – Einer der fünf Hauptflüsse Spaniens, der streckenweise die Grenze zu Portugal bildet.
13 *Aventin* – Einer der sieben Hügel Roms.
18 *„Ein Käfer auf dem Zaune saß ..."* – „Romanze von der Fliege oder Käfer-Hochzeit", altes deutsches Volkslied.
21 *Và banc* – Hier: auf's Spiel gesetzt.
24 *Alarich* – Der Westgotenkönig Alarich (um 370–410) hatte im Jahre 410 Rom erobert.
Karl – Karl.I. (742–814), seit 768 König der Franken, ließ sich in Rom zum Kaiser krönen.
26 *Efeu von gestern* – Gemeint ist: Unsterblichkeit von gestern.
42 *Lethe* – Mythischer Quell, aus dem die Seelen der Verstorbenen Vergessenheit tranken.

75 *Lauwine* – Ältere Form von Lawine.
86 *Scipionen* – Römisches Patriziergeschlecht.
109 *Ölberge ... Zions Stadt* – Der Ölberg bei Jerusalem soll die Stätte der Himmelfahrt Jesu gewesen sein.
113 *dieser Stein ein böhmischer* – Als böhmische Steine wurden die in Böhmen gefertigten gläsernen Schmucksteine bezeichnet.
115 *Scävola* – Nach einer römischen Sage soll Gaius Mucius Scaevola zum Zeichen seiner Furchtlosigkeit die rechte Hand über einem glühenden Kohlenbecken verbrannt haben.

Napoleon oder Die hundert Tage

Seit 1824 hat Grabbe mit großer Intensität Napoleon-Literatur gelesen. Aber noch Ende 1827 machte er sich über die „Napoleono-Manie" seiner Zeitgenossen lustig. Sein Brief vom 2. August 1829 an Friedrich Steinmann gibt dann den ersten sicheren Anhaltspunkt dafür, daß er an einem Napoleon-Drama arbeitete. Grabbe erwähnte dabei seine schwierigen Schaffensbedingungen – „Bauern, Prozesse, Untersuchungen und die unseligste, unruhigste Natur, die mich keine zwei Stunden des Tages arbeiten läßt" –, dachte aber daran, schon im November des Jahres die Arbeit abschließen zu können. Doch erst im Dezember teilte er seinem Verleger mit: „Napoleon schon im Gange." Im April 1830 kündigte er dann die Beendigung des Stückes für Ende Juli an. Am 14. Juli hieß es: „Napoleon ist nunmehr in der letzten Szene", und am 4. August: „Napoleon ist fertig", aber mit dem Zusatz: „wird von mir selbst corrigendo, supplendo etc. abgeschrieben". Am 2. Oktober beruhigte er seinen Verleger Kettembeil: „‚Napoleon' schreibe und schreibe ich ab; jeden Tag mehrere Bogen, aber bei der Gelegenheit wächst er wieder, und der Stoff ist ... riesenartig." Im Dezember 1830 begann er das Manuskript nach und nach an Kettembeil zu schicken, am 15. Januar 1831 teilte er mit: „Mein ‚Napoleon' ist in vollem Druck", und am 25. Februar konnte er endlich befriedigt feststellen: „Da der ‚Napoleon' ganz." Am 11. April hatte er das fertige Exemplar in der Hand: „Der Druck ist schön, und ich bin im ganzen damit sehr zufrieden."

Der Erstdruck erschien unter dem Titel: „Napoleon oder Die hundert Tage. Ein Drama in fünf Aufzügen von Grabbe" in Frankfurt am Main 1831. Die Uraufführung des Stückes erfolgte 1895 ebenfalls in Frankfurt am Main; doch schon 1868 hatte es in Wien eine Aufführung eines „Napoleon"-Dramas gegeben, zu der Grabbe-Texte und Teile eines Napoleon-Stückes von Dumas verwendet worden waren. Die zahlreichen Quellen von Grabbes „Napoleon" sind in einer Untersuchung von Alfred Bergmann „Quellen des Grabbeschen ‚Napoleon'", Detmold 1969 (18. Jahresgabe der Grabbe-Gesellschaft) erfaßt. Bei der Darstellung der geschichtlichen Vorgänge hielt sich Grabbe relativ eng an die historiographische Überlieferung.

118 *Vorwort* – Dieses Vorwort wurde vom Verleger abgelehnt. Stattdessen ist auf Wunsch Grabbes dem Druck eine „Nachträgliche Anzeige der Verlagshandlung" beigefügt worden, in der u. a. die Mitteilung enthalten ist, daß Mitte 1830 das Drama „in der Hand des Verfassers vollendet war".
ex post – (lat.) im nachhinein.
119 *Palais Royal* – Ein gegenüber dem Louvre stehender Palast, dessen Garten im 18. Jahrhundert mit Verkaufs- und Vergnügungsstätten unterschiedlicher Art umgeben wurde.
Savoyardenknabe – Aus Savoyen kamen zu Beginn des 19. Jahrhunderts viele Fahrende, die sich mit Handel und durch Schaustellereien ihr Brot verdienten.
Kolbe – die Kolbe: ältere Form von „der Kolben".
Vater Veilchen – Codename der bonapartistischen Verschwörer für Napoleon.
der Ersehnte – Beiname der Royalisten für Ludwig XVIII.
Dronten – Unbeholfene Taubenvögel, die heute ausgestorben sind.
120 *Bourbon bei Madagaskar* – Insel im Indischen Ozean.
Monsieur – Bezeichnung für den ältesten Bruder des Königs, hier der Graf von Artois und spätere König Karl X. (1757–1836).
der Herzog von Angoulême – Louis Antoine de Bourbon, Herzog von Angoulême (1775–1844), Sohn König Karls X., heiratete die Tochter Ludwigs XVI. und der Marie Antoinette; vgl. die dritte Anm. zu S. 127.
Herzog von Berry – Charles Ferdinand Herzog von Berry (1778–1820), Sohn König Karls X.
Linné – Carl von Linné (1707–1778), schwedischer Naturforscher, Begründer der systematischen Botanik.
Simia silvanus – (lat.) verballhornte Bezeichnung für Waldaffe.
Tuilerien – In der Restaurationszeit die Hauptresidenz der französischen Könige.
121 *Bonbons* – Hier für Bourbons.
La marmotte – (franz.) Das Murmeltier.
Schlacht an der Moskwa – Schlacht bei Borodino 1812.
122 *Kutusow* – Michail Ilarionowitsch Kutusow (1745–1813), Fürst von Smolensk, russischer Feldmarschall.

122 *Übergang über die Beresina* – Flußüberquerung bei der Flucht der französischen Truppen aus Rußland, die viele Opfer forderte.

123 *Flügelhorn* – Bei der Infanterie gebräuchliches Signalinstrument.

unter dem Galgen – Napoleon hat am 16. Oktober 1813 vom Galgenberge, einem Hügel bei Leipzig, die Truppenbewegungen beobachtet.

124 *von den Pyramiden her* – Napoleon hatte am 21. Juli 1798 über den Mameluken Bey Murad gesiegt; am 25. Juli waren die Franzosen in Kairo einmarschiert.

St. Domingo – Auf St. Domingo, dem westlichen Teil von Haïti, kämpften 1801 bis 1803 französische Truppen gegen den Aufstand der Farbigen unter Toussaint l'Ouverture (1743–1803).

Cattaro – Heute Kotor, Adria-Stadt, gehörte von 1810 bis 1814 zu Französisch-Illyrien.

Montereau – Stadt in Frankreich; hier fand eine Schlacht zwischen den Franzosen unter Napoleon und den Alliierten unter dem Kronprinzen von Württemberg am 18. Februar 1814 statt.

Augereau – Pierre François Charles Augereau, Herzog von Castiglione, Marschall von Frankreich (1757–1816), hatte sich Ludwig XVIII. unterworfen.

Marmont – Auguste Frédéric Louis Viesse de Marmont, Herzog von Ragusa, Marschall von Frankreich (1774–1852), galt bei den Bonapartisten als Verräter an der Sache Napoleons.

126 *Marengo* – Dorf in Italien; hier errang Napoleon 1800 einen für seine politische Karriere entscheidenden Sieg über die Österreicher.

Austerlitz – Stadt in Mähren; in der sogenannten Dreikaiserschlacht 1805 errang Napoleon einen Sieg über die Österreicher und Russen.

Borodino – Vgl. die dritte Anm. zu S. 121.

127 *Dames d'atour* – (franz.) Hofdamen.

Taburett – Vierfüßiger Hocker ohne Arm- und Rückenlehne.

Marie Antoinette – Gattin Ludwigs XVI. (1755–1793), seit 1774 Königin von Frankreich, Tochter der Kaiserin Maria Theresia.

128 *Blacas d'Aulps* – Pierre Louis Blacas (1771–1839), einer der engsten Berater Ludwigs XVIII.

129 *Enghien* – Louis Antoine Henri von Bourbon, Herzog von Enghien (1772–1804), wurde auf Befehl Napoleons verhaftet und am 20. März 1804 in Vincennes standrechtlich erschossen.

Camille Desmoulins – Benoit Camille Desmoulins (1760–1794), einer der Führer der Französischen Revolution, der gemeinsam mit Danton guillotiniert wurde.

129 *Necker* – Jacques Necker (1732–1804), seine Entlassung als Finanzminister löste 1789 den Aufstand in Paris aus.
Bartholomäusnacht – In der Nacht zum 24. August (Bartholomäustag) 1572 wurden in Paris die Hugenotten niedergemetzelt.

130 *Hérault de Séchelles* – Jean Marie Hérault de Séchelles (1760–1794), führender Revolutionär, wurde vor das Revolutionstribunal gestellt und guillotiniert.
Nationalgüter – Während der Revolution konfisziertes Eigentum des Adels, des Klerus und der Emigranten.

131 *d'Ambray* – Charles Henry Vicomte d'Ambray (1760–1829), hatte unter Ludwig XVIII. als Kanzler von Frankreich das Amt des Siegelbewahrers.

132 *Trident* – Dreizack, Symbol der Seeherrschaft.
„Moniteur" – 1800 von Napoleon zum Amtsblatt der Regierung gemachte Pariser Zeitung.
Pompadour – Jeanette Antonia Poisson, Marquise de Pompadour (1721–1764), hatte als Mätresse Ludwigs XV. großen Einfluß auf die Regierungsgeschäfte in Frankreich.

133 *Herzog von Orléans* – Später Louis Philipp XIX. (1773–1850), wurde nach der Julirevolution 1830 als Bürgerkönig ausgerufen. Sein Vater war der Herzog Ludwig Philipp Joseph von Chartres, späterer Herzog von Orléans (1747–1793), der sich während der Revolution den Namen Philipp Egalité beigelegt hatte, in den Jakobinerklub eingetreten war, für den Tod Ludwigs XVI. gestimmt hatte, dann aber selbst guillotiniert wurde.
Dreikaiserschlacht bei Dresden – Die Schlacht fand im August 1813 statt und endete mit dem Rückzug der verbündeten Heere Preußens, Österreichs und Rußlands.

134 *Heinrich der Vierte* – Erster französischer König aus dem Hause Bourbon (1553–1610), regierte von 1589 an.
Coup – (franz.) Anschlag; hier: Versuch zu beeindrucken.
Quiberon – Auf der Halbinsel Quiberon an der Westküste Frankreichs waren 1795 französische Emigranten gelandet, die von den Revolutionstruppen vernichtend geschlagen wurden.

135 *Dom der Invaliden* – Gemeint ist das Hôtel des Invalides, das zur Versorgung der Kriegsversehrten bestimmt war.

136 *Lilien* – Wahrzeichen des bourbonischen Königshauses.
weiße Kokarden – Die Kokarde, eine Bandschleife in Form einer Rosette, wurde als politisches Erkennungszeichen getragen; weiß war die Farbe des Königtums.

139 *Nef* – Vergoldeter Tafelaufsatz in Form eines Schiffs, in dem traditionsgemäß das Besteck des Königs aufbewahrt wurde.

140 *Hartwell* – Ort im englischen Buckinghamshire, Ludwig XVIII. lebte dort von 1807 bis 1814.
Tempel – Der Templerturm, ursprünglich Teil eines Ordenshauses der Tempelritter, war in der Revolutionszeit das Gefängnis von Ludwig XVI. und seiner Familie.

141 *eine Capet* – Die Bourbonen waren eine Seitenlinie der Capetinger; auf Grund dessen erhielt Ludwig XVI. nach seiner Entthronung den bürgerlichen Namen Ludwig Capet.
Bluthochzeit – Bei Gelegenheit der Hochzeit Heinrichs IV. mit Margarete von Valois wurden in der Bartholomäusnacht 1572 viele der zahlreich in Paris anwesenden Hugenotten hingemetzelt.

143 *Montmorency* – Altes französisches Adelsgeschlecht.

144 *Vincennes* – Östlich von Paris gelegenes Schloß, das lange Zeit als Staatsgefängnis gebraucht wurde.

146 *Code Napoléon* – Bezeichnung für das unter der Herrschaft Napoleons in Frankreich eingeführte Zivilgesetzbuch.
Assignate – Französisches Papiergeld, das 1790 zur Deckung der Nationalschuld eingeführt wurde und in der Folgezeit immer mehr an Wert verlor.

147 *St. Lucie* – Insel der Kleinen Antillen.
Talleyrand – Charles Maurice Prinz von Talleyrand-Périgord (1754–1838), Mitglied der Nationalversammlung von 1789, später Außenminister und diplomatischer Ratgeber Napoleons und Ludwigs XVIII.

148 *Porto Ferrajo* – Hauptstadt Elbas.
Bertrand – Henri Gratien Graf Bertrand (1773–1844), Generaladjutant Napoleons, folgte ihm schließlich auch nach St. Helena.

149 *Schwiegervater* – Franz I. (1768–1835), 1804–1835 Kaiser von Österreich, als Franz II. 1792–1806 römisch-deutscher Kaiser; mit dessen Tochter Marie Luise (1791–1847) hatte sich Napoleon 1810 verheiratet.

150 *Rußlands Alexander* – Alexander I. (1777–1825), seit 1801 Kaiser von Rußland, schloß 1807 in Tilsit einen für ihn demütigenden Frieden mit Napoleon.
die schönste Rose – Anspielung auf Luise (1776–1810), seit 1793 mit dem späteren preußischen König Friedrich Wilhelm III. verheiratet.
Pichegru – General Charles Pichegru (1761–1804), ein Gegner Napoleons, wurde im Gefängnis erdrosselt aufgefunden.
Moreau – Der General Jean Victor Moreau (1763–1813), ein politischer Gegner Napoleons, starb an den Folgen einer Kriegsverletzung.

151 *Ultras* – Ultra-Royalisten wurde die reaktionärste politische Gruppierung in Frankreich unter Ludwig XVIII. genannt.

Champeaubert – Dorf in Frankreich; hier siegten 1814 die Franzosen über ein russisches Truppenkontingent.

152 *Fouché* – Joseph Fouché (1763–1820), Herzog von Otranto, Polizeiminister Napoleons, gründete die Geheimpolizei.

Mir zahlen sie meine Gelder nicht – Nach Napoleons Abdankung war Frankreich durch einen geheimen Vertrag zur jährlichen Zahlung von sechs Millionen Franken Pension verpflichtet; diese Summe wurde seit Anfang 1815 nicht mehr ausgezahlt.

153 *Prinz von Masseriano* – Forderte angeblich Elba als sein Eigentum zurück. Der Anspruch wurde in Wirklichkeit von Luigi Maria Boncompagni, Fürst von Piombino, Grand von Spanien (1767–1841), gestellt.

154 *St. Denis* – Stadt nördlich von Paris, deren Kirche die traditionelle Grabstätte der französischen Herrscher war.

der König von Neapel – Joachim Murat (1767–1815), Schwager Napoleons, wurde 1808 als König beider Sizilien proklamiert und 1815 nach Urteil eines Kriegsgerichtes erschossen.

Bernadotte – Jean Baptiste Bernadotte (1763–1844), ehemaliger General Napoleons, war als Kronprinz Schwedens der eigentliche Regent dieses Landes und führte im Kriege 1813/14 ein schwedisches Heer gegen Napoleon.

Cambronne – Pierre Jacques Etienne Graf von Cambronne (1770–1842), stieg in der Armee Napoleons bis zum Generalleutnant auf.

Brigg – Kleiner, schneller Zweimaster.

155 *Reveille* – Signal zum Wecken der Truppen.

Campbell – Sir N. Campbell (1770–1827), englischer Oberst, während Napoleons Aufenthalt auf Elba mit dessen militärischer Überwachung beauftragt.

Amphitrite – Nach der griechischen Mythologie als Gemahlin des Poseidon Göttin des Meeres.

Frejus – In der Nähe dieser französischen Stadt am Mittelmeer landete Napoleon, als er 1799 von seinem ägyptischen Feldzuge zurückkehrte, und von hier aus schiffte er sich 1814 nach Elba ein.

156 *Jardin des Plantes* – (franz.) Botanischer Garten.

Buffon – George Louis Leclerc, Graf von Buffon (1707–1788), berühmter Botaniker, lange Zeit Intendant des Pariser Botanischen Gartens.

Ça ira – (franz.) So wird es sein. Anfang eines französischen Revolutionsliedes von 1789; vgl. die Anm. zu S. 183.

Phalaris canariensis – (lat.) Kanariengras.

158 *Linné* – Vgl. die fünfte Anm. zu S. 120.
159 *Madame* – Gemeint ist die Herzogin von Angoulême; vgl. die dritte Anm. zu S. 120.
161 *Carnot* – Lazare Nicolas Marguerite Graf Carnot (1753–1823), ein überzeugter Republikaner, während der hundert Tage zum Minister des Inneren von Napoleon ernannt.
164 *Marquis von Brandenburg* – Abschätzige Benennung des Königs von Preußen.
Wir hatten Dauphinen – 1747 wurde Marie Josephe, die Tochter Friedrich Augusts II., des Kurfürsten von Sachsen, mit dem Dauphin Ludwig, dem Vater Ludwigs XVI., verheiratet.
167 *Jury* – Geschworenen-Kollegium.
Eylau – Bei dieser ostpreußischen Kleinstadt fanden 1807 heftige Kämpfe statt.
Telegraph – Gemeint ist die von den Gebrüdern Chappe 1789–1792 entwickelte optische Nachrichtenübermittlung.
170 *St. Cloud* – Stadt in der Nähe von Versailles; hier stürzte Napoleon das Direktorium und verkündete 1804 das Kaisertum.
173 *Grèveplatz* – Stätte der öffentlichen Hinrichtungen in Paris.
175 *Mouchard* – Polizeispitzel.
Wohlfahrtsausschuß – Der Wohlfahrtsausschuß war vom März 1793 bis zum August 1794 die oberste Regierungsbehörde in Frankreich.
176 *Valois* – Angehörige des Hauses Valois regierten von 1328 bis 1589 als Könige von Frankreich.
177 *Assise* – Gericht.
St. Martin – Stadtteil von Paris.
182 *Fontainebleau* – Stadt südöstlich von Paris mit einem berühmten Schloß.
183 *Ah! ça ira, ça ira …* – (franz.) So wird es sein, gemäß den Maximen des Evangeliums, so wird es sein, alles wird sich erfüllen, wie es der Gesetzgeber festgelegt hat. So wird es sein, wer sich erhebt, den wird man erniedrigen, wer sich erniedrigt, den wird man erheben, so wird es sein. Das bewaffnete Volk wird immer auf der Hut sein, der Klerus bedauert das Eigentum, das er hat, so wird es sein, die Nation wird durch Gerechtigkeit bestehen, so wird es sein. Pierrot und Margot singen, wie es in den Schenken üblich ist, so wird es sein, freuen wir uns, die guten Zeiten kommen, so wird es sein.
184 *Ohnehosen* – Die Angehörigen der unteren Schichten und die radikalen Revolutionäre wurden Sansculotten genannt, weil sie keine Culotten (Kniehosen), sondern lange Hosen trugen.
185 *Göttin der Vernunft* – Statt des Gottesdienstes war 1794 ein Kultus der Vernunft eingeführt worden.

188 *Milhaud* – Jean Baptiste Graf Milhaud (1766–1833), Reitergeneral.

191 *Hortense* – Hortense Eugenie Beauharnais (1783–1837), Stieftochter Napoleons und zeitweise Gattin von dessen Bruder Ludwig.

192 *s'il est un temps ...* – (franz.) Wenn es eine Zeit für die Tollheit ist, ist es eine Zeit für die Vernunft.

der König von Rom – Kaiserin Marie Luise lebte mit ihrem Sohn Napoleon Franz Joseph Karl (1811–1832), der bei seiner Geburt den Titel eines Königs von Rom erhalten hatte, auf Schloß Schönbrunn bei Wien.

193 *Vendée* – Die Bevölkerung der Vendée, eines Küstenstriches im westlichen Frankreich, war in ihrer Mehrheit traditionell royalistisch.

Travot – Jean Pierre Baron Travot (1767–1836), General-Adjutant unter Napoleon.

April von 1814 – Am 11. April 1814 hatte Napoleon abgedankt.

194 *Gilly* – Jacques Laurent Graf Gilly (1769–1829), General unter Napoleon.

195 *Orlog* – Hier: Kriegsschiff.

St. James – Gemeint ist der englische Hof.

196 *Teiler von Polen* – Preußen, Rußland und Österreich hatten 1795 die dritte Teilung Polens vorgenommen.

197 *Verteidigung von Antwerpen* – Carnot hatte 1814 Antwerpen gegen die Engländer verteidigt.

198 *Zusatzakte* – Der „Acte additionel", der die französische Verfassung liberalisierte, stammte von dem Schriftsteller und Politiker Benjamin Constant (1767–1830) und wurde im April 1815 veröffentlicht.

Davoust – Louis Nicolas Davoust, Herzog von Auerstädt, Fürst von Eggmühl (1770–1823), seit Napoleons Thronbesteigung Marschall von Frankreich.

200 *Josephine* – Kaiserin Josephine (1763–1814), Napoleons erste Gemahlin, Hortenses Mutter, von der sich der Kaiser 1809 hatte scheiden lassen, war 1814 gestorben.

Berthier – Alexandre Berthier, Fürst und Herzog von Neuchâtel und Valangin, Fürst von Wagram (1753–1815), war lange Zeit Generalstabschef und Freund Napoleons.

Duroc – Michel Duroc, Herzog von Friaul (1772–1813), enger Vertrauter des Kaisers, war bei Bautzen gefallen.

Bessières – Jean Baptiste Bessières, Herzog von Istrien (1768–1813), war in Deutschland gefallen.

Junot – Andoche Junot, Herzog von Abrantes (1771–1813), setzte in Rußland seinem Leben selbst ein Ende.

231 *Graf Vandamme* – Dominique Josephe Vandamme (1771 bis 1830), Graf von Hüneburg, war 1815 Führer eines französischen Infanteriekorps.

Gérard – Etienne Maurice Graf Gérard (1773–1852), napoleonischer General.

enfilieren – einfädeln, beginnen.

232 *Erlon* – Jean Baptiste Drouet, Graf von Erlon (1765–1844), napoleonischer General.

debandieren – auflösen.

233 *Pajol* – Claude Pierre Graf von Pajol (1772–1844), napoleonischer General.

234 *Grouchy* – Emanuel Graf von Grouchy (1766–1847), Marschall von Frankreich.

235 *Herzog von Braunschweig* – Friedrich Wilhelm, Herzog von Braunschweig (1771–1815), der jüngste Sohn des 1806 bei Auerstedt tödlich verwundeten Herzogs Karl Wilhelm Ferdinand.

236 *ältester Junge* – Karl Friedrich August Wilhelm (1804–1873), Sohn des Herzogs Friedrich Wilhelm von Braunschweig.

Jourdan – Jean Baptiste Graf Jourdan (1762–1833), war in Spanien Generalstabschef König Josephs und insofern der militärische Opponent des Herzogs von Wellington.

237 *Picton* – Thomas Picton (1758–1815), englischer General, Divisionskommandeur in der Schlacht bei Waterloo.

Prinz von Oranien – Wilhelm II., Friedrich Georg Ludwig (1792–1849), nach 1840 König der Niederlande, Korpskommandeur in der Schlacht bei Waterloo.

Corunna und Vlissingen – Im Jahr 1809 Orte heftiger Kämpfe zwischen englischen und französischen Truppen.

238 *Salamanca* – Hier siegte Wellington 1812 über die Franzosen.

239 *Herr von Ciudad Rodrigo* – Die spanische Stadt, die Marschall Ney 1810 besetzt hatte, war 1812 von Wellington wieder erobert worden, der dafür zum Herzog von Ciudad erhoben wurde.

240 *Sauvegarde* – (franz.) Schutzwache.

242 *Kantonnements* – Einquartierungsräume der Truppen.

244 *Siegsgöttin* – Die Siegesgöttin auf dem Brandenburger Tor war 1807 nach Frankreich gebracht worden.

Professor Heinsius – Theodor Heinsius (1770–1849), Sprachwissenschaftler in Berlin.

245 *Franzosen hinter die Königsmauer* – Gemeint ist die sogenannte Franzosenkrankheit Syphilis im Berliner Prostituiertenviertel.

247 *Arrièregarde* – (franz.) Nachhut des Heeres.

247 *„Qui vives"* – Nach dem französischen Postenruf „Qui vive" („Wer da?") gebildete Bezeichnung für französische Soldaten.

248 *Wisotzky* – Besitzer eines Berliner Bierhauses.

„Alte Dessauer" – Der Dessauer Marsch („So leben wir").

„Uso voran" – Der gemeinte Militärmarsch ist nicht nachgewiesen.

249 *Dennewitz* – Die Schlacht bei Dennewitz hatte Bülow 1813 durch sein Eingreifen für die Preußen entschieden.

Jakobsleiter – Gemeint ist die von Jakob im Traum erblickte Himmelsleiter (1. Mose 28).

254 *Paßkugel* – Vollkugel.

256 *Vitoria* – Wellington hatte durch seinen Sieg bei Vitoria 1813 die Herrschaft König Josephs und damit die französische Vormacht in Spanien beseitigt.

Lord Somerset – Fitzroy James Henry Somerset, Lord Raglan (1788–1855), kämpfte als Generalmajor bei Waterloo.

258 *Masséna* – André Masséna, Herzog von Rivoli, Fürst von Eßling (1758–1817), 1810 Oberbefehlshaber der Armee von Portugal.

Soult – Nicolas Jean de Dieu Soult, Herzog von Dalmatien (1769–1851), hatte als Armeeführer in Spanien und Portugal Wellington gegenübergestanden.

261 *Cooke und Clinton* – Britische Generale.

Diversion – Ablenkungsmanöver.

263 *Lodi* – Anspielung auf Napoleons Erstürmung der Adda-Brücke bei Lodi 1796.

264 *Prinz Jérôme* – Vgl. die dritte Anm. zu S. 201.

Chocs – Angriffe.

265 *Wagram* – Niederösterreichisches Dorf, hier erfocht Napoleon 1809 einen Sieg über die Österreicher; Murat war daran nicht beteiligt.

Lobau – Georges Mouton, Graf von Lobau (1770–1836), napoleonischer General.

Têten – Vortruppen.

Cheveaulégers – Leichte Reiter.

Sonne von Austerlitz – Napoleon soll, als am 7. September 1812 vor der Schlacht an der Moskwa die Sonne aufging, gerufen haben: „Das ist die Sonne von Austerlitz!" Er beschwor damit die Erinnerung an seinen großen Sieg von 1805.

267 *Friant* – Louis Graf Friant (1758–1829), in Waterloo Kommandeur der 1. Division der Alten Garde.

268 *Où peut on être ...* – Wo kann man sich wohler fühlen als im Schoße seiner Familie? Eine vielgespielte Arie aus André Ernest Modeste Grétrys (1741–1813) Oper „Lucile".

269 *Freuet euch des Lebens ...* – Anfang des „Gesellschaftsliedes" von Martin Usteri (1763–1827).

272 *Congreve* – Brandrakete.

274 *„Schöner Bund"* – Übersetzung von Belle Alliance; Bezeichnung für ein Wirtshaus 18 km südlich von Brüssel, nach dem die Preußen die Schlacht gegen Napoleon am 18. Juni 1815 nannten.

Hannibal

Grabbe hat sich mit dem Hannibal-Stoff längere Zeit beschäftigt. Erste Literaturstudien sind seit 1831 nachweisbar. Die eigentliche Arbeit an der Tragödie begann aber wohl in der ersten Hälfte des Jahres 1834. Ende des Jahres scheint er eine Jamben-Fassung des Dramas fast feriggestellt zu haben. Er arbeitete sie dann – auch auf Anraten Karl Immermanns – in Prosa um. Grabbe war mit großer Intensität bei dieser Arbeit. Er schrieb: „Der Hannibal frißt mir wie ein Wurm am Herzen, aber er muß zu Ende." Am 4. Februar war diese zweite Fassung, die zum Teil handschriftlich erhalten ist, „vollendet". Grabbe äußerte sich sehr zufrieden: Hannibal „ist dreimal besser gelungen als Napoleon". Dann begann Grabbe die Reinschrift, die – wie bei ihm üblich – mit einer erneuten Umarbeitung verbunden war. Er gab sein Manuskript zu einer nochmaligen Korrektur an Immermann, der vor allem Kürzungen vornahm und die Idee zur Gliederung des Stückes in Abteilungen vorbrachte. Anfang März war die Tragödie schon „unter der Presse", Anfang Juni 1835 war sie ausgedruckt. Sie erschien unter dem Titel „Hannibal. Tragödie von Grabbe" in Düsseldorf beim Verlag J. H. C. Schreiner. Die Uraufführung erfolgte 1918 in München; schon 1916 hatte es in Dresden eine rezitatorische Darstellung der Tragödie gegeben.

279 *Hannibal ante portas!* – (lat.) Richtig: „Hannibal ad portas!" (Hannibal vor den Toren), von Titus Livius und Cicero überlieferter Ausspruch.
der Schwarzgelbe – Hannibal, wegen der Farbe seines Haares und seiner Haut.

280 *Astaroth* – Bezeichnung für die Göttin Astarte, die vor allem bei den Phöniziern verehrt wurde.

282 *Moloch* – Name eines auch in Phönizien und den phönizischen Kolonien verehrten Gottes, dem Menschen- und besonders Kinderopfer dargebracht wurden.

283 *queck* – lebendig, munter.
Baal – Titel männlicher Gottheiten.

283 *die Barkas* – Hannibal gehörte zur Familie der Barka.
Kannä – Die Schlacht bei Cannae, die mit einer vernichtenden Niederlage der Römer endete, fand im Jahre 216 statt.

285 *Suffeten* – Die beiden jeweils für ein Jahr an der Spitze des Staates von Karthago stehenden Beamten mit höchstrichterlicher Gewalt.
Synedrion – Die Regierung Karthagos.

287 *Liktor* – Die Liktoren waren Diener, die den römischen Beamten die Rutenbündel vorantrugen und ihnen bei der Vollstrekkung von Strafen halfen.

288 *Tribun* – Der oberste Vertreter der römischen Plebs, Nichtvollbürger, hatte eine Art Aufsichts- und Kontrollrecht.
Veto – Einspruch, durch den die Volkstribunen einen Senatsbeschluß aufheben konnten.
kurulischer Ädil – Hoher römischer Beamter mit Sitz im Senat.
Celeres – Reiter.

289 *Numantia* – Die Stadt der Arevaker in Spanien wurde im Jahre 133 von den Römern zerstört.

290 *jene beiden Scipionen* – In den Kämpfen gegen Hannibal spielten mehrere Angehörige der römischen Patrizierfamilie dieses Namens eine hervorragende Rolle. Die Brüder Publius und Gnaeus Cornelius Scipio kämpften vor allem in Spanien und fanden im Jahre 211 den Tod. Publius Cornelius Scipio Aemilianus, der jüngere Africanus, entschied den dritten Punischen Krieg (149–146) und zerstörte Karthago. Grabbe hat die historischen Ereignisse zusammengezogen.
Tyrann Mazedoniens – Anspielung auf Philipp V., König von Makedonien, der 215 ein Bündnis mit Hannibal schloß.

291 *Zinninseln* – Der spanischen Nordwestküste vorgelagerte Inselgruppe.
Atlantis – Versunkenes sagenhaftes Inselland.

292 *Thrasymene* – In der Schlacht bei Thrasymene siegte Hannibal 217 über die Römer.

294 *Terenz* – Publius Terentius Afer (um 190 in Karthago geboren, 159 oder 158 gestorben) war nebst Plautus der bekannteste römische Lustspieldichter und stand in persönlichen Beziehungen zu Scipio Africanus dem Jüngeren.

295 *Atellana* – Volkstümliche, improvisierende Form des Lustspiels; auch Bezeichnung für die darin auftretenden Schauspieler.

299 *Than* – Schottischer Adelstitel, hier in der Bedeutung von „Herr".
Ligurien – Das Land der Ligurer erstreckte sich ursprünglich von Südfrankreich über die Schweiz bis in die Po-Ebene.

300 *Ballisten* – Wurfgeschütze.
Gades – Phönizische Stadt auf der gleichnamigen Insel vor Spaniens Westküste.
303 *Nero* – Gaius Claudius Nero, Konsul des Jahres 207, siegte über Hasdrubal in der Schlacht am Metaurus.
Maximus – Diktator Fabius Maximus (gest. 203), erhielt wegen seiner hinhaltenden Kriegsführung gegen Hannibal den Beinamen Cunctator (Zauderer).
304 *Eppich* – Sellerie, der auch zu Kränzen gebunden wurde.
308 *Jupiter Stator* – Der Beiname Stator („der, der Standhaftigkeit verleiht") stellt Jupiters Bedeutung als Kriegsgott heraus.
Auspizium – Vorzeichen.
309 *Utica* – Utica, nordwestlich von Karthago gelegen, war die älteste von den Puniern gegründete Stadt.
311 *Pomona* – Göttin der Baumfrüchte.
313 *Sybarit* – Sybaris, die größte griechische Stadt in Unteritalien, war wegen des in ihr herrschenden Luxus berühmt; Sybarit wurde daher gleichbedeutend mit Lüstling, Schwelger.
Balearen – Von der Inselgruppe der Balearen kamen die gefürchteten punischen Schleuderer.
326 *Zama* – Die Schlacht bei Zama fand im Jahre 202 statt.
Massinissa – Der König der Massyler Massinissa (um 240–148) kämpfte im 2. Punischen Kriege zunächst auf seiten der Karthager, dann als Bundesgenosse der Römer.
327 *Zenturio* – Anführer einer Hundertschaft.
Velit – Leichtbewaffneter.
336 *Ophir* – Im Alten Testament erwähntes Goldland.
338 *vierzig Stadien* – Ein Stadium war eine Strecke von 185–190 m.
340 *Regulus* – Der römische Feldherr Marcus Atilius Regulus war von den Karthagern 225 v. u. Z. gefangengenommen worden. Nach jahrelanger Gefangenschaft begleitete er eine karthagische Friedensgesandtschaft nach Rom, aber riet dort vom Frieden ab. Die Karthager haben ihn deshalb zu Tode gemartert.
341 *Prusias* – Prusias I. (um 254–nach 182), König von Bithynien. Zu ihm war Hannibal 184 geflüchtet, und bei ihm vergiftete er sich, als der Römer Titus Quinctus Flaminius seine Auslieferung verlangte. In Prusias hat Grabbe – wie er an Karl Immermann am 3. Februar 1835 schrieb – seinen alten Studienfreund und nunmehrigen Dichterkollegen Friedrich von Üchtritz konterfeit: „Gewonnen hat hier Hannibal (i. e. das Stück): Weil statt eines gewöhnlichen Theaternarrenkönigs, der aus dem Prusias geworden wäre, ich ein ehrbares Individuum, mit seinem Geist und seiner Abnormität, aus dem Leben gegriffen."

341 *Protovestiarios* – Satirisch gemeinter Titel, bedeutet etwa Erster Kleiderbewahrer.

342 *Antiochus* – Nachdem Hannibal 196 aus Karthago geflohen war, begab er sich zunächst in den Machtbereich des Königs Antiochos III. (etwa 242–187).

Sesostris – Sagengestalt; ein weiser, erfolgreicher Herrscher.

345 *Elissa* – Ursprünglich Name der Dido, in der Mythologie Gründerin Karthagos.

351 *„Einst wird kommen der Tag ...“* – Zitat aus Homers „Ilias“, 4. Gesang.

353 *Alexander mit Dareios* – Anspielung auf das Trauerspiel „Alexander und Darius“ (V, 6) von Friedrich von Üchtritz (1800–1875).

Über die Shakspearo-Manie

In seinem Brief an den Verleger Kettembeil vom 25. Juni 1827 schrieb Grabbe, daß es an der Zeit wäre, über „die ... zur fashion gewordene Bewunderung des Hrn. Shakspeare zu reden“; am 12. Juli bot er einen solchen Aufsatz zum Druck an, am 26. schickte er ihn „heiß, wie er aus der Pfanne kommt“. Er schrieb also die Abhandlung sehr schnell, nach seinen eigenen Worten ohne Konzept und „ohne ein einziges Buch nachzuschlagen“. Seine Absichten deutete er in einem Brief an Kettembeil vom 12. August 1827 an: „Deine Freude über meine Shakspearo-Manie ist mir lieber als der Aufsatz selbst. Seine Folgen? Ich hoffe, er stößt manches um, denn so deutlich ist nicht oft gegen Shakspeare gesprochen; auch denke ich, er zieht mir eine Partei Anhänger und eine Partei Kläffer zu. Ich gestehe, er ist vorzüglich mitberechnet, dem Tieck, i. e. seiner albernen Kritik, den Todesstoß zu geben.“ Der Erstdruck erfolgte in „Dramatische Dichtungen von Grabbe. Nebst einer Abhandlung über die Shakspearo-Manie“, Band 2, Frankfurt am Main, 1827.

357 *diese Abhandlung entstand vor mehreren Jahren* – Irreführende Angabe Grabbes.

Lord Byron sagt in seinem „Don Juan“ – Vergleiche dazu 9. Gesang, 14. Strophe.

359 *deutscher Alexandriner* – 12- bzw. bei weiblichem Ausgang 13-silbiger jambischer Vers mit Zäsur nach der sechsten Silbe.

Bodmers und Klopstocks epische Werke – Johann Jakob Bodmer (1698–1783) veröffentlichte 1751 die „Syndflut“ und 1752 den „Noah“. Friedrich Gottlieb Klopstocks (1724–1803) „Messias“ begann 1748 zu erscheinen.

359 *„Zuschauer" von Addison* – Joseph Addison (1672–1719) war der bestimmende Autor der 1711 gegründeten Moralischen Wochenschrift „The Spectator".

Bekanntwerden der Manessischen Sammlung – Die Handschriftensammlung mittelhochdeutscher Lyrik wurde durch Bodmer (vgl. die zweite Anm. zu S. 359) und Johann Jakob Breitinger (1771–1774) in zwei Publikationen (1748, 1758/59) bekannt gemacht.

Lillo – George Lillo (1693–1739) veröffentlichte 1731 sein Stück „Der Kaufmann von London", das großen Einfluß auf die Entwicklung des bürgerlichen Schauspiels hatte.

Schröder – Friedrich Ludwig Schröder (1744–1816), Schauspieler, Theaterdirektor und Dramatiker, hat sich um die Einführung des bürgerlichen Schauspiels und der Stücke von Shakespeare auf den deutschen Bühnen verdient gemacht.

Proculianer und Sabinianer – Rechtsschulen der frühen römischen Kaiserzeit.

360 *Beck* – Heinrich Beck (1760–1803) wirkte als Schauspieler, Theaterdirektor und Dramatiker.

Père de famille – Anspielung auf das Drama „Le père de famille" (Der Hausvater; 1758) von Denis Diderot (1713–1784).

ifflandisch – Hier im Sinne von bürgerlich rührend mit Bezug auf den Charakter der Schauspiele von Iffland; vgl. die zweite Anm. zu S. 213.

Devrient – Ludwig Devrient (1784–1832), seit 1815 Schauspieler am Königlichen Schauspielhaus in Berlin.

361 *„er weint Mühlsteine"* – Frei zitiert nach Shakespeare, „Richard III.", I, 3.

„des Gedankens Blässe ankränkeln" – Frei zitiert nach Shakespeare, „Hamlet", III, 1.

„beschmiert mit grausamer Heraldik" – Shakespeare, „Hamlet", II, 2.

362 *des „Tancred", des „Mahomet"* – Stücke von Voltaire (1694–1778), der ein notorischer Gegner Shakespeares war.

enzyklopädische ... Philosophie – Unter der Leitung von Diderot und d'Alembert erschien von 1751–1772 die große französische Enzyklopädie.

363 *Pustkuchen in seinen „Wanderjahren"* – Johann Friedrich Wilhelm Pustkuchen (1793–1834) hatte 1821 die sogenannten „falschen Wanderjahre", eine Parodie auf Goethes Roman, zu veröffentlichen begonnen.

364 *Humboldt* – Gemeint ist wohl der primär naturwissenschaftlich interessierte Alexander von Humboldt (1769–1859).

Oken – Lorenz Oken (1779–1851) war Naturphilosoph.

364 *1809 oder 1810 in erster Ausgabe erschienen* – Die im Frühjahr 1808 gehaltenen Wiener Vorlesungen August Wilhelm Schlegels „Über dramatische Kunst und Literatur" erschienen 1809–1811 in drei Teilen.

365 *Staël-Holstein* – Anne Louise Germaine, Baronin von Staël-Holstein (1766–1817), hatte 1810 ihr berühmtes Werk „De l'Allemagne" (Über Deutschland) veröffentlicht.

„Dichterleben" – 1825 erschienen.

„Die Verlobte" – Richtig: „Die Verlobung" (1822).

367 *Mad. Stich* – Auguste Stich, nachmals Crelinger (1795–1865), Berliner Schauspielerin, hatte sich von Tieck einige Worte über den Charakter der Lady Macbeth erbeten, die dann in der Dresdener „Abendzeitung" 1826 veröffentlicht worden sind.

368 *in specie* – namentlich.

„Kreuzer" – Anspielung auf Georg Friedrich Creuzer (1771–1858) und dessen Hauptwerk „Symbolik und Mythologie der alten Völker, besonders der Griechen" (1810/12).

369 *Friedrich Schlegel ... mit seiner „göttlichen Faulheit"* – Vgl. die „Idylle über den Müßiggang" in seinem Roman „Lucinde" (1799).

Horn – Franz Horn (1781–1837), Schriftsteller, hatte 1823 begonnen, sein fünfteiliges Werk „Shakespeare's Scbauspiele, erläutert" zu publizieren.

370 *„Gorboduc"* – 1652 uraufgeführte, von Thomas Sackville (1536–1608) und Thomas Norton (1532–1584) verfaßte Tragödie.

Ben Jonson – Benjamin Jonson (1573–1637), englischer Schauspieler und Dramatiker.

Francis Beaumont – Englischer Dramatiker (1584–1616).

Fletcher – John Fletcher (1575–1625), englischer Dramatiker, der mit Beaumont zusammenarbeitete.

Thomas Heywood – Englischer Schauspieler und Dramatiker (1570–1641).

Marlow – Christopher Marlowe (1564–1593), sein berühmtestes Werk ist „Die tragische Geschichte vom Leben und Sterben des Dr. Faustus" (1588).

„Sejan" – „Sejanus His Fall" (Der Sturz des Sejanus; 1603), Tragödie von Benjamin Jonson.

„Every Man in His Humour" – (engl.) „Jedermann in seiner Gemütsart" (1598), Lustspiel von Benjamin Jonson.

„The Knight of the Burning Pestle" – (engl.) „Der Ritter von der flammenden Mörserkeule" (1607/08), Stück von Francis Beaumont.

371 *Tschudi* – Aegidius Tschudi (1505–1572), Verfasser der „Schweizerchronik" (1734–1736).

Turmayer – Der Humanist Johannes Turmair (1477–1534), genannt Aventinus, wurde vor allem durch seine zwischen 1526 und 1533 entstandene deutsche Fassung der bayerischen „Chronika", dem ersten großen Geschichtswerk in deutscher Sprache, bekannt.

372 *Niebuhr* – Barthold Georg Niebuhr (1776–1831) hat sich einen Namen vor allem durch seine „Römische Geschichte" (1811/12) gemacht.

373 *Crébillon* – Prosper Jolyot de Crébillon der Ältere (1674–1762), französischer Dramatiker.

374 *„Auch ich hatte einen Edward ..."* – Shakespeare, „Richard III.", IV, 4.

„Es gibt noch andere Dinge ..." – Shakespeare, „Hamlet", I, 5.

375 *in eventum* – (lat.) gegebenenfalls.

siebenfach gesalzne Tränen – Shakespeare, „Hamlet", IV, 5.

376 *Horatios Erzählung* – Shakespeare, „Hamlet", I, 1.

exempli gratia – (lat.) zum Beispiel.

377 *als in Berlin die „Twelfth night" ... durchfiel* – Anspielung auf den Mißerfolg der Aufführung der „Zwillingsgeschwister", eines romantischen Lustspiels frei nach Shakespeares „Was ihr wollt", bearbeitet von A. von Zieten, am 24. Juli 1820 am Königlichen Schauspielhaus zu Berlin.

„Euphues" – Der Roman „Euphues, die Anatomie des Witzes" von John Lyly (1554–1606) erschien 1579.

Falstaff und Percy – Vgl. Shakespeare, „König Heinrich IV.", I. Teil, V, 4.

378 *Longin* – Cassius Longinos (um 213–273) wurde lange Zeit fälschlich die Schrift „Über das Erhabene" zugeschrieben.

380 *both our remedies ...* – Vgl. Shakespeare, „Romeo und Julia", II, 3; in A. W. Schlegels Übersetzung heißt die Stelle: „... und für die beiden Wunden / Wird heil'ge Arzenei bei deinem Amt gefunden."

381 *„keine Glocke schlägt"* – Schiller „Die Piccolomini", III, 3: „Die Uhr schlägt keinem Glücklichen."

383 *„Moi" der Medea* – Corneille, „Medée", I, 5.

Augusts „Soyons amis, Cinna" – In der letzten Szene von Corneilles Tragödie „Cinna".

Agamemnons „Vous y serez ma fille" – Racine, „Iphigénie en Aulide", II, 5.

Falstaff ... historischen Dramas eingeschoben ... – Shakespeare, „König Heinrich IV.".

„École de maris" – „Männerschule" (1661).

383 *Agnes in der „Männerschule"* – Richtig in „L'école des femmes" (Frauenschule; 1662).

386 *Müllners „Schuld" und ... „König Yngurd"* – Die beiden Tragödien von Adolf Müllner (1774–1829) erschienen 1816 und 1817.

mit Wieland – Vgl. Wielands Miszelle „Schicksalstragödie".

„Die Albaneserin" – Das Trauerspiel von Adolf Müllner erschien 1820.

Purcell – Henry Purcell (1658–1695), englischer Komponist und Organist.

Etwas über den Briefwechsel zwischen Schiller und Goethe

Während der Arbeit am „Napoleon"-Drama – also in einer Lebensperiode, in der Grabbes zeitpolitisches Interesse besonders stark war – äußerte der Dichter mehrfach seinen Unmut gegen Goethe: „... er ist klug und ungeheuer eitel – furchtbar!" Am 15. März 1830 schrieb er Kettembeil: „Goethes Briefwechsel mit Schiller [der 1828/29 in sechs Bänden erschienen war] hat mich so geärgert, daß ich über Goethe schreiben möchte." Vor allem empörte sich Grabbe über die „Hemdausziehereien", die der Briefwechsel nach seiner Meinung vorführte. Im Grunde aber kam seine Ablehnung Goethes aus dem Bewußtsein, von der Welt des Dichter-Fürsten durch eine tiefe Kluft getrennt zu sein. Am 9. Juli 1832 schrieb er Kettembeil: „Sir Goethe konnte ja nicht zum Leben kommen, weil ihn das Leben auf den Händen trug."

Grabbe fand zunächst keine Möglichkeit, die Abhandlung zu publizieren. Als er sie im Hochsommer 1830 niederschrieb, wollte er die Rezension in Karl Herloßsohns Leipziger Zeitschrift „Komet" unterbringen. Dort kam aber eine Veröffentlichung nicht zustande, weil Grabbe auf Anraten Kettembeils unannehmbare Bedingungen stellte. Dann schreckte aber auch Kettembeil davor zurück, die provozierende Streitschrift zu drucken, so daß Grabbe sie Wolfgang Menzel für das „Literaturblatt" zum Stuttgarter „Morgenblatt" anbot – allerdings ebenfalls vergeblich. Erst 1835 erschien ein Teildruck: „Schiller und Goethe. Ein Fragment aus einer Abhandlung über deren Briefwechsel. (Geschrieben im Juni 1830)", in: „Hermann. Ein Centralorgan für Rheinland-Westphalen", 21. Juni 1835. Die vollständige Fassung der Abhandlung ist in einer Handschrift Grabbes überliefert und bietet die Grundlage der neueren Gesamtdrucke.

389 *Belle-Alliance* – Bezeichnung für den Ort der Schlacht, in der Napoleon 1815 endgültig besiegt wurde.
In succum et sanguinem ... vertiert – (lat.) In Fleisch und Blut übergegangen.
390 *Linné* – Vgl. die fünfte Anm. zu S. 120.
391 *Savigny* – Friedrich Karl von Savigny (1779–1861), Begründer der Historischen Rechtsschule.
Creuzer – Vgl. die zweite Anm. zu S. 368.
Justinus Kerner – Schriftsteller und Arzt (1786–1862), beschäftigte sich mit Somnambulismus und Spiritismus, wofür sein Buch „Die Seherin von Prevorst" (1829) in Aufsehen erregender Weise zeugte.
392 *Mamsell Sontag* – Henriette Sontag (1806–1854), eine gefeierte Koloratursängerin.
Signor Paganini – Niccolò Paganini (1782–1840), italienischer Geigenvirtuose von europäischer Berühmtheit.
393 *sit venia verbo* – (lat.) Das Wort sei erlaubt.
König von Bayern – Ludwig I. (1786–1868), seit 1825 König von Bayern, hatte 1829 zwei Bände „Gedichte" veröffentlicht.
Ποιειν – (griech.) machen, verfertigen; von diesem Verb ist das Wort Poesie abgeleitet.
Gibbon – Der englische Historiker Edward Gibbon (1737–1794) schrieb die „Geschichte des Niedergangs und Falls des römischen Reiches" (1776–1788).
394 *Segursche ... Kriegsgeschichten* – Gemeint ist wahrscheinlich die „Geschichte Napoleons und der Großen Armee im Jahre 1812" (1824) von Philippe Paul Graf von Ségur (1780–1873).
Walter Scott – Englischer Schriftsteller (1771–1832), seine historischen Romane waren seit dem zweiten Jahrzehnt des 19. Jahrhunderts in Deutschland populär geworden.
Briefwechsel Verstorbener – Anspielung auf die „Briefe eines Verstorbenen" (1830) von Fürst Hermann von Pückler-Muskau (1785–1871).
Hamann – Johann Georg Hamann (1730–1788), philosophischer Schriftsteller, seine „Schriften" begannen seit 1821 zu erscheinen.
Bussy-Rabutin – Roger du Rabutin, Graf von Bussy (1618–1693), seine Briefe waren 1697 und 1716 erschienen.
Sevigné – Marie de Rabutin-Chantal, Marquise von Sevigné (1626–1696), hinterließ eine Fülle von Briefen, die zwischen 1818 und 1820 ediert wurden.
d'Argens – Jean Baptiste de Boyer, Marquis d'Argens (1704–1771), war König Friedrich II. von Preußen über viele Jahre freundschaftlich verbunden.

395 *Ex post* – (lat.) Im nachhinein.
qu. – quästioniert: in Frage stehend.
Berliner Jahrbücher der Literatur – Gemeint sind die „Jahrbücher für wissenschaftliche Kritik“, in denen Karl August Varnhagen von Ense (1785–1858) den Goethe-Schiller-Briefwechsel besprochen hatte (1829/30).
396 *Karlchen* – Schillers Sohn Karl Friedrich Ludwig (1793–1857).
397 *Körnersche Biographie* – Christian Gottfried Körner (1756 bis 1831) verfaßte die „Nachrichten von Schillers Leben“, die Cottas Ausgabe der „sämmtlichen Werke“ Schillers (1812–1815) einleiten.
schon Bürger zu singen wußte – Gottfried August Bürger (1747–1794) besuchte Goethe im April 1789; aus diesem Anlaß entstand das Epigramm „Mich drängt es in ein Haus zu gehen“.
Eduard von Schenk – Dichter und bayerischer Staatsmann (1788–1841).
Graf Platen – August Graf von Platen (1796–1835), war 1828 mit halbem Sold aus dem bayerischen Offiziersdienste entlassen worden und wurde mit einem Gehalt von 500 Florin zum Außerordentlichen Mitglied der Münchener Akademie der Wissenschaften ernannt.
399 *haud multa, sed multum* – (lat.) nicht vielerlei, sondern viel.
sc. – (lat.) scilicet: nämlich.
401 *Woltmann* – Karl Ludwig von Woltmann (1770–1817), Historiker.
Ephemere – Eintagsfliege.
402 *Beiseitsetzung des Schillerschen Schädels* – Als 1826 das Kassengewölbe des Weimarer Friedhofs geräumt wurde, kam Schillers Schädel möglicherweise in das Postament der Danneckerschen Marmorbüste Schillers in der Weimarer Bibliothek. Am 16. Dezember 1827 wurde er dann in die Fürstengruft umgebettet.
Garve – Christian Garve (1742–1798), Popularphilosoph und Publizist.
404 *modo* – jetzt.
409 *Buchhändler Schwan* – Christian Friedrich Schwan (1733–1815) hat seine Tochter Margareta (Grabbe verwechselte die Namen), um die Schiller 1785 anhielt, dem Dichter verweigert. Laura, die Frau, die Schiller in seinen Jugendgedichten feierte, war seine Mannheimer Quartierwirtin.

INHALTSVERZEICHNIS